System

des

heutigen Römischen Rechts

von

Friedrich Carl von Savigny.

Zweyter Band.

Mit K. Bairischen und K. Würtembergischen Privilegien.

Berlin.

Bei Veit und Comp.

1840.

Inhalt des zweyten Bandes.

Zweytes Buch. Die Rechtsverhältnisse.

Zweytes Kapitel. Die Personen als Träger der Rechtsverhältnisse.

Zweytes Kapitel.

Die Personen als Träger der Rechtsverhältnisse.

§. 60.

Natürliche Rechtsfähigkeit und deren positive Modificationen.

Jedes Rechtsverhältniß besteht in der Beziehung einer Person zu einer andern Person. Der erste Bestandtheil desselben, der einer genaueren Betrachtung bedarf, ist die Natur der Personen, deren gegenseitige Beziehung jenes Verhältniß zu bilden fähig ist. Hier ist also die Frage zu beantworten: Wer kann Träger oder Subject eines Rechtsverhältnisses seyn? Diese Frage betrifft das mögliche Haben der Rechte, oder die Rechtsfähigkeit, nicht das mögliche Erwerben derselben, oder die Handlungsfähigkeit, welche erst in einem folgenden Abschnitt betrachtet werden wird (§ 106).

In dem Rechtsverhältniß aber steht eine bestimmte Person in Beziehung bald zu einer gleichfalls bestimmten einzelnen Person, bald unbestimmt zu allen anderen Menschen (§ 58). Die gegenwärtige Untersuchung kann ihrer

Aufgabe nach nur die bestimmten Personen in den Rechtsverhältnissen betreffen, da zu dem blos negativen Verhältniß, in welchem Alle einem Einzelnen, z. B. einem Eigenthümer, gegenüber stehen, ein Jeder als fähig anzusehen ist.

Alles Recht ist vorhanden um der sittlichen, jedem einzelnen Menschen inwohnenden Freyheit willen (§ 4. 9. 52) (a). Darum muß der ursprüngliche Begriff der Person oder des Rechtssubjects zusammen fallen mit dem Begriff des Menschen, und diese ursprüngliche Identität beider Begriffe läßt sich in folgender Formel ausdrücken: Jeder einzelne Mensch, und nur der einzelne Mensch, ist rechtsfähig.

Indessen kann dieser ursprüngliche Begriff der Person durch das positive Recht zweyerley, in der aufgestellten Formel bereits angedeutete, Modificationen empfangen, einschränkende und ausdehnende. Es kann nämlich erstens manchen einzelnen Menschen die Rechtsfähigkeit ganz oder theilweise versagt werden. Es kann zweytens die Rechtsfähigkeit auf irgend Etwas außer dem einzelnen Menschen übertragen, also eine juristische Person künstlich gebildet werden.

Der gegenwärtige Abschnitt soll nun zuerst die Gränzen der in ihrem ursprünglichen oder natürlichen Begriff

(a) *L.* 2 *de statu hom.* (1.5.): „Cum igitur *hominum causa omne jus constitutum* sit; primo de personarum statu ,, dicemus."

aufgefaßten Person feststellen, dann aber die zwiefachen Modificationen angeben, wodurch in unsrem positiven Recht dieser natürliche Begriff umgebildet worden ist.

Zum Schluß ist noch die verschiedene Weise zu erwähnen, in welcher das einzelne Rechtsverhältniß mit bestimmten Personen verknüpft werden kann.

§. 61.

Gränzen der natürlichen Rechtsfähigkeit. I. Anfang.

Der Anfang der natürlichen Rechtsfähigkeit ist bedingt durch die Geburt, das heißt durch die vollständige Trennung eines lebenden Menschen von der Mutter.

Diese wird von uns gegenwärtig betrachtet in ihrer wichtigsten Beziehung, nämlich als Bedingung anfangender Rechtsfähigkeit für den gebornen Menschen selbst. Die bedeutendsten Anwendungen, wodurch sich dieser Anfang im Privatrecht augenblicklich wirksam zeigt, auch wenn das Leben gleich nachher wieder aufhört, sind diese: 1) das frühere Testament des Vaters, worin dieses Kind nicht berücksichtigt ist, wird durch die Geburt vernichtet; 2) die Intestaterbschaft des vor der Geburt verstorbenen Vaters wird dem Kinde im Augenblick der Geburt erworben. Um dieser beiden Wirkungen willen ist es besonders wichtig, die wirkliche, vollständige Geburt von der blos scheinbaren genau zu unterscheiden. Andere juristische Ereignisse werden für den Neugebornen nicht leicht in diesen ersten Augenblicken seines Daseyns eintreten, sondern erst in irgend einer späteren Zeit, worin ohnehin an dem wahren menschlichen Daseyn jenes Gebornen nicht mehr gezweifelt werden kann. — Aber nicht blos für die eigene Rechtsfähigkeit des Gebornen war im früheren Römischen Recht jene genaue Unterscheidung wahrer und scheinbarer Geburt von Wichtigkeit, sondern auch im Interesse der Mutter, welcher manche wichtige Vortheile durch die Geburt von Kindern entstehen konnten, und zwar auf zweyerley Weise: bald indem sie dadurch Begünstigungen erlangte in Vergleichung mit sonst geltenden allgemeinen Rechtsregeln (a), bald indem sie von einer Zurücksetzung gegen allgemeine Rechtsregeln befreyt wurde. Das erste kann man Belohnungen der Kinderzeugung nennen, das zweyte aber Befreyung von Strafen für den Mangel an Kindern. Beyspiele der Belohnungen für die Mutter sind diese. Erstlich die hereditas im Vermögen der Kinder nach dem Sc. Tertullianum: diese war eine Begünstigung gegen die bis dahin bestehende Intestaterbfolge, und die Mutter sollte dieses Vorrecht nur genießen, wenn sie drey Kinder (eine Freygelassene Vier) geboren hatte (b). Zweytens der Erwerb der Civität für jede Latina, die drey Kinder geboren hatte (c). Endlich die Befreyung von der Tutel, unter welcher sonst alle Frauen ihres Geschlechts wegen stehen sollten (d). -- Als Befreyung von einer Strafe wurde

(a) Hier kommt also der Begriff von jus singulare zur Anwendung (§ 16).

(b) § 2. 4 *J. de Sc. Tertull.* (3. 3.). PAULUS IV. 9. § 1.

(c) ULPIAN. III. § 1, nach einem Senatusconsult.

(d) GAJUS I. § 194. 195. ULPIAN. XXIX. § 3. — Viele Fälle solcher Belohnungen und Strafbefreyungen gehören nicht hierher, indem sie voraussetzen, daß das Kind noch lebe, oder doch längere Zeit gelebt habe, in welchen Fällen gar nicht das Bedürfniß der Unterscheidung wahrer und scheinbarer Geburten vorkommt. Vgl. *pr. J. de excus.* (1. 25.). ULPIAN. III. § 3. XV. XVI. § 1. Daher erscheint bey dem Vater diese Frage nur in seltenen Anwendungen, und hat also gar nicht dieselbe Wichtigkeit wie bey der Mutter. Eine solche Anwendung

angesehen die wichtige Regel, nach welcher Frauen durch die Geburt von Drey oder Vier Kindern (Drey bey Freygebornen, Vier bey Freygelassenen) das Recht zur Erwerbung von Testamentserbschaften erlangten; die dadurch aufgehobene Unfähigkeit war Strafe, da vor der Lex Julia, nach allgemeinen Rechtsregeln, die Fähigkeit der Frauen von dieser Seite her keiner Einschränkung unterworfen gewesen war. — Man möchte glauben, der Begriff der wahren Geburt wäre überall derselbe, ohne Unterscheidung dieser daran geknüpften Wirkungen. So ist es aber in der That nicht; vielmehr wurde es bey der Befreyung von Strafen damit weniger genau genommen, als bey den Belohnungen, und bey der eigenen Rechtsfähigkeit des Kindes: ohne Zweifel, weil jene Strafen überhaupt etwas Gehässiges hatten, weshalb man sie einzuschränken suchte, soweit es die Worte der Gesetze nur immer zuließen.

Erst nach dieser Vorbereitung ist es möglich, den oben aufgestellten Begriff wahrer Geburt in seine Elemente zu zerlegen. Es gehört dazu: 1) Trennung von der Mutter, 2) vollständige Trennung, 3) Leben des Gebornen nach der vollständigen Trennung, 4) menschliche Natur desselben.

1) Das Kind muß von der Mutter getrennt seyn, also außerhalb derselben existirt haben. Die zu dieser Trennung angewendeten Mittel sind gleichgültig; daher ist

auch auf den Vater findet sich bey Ulpian. XV. „et *quandoque liberos habuerint*, ejusdem partis proprietatem."

eine künstliche, gewaltsam bewirkte Geburt von der natürlichen juristisch nicht unterschieden (e). Sogar hatte deshalb ein Gesetz der alten Könige ausdrücklich vorgeschrieben, daß nach dem Tod einer schwangeren Frau der Leichnam geöffnet werden sollte, um wo möglich das Leben des Kindes zu retten (f).

(e) Für das Recht des so gebornen Kindes ist das ganz unzweifelhaft. *L.* 12 *pr. de liberis* (28. 2.). „Quod dicitur filium natum rumpere testamentum, natum accipe etsi exsecto ventre editus sit: *nam et hic rumpit testamentum,* scilicet si nascatur in potestate." *L.* 6 *pr. de inoff.* (5. 2.). *L.* 1 § 5 *ad Sc. Tertull.* (38. 17.). — Aber wird dieses Kind auch zum Vortheil der Mutter angerechnet? Ulpian bejaht die Frage. *L.* 141 *de V. S.* (50. 16.). „Etiam ea mulier, cum moreretur, creditur filium habere, quae exciso utero edere possit." Paulus verneint sie. *L.* 132 § 1 *de V. S.*. „Falsum est eam peperisse, cui mortuae filius exsectus est." Wahrscheinlich sprach Ulpian von der Anwendung von Strafen, z. B. wenn die Mutter zweyer Kinder eine Testamentserbschaft antrat, und nach ihrem Tode wurde das dritte Kind durch Öffnung des Leichnams zur Welt gebracht, so galt sie als Mutter dreyer Kinder, und ihre Antretung war nun gültig. Paulus dagegen sprach von einem Fall der Belohnung, z. B. die Latina, die bey ihrem Tode erst zwey Kinder hatte, sollte nicht durch das nach ihrem Tod geborne in die Lage kommen, als hätte sie durch drey Kinder die Civität erworben; sie sollte also keine Erben hinterlassen können. Gezwungener, aber doch nicht völlig verwerflich, scheint mir die Combination der *L.* 141 *cit.* mit *L.* 51 § 1 *de leg.* 2 (31 un.) und *L.* 61 *de cond.* (35. 1.). — Vgl. überhaupt Schulting, notae ad Digesta, in *L.* 141 *cit.* — Bey der Erklärung der hier angeführten und ähnlicher Pandektenstellen hat man ungebührliches Gewicht auf den Umstand gelegt, daß dieselben aus einem Commentar über die Lex Julia herrührten, und deshalb stets annehmen wollen, sie müßten von einem in diesem Volksschluß erwähnten Fall reden, den man dann auszumitteln suchte. Das ist aus zwey Gründen verwerflich; erstens, weil unsre Kenntniß von dem Inhalt der Lex Julia sehr mangelhaft ist, zweytens weil der alte Commentator sehr wohl neben einer Regel der Lex Julia auch andere, verwandte Fälle erörtern konnte.

(f) *L.* 2 *de mortuo infer.* (11. 8.).

2) Diese Trennung muß eine vollständige seyn (g).

3) Das so geborne Wesen muß nach der Trennung gelebt haben (h). Wenn also während einer langwierigen Geburt das Kind Zeichen des Lebens giebt, aber stirbt bevor es ganz außer der Mutter existirte, so hat es niemals Rechtsfähigkeit gehabt. Noch weniger hat es solche haben können, wenn es schon vor dem Anfang der Geburt todt war, sey es nun zu früh geboren (abortus) (i), oder zwar ausgetragen, aber im Mutterleibe gestorben (k). — Durch welches Zeichen das Leben außer Zweifel gesetzt werden kann, ist gleichgültig. Früher behaupteten manche Rechtslehrer, das Kind müsse nothwendig geschrieen haben, allein Justinian hat diese Meynung ausdrücklich verworfen (l). Eben so ist die Dauer des Le-

(g) *L.* 3 *C. de posthumis* (6. 29.) „*perfecte* natus ... ad orbem *totus processit.*"

(h) *L.* 3 *C. de posthumis* (6. 29.) „*vivus* .. natus est." — Paulus IV. 9 § 1 „*vivos* pariant." In dieser letzten Stelle ist nicht von der Rechtsfähigkeit des Kindes die Rede, sondern von einer Belohnung der Mutter.

(i) *L.* 2 *C. de posthumis* (6. 29.). „Uxoris *abortu* testamentum mariti non solvi."

(k) *L.* 129 *de V. S.* (50. 16.). „Qui *mortui nascuntur*, neque nati, neque procreati videntur: quia nunquam liberi appellari potuerunt." Dieser Satz ist sicher wahr für die eigene Rechtsfähigkeit des Kindes: eben so auch für die Belohnungen der Mutter, z. B. das Erbrecht nach dem Sc. Tertullianum (Paulus IV. 9 § 1); von welchem dieser Fälle der Jurist reden wollte, läßt sich nicht bestimmen, da die Überschrift der Stelle (Paulus lib. 1. ad L. Jul. et Pap.) hierüber nicht sicher entscheiden kann (Note e). Dagegen ist der Satz sicher nicht angenommen worden bey den Strafen der Kinderlosigkeit, welches aber erst unten, bey dem Erforderniß der menschlichen Natur des Kindes, klar gemacht werden kann (Note s).

(l) *L.* 3 *C. de posthumis* (6. 29.).

bens gleichgültig, so daß auch dasjenige Kind Rechtsfähigkeit erlangt hat, welches augenblicklich nach der Geburt verstorben ist (m).

4) Endlich muß das so geborne lebende Wesen, um rechtsfähig zu seyn, menschliche Natur haben, welche nur aus der menschlichen Gestalt erkannt werden kann; die Römer drücken das so aus: es muß kein monstrum oder prodigium seyn. Dieses Erforderniß gilt für des Kindes Rechtsfähigkeit und für die Belohnungen, nicht für die Abwendung der Strafen: durch diese Unterscheidung sind die scheinbaren Widersprüche in unsren Rechtsquellen aufzulösen. — Für die Rechtsfähigkeit wird diese Regel ganz klar ausgesprochen (n), und eben so für einen der wichtigsten Fälle der Belohnungen, das Sc. Tertullianum (o); es wird jedoch hinzugefügt, daß bloße Abweichungen von der regelmäßigen Menschengestalt kein Hinderniß sind, z. B. Glieder zu viel, oder Glieder zu wenig (p). Die wirkliche Gränze der Menschengestalt wird bey dieser Veranlassung nicht angegeben, sie kann aber

(m) *L.* 3 *C. de posthumis* (6 29.) „licet illico postquam in terra cecidit, vel in manibus obstetricis decessit." *L.* 2 *C. eod.*

(n) *L.* 3 *C. de posthumis* (6. 29.) „ad nullum declinans monstrum vel prodigium."

(o) Paulus IV. 9 § 3. *L.* 14 *de statu hom.* (1. 5.) aus Paulus lib. 4 sentent. Diese Stelle ist also mit jener identisch; in die Pandekten aufgenommen, kann sie aber ihren ursprünglichen praktischen Sinn nicht beybehalten haben, vielmehr ist sie im Sinn des Justinianischen Rechts nunmehr von der Rechtsfähigkeit des Kindes zu verstehen.

(p) Glieder zu viel. Paulus IV. 9 § 3. *L* 14 *de statu hom.* (1. 5). — Glieder zu wenig. *L.* 12. § 1 *de liberis* (28. 2.) „si non integrum animal editum sit, cum spiritu tamen, an adhuc testa-

nach der Analogie einer anderwärts vorkommenden Bestimmung darin gesetzt werden, daß der Kopf menschliche Bildung an sich tragen muß (q). — Dagegen wurde bey der Abwendung der Strafen eine der Mutter günstigere Auslegung angenommen: auch eine monströse Geburt solle hier angerechnet werden, weil dabey die Mutter unschuldig sey (r). Nach diesem Grunde, und nach der Ähnlichkeit der Fälle selbst, ist nicht zu zweifeln, daß auch todtgeborne Kinder zur Abwendung der Strafen mitgerechnet werden durften (s).

Diese vier Bedingungen der natürlichen Rechtsfähigkeit sind die einzigen, welche nach unsrem positiven Recht behauptet werden können. Allerdings haben unsre Rechtslehrer häufig noch eine fünfte hinzugefügt, die Lebens-

mentum rumpat? Et hoc tamen rumpit." — Der Ausdruck Ostentum umfaßt sowohl diese Fälle, als den Fall des monstrum. *L.* 38 *de V. S.* (50. 16.).

(q) *L.* 44 *pr. de relig.* (11. 7.). „Cum in diversis locis sepultum est, uterque quidem locus religiosus non fit, quia una sepultura plura sepulchra efficere non potest: mihi autem videtur, illum religiosum esse, ubi, quod est principale, conditum est, *id est caput, cujus imago fit, unde cognoscimur.*"

(r) *L.* 135 *de V. S.* (50. 16.). (Ulpian. lib. 4 ad L. Jul. et Pap.) „... Et magis est, ut haec quoque *parentibus prosint:* nec enim est quod eis imputetur, quae, qualiter potuerunt, statutis obtemperaverunt, neque id, quod fataliter accessit, matri damnum injungere debet." Bey dem Wort prosint ist also hinzu zu denken: ad legum poenas evitandas. Diese höchst natürliche Auflösung des scheinbaren Widerspruchs ist schon längst anerkannt. Eckhard hermeneut. § 199 ibique Walch.

(s) S. o. Note k. — Eben so wurden zur Abwendung der Strafen auch Drillinge zugelassen (L. 137 de V. S. Paulus lib. 2 ad L. Jul. et Pap.), anstatt daß das Sc. Tertullianum nur solchen Müttern zu gut kam, die zu drey verschiedenen Zeiten Kinder geboren hatten. Paulus IV. 9 § 1. 2. 8.

fähigkeit oder Vitalität. Sie wollen damit sagen, daß ein lebendig, aber früher als gewöhnlich, geborenes Kind keine Rechtsfähigkeit habe, wenn es gleich nach der Geburt sterbe, und wenn die Ursache des Todes in dem unreifen Zustand liege, der eine längere Fortsetzung des Lebens unmöglich gemacht habe. Allein diese Behauptung hat keinen Grund, und es muß vielmehr jedem lebendig gebornen Kinde die vollständige Rechtsfähigkeit zugeschrieben werden, ohne Rücksicht auf den vielleicht sehr bald nachfolgenden Tod, und auf die Ursachen dieses schleunigen Todes (t).

(t) Diese Streitfrage ist ausführlich behandelt in der Beylage III.

§. 62.

Gränzen der natürlichen Rechtsfähigkeit. I. Anfang. (Fortsetzung).

Der natürliche Anfang der Rechtsfähigkeit ist bestimmt worden auf den Zeitpunkt der vollendeten Geburt. Diesem aber geht vorher ein nicht unbeträchtlicher Zeitraum, in welchem das Kind auch schon Leben hat, aber kein selbständiges, sondern ein abhängiges, mit dem Leben der Mutter eng verbundenes. Welches ist die wahre juristische Betrachtungsweise für dieses vorbereitende Leben?

Mehrere Stellen des Römischen Rechts sagen ganz bestimmt, in diesem Zustand sey das Kind noch nicht Mensch, es habe kein Daseyn für sich, sondern sey nur als Theil des mütterlichen Leibes zu betrachten (a). Andere Stellen dagegen setzen ein solches Kind dem schon gebornen gleich (b). Die genauere Bestimmung dieses letzten Satzes wird zugleich den Schein eines Widerspruches entfernen, der durch den Ausdruck beider erwähnten Regeln entsteht.

(a) *L.* 9 § 1 *ad L. Falc.* (35. 2.) „.. partus nondum editus homo non recte fuisse dicitur." — *L.* 1 § 1 *de inspic. ventre* (25. 4): „.. partus enim, antequam edatur, mulieris portio est, vel viscerum."

(b) *L.* 26 *de statu hom.* (1. 5.). „Qui in utero sunt, in toto pene jure civili intelliguntur in rerum natura esse." — *L.* 231 *de V. S.* (50. 16.): „Quod dicimus, *eum, qui nasci speratur, pro superstite esse*, tunc verum est, cum de ipsius jure quaeritur: aliis autem non prodest nisi natus." — Die Neueren drücken das so aus: Nasciturus habetur pro nato.

Die erste Regel drückt eigentlich das wahre Verhältniß der Gegenwart aus: die zweyte enthält eine bloße Fiction, und diese ist nur in ganz einzelnen, beschränkten Rechtsbeziehungen anwendbar. Wenn also die allgemeine Frage wegen der Rechtsfähigkeit eines ungebornen Kindes aufgeworfen wird, so ist diese entschieden zu verneinen, indem dasselbe weder Eigenthum, noch Forderungen, noch Schulden haben kann; da es also keine Person ist, die einer Vertretung empfänglich und bedürftig wäre, so kann es auch keinen Tutor haben, und nicht Pupill genannt werden (c). — Die Fiction dagegen bezieht sich vorsorgend auf das bevorstehende wirkliche Leben des Kindes, und zwar auf zweyerley Weise: theils durch Anstalten, wodurch dieses Leben schon gegenwärtig vor der Vernichtung geschützt werde; theils durch Anweisung von Rechten, in welche das Kind gleich bey seiner Geburt eintreten könne. Überall also beschränkt sich diese Fiction auf den eigenen Vortheil des Kindes, und kein Anderer darf dieselbe für sich benutzen (d).

Die Anstalten zum Schutz des Lebens sind theils criminalrechtlich, theils polizeylich. — Criminalstrafen wer-

(c) *L.* 161 *de V. S.* (50. 16.). „Non est pupillus qui in utero est." — *L.* 20 *pr. de tutor. et curat.* (26. 5.). „Ventri tutor a magistratibus populi Romani dari non potest, curator potest: nam de curatore constituendo edicto comprehensum est."

(d) *L.* 231 *de V. S.* (Note b). — *L.* 7 *de statu hom.* (1. 5.). „Qui in utero est, perinde ac si in rebus humanis esset, custoditur, quoties de commodis ipsius partus agitur: quamquam alii, antequam nascatur, nequaquam prosit." — Wenn also eine Frau zwey Kinder hatte, dann wieder schwanger wurde, und nun

den gedroht sowohl der Mutter des Kindes, welche dessen Leben vor der Geburt zerstört (e), als dem Fremden, der dazu mitwirkt (f). — Zu den polizeylichen Anstalten für die Lebenserhaltung gehört das königliche Gesetz, welches, bey dem Tode einer schwangeren Frau, die Öffnung des Leichnams zur Rettung des Kindes vorschreibt (g): ferner die späteren Vorschriften, nach welchen die Hinrichtung und selbst die Folter einer schwangeren Frau bis nach der Niederkunft verschoben werden sollen (h).

Wichtiger für unsren Zweck ist die privatrechtliche Vorsorge für den künftigen Menschen, wodurch ihm Rechte auf die Zeit seiner Geburt gleichsam aufbewahrt werden (i). Diese Vorsorge bezieht sich theils auf dessen Standesverhältnisse, theils auf die Erbfolge. — Der Stand eines in rechter Ehe erzeugten Kindes richtet sich nach der Zeit der Erzeugung, so daß der ihm damals vorbestimmte Stand durch Veränderungen, die sich in der Person des Vaters oder der Mutter während der Schwangerschaft ereignen, nicht gefährdet werden kann (k). Wenn daher in dieser Zwischenzeit die Mutter ihre Freyheit oder Civi-

ein Kind verlor, so konnte sie dasselbe nicht ex Sc. Tertulliano beerben, was sie gekonnt hätte, wenn sie das ungeborne hätte mitrechnen dürfen.

(e) *L.* 4 *de extr. crim.* (47. 11.). — *L.* 8 *ad L. Corn. de sicar.* (48. 8.). — *L.* 39 *de poenis* (48. 19.).

(f) *L.* 38 § 5 *de poenis* (48. 19.)

(g) *L.* 2 *de mortuo inferendo* (11. 8.).

(h) *L.* 18 *de statu hom.* (1. 5.). — *L.* 3 *de poenis* (48. 19.).

(i) *L.* 3 *si pars* (5. 4.). „Antiqui libero ventri ita prospexerunt, ut in tempus nascendi omnia ei jura integra reservarent.“

(k) Gajus I. § 89 — 91.

tät verlor, so wurde darum nicht minder das Kind als Römischer Bürger und in der Gewalt seines Vaters geboren (l). Eben so hatte der von einem Senator in rechter Ehe erzeugte Sohn alle Rechte, die den Kindern der Senatoren gesetzlich angewiesen waren, selbst wenn der Vater vor der Geburt starb oder seiner Würde entsetzt wurde (m). — Dagegen sollte der Stand der nicht in rechter Ehe erzeugten Kinder nach der Zeit der Geburt bestimmt werden (n), so daß sich dabey jener Grundsatz der Aufbewahrung von Rechten nicht wirksam zeigen konnte. Jedoch hatte man schon frühe zur Begünstigung der Kinder die Regel angenommen, daß überall derjenige Zeitpunkt zur Beurtheilung ihrer Standesverhältnisse ausgewählt werden sollte, der ihnen am meisten Vortheil brächte: sey es die Zeit der Zeugung oder der Geburt, oder selbst irgend ein mittlerer Zeitpunkt (o).

Vorzüglich wichtig zeigt sich jener Grundsatz im Erbrecht. Wird während der Schwangerschaft eine Erbschaft eröffnet, die dem Kinde, wenn es schon geboren wäre, zufallen würde, so wird ihm sein Erbrecht bis zur Zeit der Geburt aufbewahrt, und kann nun in seinem Namen geltend gemacht werden (p). Diese wichtige Regel gilt

(l) *L.* 18. 26 *de statu hom.* (1. 5.).

(m) *L.* 7 § 1 *de senatoribus* (1. 9.).

(n) GAJUS I. c.

(o) *pr. J. de ingenuis* (1. 4.). — So z. B. wenn die Mutter zur Zeit der Geburt Sklavin war, zur Zeit der Erzeugung aber, oder auch nur in der Zwischenzeit, frey, so war das Kind freygeboren.

(p) *L.* 26 *de statu hom.* (1. 5.). — *L.* 3 *si pars* (5. 4.). — *L.* 7 *pr. de reb. dub.* (34. 5.). — *L.* 36 *de solut.* (46. 3.). — Eben so wurde das Patronatrecht des

sowohl für das Civilrecht, als für das prätorische Recht, ja der Prätor hat für diesen Fall sogar eine eigenthümliche bonorum possessio ventris nomine eingeführt, wodurch der Mutter, zu ihrer und mittelbar zu des Kindes Erhaltung, einstweilen der Genuß der Erbschaft angewiesen werden kann (q). — Da es nun aber ungewiß ist, ob Ein Kind oder mehrere Kinder geboren werden, so wird einstweilen angenommen, es könnten wohl Drey zur Welt kommen: dieses betrifft jedoch nur die vorläufige Behandlung der bereits Gebornen, nicht die Rechtsfähigkeit der Ungebornen: wird also durch die nachfolgende Geburt eine kleinere oder größere Zahl von Kindern, als die einstweilen vermuthete, zur Welt gebracht, so verliert jene Vermuthung ihre Kraft, und es wird nun die Erbfolge nach dem wirklichen Erfolg beurtheilt (r).

Zur Wahrung dieser dem Kinde aufbewahrten Rechte wird ihm ein besonderer Curator ernannt, da ein Tutor, wie oben bemerkt, nicht eintreten kann (s).

verstorbenen Vaters behandelt, das nicht eigentlich Erbschaft, jedoch der Erbschaft ähnlich war. *L.* 26 *cit.*

(q) Tit. Dig. de ventre in poss. mittendo et curatore ejus (37. 9.).

(r) *L.* 3. 4 *si pars* (5. 4.). *L.* 7 *pr. de reb. dub.* (34. 5.). *L.* 36 *de solut.* (46. 3.). — Auf jene billige Regel stellte sich die Römische Praxis fest, nachdem man lange geschwankt hatte, zum Theil irre gemacht durch manche fabelhafte Erzählungen. Am meisten Aufsehen machte die Niederkunft einer Frau mit Fünf Kindern unter Hadrians Regierung: deswegen blieb man am längsten zweifelhaft zwischen der Vermuthung von Drillingen oder Fünflingen.

(s) *L.* 20 *de tutor. et cur.* (Note c). — Tit. Dig. de ventre in poss. (Note q).

§. 63.

Gränzen der natürlichen Rechtsfähigkeit. II. Ende.

Der Tod, als die Gränze der natürlichen Rechtsfähigkeit, ist ein so einfaches Naturereigniß, daß derselbe nicht, so wie die Geburt, eine genauere Feststellung seiner Elemente nöthig macht. Nur allein die Schwierigkeit des Beweises hat hierin einige positive Rechtsregeln veranlaßt.

In größter Ausdehnung pflegt diese Schwierigkeit einzutreten in Folge blutiger Kriege, und die Gesetze einzelner Länder haben darüber in neueren Zeiten ausführliche Regeln aufgestellt. Das Römische Recht enthält darüber keine Bestimmungen, und auch eine ergänzende Gewohnheit ist für diesen besondern Fall in unsrem gemeinen Recht nicht hinzugetreten.

Auch außer diesem Fall aber, also ohne Unterschied des Friedens und des Krieges, kann die Frage eintreten, ob ein Verschollener, das heißt ein solcher, von dessen Leben in seinem letzten bekannten Wohnort seit langer Zeit keine Nachricht eingegangen ist, noch am Leben sey. Auch in dieser allgemeineren Gestalt kommt die Frage im Römischen Recht nicht vor, allein hierüber hat sich in der

That ein Gewohnheitsrecht gebildet, welches man seit mehreren Jahrhunderten als allgemein anerkannt betrachten darf. Es wird nämlich der Tod des Verschollenen vermuthet, wenn seit der erweislichen Geburt desselben Siebenzig Jahre verflossen sind, zu welcher Vermuthung die Stelle der Psalmen (XC. 10): Unser Leben währet Siebenzig Jahr, Veranlassung gegeben hat (a). War der Verschollene schon Siebenzig Jahre alt zur Zeit seiner Entfernung, so pflegt man Fünf Jahre nach der Entfernung den Tod anzunehmen (b). Dieses ist die natürliche und consequente Anwendung jener Regel, indem nun die Entstehung einer Vermuthung überhaupt, und der Zeitpunkt auf den diese Vermuthung hinweist, ganz zusammen fallen. Manche haben ohne Grund Beides dergestalt trennen wollen, daß der Tod zwar erst zu vermuthen sey nach Ablauf des Siebenzigsten Lebensjahres, daß aber bey dem Eintritt dieser Bedingung angenommen werde, der Verschollene sey nicht erst jetzt verstorben, sondern schon im Augenblick seiner Entfernung, oder (wie Andere wollen) zu der Zeit, als für sein Vermögen ein Curator ernannt wurde (c). Umgekehrt wollen Andere den Tod annehmen,

(a) Lauterbach V. 3 § 24. Leyser Spec. 96. Glück B. 7 § 562. B. 33 § 1397 c. Hofacker T. 2 § 1682. Heise und Cropp juristische Abhandlungen B. 2 Num. IV. (S. 118). — Bey diesen Schriftstellern finden sich viele Andere aus verschiedenen Zeiten angeführt.

(b) Glück a. a. O.

(c) Glück a. a. O., Heise und Cropp a. a. O. — Die Frage kommt hauptsächlich vor bey der

nicht mit dem Ablauf der Siebenzig Jahre seit der erweislichen Geburt, sondern erst wenn ein rechtskräftiges Erkenntniß die Todeserklärung ausgesprochen hat. Sie berufen sich darauf, daß die übliche Edictalladung außerdem nicht blos zwecklos, sondern selbst absurd seyn würde. Allein diese Ladung ist dazu bestimmt, wo möglich die Präsumtion durch erlangte Gewißheit entbehrlich zu machen. Gelingt dieses, so entscheidet die alsdann erkannte Wahrheit; mislingt es, so muß die volle Wirkung der Präsumtion eintreten. Das richterliche Erkenntniß ist blos declaratorisch, und kann das Rechtsverhältniß selbst nicht ändern; es setzt außer Zweifel, sowohl den Ablauf der Siebenzig Jahre, als die Erfolglosigkeit der Edictalladung. Es wäre aber ganz willkührlich und grundlos, wenn durch zufällige, oder sogar durch absichtliche, Verzögerung der Todeserklärung andere Erben herbeygeführt werden könnten, als die welche bey Ablauf der Siebenzig Jahre den nächsten Anspruch hatten (d). — Diese allgemeinere Vermuthung ist denn nach gemeinem Recht die einzige

Beerbung des Verschollenen. Dabey wird die hier angenommene Meynung als Successio ex nunc bezeichnet, die entgegengesetzte als Successio ex tunc.

(d) Für die hier vertheidigte Meynung vgl. Glück und Heise a. a. O.; ferner Mittermaier deutsches Privatrecht § 418 ed 5. Für die entgegengesetzte Meynung Eichhorn deutsches Privatrecht § 327 ed. 4, Vangerow Pandekten I. S. 57. — Das Preußische A. L. R. II. 18 § 835 sieht zwar auf die Zeit des Erkenntnisses, jedoch nur wenn vor 70 Jahren der Tod angenommen werden soll, denn von diesem Alter an ist keine Todeserklärung nöthig. L. R. I. 1. § 38.

Aushülfe auch für den besonderen, oben erwähnten, Fall des Krieges.

Nur Ein hierher gehörender besonderer Fall ist im Römischen Recht beachtet worden. Wenn es von zwey Menschen gewiß ist, nicht nur daß sie verstorben sind, sondern auch daß ihr Tod an einem und demselben bestimmten Tage eingetreten ist, so kann es noch immer ungewiß, und dennoch (besonders für die Erbfolge) zu wissen wichtig seyn, wie diese beiden Todesfälle der Zeit nach zu einander stehen. Es sind nämlich dabey die drey Fälle denkbar: daß der Eine vor dem Andern, oder nach dem Andern, oder gleichzeitig mit dem Andern, verstorben sey. Wenn nun in einem solchen Fall keines dieser drey Zeitverhältnisse erwiesen werden kann, und wenn zugleich eine äußere, gewaltsame Ursache (Schlacht, Schiffbruch, Einsturz eines Hauses) den Tod beider Personen herbeygeführt hat, so stellt das Römische Recht folgende Vermuthungen auf, welche die Stelle eines Beweises vertreten sollen:

1) Im Allgemeinen wird angenommen, Beide seyen in einem und demselben Augenblick umgekommen (e).

2) Eine Ausnahme gilt für den gemeinschaftlichen gewaltsamen Tod eines Kindes mit seinem Vater oder mit seiner Mutter. War das Kind unmündig, so wird dessen

(e) *L.* 9 *pr.* § 3. *L.* 16. 17. 18 *de reb. dub.* (34. 5.). — *L.* 34 *ad Sc. Trebell* (36. 1.). — *L.* 32 § 14 *de don. int. vir.* (24. 1.). — *L.* 26 *de mortis causa don.* (39. 6.).

früherer Tod, war es mündig, so wird dessen späterer Tod vermuthet, so daß in allen Fällen dieser Art die Vermuthung des gleichzeitigen Todes ausgeschlossen ist (f).

3) Diese Ausnahme aber ist wiederum durch zwey speciellere Ausnahmen beschränkt.

a) Wenn ein Freygelassener gemeinschaftlich mit seinem Sohne umkommt, so tritt die allgemeinere Regel ein, das heißt es wird gleichzeitiger Tod vermuthet, so daß nicht etwa das Überleben des Sohnes, selbst wenn er mündig wäre, angenommen werden soll. Der Grund liegt in einer Begünstigung des Patrons, dessen Erbansprüche durch den erweislich überlebenden Sohn beschränkt werden würden (g).

b) Ganz dasselbe ist vorgeschrieben für den Fall, da ein Testator seinem Erben ein Fideicommiß auferlegt unter der Bedingung „si sine liberis decesserit." Wenn dieser Erbe mit seinem einzigen Sohn durch Schiffbruch umkommt, so wird gleichzeitiger Tod allgemein vermuthet, also auch wenn der Sohn mündig war; daraus wird gefolgert, daß der Sohn den Vater nicht überlebte, folglich das Fideicommiß schlechthin ausgezahlt werden muß, weil

(f) *L.* 9 § 1. 4 *de reb. dub.* (34. 5) vom Vater. — *L.* 22. 23 *eod. L.* 26 *pr. de pactis dotal.* (23. 4.) von der Mutter. — In *L.* 9 § 1 cit. ist die Rede vom Tod im Kriege, woraus von selbst folgt, daß der Sohn als mündig gedacht seyn muß.

(g) *L.* 9 § 2 *de reb. dub.* (34. 5) „... hoc enim reverentia patronatus suggerente dicimus." Hier wird also das Singuläre dieser Bestimmung ausdrücklich anerkannt.

dessen Bedingung (der Tod ohne überlebende Kinder) in Folge jener Vermuthung wirklich eingetreten ist (h).

(h) *L.* 17 § 7 *ad Sc. Treb.* (36. 1.). — Ausführlich und mit vielem Scharfsinn wird diese ganze Frage behandelt von Mühlenbruch, Archiv B. 4 Num. 27 (vgl. doctrina Pand. § 185). Er weicht von der hier gegebenen Darstellung darin ab, daß er annimmt, die Vermuthung des früheren Todes der Unmündigen gründe sich auf ihre im Allgemeinen größere Mortalität; daher gelte sie auch im Verhältniß zu anderen Personen als zu den Eltern, und auch außer dem Fall des gewaltsamen, durch gemeinsames Unglück herbeygeführten Todes. — Hier wird also angenommen, die beiden exceptionellen Vermuthungen (für Mündige und Unmündige) seyen ganz ungleichartig, und aus ganz verschiedenen Gründen abgeleitet. Allein eine unbefangene Betrachtung der Quellen muß uns gerade umgekehrt überzeugen, daß beide Vermuthungen als ganz gleichartig gedacht, besonders aber daß sie nur auf Fälle der angegebenen Art (Tod der Eltern und Kinder, bey gemeinsamem Unglück) bezogen werden. Vgl. Vangerow Pandekten I. S. 58.

§. 64.

Einschränkung der Rechtsfähigkeit. Einleitung.

Es sind nunmehr die Fälle anzugeben, worin die natürliche, allen einzelnen Menschen zukommende Rechtsfähigkeit durch unser positives Recht eingeschränkt worden ist. Solche Einschränkungen haben die Bedeutung, daß gewisse Menschen entweder zu allen, oder doch zu manchen Rechten unfähig seyn sollen. Um für diese verschiedenen Abstufungen einen gemeinsamen Ausdruck zu gewinnen, wollen wir einen solchen Zustand als verminderte Rechtsfähigkeit bezeichnen, worunter also auch die gänzlich vernichtete mit begriffen ist.

Das Römische Recht kennt drey verschiedene Gründe verminderter Rechtsfähigkeit: Unfreyheit, Mangel der Civität, und Abhängigkeit von eines Andern Familiengewalt. Darauf beziehen sich also folgende drey Eintheilungen aller Menschen:

1) Liberi, Servi; mit der Untereintheilung der Liberi in Ingenui und Libertini.

2) Cives, Latini, Peregrini.

3) Sui juris, alieni juris.

Das Eigenthümliche aber dieser drey Eintheilungen der Menschen besteht nicht etwa in ihrer allgemeinen, alle anderen Unterschiede übertreffenden Wichtigkeit, sondern darin, daß durch sie der verschiedene Grad der Rechtsfähigkeit jedes einzelnen Menschen bestimmt wird; in dieser Beziehung stehen sie ganz allein, und kein anderer Unterschied kann mit ihnen verglichen werden.

Diese Lehre hat ihren Ursprung in der ältesten Zeit des Römischen Rechts, und wenngleich auch sie im Lauf der Jahrhunderte manche Umbildung erfahren hat, so hat sie sich dennoch in ihren Grundzügen dergestalt erhalten, daß wir sie selbst in das neueste Recht nach allen Seiten hin verwebt finden. Auch für uns ist eine genaue Einsicht in dieselbe wichtig, ja unentbehrlich. Nicht als ob noch Vieles aus derselben unmittelbar angewendet werden könnte, sondern aus zwey anderen, in einander greifenden, Gründen. Die Quellen des Römischen Rechts sind nämlich durchaus nur Demjenigen verständlich, der sich jene Lehre in ihrer vollständigen Ausbildung so angeeignet hat, daß ihm bey jeder Stelle des Römischen Rechts die Beziehungen derselben auf jene alte Lehre (wo solche vorkommen) von selbst vorschweben. Auch drängt sich uns diese Überzeugung so ungesucht auf, daß selbst diejenigen unter den neueren Juristen, welche das geschichtliche Recht gering schätzen, und nur das praktische ihrer Bemühungen werth achten, es dennoch nicht lassen können, die erwähnte Lehre und die damit zusammenhängende Kunstsprache ihren Darstellungen einzumischen. An ihnen aber rächt sich ihre Einseitigkeit, indem ihnen das, was sie gründlich zu erforschen verschmähten, nun zu einer Quelle zahlloser Irrthümer wird. Solche Irrthümer, entsprungen aus der übel verstandenen Lehre von der Rechtsfähigkeit, sind in den neueren Rechtssystemen verbreiteter und befestigter, als man glauben sollte; ja sie sind selbst bis in neuere Gesetzgebungen eingedrungen. Wie anders können wir uns nun von der Herrschaft dieser verwirrenden Irrthümer befreyen, als indem wir eigene, gründliche Forschung an die Stelle der zu wenig geprüften Überlieferungen setzen? Hierin also liegt der zweyte Grund, der uns eine genaue Feststellung jener alten Lehre des Römischen Rechts unentbehrlich macht.

Um den eben erwähnten unkritischen Einflüssen zu entgehen, will ich einstweilen von der bisher üblichen Behandlung dieses Gegenstandes ganz absehen, auch sogar alle Kunstausdrücke, ächte oder unächte, vermeiden, und zunächst die reinen Rechtsregeln aufstellen, wie wir sie in unsren Quellen angegeben finden; dann erst wird es möglich seyn, auch die Kunstausdrücke kritisch festzustellen. Die Neueren bezeichnen sehr allgemein die oben angegebenen drey Unterschiede der Menschen mit den Kunstausdrücken status libertatis, civitatis, familiae; was daran wahr oder falsch ist, wird sich erst klar machen lassen, nachdem die Begriffe und Rechtsregeln selbst außer Zweifel gesetzt seyn werden. Ferner steht mit jenen drey Unterschieden in unverkennbarer Beziehung eine dreyfache Capitis deminutio, die von den alten Juristen in so vielen Stellen ganz gleichförmig erwähnt wird, daß wir darin uralte Rechtsbegriffe und Kunstausdrücke nicht bezweifeln dürfen. Aber welches die eigentliche Beziehung ist zwischen jenen drey Gründen verminderter Rechtsfähigkeit und der dreyfachen Capitis deminutio, das wird sich erst in Folge einer Untersuchung darthun lassen, die zu den schwierigsten im Gebiete des geschichtlichen Rechts gehört.

Die Rechtsregeln, womit wir uns hier beschäftigen, betreffen die verschiedenen Stufen der Rechtsfähigkeit. Um diesen Gegenstand der aufzustellenden Regeln klar übersehen zu lassen, ist es nöthig, gleich im Eingang an zwey schon oben abgehandelte Stücke zu erinnern. Das eine ist der Gegensatz zwischen jus civile und jus gentium (§ 22); die Verminderung der Rechtsfähigkeit kann sich bald auf das erste allein (als auf das vornehmere und wichtigere), bald auf beide zugleich beziehen. — Ferner kann sowohl die Rechtsfähigkeit selbst, als die Verminderung derselben, auf jede der oben aufgestellten Klassen von Rechtsverhältnissen (§ 53—57) Beziehung haben, wodurch dieselbe, wie es scheint, in schwer zu übersehende Einzelnheiten hineingezogen werden müßte. Allein es haben sich im Römischen Recht von sehr alter Zeit her zwey Hauptbegriffe gebildet, die durch die Kunstausdrücke Connubium und Commercium bezeichnet werden, und wodurch die Übersicht der Rechtsfähigkeit in ihren verschiedenen Stufen sehr erleichtert wird. Connubium heißt zunächst die Fähigkeit zu einer Römisch gültigen Ehe, sowohl absolut, für eine einzelne Person an sich betrachtet, als relativ, für das wechselseitige Verhältniß zweyer Personen zu einander (a). Da aber von einer solchen Ehe die Möglichkeit der väterlichen Gewalt, von dieser wieder die Römische Verwandtschaft, und endlich von dieser die alte Intestaterbfolge abhängt, so ist es einleuchtend, welche Wichtigkeit jenem Kunstausdruck zugeschrieben werden muß, indem dadurch, daß einer Person Connubium beygelegt oder abgesprochen wird, der Umfang ihrer Rechtsfähigkeit großentheils bezeichnet ist. — Auf ähnliche Weise heißt Commercium zunächst nur die Fähigkeit zu kaufen oder zu verkaufen, jedoch so, daß dieser Kunstausdruck nicht auf den gewöhnlichen Kauf des täglichen Verkehrs bezogen wird, sondern auf den symbolischen Kauf, der den Namen der Mancipation führt (b). Da aber diese nur Bedeutung hat als die älteste und üblichste Veräußerungsform des Römischen Eigenthums, so ist eigentlich die Fähigkeit zu dieser vollständigsten Art des Eigenthums dadurch bezeichnet: also auch die Fähigkeit zu der in jure cessio, der Usucapion, und der strengen Vindication. In fernerer Entwicklung aber umfaßt jener Kunstausdruck zugleich die Fähigkeit zu Servituten (welche, eben so, wie das Eigenthum, juris quiritium sind): ferner die Fähigkeit zu manchen Arten der Obligationen (c): endlich aber, und ganz vorzüglich, die testamentifactio, das heißt die Grundbedingung für die Fähigkeit, ein Testament oder einen Codicill zu errichten, zum Erben, Legatar oder Fidei-

(a) Ulpian. Tit. 5 § 3, vergl. § 4. 5. 6. 8.

(b) Ulpian. Tit. 19 § 4. 5.

(c) Gajus III. § 93. 94.

commissar ernannt zu werden, und Zeuge bey einem letzten Willen zu seyn (d). — So umfassen also jene beiden Kunstausdrücke den größten und wichtigsten Theil der Rechtsfähigkeit überhaupt (e). Jedoch dürfen alle diese Sätze nur unter einer wichtigen Einschränkung aufgefaßt werden. Die Fähigkeit, welche einer Person durch die Anwendung jener Ausdrücke beygelegt oder abgesprochen werden soll, bezieht sich nur auf die dem jus civile angehörenden Rechtsinstitute, so daß sie für das Gebiet des jus gentium keine Bedeutung haben. Wird daher einer Person das Connubium abgesprochen, so kann die Fähigkeit zu einer Ehe und Verwandtschaft nach jus gentium sehr wohl daneben bestehen; eben so, wie Derjenige, welcher das Commercium entbehrt, darum nicht minder zu einem Eigenthum nach jus gentium fähig seyn kann (f).

(d) Ulpian. Tit. 20 § 8. 14 Tit. 22 § 1. 2. Tit, 25 § 4. 6. — Gajus II. § 285. — *L.* 3. 8. 9. 11. 13. 19 *qui test.* (28. 1.). — *L.* 6 § 3. *L.* 8 § 2 *de j. codic.* (29. 7.). — *L.* 49 § 1 *de her. inst.* (28. 5.). — § 24 *J. de legatis* (2. 20.). — *L* 18 *pr. qui test.* (28. 1.). § 6 *J. de test. ord.* (2. 10.).

(e) Im Allgemeinen kann man sagen, das Connubium entspreche der Fähigkeit in der Familie, das Commercium der Fähigkeit im Vermögen. Nur ist dabey wohl zu bedenken, daß diejenigen Theile der künstlichen Familienverhältnisse, welche sich an ein Vermögensverhältniß als Folgen desselben anschließen (§ 57), hierin die Natur des Vermögens, nicht der Familie, theilen. So z. B. hatte der Latinus Commercium ohne Connubium (§ 66): dennoch war er fähig zur Herrschaft über Sklaven und über ein Mancipium, zum Patronat, zur testamentarischen und Dativtutel, so wie zu der Gewalt über Colonen.

(f) Die praktische Anwendung hat sich bey den einzelnen Klassen der Rechtsverhältnisse, so wie es das Bedürfniß mit sich führte, ganz verschieden entwickelt. Bey dem Eigenthum erhielt sich der formelle Grundsatz, daß nur gewisse Stände (cives und Latini) des Römischen Eigenthums fähig seyen, bis auf Justinian, der ihn aufhob: allein die Wichtigkeit des Unterschieds zwischen Römischem und natürlichem Eigenthum hatte längst aufgehört. In den Obligationen war man durch das Bedürfniß eines ausgedehnten Verkehrs schon sehr frühe genöthigt, alle Stände zuzulassen, so daß sich hier die alte Strenge nur noch im Andenken erhielt theils in einem geringen Überrest von Fällen (Note c), theils in einer bloßen Formalität des Prozesses (Gajus IV. § 37). Am reinsten erhielt sich die alte Strenge bey den Testamenten, weil da die Freyheit des Verkehrs keine Umbildung der alten Regeln nöthig machte, so daß hier der strenge Grundsatz auch noch im Justinianischen Recht unverändert festgehalten wird (Note d).

§. 65.

Einschränkung der Rechtsfähigkeit. I. Unfreyheit.

Alle Menschen, sagen die Römer, sind entweder frey oder unfrey (aut liberi aut servi); diese Eintheilung kommt hier nur nach ihrem vorzüglich wichtigen Einfluß auf die Rechtsfähigkeit in Betracht (a).

Dem Sklaven nämlich wird eine allgemeine Rechtsunfähigkeit zugeschrieben, und zwar nicht blos für die Institute des eigentlichen Civilrechts, sondern auch für die des prätorischen, und die des jus gentium (b). In dieser

(a) Allerdings bietet das Sklavenrecht auch noch mehrere andere wichtige Seiten dar, die jedoch in dem gegenwärtigen Werk, nach dessen Plan, keine Stelle finden können. Dahin gehört weniger das, was bey anderen Rechten so wichtig ist, die genaue Bestimmung des Inhalts und Umfangs des Rechtsverhältnisses: denn das ganz uneingeschränkte Recht des Herrn macht hierin jede specielle Bestimmung überflüssig. Dagegen war es wichtig, die Entstehungsart des Verhältnisses genau zu bestimmen, und darüber sind hier nur folgende Hauptsätze anzugeben. Die regelmäßige Entstehung ist die durch Geburt: jedes Kind wird frey oder als Sklave geboren, je nachdem die Mutter eine Freye oder Sklavin ist. Der Freye aber kann ferner Sklave werden: erstlich durch Gefangennehmung in einem wahren Kriege; zweytens in einigen Fällen zur Strafe. Dagegen ist es unmöglich durch freyen Willen, also durch Vertrag.

(b) *L.* 20 § 7 *qui testam.* (28. 1.). „Servus quoque merito ad solemnia adhiberi non potest, *cum juris civilis communionem non habeat in totum, ne Praetoris quidem edicti.*" — *L.* 32 *de R. J.* (50 17.). „*Quod attinet ad jus civile, servi pro nullis habentur:* non tamen et jure naturali, quia quod ad jus naturale attinet, omnes homines aequales sunt." Zur Erklärung des jus naturale in dieser letzten (von Ulpian herrührenden) Stelle ist die Beylage II. zu vergleichen. — In beiden Stellen ist vom jus gentium nicht ausdrücklich die

letzten Beziehung also fehlte dem Sklaven nicht etwa blos das Connubium und das Commercium, sondern es war ihm die Möglichkeit jeder Ehe und Verwandtschaft überhaupt versagt (c), so wie die Möglichkeit des Eigenthums jeder Art, des natürlichen nicht minder wie des streng Römischen. Da nun außerdem die potestas des Herrn über den Sklaven die Wirkung hat, daß der Sklave dem

Rede, indessen lassen die im Text angeführten unbestrittenen Anwendungen keinen Zweifel, daß sich auch darauf die Unfähigkeit erstreckte. Um aber Misverständnissen vorzubeugen, will ich darüber noch Folgendes bemerken. Die Römer schreiben einstimmig die Entstehung der Sklaverey überhaupt dem jus gentium zu (*L.* 4 *de just. et jure. L.* 1 § 1 *de his qui sui.* GAJUS I. § 52); die Repräsentation des Herrn durch den Sklaven setzen sie wahrscheinlich nicht in das jus gentium, sondern in das jus civile (Recht des Besitzes § 7. S. 82 der 6. Ausg.); wohin sie die Rechtsunfähigkeit an sich setzen, darüber fehlt jedes Zeugniß, indessen scheint es mir natürlicher anzunehmen, daß auch diese, eben so wie die Repräsentation, aus dem jus civile abgeleitet wurde, besonders da noch so manche ganz positive Modificationen derselben unten vorkommen werden. War nun dieses wirklich die herrschende Ansicht, so darf es darum doch nicht als Inconsequenz getadelt werden, wenn diese durch das jus civile begründete Unfähigkeit auch auf die Gemeinschaft des jus gentium hemmend einwirkte, so daß z. B. der Sklave nicht einmal einer natürlichen Verwandtschaft fähig war. Die Annahme dieses Verhältnisses wird vielmehr theils durch die allgemeine Natur des jus gentium gerechtfertigt (§ 22), theils durch unzweifelhafte Analogien bestätigt, indem z. B. eine gegen die Verbotsgesetze des jus civile geschlossene Ehe gar nicht als Ehe betrachtet wird, nicht einmal als eine nach jus gentium wirksame (§ 12 *J. de nuptiis* 1. 10.).

(c) *L.* 1 § 2 *unde cogn.* (38. 8.). „.. nec enim facile ulla servilis videtur esse cognatio." — *L.* 10 § 5 *de gradibus* (38. 10.) „ad Leges serviles cognationes non pertinent" (vorher war gesagt worden, der gemeine, nichtjuristische Sprachgebrauch nehme auch bey Sklaven Verwandtschaften an). — Erst Justinian hat diese Unfähigkeit in ihren Wirkungen auf die nach der Freylassung eintretende Erbfolge modificirt. § 10 *J. de grad. cogn.* (3. 6.).

Herrn Vermögen jeder Art zu erwerben fähig und gezwungen ist, so liegt es sehr nahe, die Rechtsunfähigkeit des Sklaven als eine bloße Folge dieser unfreywilligen Repräsentation des Herrn anzusehen, folglich aus der potestas abzuleiten. Auch lassen sich in der That viele Anwendungen der Rechtsunfähigkeit auf diese Weise befriedigend erklären; denn wenn der Sklave durch Mancipation oder Stipulation seinem Herrn Rechte erwarb, so konnte er dadurch nicht selbst Eigenthümer oder Creditor werden. Dennoch ist diese Ableitung im Ganzen zu verwerfen, indem die Rechtsunfähigkeit viel weiter geht, als jene Repräsentation, folglich eine ganz selbständige Natur hat, wie sich von zwey Seiten her unwidersprechlich darthun läßt. Denn erstens bezieht sich die Repräsentation nur auf den Erwerb von Vermögensrechten, der Sklave würde also dadurch nicht gehindert seyn, eine Ehe zu führen, und Verwandte zu haben, wozu er jedoch ganz unfähig ist. Zweytens gab es herrenlose Sklaven, die also unter keiner potestas standen, und keinen Menschen durch erwerbende Handlungen repräsentirten, und dennoch ganz eben so rechtsunfähig waren, als alle anderen (d). — Nach dem Sprachgebrauch der neueren Juristen möchte man erwarten, daß den Sklaven, wegen dieser allgemeinen Rechtlosigkeit, auch die Benennung persona gänzlich

(d) Über die dahin gehörenden Fälle s. o. § 55 Note a. Die Rechtsunfähigkeit der herrenlosen Sklaven ist besonders deutlich anerkannt in *L.* 36 *de stip. serv.* (45. 3.).

versagt werden würde, so daß dieser Ausdruck als die besondere Bezeichnung des rechtsfähigen Menschen anzusehen wäre. Allein die Römer gebrauchen gewöhnlich den erwähnten Ausdruck für jeden einzelnen Menschen ohne Unterschied, namentlich auch für die Sklaven (e).

Es sind nun noch die wenigen Ausnahmen anzugeben, wodurch die Rechtlosigkeit der Sklaven beschränkt war (f). — Die wichtigste derselben bestand in einem theils strafrechtlichen, theils polizeylichen Schutz der Sklaven gegen unmenschliche Behandlung. Ein solcher Schutz war dem älteren Rechte völlig fremd. Als aber durch die großen Eroberungskriege die Zahl der Sklaven über alles Maaß hinaus stieg, wurde man durch blutige Erfahrung inne, wie gefährlich eine ganz schonungslose Behandlung dieser durch ihre Menge mächtigen Menschenklasse sey. So kam man allmälig dazu, als feste Regel aufzustellen, daß ein

(e) *L.* 215 *de V. S.* (50. 16.) „.. in persona servi dominium." — *L.* 22 *pr. de R. J.* (50. 17.). „In personam servilem nulla cadit obligatio." — *L.* 6 § 2 *de usufr.* (7. 1.). — Gajus I. § 120. 121. 123. 139. — Erst in späterer Zeit wird diese Bezeichnung den Sklaven ausdrücklich abgesprochen. So z. B. Nov. Theod. Tit. 17. „Servos .. quasi nec personam habentes." Vergl. Schilling Institutionen B. 2 § 24 Note g.

(f) Unter diese Ausnahmen gehört nicht die Fähigkeit der Sklaven, eine Mancipation zu empfangen, zu stipuliren, in einem Testament zu Erben oder Legataren ernannt zu werden; denn sie waren hierin nur Instrumente für den Erwerb ihres Herrn, so daß diese Fähigkeit die Rechtlosigkeit der Sklaven um gar Nichts vermindert. — Anders verhält es sich mit der den Staatssklaven ertheilten Vergünstigung, über die Hälfte ihres Peculiums zu testiren (Ulpian. XX. § 16); das war eine wirkliche Anomalie, wodurch diese Klasse der Sklaven dem Zustand der Freyen näher gebracht werden sollte.

grausamer Herr nicht nur gezwungen werden könne, den mishandelten Sklaven zu verkaufen, sondern auch criminell zu bestrafen sey. Insbesondere wurde die Tödtung selbst des eigenen Sklaven, wenn dazu ein hinreichender Grund fehlte, der Tödtung eines freyen Menschen gleich bestraft (g). Streng genommen lag in diesen Einschränkungen der sonst gränzenlosen Herrengewalt kein dem Sklaven verliehenes Recht, aber es wirkte auf die Verbesserung des Zustandes der Sklaven eben so vortheilhaft, wie wenn es ein solches Recht gewesen wäre.

Im Privatrecht finden sich folgende Ausnahmen. Die aus dem Sklavenstand herrührende Verwandtschaft sollte, bey nachher erworbener Freyheit, in der einzigen Beziehung auf die Eheverbote beachtet werden (h), während eine Erbfolge darauf niemals gegründet werden konnte (Note c). Der Grund lag ohne Zweifel darin, daß die Verwandtschaft bey den Eheverboten als ein rein menschliches, nicht juristisches, Verhältniß gedacht wird. — Die Unfähigkeit zum Eigenthum und anderen dinglichen Rechten war durch keine bekannte Ausnahme beschränkt. — Ganz anders verhielt es sich aber bey den Obligationen;

(g) Gajus I. § 53. — § 2 *J. de his qui sui* (1. 8.). — *L.* 1 § 2. *L.* 2 *de his qui sui* (1. 6.). — *L.* 1. § 8 *de off. praef. urbi* (1. 12.). — *L.* 1 § 2 *ad L. Corn. de sic.* (48. 8.). — *L. un. C. de emend. servor.* (9. 14.) — *Coll. LL. Mos. et Rom.* Tit. 3 § 2. 3. 4. — Vgl. Zimmern Rechtsgeschichte I. § 180, wo sich noch mehrere Stellen gesammelt finden. — Unter dasselbe Princip fällt auch die Regel der *L.* 15 § 35 *de injur.* (47. 10.).

(h) *L.* 8 *L.* 14 § 2. 3 *de ritu nupt.* (23. 2.) § 10 *J. de nupt.* (1. 10.).

denn da die Geschäfte des täglichen Verkehrs großentheils von Sklaven besorgt wurden, die dabey oft selbständig auftraten, so kam man sehr natürlich darauf, die Strenge des alten Grundsatzes in dieser Hinsicht einzuschränken. Dabey ist jedoch zuerst eine Gränze der Möglichkeit solcher Modificationen zu erwägen. Während des Sklavenstandes war eine civilis obligatio für den Sklaven ganz unmöglich, weil derselbe niemals, weder als Kläger, noch als Beklagter, vor Gericht stehen konnte: eine naturalis obligatio war schon jetzt an sich nicht unmöglich. Nach der Freylassung waren civiles und naturales obligationes für den Sklaven denkbar, als Nachwirkungen der noch im Sklavenstand vorgenommenen Handlungen. Die wirklichen Regeln aber waren folgende:

I. Forderungen erwerben konnte der Sklave in der Regel gar nicht, weil er Alles dem Herrn erwerben mußte und wirklich erwarb, so daß für ihn selbst kein möglicher Fall übrig blieb, in welchem er hätte Gläubiger werden können. Dieser Grund aber führte consequenterweise auf die Ausnahme, wenn der Herr selbst Schuldner seines Sklaven werden wollte: nun entstand in Wahrheit eine obligatio, aber diese war nur naturalis. Folgerecht müssen wir dasselbe für die Fälle annehmen, wenn der Sklave herrenlos war.

II. Schulden konnte der Sklave haben ohne Rücksicht auf das bey den Forderungen erwähnte Hinderniß, weil er seinem Herrn zwar unbedingt Rechte erwerben, aber in der Regel keine Verbindlichkeiten auflegen konnte. Daher konnte der Sklave durch seine Verträge sowohl gegen den Herrn, als gegen einen Fremden, Schuldner werden, aber diese obligatio war nur naturalis, und blieb es auch nach der Freylassung. Anders war es mit den Delicten des Sklaven: waren diese gegen den eigenen Herrn begangen, so wirkten sie weniger als die Verträge, nämlich gar keine Obligation: war dadurch ein Fremder verletzt worden, so wirkten sie mehr als die Verträge, indem die daraus entstandene Obligation nach der Freylassung sogar eingeklagt werden konnte (i).

Die Römer theilten die Freyen ferner ein in Freygeborne und Freygelassene, ingenui et libertini, und es fragt sich, ob diese an sich wichtige Untereintheilung gerade auch für die Rechtsfähigkeit Bedeutung hatte. Eine solche Bedeutung muß nun allerdings behauptet werden, wiewohl nur eine untergeordnete. Denn in den Hauptpunkten freylich war auch für den Freygelassenen das allgemeine Bürgerverhältniß entscheidend: er hatte also oder entbehrte das Connubium und das Commercium, je nachdem er civis, latinus oder peregrinus war, ohne Rücksicht auf seine Libertinität, und er stand also insofern mit dem Freygebor-

(i) Die Hauptstellen für die hier aufgestellten Regeln sind *L.* 7 § 18 *de pactis* (2. 14.). *L.* 14 *de O. et A.* (44. 7.). *L.* 64. *L.* 13 *pr. de cond. indeb.* (12. 6.). *L.* 1 § 18 *depositi* (16. 3.). *L.* 19 § 4 *de don.* (39. 5.). Die Römer hatten diesen Gegenstand mit großer Feinheit behandelt. Eine weitere Ausführung der oben aufgestellten Sätze, und eine Erklärung der schwierigsten Stellen, findet sich in der Beylage IV.

nen auf gleicher Linie der Rechtsfähigkeit. Dennoch war diese Gleichheit durch folgende nicht unwichtige Modificationen eingeschränkt. Der *civis* libertinus hatte zwar allerdings Connubium, das heißt die Fähigkeit eine gültige Civilehe zu schließen, aber er war in der Wahl des Ehegatten beschränkt (k). Der *latinus* libertinus (Latinus Junianus genannt) hatte allerdings Commercium, das heißt die Fähigkeit zum Römischen Eigenthum und insbesondere zur Mancipation, aber die wichtigsten Vortheile dieser Fähigkeit waren ihm wieder einzeln durch positives Gesetz entzogen. Eben so hatte der *peregrinus* libertinus (dediticiorum numero) zwar im Allgemeinen die Fähigkeit zu den im jus gentium enthaltenen Rechtsverhältnissen, aber im Einzelnen, und besonders in Beziehung auf die Erbfolge, war er gegen den freygebornen Peregrinen ungemein zurückgesetzt (l).

(k) Solche Beschränkungen bestanden im älteren Recht, obgleich wir die Gränzen derselben nicht genau kennen. So wurde einmal einer einzelnen Freygelassenen, in einer Zeit worin noch alle libertini die Civität hatten, die gentis enuptio als ein persönliches Privilegium gegeben. Livius XXXIX. 9. — Die Lex Julia verbot die Ehen der Freygelassenen beider Geschlechter mit den Senatoren und deren Nachkommen. Ulpian. XIII. 1. *L.* 44. *pr. de ritu nupt.* (23. 2.). Vgl. Beylage VII. Num. II.

(l) Die wichtigsten Beschränkungen der Rechtsfähigkeit in diesen beiden letzten Klassen lassen sich aus folgenden Stellen übersehen: Ulpian. XI. 16. XXI. 14. XXII. 3. Gajus III. § 55—76.

§. 66.

Einschränkung der Rechtsfähigkeit. II. Mangel der Civität.

Auf das Verhältniß der Einzelnen zum Staat gründeten sich zwey Eintheilungen der Menschen, welche verschiedenen Zeitaltern angehören: beide von großem Einfluß auf die Rechtsfähigkeit.

Die ältere Eintheilung lautete so: alle Menschen sind entweder Cives oder Peregrini; sie hatte für die Rechtsfähigkeit diese Bedeutung: die cives haben Connubium und Commercium, die Peregrinen entbehren Beides. So gefaßt, ist der Begriff ganz negativ, und er umfaßt dann auch die ganz rechtlosen Menschen, namentlich die Sklaven, und die Bürger eines Volkes, mit welchem das Römische Volk nicht im Verhältniß einer friedlichen Anerkennung steht (a). Man kann ihm aber auch eine positive Beymischung geben, wodurch er allerdings für die Anwendung größere Brauchbarkeit erhält. Dann heißen Peregrinen alle Diejenigen, welche im jus civile unfähig, im jus gentium fähig zu Rechten sind, und bey welchen diese

(a) Also nicht blos nach einer in völkerrechtlicher Form ausgesprochenen Kriegserklärung (justum bellum), sondern auch wenn es zwischen beiden Völkern noch niemals zu irgend einer Anerkennung gekommen war. *L.* 5 § 2 *de captivis* (49. 15.) Daher erklärt es sich, daß in der ältesten Sprache hostis zugleich den Feind und den Fremdling bezeichnete. Cicero de officiis I. Cap. 12. Varro de lingua lat. lib. 5 § 3.

beschränktere Rechtsfähigkeit auch in den Römischen Gerichten anerkannt wird (b). Dahin gehören dann nur noch folgende Klassen:

1) Vor Caracalla die Einwohner fast aller Provinzen, also die große Mehrzahl der Einwohner des Römischen Reichs überhaupt.

2) Die Bürger aller fremden Staaten, welche mit den Römern in einem Verhältniß friedlicher Anerkennung standen.

3) Die Römer, welche in Folge einer Strafe (z. B. der Deportation) die Civität verloren hatten (c).

4) Die Freygelassenen, welche, wegen der besonderen Umstände bey ihrer Freylassung, keinen höheren Stand erhalten durften (dediticiorum numero) (d).

Die Peregrinität der zwey ersten Klassen beruhte auf

(b) Den Beweis dieses Satzes siehe in der folgenden Note.

(c) *L.* 17 § 1 *de poenis* (48. 19.). „Item quidam ἀπόλιδες sunt, hoc est sine civitate: ut sunt in opus publicum perpetuo dati, et in insulam deportati: *ut ea quidem, quae juris civilis sunt, non habeant, quae vero juris gentium sunt, habeant.*" Dieses Letzte wird hier zunächst nur von den Deportirten und anderen der Civität zur Strafe Beraubten behauptet: es ist aber offenbar nicht etwas diesen Eigenthümliches, sondern vielmehr der allgemeine juristische Character aller nicht ganz rechtlosen Peregrinen überhaupt, welcher hier nur in Anwendung auf die durch Strafurtheil zu Peregrinen Gemachten erwähnt wird, weil von diesen allein die Rede war. Vgl. auch *L.* 1 § 2 *de leg.* 3 (32 un.).

(d) Ulpian. XX. 14 „.. is qui dediticiorum numero est, testamentum facere non potest ... quoniam nec quasi civis Romanus testari potest, cum sit peregrinus, nec quasi peregrinus, *quoniam nullius certae civitatis sciens* (*leg. civitatis civis est*), *ut adversus leges civitatis suae testetur.*"

ihrem allgemeinen Bürgerverhältniß (zu ihrer Provinzialgemeine, oder zu ihrem Staate), mithin auf einer staatsrechtlichen Regel: die der zwey letzten auf einer anomalischen Zurücksetzung Einzelner, die daher auch nicht Mitglieder irgend einer Bürgergemeine waren (Note c. d). Darum war bey jenen die Peregrinität nicht herabwürdigend, wohl aber bey diesen (e).

Die Rechtsfähigkeit der Peregrinen im jus gentium zeigte sich in allen Arten der Rechtsverhältnisse. Ihre Ehe war ein wahres matrimonium (f), nur nicht justum. Ihr Eigenthum wurde als natürliches Eigenthum (in bonis) anerkannt und geschützt (g). Ganz besonders wirksam aber zeigte sich ihre Rechtsfähigkeit in den Obligationen, ja sie hatten nicht blos, wie man erwarten könnte, na-

(e) Diese zwey Klassen waren also unter den Peregrinen ungefähr das, was die servi sine domino unter den Unfreyen waren, nämlich einzeln stehend, außer dem größeren Zusammenhang des ganzen Rechtsinstituts.

(f) Dieses zeigt sich in vielen Anwendungen, besonders in der Beziehung der Regel: Pater est quem nuptiae (nicht justae nuptiae) demonstrant auch auf solche Ehen. So z. B. gestattete ein Senatusconsult dem Peregrinen, der doch kein Connubium hatte (Ulp. V. 4), wenn er aus Irrthum über den Stand eine Römische Bürgerin heurathete, durch ein ehelich erzeugtes Kind die Civität zu erwerben (Ulp. VII. 4. Gajus I. § 68); in dieser Vorschrift wurde unläugbar die Ehe des Peregrinen als wirkliche Ehe, und das Kind als sein wirkliches Kind angesehen, welches letzte ja gar nicht möglich wäre ohne die Anwendung der oben angeführten Regel. Hier waren also geradezu Römische Obrigkeiten gesetzlich angewiesen, die Rechtsfähigkeit anzuerkennen, die der Peregrinus nach dem jus gentium hatte.

(g) Dieses folgt daraus, daß man ihnen die actio furti und legis Aquiliae gestattete (Gajus IV. 37), die ja ohne ein Recht an der gestohlenen oder beschädigten Sache nicht möglich waren.

turales obligationes, sondern auch civiles, das heißt durch Klagrecht geschützte. Wahrscheinlich war es das gerade bey den Obligationen besonders fühlbare Bedürfniß des lebendigen Verkehrs mit befreundeten Nachbarvölkern, wodurch die Entwicklung dieser Rechtsregeln veranlaßt wurde. Der Übergang zu diesem stärkeren Grade der Rechtsfähigkeit wurde dadurch vermittelt, daß man bey den Peregrinen die Civität fingirte, und so ihre Klagen als actiones fictitiae den Klagen der Römischen Bürger anschloß (h).

Die neuere Eintheilung besteht aus folgenden drey Gliedern: Alle Menschen sind entweder Cives, oder Latini, oder Peregrini; sie setzt also eine dritte Klasse in die Mitte zwischen die beiden Klassen der älteren Eintheilung. Die praktische Bedeutung derselben für die Rechtsfähigkeit war folgende. Der Zustand der Cives und der Peregrinen war unverändert, wie in der älteren Eintheilung, geblieben. Die Latinen aber sollten eine halbe Civität haben, Commercium ohne Connubium. Durch die Theilnahme am Commercium sollten sie der ersten Klasse verwandt seyn, durch den Mangel des Connubium der zweyten. Dieses Alles jedoch mit Vorbehalt von Privilegien, wodurch einzelne Mitglieder der zweyten oder dritten Klasse eine höhere Fähigkeit erhalten konnten, als ihnen nach der Regel ihrer Klasse zukam (i). Die Bedeutung dieser Pri-

(h) Gajus IV. § 37.

(i) Ulpian. V. § 4. „Connubium habent cives Romani cum civibus Romanis: *cum Latinis autem et peregrinis ita, si concessum sit.*" — Ulpian. XIX. § 4. „Mancipatio locum habet inter cives Romanos, et Lati-

vilegien hat etwas Räthselhaftes. Gewöhnlich denkt man sie als Begünstigung solcher einzelnen Personen, die man dadurch ehren oder belohnen wollte. Allein wenn dieses die Absicht war, warum wählte man nicht das viel einfachere Mittel, dem Begünstigten das Recht und den Namen einer höheren Klasse selbst zu verleihen? Gab man ihm die Civität, womit ohnehin die Kaiser gar nicht sparsam verfuhren, so hatte er ja alle jene Rechte von selbst, ohne Privilegium. Der Unterschied war allerdings darin bedeutend, daß das connubium und commercium concessum gewiß nur individuell war, anstatt daß die Civität stets auf die später erzeugten Kinder übergieng; aber welchen Grund hatte man, den Nachkommen den Genuß dieser dem Vater ertheilten Gunst zu versagen? — Bey dem Connubium kennen wir den Zusammenhang genau. Wer sich im Dienst des Römischen Staats in einer Provinz aufhielt, sollte daselbst, so lange das Dienstverhältniß dauerte, keine Ehe schließen dürfen (k). Dieses traf auch die Römischen Bürger, die daselbst als Soldaten in Garnison standen. Wenn aber diese irgend eine Bekanntschaft angeknüpft hatten, die nach dem Abschied zu einer Ehe führen sollte, so pflegte man im Abschied dem Soldaten das Connubium mit einer peregrina (oder auch mit mehreren, für nachfolgende Ehen) zu geben, damit seine Ehe

nos colonarios, Latinosque Junianos, *eosque peregrinos, quibus commercium datum est.*" Vgl. Ulpian. XI. § 16. XX. § 8. 14. XXII. § 1—3. Gajus I. § 56.

(k) *L.* 38. 63. 65 *de ritu nupt.* (23. 2.). *L.* 6 *C. de nupt.* (5. 4.).

eine vollgültige seyn könnte. Hier war es in der That nicht auf Begünstigung der Frau abgesehen, und das ertheilte Connubium genügte dem Zweck vollkommen: ja es war sogar oft unmöglich, der Frau die Civität zu ertheilen, da diese zur Zeit des Abschieds noch eine unbestimmte Person seyn konnte (l). — Diese Erklärung paßt nun freylich nur auf das connubium, nicht auf das commercium concessum. Von diesem ist eine specielle Erklärung nicht bekannt; es wäre jedoch wohl möglich, daß man sich diese Concession als eine nothwendige Folge des connubium concessum gedacht hätte, ohne sie besonders auszudrücken; dann würde sie sich gleichfalls auf den eben erklärten Fall bezogen haben, um dem Soldaten die Verträge zu erleichtern, die er etwa mit der Frau oder dem Vater derselben über das Vermögen zu schließen veranlaßt war.

(l) Gajus I. § 57. „Unde et veteranis quibusdam concedi solet principalibus constitutionibus connubium cum his Latinis peregrinisve, quas primas post missionem uxores duxerint, et qui ex eo matrimonio nascuntur, et cives Romani, et in potestate parentum fiunt.“ — Dieses Rechtsinstitut, welches durch die von Caracalla allgemein gemachte Civität seinen Nutzen gänzlich verlor, hat sich für uns in lebendiger Anschauung erhalten durch eine bedeutende Anzahl noch vorhandener Originalabschiede, die auf kleinen Tafeln von Bronze eingegraben sind. Vgl. die treffliche Abhandlung von Haubold und Platzmann (Haubold opuscula Vol. 2 p. 783 — 896), worin dieselben anschaulich mitgetheilt werden. — Daß nach Ulpian (Note i) solche Concessionen nicht blos für Peregrinen, sondern auch für Latinen ertheilt wurden, bezog sich auf die in Spanien einquartierten Legionen; denn ganz Spanien hatte durch Vespasian die Latinität erhalten (Plinius hist. nat. III. 4), und wir wissen nicht, daß hierin vor der allgemeinen Civität von Caracalla etwas geändert worden wäre.

Über die Zeit und Art der Einführung dieser Mittelstufe, wodurch die neuere Eintheilung an die Stelle der älteren getreten ist, fehlt es an unmittelbaren Zeugnissen, und daher findet sich hierüber bey den Neueren keine übereinstimmende, meist überhaupt keine bestimmte Meynung. In dem langen Zeitraum von Roms Anfang bis zur entschiedenen Herrschaft über Italien waren die Rechtsverhältnisse zwischen Rom und den Italienischen Staaten eben so mannichfaltig, als abwechslend: namentlich war der Rechtszustand, welchen Rom den Bürgern der Latinischen Nation einräumte, bald höher, bald geringer, wie es in jeder Zeit das wechselnde Kriegsglück mit sich brachte. Es gab also damals mancherley Mittelstufen zwischen der Civität und dem Stand der Peregrinen, die aber weder auf einen gemeinsamen Grundsatz zurückgeführt werden konnten, noch eine feste Dauer hatten. Bald nach dem Bundesgenossenkriege verschwanden diese Unterschiede in ganz Italien nach dem alten Sinn dieses Namens (das heißt mit Ausschluß der Lombardey, welche Gallia cisalpina hieß), indem zuerst der Latinischen Nation, dann den übrigen Italienern, die Civität ertheilt wurde. Von jetzt an bezeichnete also der Name der Latinen nur noch den Volksstamm, nicht mehr ein besonderes Recht. Zu derselben Zeit aber wurde für die nördliche Hälfte der Lombardey (Gallia transpadana) eine neue Organisation nach einem ganz neuen Rechtsverhältniß nöthig gefunden, während die südliche Hälfte (cispadana) die Civität erhielt. Man gab den transpadanischen Städten, ohne neue Colonen dahin zu schicken, das Recht Latinischer Colonien, aber in einem anderen und beschränkteren Sinn, als welchen das alte Recht dieses Namens gehabt hatte; ihre Bürger sollten mit den Römern Commercium haben ohne Connubium: wer in seiner Vaterstadt eine Magistratur bekleidete, erwarb dadurch die Römische Civität. Hier hatte also der Name Latinus eine rein juristische Bedeutung erhalten, ohne alle Beziehung auf Volksstamm und Wohnsitz, und das ist die Latinität, die von den klassischen Juristen als Mittelstufe, oder als zweyter Stand der freyen Einwohner des Reichs überhaupt, bezeichnet wird, und deren letzte Spuren erst Justinian aufgehoben hat (m). Zwar hörte die ursprüngliche Anwendung dieses Rechts auf die Transpadaner bald auf, indem dieselben die Civität erhielten: allein man behielt den Namen und das Rechtsverhältniß bey, um es anderwärts anzuwenden. So wurde diese

(m) Die Hauptstellen sind: Asconius in Cicer. in Pisonem init. und Gajus I. § 79. 96. III. § 56, welche zu dieser sehr scharfsinnigen Herleitung der Latinität benutzt worden sind von Niebuhr Röm. Geschichte B. 2 S. 88 — 93. Vollständiger ausgeführt ist diese geschichtliche Herleitung in meiner Abhandlung über die Tafel zu Heraklea, Zeitschrift für geschichtl. Rechtswissenschaft B. 9 S. 312 — 321. — Ächte Namen für jenes Rechtsverhältniß sind Latium, jus Latii, Latinitas; Gajus nennt es *minus* Latium, im Gegensatz des vortheilhafteren Rechts, welches die alten Latinen gehabt hatten. — Die ältesten sicheren Erwähnungen der Latini und der Latinitas im juristischen, nicht ethnographischen, Sinn, finden sich bey Cicero (ad Att. XIV. 12) und in der Lex Junia Norbana; allein diese letzte giebt kein sicheres chronologisches Datum, da die Meynungen der Neueren über ihr Zeitalter um ein volles Jahrhundert aus einander gehen.

Latinität von Vespasian an ganz Spanien gegeben (Note l), welches ohne Zweifel die ausgedehnteste und bleibendste Anwendung überhaupt war: weit früher aber wurde dieses Rechtsverhältniß auf diejenigen Freygelassenen angewendet, deren Freylassung aus verschiedenen Gründen keine volle Wirkung haben konnte (n).

Die Natur der drey Stände der Römischen Reichsgenossen ist hier blos nach ihren privatrechtlichen Eigenschaften bestimmt worden, ohne Rücksicht auf das Staatsrecht, welches zur Zeit der freyen Republik die Theilnahme an der Volksversammlung und die Fähigkeit zu Römischen Magistraturen (suffragium et honores), dem Civis beylegte, dem Latinen und Peregrinen aber versagte. Diese Rechte waren nun ohne Zweifel die vornehmsten unter allen, und das Streben nach ihnen war hauptsächlich die Veranlassung des blutigen Bundesgenossenkrieges. Hiernach scheint es, daß diese Rechte vorzüglich dem Begriff der Civität zum Grunde gelegt werden müßten. Dennoch

(n) Es sind dieses die Latini Juniani, welchen aber die wichtigsten einzelnen Bestandtheile der regelmäßigen Rechtsfähigkeit der Latinen durch besondere Bestimmungen derselben Lex Junia, die sie zu Latinen erhob, wieder entzogen waren. Dennoch war es kein leeres Spiel, daß man sie Latinen nannte, denn jene anomalische Einschränkungen ihres Rechts betrafen blos ihre Person: ihre Nachkommen genossen die regelmäßige Rechtsfähigkeit der Latinen unbeschränkt. — Die Latini Juniani und ihre Nachkommen waren nun wieder unter den Latinen etwas Ähnliches wie unter den Unfreyen die servi sine domino, und unter den Peregrinen die Deportirten und die Dediticiorum numero (Note e).

würde dieses fehlerhaft seyn, und zwar sowohl für die Zeit der Republik, als für die Kaiserzeit. Für die erste: denn es gab damals ausnahmsweise auch cives non optimo jure, das heißt sine suffragio, folglich war der Begriff der Civität überhaupt unabhängig von dem Besitz jener Rechte. Für die Kaiserzeit: denn in dieser verloren jene Rechte bald den hohen Werth, den sie früher gehabt hatten. Dagegen war die privatrechtliche Fähigkeit für die drey Stände zu allen Zeiten dieselbe, und ihr Werth blieb unvermindert auch bey der gänzlich veränderten Staatsverfassung: nicht zu gedenken, daß auch in der republikanischen Zeit der Besitz der politischen Rechte doch höchstens dazu dienen konnte, den ersten Stand von den beiden anderen, nicht aber diese unter sich, zu unterscheiden. — War es nun aber lediglich das privatrechtliche Verhältniß, woran die allgemeine, durchgreifende Unterscheidung der drey Stände angeknüpft wurde, so muß dieses auch genau so aufgefaßt werden, wie es hier geschehen ist, als eine verschiedene Fähigkeit der Einzelnen, in gewisse Rechtsverhältnisse einzutreten. Manche nämlich haben den privatrechtlichen Vorzug der Civität in eine ganz irrige Verbindung gebracht mit der großen Vortrefflichkeit des Römischen Rechts, und daher angenommen, das Bestreben der Bundesgenossen vor dem Italischen Kriege sey eigentlich auf den Vortheil gerichtet gewesen, nach diesem trefflichen Rechte zu leben. Dieses würden ihnen die Römer nie verwehrt haben, denen es ja nur erwünscht seyn konnte, wenn sich ihnen die Unterthanen in Sitte und Recht annäherten, und dadurch selbst ihre Herrschaft befestigten. Nicht darum also war es den Italienern zu thun, in ihren Städten die Römischen Formen der Ehe, der Mancipation, der Testamente einzuführen: was sie forderten, war freylich zunächst die Theilnahme an den schon erwähnten politischen Rechten: daneben aber auch die Möglichkeit, mit Römischen Familien in Verwandtschaft zu kommen, von Römern durch Mancipation oder Testamente Vermögen zu erwerben, und so durch mannichfaltige Rechtsverhältnisse Antheil zu nehmen an dem Glanz und Reichthum, in deren Besitz die Römer durch den steten Fortschritt ihres Staats zur Weltherrschaft immer vollständiger gelangen mußten.

§. 67.

Einschränkung der Rechtsfähigkeit. III. Abhängigkeit von Familiengewalt.

Alle Menschen, sagen die Römer, sind entweder sui juris, oder alieni juris; wir können diese Eintheilung durch die Ausdrücke: Unabhängige, Abhängige bezeichnen.

Die Gewalt aber über andere Menschen, worauf sich der Begriff dieser Abhängigkeit bezieht, kam bey den Römern in ganz verschiedenen Rechtsverhältnissen vor, und jedes derselben war durch Benennung und Rechte von den anderen verschieden. Solcher Verhältnisse gab es wörtlich drey, in der That aber vier. Die drey uralte Namen dieser Verhältnisse, die überall ganz gleichförmig, und auch stets in unveränderter Ordnung, angegeben werden, sind: Potestas, Manus, Mancipium; die Potestas aber umfaßt zwey ganz verschiedene Verhältnisse: patria und dominica potestas. Alle diese Verhältnisse sollen hier in ihrem Einfluß auf die Rechtsfähigkeit dargestellt werden, zu welchem Zweck es räthlich ist, die eben erwähnte Ordnung zu verlassen.

Die dominica Potestas, oder Abhängigkeit des Sklaven von seinem Herrn, kann hier deswegen gar nicht in Betracht kommen, weil der Sklave an sich selbst, auch der herrenlose, eine sehr bestimmte und ausgedehnte Rechtsunfähigkeit hat, in welcher die aus der persönlichen Abhängigkeit von einem bestimmten Herrn entspringende fast gänzlich aufgeht (§ 65).

Die Manus, als die strenge Form der Ehe, erzeugte gleichfalls keine eigenthümliche Art beschränkter Rechtsfähigkeit; denn da die Ehefrau, welche in dieser Art der Gewalt stand, juristisch als Tochter des Mannes betrachtet wurde, so fiel ihr Rechtszustand mit dem einer filiafamilias gänzlich zusammen (a).

Das Mancipium endlich wurde nach der Analogie der dominica, nicht der patria potestas behandelt (b). Daher dürfen wir annehmen, daß die damit verbundene Rechtsunfähigkeit, wenigstens im Vermögen, dieselbe war wie bey den Sklaven, folglich strenger und weiter gehend als

(a) Gajus II. § 159. „Idem juris est in *uxoris* persona quae in manu est, *quia filiae loco est.*" Cf. I. § 114. 118. II. § 139. III. § 14. — Allerdings gab es nun zweyerley in manum conventio, matrimonii causa und fiduciae causa (Gajus I. § 114), und der Rechtszustand einer Tochter war nach den angeführten Stellen nur mit der ersten Art verknüpft. Es bleibt also immer noch die Frage übrig, wie die Rechtsfähigkeit einer Frau bey der in manum conventio fiduciae causa beschaffen war. Darüber haben wir keine Nachricht; es ist aber zu vermuthen, daß in dieser Hinsicht beide Arten nicht verschieden von einander waren. Wichtig war diese Frage ohnehin nicht, da die coemtio fiduciae causa durchaus keinen dauernden Zustand begründete, sondern nur als eine ganz vorübergehende Formalität angewendet wurde.

(b) Gajus I. § 123 „servorum loco constituuntur." III. § 114 „idem de eo qui in mancipio est magis praevaluit, nam et is servi loco est." In der letzten Stelle kommt eine unmittelbare Anwendung dieser Analogie vor. Die Adstipulation des in mancipio Stehenden ist eben so nichtig wie die des Sklaven (nihil agit), und also ganz verschieden von der des filiusfamilias.

die der Kinder in väterlicher Gewalt (Note b). Hierin bestand also allerdings eine besondere Art eingeschränkter Rechtsfähigkeit, dem Familienverhältniß eigenthümlich angehörend. Der Unterschied vom Sklavenstand lag nur darin, daß dieser auch als ein Zustand an sich anzusehen war, anstatt daß das mancipium nur in der Abhängigkeit von einem bestimmten, einzelnen Familienhaupt sein Wesen hatte. Eben so war ohne Zweifel, während der Dauer des mancipii, die Ausübung politischer Rechte suspendirt, so daß der Mancipirte weder in der Volksversammlung stimmen, noch judex oder auch nur Testamentszeuge seyn konnte (c). Dagegen stand es anders im Familienrecht; seine Ehe blieb eine wahre, rechtsgültige Ehe,

(c) Aus Ulpian. XX. § 3—6, wo so genau die Fälle angegeben werden, in welchen der Sohn für bestimmte Testamente Zeuge seyn konnte, was seine allgemeine Zeugenfähigkeit voraussetzt, geht durch den Gegensatz hervor, daß der in mancipio überhaupt unfähig war, weil sonst für ihn ähnliche Regeln gegeben worden wären. Der Testamentszeuge stellte nämlich eine Klasse des Römischen Volks vor, und in dieser Beziehung heißt es: „Testamentifactio non privati sed publici juris est." *L.* 3 *qui test.* (28. 1.). — Gegen die im Text aufgestellte Behauptung (Suspension der politischen Rechte) könnte man mit vielem Schein anführen *L.* 5 § 2 *L.* 6 *de cap. min.* (4. 5.), nach welchen durch keine minima c. d., also auch nicht durch die mancipii causa, die politischen Rechte verloren werden sollen. Allein als diese Stellen niedergeschrieben wurden, war ja fast immer die mancipii causa nur symbolisch und nur vorübergehend, also die Suspension unmerklich. Wenn aber in der älteren Zeit ein Römer seinen Sohn aus Armuth mancipirte, so daß dieser längere Zeit dem Käufer diente, so ist es doch kaum denkbar, daß während dieses Dienstes ein politisches Recht hätte gelten sollen; nach der Entlassung freylich trat gewiß das frühere Recht unvermindert ein, weshalb ich es auch nur eine Suspension genannt habe.

und die Kinder, die er während dieser Abhängigkeit erzeugte, kamen bald in die Gewalt des Großvaters, bald in die des Mancipirten selbst, nach dessen Freylassung; in keinem Fall fielen sie in die mancipii causa ihres Vaters (d).

Nunmehr bleibt nur noch diejenige Beschränkung der Rechtsfähigkeit zu bestimmen übrig, welche aus der Abhängigkeit eines Kindes von der väterlichen Gewalt hervorgeht, und diese ist zugleich auch die einzige, welche mit dem Römischen Recht auf unsre Zeiten übergegangen ist, ja die noch, wenn gleich sehr modificirt, in den Gesetzbüchern der neuesten Zeit sichtbar wird.

Die väterliche Gewalt ist auch an sich selbst eines der wichtigsten Rechtsverhältnisse, welches in dem Familienrecht seine eigene Stelle finden wird. Daselbst ist von der Entstehung und Auflösung desselben, so wie von den Rechten des Vaters und des Kindes, sowohl welche die Person, als welche das Vermögen betreffen, zu handeln. Hier ist aus diesem ganzen Verhältniß lediglich der Einfluß herauszuheben, welchen dasselbe auf die Rechtsfähigkeit des abhängigen Kindes äußert.

Die Rechtsfähigkeit der in väterlicher Gewalt stehenden Kinder läßt sich in folgendem einfachen Grundsatz darstellen. Das Kind ist unfähig, im Privatrecht irgend eine Macht oder Herrschaft zu haben, in jeder andern Beziehung ist es vollkommen rechtsfähig. Auch jene Unfähigkeit

(d) Gajus I. § 135.

ist nicht als ein dem Kinde selbst inwohnender Mangel anzusehen, sondern lediglich als Folge der Rechtsregel, nach welcher der Vater alle Rechte erwirbt, die aus den Handlungen seines Kindes entstehen.

Nur im Privatrecht also war eine solche Beschränkung wahrzunehmen, nicht im öffentlichen Recht. Der Sohn konnte daher, gleich dem Vater, in der Volksversammlung stimmen, ja die höchsten Ehrenstellen bekleiden (e).

Im Privatrecht hat das Kind Connubium und Commercium, also die höchste Fähigkeit selbst zu den Instituten des alten jus civile: aber diese Fähigkeit kann ihm selbst keine Art von gegenwärtiger Macht verschaffen. Dieses zeigt sich deutlich in folgenden Anwendungen.

Die Ehe des Sohnes ist eine gültige Civilehe (justum matrimonium), aber wenn sie mit in manum conventio verbunden ist, so kommt die Gewalt über die Frau nicht auf den Mann, sondern auf dessen Vater. — Die Kinder aus einer solchen Ehe sind legitime concepti, und treten mit der Geburt in väterliche Gewalt, aber nicht in die ihres Erzeugers, sondern in die Gewalt ihres Großvaters. — Der Agnation ist das Kind durchaus fähig. — Gewalt über Sklaven kann das Kind nicht haben, da dieses eine eigene Macht ist. — Aber eine Tutel zu füh-

(e) *L.* 9 *de his qui sui* (1. 6.). „Filiusfamilias in publicis causis loco patrisfamilias habetur, veluti si magistratum gerat, vel tutor detur." — *L.* 13 § 5. *L.* 14 *pr. ad Sc. Treb.* (36. 1.). „... Nam quod ad jus publicum attinet, non sequitur jus potestatis." — Vergl. *L.* 3 *de adopt.* (1. 7.). *L.* 77. 78 *de jud.* (5. 1.), und Livius XXIV. 44, Gellius II. 2, Valerius Max. II. 2. 4.

ren ist der Sohn fähig, denn diese ist ein öffentliches Amt.

Der Sohn hat Commercium, und ist daher fähig, bey Mancipationen und Testamenten als Zeuge zu erscheinen, wozu der Sklave ganz unfähig ist. — Aber Eigenthum oder Servituten haben kann der Sohn nicht.

Der Sohn kann keine Schuldforderungen haben, weil darin eine eigene Macht liegt. Schulden zu haben, ist er durchaus fähig, ja diese Schulden sind schon jetzt civiles obligationes, also klagbar (f). Der Grund dieses Unterschieds liegt darin, daß der Sohn überhaupt den Vater reicher machen kann, aber nicht ärmer (g). — Diese Sätze erleiden jedoch eine Modification für das wechselseitige Schuldverhältniß zwischen dem Vater und Sohn: an den Vater kann der Sohn auch Forderungen haben, aber nur als naturales obligationes: umgekehrt kann er auch Schuldner des Vaters seyn, aber gleichfalls nur in einer naturalis obligatio (h). Es galt also in dieser Hinsicht ganz

(f) *L.* 39 *de O. et A.* (44. 7.). „Filiusfamilias ex omnibus causis tanquam paterfamilias obligatur, et ob id agi cum eo tanquam cum patrefamilias potest." *L.* 57 *de jud.* (5. 1.). *L.* 44. 45 *de peculio* (15. 1.). *L.* 141 § 2 *de V. O.* (45. 1.). *L.* 8 § 4 *de acceptilat.* (46. 4.). — Eine ganz singuläre Ausnahme ist es, daß der Sohn ohne des Vaters Willen durch ein Votum nicht verpflichtet wird. *L.* 2 § 1 *de pollic.* (50. 12.).

(g) Geradezu ausgesprochen findet sich diese Regel nur bey Sklaven. *L.* 133 *de R. J.* (50. 17.). „Melior conditio nostra per servos fieri potest, deterior fieri non potest," und in ähnlichen Stellen. In dieser Hinsicht aber standen Sklaven und Kinder auf gleicher Linie.

(h) Die Möglichkeit einer naturalis obligatio zwischen Vater und Sohn liegt zum Grunde in *L.* 38 *pr.* § 1. 2 *de cond. indeb.* (12. 6.). Die Unmöglichkeit von

dasselbe, was oben für die Obligationen zwischen dem Herrn und seinem Sklaven bestimmt worden ist (§ 65). — In allen diesen Regeln aber, welche die Fähigkeit oder Unfähigkeit zu obligatorischen Verhältnissen betreffen, ist ein Unterschied zwischen dem Sohn und der Tochter in väterlicher Gewalt nicht zu behaupten, selbst für das ältere Recht nicht. (Beylage V.)

Die eben aufgestellten Regeln lassen sich in den einfachen Grundsatz zusammen fassen: das Kind kann überhaupt keine activen Vermögensrechte haben. Da aber das Erbrecht, seiner Natur und Bestimmung nach nur der collective Ausdruck einer Gesammtheit von Vermögensrechten ist (wenngleich in einzelnen Fällen eine Erbschaft vielleicht nur aus Schulden bestehen mag), so folgt aus jenem Grundsatz ferner, daß das Kind, obgleich es testamentifactio hat, dennoch kein Testament machen kann (i): ja noch mehr, daß es überhaupt unfähig ist, irgend einen Erben zu haben (k).

Vergleicht man die hier für die Kinder in väterlicher Gewalt dargestellten Gränzen der Rechtsfähigkeit mit den oben für die Sklaven dargestellten (§ 65), so findet sich

Klagen zwischen ihnen ist geradezu ausgesprochen in *L.* 4. 11 *de jud.* (5. 1.). *L.* 16 *de furtis* (47. 2.).

(i) Ulpian. XX. § 10. „Filius familiae testamentum facere non potest, quoniam nihil suum habet, ut testari de eo possit." Dagegen hatte er testamentifactio, denn er konnte Zeuge bey der Mancipation, auch libripens und familiae emtor seyn: ibid. § 3—6.

(k) *L.* 11 *de fidejuss.* (46. 1.). *L.* 18 *de Sc. Maced.* (14. 6.).

unter ihnen theils Ähnlichkeit, theils Verschiedenheit. Sie sind einander ähnlich in der unfreywilligen Vertretung des Familienhauptes durch erwerbende Handlungen, woraus wiederum die fast gänzliche Unfähigkeit folgt, ein eigenes Vermögen zu haben. Sie sind verschieden dadurch, daß die Unfähigkeit des Sohnes keinen anderen Grund hatte, als eben jene nothwendige Vertretung, so daß er daneben noch fähig war, in einer Römischen Ehe und Verwandtschaft zu stehen, Testamentszeuge und Vormund zu seyn, klagbare Schulden zu haben; anstatt daß der Sklave zu allen diesen Verhältnissen unfähig war, weil seine Unfähigkeit, neben jener nothwendigen Vertretung einer bestimmten Person, noch einen zweyten davon unabhängigen Grund hatte, nämlich den absoluten Zustand des Sklaven an sich (l). Es war eine bloße Folge dieser Verschiedenheit, daß herrenlose Sklaven, und zwar sogar auf mancherley Weise, wirklich vorkamen, anstatt daß filiifamilias ohne einen bestimmten, wirklichen Vater, von welchem sie abhängig waren, durchaus nicht vorkommen konnten.

(l) Dieser wesentliche Unterschied zwischen der Unfähigkeit des Sohnes und des Sklaven zeigt sich nirgend so deutlich, als bey der Adstipulation nach Gajus III. § 114. Die Adstipulation hatte das Eigene, daß darin ausschließend auf das Individuum gerechnet war, daß also der adstipulator, nach der Absicht des Vertrags, ein Klagerecht nie einem Dritten erwerben konnte, sondern nur entweder sich selbst oder Keinem. Darum heißt es bey dem servus adstipulator: nihil agit, bey dem filiusfamilias: agit aliquid, aber sein Klagerecht ruht während der potestas, und wird erst lebendig nach des Vaters Tod. Von der daneben erwähnten capitis deminutio s. u. § 70. i.

Die hier dargestellte beschränkte Rechtsfähigkeit der Kinder in väterlicher Gewalt war die ursprüngliche; im Laufe der Zeit aber sind damit große Veränderungen vorgegangen. Die erste derselben fällt in den Anfang der Kaiserregierung, in welcher Zeit man dem Sohne erlaubte, durch den Erwerb aus Anlaß des Kriegsdienstes ein eigenes Vermögen zu bilden (castrense peculium), ja dafür durch Fiction als ein Unabhängiger (sui juris) behandelt zu werden. Diese neue Fähigkeit wurde später auf den Erwerb durch andere Arten des öffentlichen Dienstes (quasicastrense) erweitert. — Weit wichtiger durch ihren Umfang, aber weniger eingreifend in das Recht selbst, sind die Ausnahmen, die von K. Constantin an eintraten, und durch Justinian zu einer allgemeinen Regel ausgedehnt wurden, in dem von den Neueren sogenannten peculium adventitium. Seit dessen Einführung ist von der früheren Unfähigkeit, Vermögen zu haben, wenig mehr übrig, vielmehr haben die Kinder jetzt wirkliches Vermögen in großer Ausdehnung, nur ist ihr Vermögen ganz eigenthümlichen Einschränkungen unterworfen. Indessen ist dieses neu gebildete Recht nur als die Entwicklung des früheren Zustandes zu betrachten, es kann ohne diesen durchaus nicht verstanden werden, und die in dem gegenwärtigen §. dargestellte Art besonderer Rechtsfähigkeit kann daher nicht unter die antiquirten, sondern nur unter die umgebildeten Institute gerechnet werden, weshalb dessen Darstellung dem heutigen Römischen Recht unmittelbar angehört.

Fassen wir Dasjenige, was hier über die Abhängigkeit von Familiengewalt gesagt worden ist, unter einen gemeinsamen Gesichtspunkt zusammen, so können wir in dieser Hinsicht zwey ganz verschiedene Stufen beschränkter Rechtsfähigkeit unterscheiden, die auf der väterlichen Gewalt, und auf dem mancipium beruhen. Alles bisher Dargestellte aber wird durch folgende Zusammenstellung anschaulicher werden. Es giebt drey Gründe beschränkter Rechtsfähigkeit, und jeder dieser Gründe bestimmt wiederum drey verschiedene Stufen der Rechtsfähigkeit, so daß die erste Stufe jedesmal den günstigsten Zustand, oder die Abwesenheit jeder aus diesem Grunde entspringenden Beschränkung, bezeichnet. Die Stufen selbst sind folgende:

I. In Beziehung auf Freyheit:

A. Ingenui } Liberi.
B. Libertini }
D. Servi.

II. In Beziehung auf Civität:

A. Cives.
B. Latini.
C. Peregrini.

III. In Beziehung auf Familiengewalt:

A. Sui juris.

B. Filiifamilias } Alieni juris.
C. Qui in mancipio sunt }

Zwar giebt es noch andere Alieni juris, die Sklaven, und die Ehefrauen in manu: allein jene gehören unter die erste Eintheilung (I. C.), diese unter die zweyte Stufe der dritten Eintheilung (III. B.), beide also bilden keine eigenthümliche Stufen der durch Familiengewalt beschränkten Rechtsfähigkeit.

§. 68.

Dreyfache capitis deminutio.

Es sind bis hierher drey Arten eingeschränkter Rechtsfähigkeit, jede auf einem eigenen Grunde beruhend, nachgewiesen worden. Das Daseyn derselben, und insbesondere auch ihre Anzahl (nicht mehr noch weniger als drey), ist unter den Neueren allgemein anerkannt; nur haben dieselben den Versuch gemacht, jene drey Verhältnisse durch die Kunstausdrücke status libertatis, civitatis, familiae zu bezeichnen, wodurch die einfache Lehre des Römischen Rechts wieder etwas verdunkelt worden ist. Ich habe daher absichtlich diese nicht quellenmäßigen Ausdrücke vermieden, und behalte mir vor, was daran wahr und falsch ist, an passender Stelle zu untersuchen.

In jenen dreyerley Stufen der Rechtsfähigkeit nun können die Einzelnen mancherley Veränderungen erfahren, und zwar bald vortheilhafte, bald nachtheilige, indem der Freye zum Sklaven, der Römische Bürger zum Peregrinen, oder das Familienhaupt zu einem Abhängigen werden kann, und umgekehrt; das eine kann man Erhöhung, das andere Herabsetzung oder Degradation nennen. Ferner können diese Veränderungen bald natürliche, bald juristische Ursachen haben, so z. B. kann der Sohn von seines Vaters Gewalt sowohl durch dessen Tod, als durch Emancipation, befreyt werden. Der Einfluß dieser Veränderungen auf die Rechtsfähigkeit bedarf keiner neuen Bestimmungen, ergiebt sich vielmehr aus dem bisher Dargestellten von selbst; so hat z. B. der Sklave, welcher aus der Freyheit in den Sklavenstand gekommen ist, durchaus keine verschiedene Rechtsfähigkeit von dem in der Sklaverey geborenen.

Indessen findet sich ein uralter Rechtsbegriff unter der gleichfalls alten Benennung capitis deminutio (a), und es fragt sich, was darunter zu verstehen sey. Man möchte glauben, darüber könne kein Zweifel seyn, da die alten Juristen selbst, in nicht wenigen Stellen, die Erklärung geben, es sey eine status mutatio (commutatio, permutatio) (b). Allein damit ist wenig gewonnen, theils weil die Erklärung von status wieder die größten Schwierigkeiten macht, theils weil sich erweisen läßt, daß zu der mutatio

(a) In den Handschriften kommen zwey Schreibarten vor, deminutio und diminutio. Hugo erklärt sich entschieden für die letzte (Rechtsgeschichte S. 121. Ausg. 11). Für die erste scheint zu entscheiden die alphabetische Anordnung bey Festus, worin das Wort Deminuti zwischen Demagis und Demoe steht; allein das beweist Nichts, weil diese strenge Ordnung erst durch die Herausgeber des Festus hervorgebracht ist, anstatt daß in den Handschriften Alles ziemlich bunt durch einander geht. Ich habe keinen Grund zu zweifeln, daß die Alten selbst Beides wirklich geschrieben haben, daß also Beides richtig ist.

(b) *pr. J. de cap. dem.* (1. 16.). *L.* 1 *de cap. min.* (1. 5.) von Gajus. — Ulpian. XI. § 13. *L.* 9 § 4 *de minor.* (4. 4.) von Ulpian. — Paulus I. 7 § 2, III. 6 § 29. *L.* 2 *de in int. rest.* (1. 1.) von Paulus. — *L.* 28 *C. de liber. causa* (7. 16.). — In allen diesen Stellen heißt es status, bey Gajus I. § 159 ist eine unlesbare Stelle: prioris ... permutatio, die auf meinen Vorschlag durch capitis ausgefüllt worden ist, weil wenigstens ein p. bemerkt worden war. — Der Unterschied unter mutatio, commutatio, per-

in jedem Fall noch allerley hinzugedacht werden muß, was die Urheber der Definition gewiß auch dachten, und nur zu sagen unterlassen haben. So erfahren wir also an dieser Definition der alten Juristen Dasselbe, wie an vielen anderen, daß wir dadurch nicht viel weiter kommen.

Halten wir uns zunächst an den bloßen Wortlaut, so scheinen zwey Bestandtheile in jenem Rechtsbegriff erwartet werden zu müssen: erstlich eine Veränderung in dem Zustand einer Person, und zweytens eine solche Veränderung, welche der Person zum Nachtheil gereicht. Dieses erinnert aber sogleich an die eine Hälfte der im Anfang des gegenwärtigen §. erwähnten Veränderungen, nämlich an die Degradationen in Beziehung auf Rechtsfähigkeit. Und diese Vermuthung erhält weiter einen hohen Grad von Wahrscheinlichkeit durch die Wahrnehmung, daß es eben so eine dreyfache capitis deminutio giebt, wie wir oben eine dreyfache Einschränkung der Rechtsfähigkeit fanden. Dann wäre überhaupt unter capitis deminutio zu denken eine jede Verminderung der Rechtsfähigkeit, und zwar nach den drey möglichen Gründen solcher Verminderungen, in Beziehung auf Freyheit, Civität, Unabhängigkeit, also in Vergleichung mit der am Schluß des § 67 aufgestellten Tabelle. Noch immer aber bleibt diese Annahme eine blos wahrscheinliche, und ihre

mutatio ist an sich unbedeutend; übrigens herrscht bey mehreren der angeführten Stellen wiederum die größte Verschiedenheit in der Leseart der Handschriften: am meisten in der Stelle der Institutionen.

Wahrheit kann nur bewiesen werden durch Vergleichung mit dem wirklichen Inhalt, den die Römischen Juristen ihrer dreyfachen capitis deminutio anweisen, zu welcher Vergleichung ich mich jetzt wende (c).

Die drey Grade der capitis deminutio heißen nach der einfachsten und sichersten Terminologie: maxima, media, minima (d).

I. Maxima. Sie besteht nach den oben angeführten Stellen in dem Verlust der Freyheit, das heißt in der Verwandlung eines Freyen (Ingenuus oder Libertinus) in einen Sklaven (e). Hier zeigt sich also die oben aufgestellte Vermuthung vollkommen und unzweifelhaft bestätigt.

(c) Die wichtigsten Stellen sind diese: Gajus I. § 159—163. Ulpian. XI. § 10—13. Tit. *J. de cap. demin.* (1. 16.). *L.* 11 *de cap. min.* (4. 5.) (von Paulus). Boethius in Ciceronis top. C. 4 (im Ganzen richtig, nur rechnet er irrig die Deportation zur maxima).

(d) Folgende abweichende Terminologieen kommen daneben vor: 1) die media heißt *minor* bey Gajus und in den Institutionen (in beiden media daneben genannt). 2) Die beiden höheren Grade werden von Gajus zusammengefaßt unter dem Namen *majores* (I. § 163), von Callistratus und Ulpian unter dem Namen *magna* (*L.* 5 § 3 *de extr. cogn.* 50. 13. — *L.* 1 § 4 *de suis* 38. 16. — *L.* 1 § 8 *ad Sc. Tertull.* 38. 17.). Im Gegensatz dieser magna nennt nun Ulpian den geringsten Grad *minor.* (*L.* 1 § 4 *cit.*). — Hieraus erhellt, daß der Ausdruck minor zweydeutig ist, und daher besser vermieden wird. Die oben im Text gebrauchten Ausdrücke lassen durchaus kein Misverständniß zu. — In der angeführten *L.* 5 § 3 *de extr. cogn.* (50. 13) heißt es: „magna cap. dem ... id est cum libertas adimitur, veluti cum aqua et igni interdicitur." Hier wird libertas für civitas genommen, wofür auch sonst Analogieen vorkommen. Schilling Institutionen B. 2 § 27 Note h.

(e) Man könnte vielleicht noch einen andern Fall dahin rechnen, die Verwandlung des Freygebornen in einen Freygelassenen. Dieser Fall kam nur vor bey einer Frau, die einen fremden Skla-

II. Media. Für diese kommen folgende Anwendungen vor:

A. Nach den oben angeführten Stellen, Verwandlung des Civis in einen Peregrinen, z. B. durch die Deportation.

B. Verwandlung des Civis in einen Latinus (f).

C. Die Verwandlung des Latinus in einen Peregrinen wird zwar nicht ausdrücklich erwähnt, allein es dürfte wohl angenommen werden können, daß die Deportation eines Latinen ebensowohl eine capitis deminutio war, als die eines Römischen Bürgers (g).

Auch bey der media also zeigt sich unsre eben aufgestellte Vermuthung eben so sicher bewährt, als bey der maxima.

ven heurathete mit Einwilligung des Herrn (denn wenn es wider dessen Willen geschah, so wurde sie selbst auch Sklavin). Tacitus ann. XII. 53. Paulus IV. 10 § 2. Gajus I. § 84. Fragm. de jure fisci § 12. Daß dieser Fall bey der capitis deminutio nicht erwähnt wird, erklärt sich wohl aus dessen später Entstehung und (wahrscheinlich) seltner Anwendung. Wenn es übrigens als capitis deminutio angesehen wurde, so war es eine maxima, nicht minima; denn bey dem Freygelassenen war der Libertinenstand an sich (ähnlich dem Sklavenstand an sich), im Verhältniß zum Staat, noch verschieden von dem Verhältniß zu dem bestimmten Patron, und wichtiger als dieses.

(f) Boethius in Ciceronis top. Cap. 4 „media vero, in qua civitas amittitur, retinetur libertas, *ut in Latinas colonias transmigratio.*" Denselben Fall erwähnt auch Gajus III. § 56, und noch bestimmter als Boethius, nur ohne den Namen der capitis deminutio zu brauchen. Vgl. auch Cicero pro Caecina C. 33.

(g) Nach dem Recht und Sprachgebrauch der älteren Zeit konnte auch die eintretende Infamie als capitis deminutio betrachtet werden, wegen der verlornen Fähigkeit zu politischen Rechten; zur Zeit der klassischen Juristen wurde das anders angesehen. Davon wird unten bey der Infamie gehandelt werden.

III. Minima. Die Analogie der beiden ersten Fälle würde consequenterweise auf folgende Anwendungen führen:

A. Verwandlung eines Familienhauptes in einen filiusfamilias, z. B. durch Arrogation, und im neueren Recht durch Legitimation. Daß diese eine minima capitis deminutio sey, ist niemals bestritten worden (h).

B. Degradation eines filiusfamilias, oder einer Frau in manu, in die mancipii causa. Auch für diese ist die Natur der minima capitis deminutio unzweifelhaft, und es lag darin der Grund, warum die Emancipation und die Adoption eines fremden Kindes als capitis deminutio galten, da beide nach ihrer alterthümlichen Form stets mit dem Durchgang durch die mancipii causa verbunden waren (i). Nimmt man nicht auf diesen Umstand Rücksicht, so muß es auffallen, daß die Emancipation, wodurch ja der Sohn unabhängig wird, also im letzten Resultat an Rechtsfähigkeit Nichts verliert, sondern nur gewinnt, dennoch stets und ganz allgemein als capitis deminutio betrachtet wurde.

C. Man könnte dahin endlich noch ziehen wollen die Degradation eines Familienhauptes in die mancipii causa; allein diese war überhaupt unmöglich, da die Mancipation, woraus die mancipii causa allein entstand, lediglich

(h) *L.* 2 § 2 *de cap. min.* (4. 5.). Gajus I. § 162. — Eben so die bey einer unabhängigen Frau durch die Ehe mit in manum conventio entstehende Änderung des Rechtszustandes.

(i) *L.* 3 § 1 *de cap. min.* (4. 5.) „cum emancipari nemo possit, nisi in imaginariam servilem causam deductus." Gajus I. § 162. 134.

einem filiusfamilias oder einer Frau in manu widerfahren konnte (k).

So scheint also auch für die minima unsere Vermuthung vollkommen bestätigt, womit zugleich der zu führende Beweis durch die Anwendung auf alle einzelne Fälle vollendet seyn würde. Daß dennoch der hier aufgestellte Begriff der capitis deminutio durch die herrschende Meynung neuerer Rechtslehrer verworfen wird, liegt theils an einigen zweifelhaften einzelnen Anwendungen, theils und noch mehr an den schwankenden Erklärungen Römischer Juristen über den Begriff der minima capitis deminutio. Dieses führt aber zu einer so weitgreifenden Untersuchung, daß es, um den Zusammenhang nicht zu unterbrechen, zum Gegenstand einer abgesonderten Untersuchung gemacht werden mußte (Beylage VI.). Hier soll nur noch zum Schluß die Stelle eines nichtjuristischen Schriftstellers angeführt werden, welcher die wichtigsten Fälle der capitis deminutio gerade so angiebt, wie sie auch aus unsrer Annahme folgen. Festus sagt in seinem Wörterbuch: „Deminutus capite appellatur qui civitate mutatus est (l); et ex alia familia in aliam adoptatus:

(k) Gajus I. § 117. 118. Ulpian. XI. § 5.

(l) Hier will Conradi parerga p. 174 emendiren *multatus* est, und er nimmt diesen, allerdings scheinbaren, Vorschlag aus J. B. Pii annotationes post. C. 44. Dennoch muß diese Emendation schon deshalb verworfen werden, weil der Fall sonst identisch seyn würde mit der am Ende der Stelle erwähnten aquae et ignis interdictio, folglich ganz überflüssig, und besonders mit unnatürlicher Trennung beider Sätze. Der civitate mutatus ist der Römer, welcher sein

et qui liber alteri mancipio datus est: et qui in hostium potestatem venit: et cui aqua et igni interdictum est."

Wir gebrauchen hiernach von jetzt an den Ausdruck capitis deminutio für jede Degradation in Beziehung auf die Rechtsfähigkeit.

Nimmt man nun die hier vertheidigte Ansicht der minima c. d. als richtig an, so folgt daraus nothwendig, daß im Justinianischen Recht die Arrogation der einzige noch übrige Fall derselben ist. Denn die manus, so wie die mancipii causa als ein selbständiges, dauerndes Verhältniß waren ohnehin schon längst verschwunden, und dieses wird auch gar nicht bezweifelt. Aber auch die Emancipation kann nicht mehr als capitis deminutio gelten. Dieses hätte eigentlich schon consequenterweise daraus folgen müssen, daß der Emancipirte nicht mehr durch die formelle mancipii causa hindurchgeführt wurde. Zwar verordnete Justinian, daß dennoch der Vater sein Patronatsrecht beybehalten sollte (m); allein das geschah lediglich um ihn in der Erbfolge nicht zu verkürzen, wofür nun nach dem Novellenrecht ohnehin keine künstliche Vorsorge mehr nöthig ist. Dagegen hatte Justinian selbst schon ausdrücklich vorgeschrieben, daß die Agnation durch

Bürgerrecht freywillig aufgiebt, um in einem fremden Staate Bürger zu werden. Vgl. Cicero pro Balbo C. 13 „ne quis invitus civitate mutetur," C. 18 „ut et *civitate* illum *mutatum esse* fateretur." Livius V. 46 „mutari finibus." *L.* 7 *pr. de cap. min.* (4. 5.) „familia mutati." Vgl. Gronov. obs. III. 1.

(m) *L.* 6 *C. de emancipat.* (8. 49.).

die Emancipation nicht aufhören solle (n), noch ehe durch die neueste Gesetzgebung über das Erbrecht die Agnation ohnehin allen praktischen Werth verloren hatte. Im Sinn des Justinianischen Rechts kann daher die Emancipation durchaus nicht mehr als eine capitis deminutio betrachtet werden.

(n) *L.* 11. *L.* 13 § 1 *C. de leg. hered.* (6. 58.).

§. 69.

Wirkungen der capitis deminutio.

Die Wirkungen der hier unter dem gemeinsamen Namen der capitis deminutio zusammengefaßten sehr verschiedenen Ereignisse sind großentheils so beschaffen, daß sie aus der Natur der einzelnen Veränderungen von selbst folgen. Wenn z. B. ein Römischer Bürger die Freyheit verlor (maxima c. d.), so verstand es sich von selbst, daß er nun in die höchst beschränkte Rechtsfähigkeit eines Sklaven eintrat, und daß er also sowohl seine frühere Ehe und Cognation, als sein früheres Vermögen nicht mehr haben konnte. Eben so verlor der Arrogirte zwar nicht seine Ehe und Cognation, wohl aber sein Vermögen. Dieses Alles folgte nothwendig aus den oben dargestellten Einschränkungen der Rechtsfähigkeit für Sklaven und Kinder. Es trat also in solchen Fällen nur dasjenige in Beziehung auf die Vermögensrechte ein, was ohnehin eingetreten seyn würde, wenn dieselben erst nach einer solchen capitis deminutio erworben worden wären, also dasselbe, was die Römer bey dem letzten Willen durch die natürliche Regel ausdrücken: Quae in eam causam pervenerunt, a qua incipere non poterant, pro non scriptis habentur (a). Wäre nun Nichts als dieses gemeynt, so ließe sich von besonderen Wirkungen der capitis deminutio

(a) *L.* 3 § 2 *de his quae pro non scripto* (34. 8.). Dieselbe Regel kommt vielfach auch in anderen Anwendungen vor. *L.* 11

gar nicht reden, ja es wäre uns in ihr nur ein unnützes und beschwerliches Kunstwort überliefert. In der That aber verhält es sich anders; sie wird als etwas Selbständiges behandelt, sie hat für sich eigene, positive Wirkungen, und diese sollen nunmehr festgestellt werden. Dabey lag, wie es scheint, der Gedanke zum Grunde, daß jede Art der capitis deminutio den, der sie erleidet, gleichsam zu einem neuen Menschen mache. Diese Unterscheidung von zweyerley Wirkungen der capitis deminutio liegt in der Sache selbst, und wird auch durch den sonst ganz unnöthigen Kunstausdruck anerkannt; ausgesprochen ist sie bey den Römischen Juristen nicht, und auch in einzelnen Fällen pflegen sie freylich die positiven Wirkungen besonders hervorzuheben, jedoch so, daß sie damit auch wohl dasjenige vermischen, welches sich von selbst versteht, und daher strenge genommen der besonderen Natur der capitis deminutio nicht angehört.

Bey der maxima und media c. d. werden jene eigenthümliche, ganz positive Wirkungen wenig sichtbar, indem hier das Meiste und Wichtigste schon theils durch den Sklavenstand und die Peregrinität an sich hervorgebracht wird, theils durch die in den häufigsten Fällen eintretende Confiscation des Vermögens, welche wiederum ganz be-

de jud. (5. 1.). *L.* 11 *de serv.* (8. 1.). *L* 16 *ad L. Aquil.* (9. 2.). § 6 *J. de nox. act.* (4. 8.). — Einige bestritten diese Regel, was aber doch nur auf ihre unbedingte Allgemeinheit zu gehen scheint, so daß Ausnahmen davon anerkannt werden sollten. *L.* 98 *pr.* *L.* 140 § 2 *de V. O.* (45. 1.). *L.* 85 § 1 *de R. J.* (50. 17.).

sonderer Natur, und von der capitis deminutio völlig unabhängig ist (b). Nur zwey Rechtssätze sind hier besonders hervor zu heben. — Die beiden höheren Arten der capitis deminutio werden oft dem Tode gleichgestellt, und das ist es, was die neueren Juristen als bürgerlichen Tod (mors civilis) zu bezeichnen pflegen. Diese Gleichstellung gilt nicht nur für die maxima c. d., sondern auch für die media, da wo diese auf einer Strafe beruht (c). Man benutzte dieselbe unter andern um manchen über-

(b) Da dieser Punkt von Wichtigkeit, aber keinesweges anerkannt ist, so muß darüber Folgendes bemerkt werden. Die Confiscation, als Universalsuccession des Fiscus in das Vermögen, ist eine positive Ausbildung bestimmter Criminalstrafen, und nicht die natürliche Folge der capitis deminutio; Erstlich, weil sie überhaupt erst seit August mit Sicherheit angenommen werden kann (denn vorher traten ganz andere Folgen für das Vermögen ein), anstatt daß die capitis deminutio uraltes Recht ist. Zweytens weil sie nur in Folge gewisser Strafurtheile vorkommt, und z. B. ganz gewiß nicht bey dem civis, der durch Eintritt in eine colonia latina die media capitis deminutio erlitt (§ 68). Drittens weil aus der allgemeinen Natur der in der maxima und media c. d. enthaltenen Veränderung des Rechtszustandes die Succession des Fiscus in das Vermögen entschieden nicht folgt. Denn der Deportirte (media c. d.) müßte nach der allgemeinen Natur seines neuen Zustandes das bisherige Vermögen vielmehr behalten, da er als freyer Peregrine vermögensfähig ist. Und selbst bey dem servus poenae (maxima c. d.) müßte das Vermögen zwar nicht mehr ihm gehören, da er ganz unfähig zu Vermögensrechten ist; allein es müßte nach allgemeinen Grundsätzen herrenlos werden, da der Fiscus nicht Herr dieses Sklaven wird, also auch keinen Successionsanspruch auf dessen Vermögen hat.

(c) I. Für die maxima. *L.* 209 *de R. J.* (50. 17.). „Servitutem mortalitati fere comparamus." — *L.* 59 § 2 *de condit.* (35. 1.) „Servitus morti adsimilatur." — *L.* 5 *pr. de bonis damn.* (48. 20.). — II. Für die media. *L.* 1 § 8 *de B P. contra tab.* (37. 4.) „deportatos enim mortuorum loco habendos." — *L.* 4 § 2 *de bonis libert.* „deportatus ... mortui loco habe-

triebenen Folgen der Caducität vorzubeugen, sie war aber keinesweges auf diesen Zweck beschränkt (d), vielmehr galt sie allgemeiner, und namentlich in der Beziehung, daß der Deportirte, eben so wie ein Verstorbener, das Erbrecht entfernterer Cognaten, oder das patronatische Erbrecht seiner Kinder, nicht sollte ausschließen können (Note c). — Ferner ist der Einfluß der media c. d., insbesondere der Deportation, auf die Familienverhältnisse näher zu bestimmen. Bey der Ehe eines Deportirten (Mann oder Frau) ist die consequente Behandlung in die Augen fallend. Dieselbe hört auf eine Civilehe zu seyn, da zu dieser die Civität beider Ehegatten erfordert wird: dagegen dauert sie (wenn die Gatten wollen) als Ehe nach jus gentium fort (e). Daß jede Agnation des Deportirten aufhört, ist unzweifelhaft, denn diese ist ohne Civität nicht

tur." Es wird hier erwähnt, daß zuweilen die maxima c. d. eine schwächere Wirkung haben konnte; wenn nämlich ein Römer in Gefangenschaft gerieth, so blieb sein patronatisches Erbrecht einstweilen unentschieden wegen des möglichen postliminii. — *L.* 13 §. 1 *de don. int. v. et ux.* (24. 1.). — Irrig wird als Beweis angeführt *L.* 63 §. 10 *pro socio* (17. 2.), wo vielmehr der Tod als etwas von der maxima und media c. d. verschiedenes bezeichnet, und ihnen nur in einer einzelnen Wirkung an die Seite gestellt wird.

(d) Die Beziehung auf die Caducität wird gründlich nachgewiesen, aber zu einseitig angewendet von Cujacius obs. XVIII. 13. Vgl. auch Schulting notae in Dig., L. 209 de R. J. (50. 17.)

(e) *L.* 5 § 1 *de bonis damn.* (48. 20.). *L.* 24 *C. de don. int. v. et ux.* (5. 16.). *L.* 1. *C. de repud.* (5. 17.). — Darin lag also blos eine consequente Anwendung allgemeiner Grundsätze; dagegen war es allerdings ein jus singulare, und Folge schonender Behandlung, daß (nach denselben Stellen) das Dotalrecht sollte fortdauern können. Denn eigentlich setzt jede Römische Dos eine gültige Civilehe voraus.

denkbar. Dagegen ist es auffallend, daß auch seine Cognation zerstört seyn soll (f), da es doch außerdem anerkannt ist, daß blos juristische Ereignisse (so lange die Freyheit fortdauert) das natürliche Band des Blutes nicht stören können (g). Ohne Zweifel ist auch jene Regel von der aufgehobenen Cognation nur ein ungenauer Ausdruck. Die Cognation selbst dauert fort, aber ihre wichtigsten juristischen Wirkungen hören auf; insbesondere kann der Deportirte weder selbst ein cognatisches Erbrecht in Anspruch nehmen, noch das eines entfernteren Verwandten hindern (Note c). Daß die Cognation als Ehehinderniß nicht aufgehoben wird, versteht sich ohnehin von selbst, indem sie in dieser Beziehung sogar im Sklavenstand entstehen und nachher stets fortwirken kann (§ 65).

Ganz anders verhält es sich mit der minima c. d. (h). Zwar kommen auch bey dieser solche Wirkungen vor, welche sich nach der Natur der einzelnen Handlung ganz von selbst verstehen; so z. B. muß der Arrogirte nothwen-

(f) § 6 *J. de cap. dem* (1. 16.). „Sed et, si in insulam quis deportatus sit, cognatio solvitur." *L.* 4 § 11 *de gradibus* (38. 10.). In dieser letzten Stelle wird auch die Affinität als aufgehoben angegeben, welches freylich durch die im Text für die Cognation gegebene Erklärung noch nicht begreiflich wird. — Nicht dahin gehört *L.* 17 § 5 *ad Sc. Treb.* (36. 1.), worin blos von der Auslegung eines Fideicommisses, also von der wahrscheinlichen Absicht des Erblassers, die Rede ist.

(g) § 3 *J. de leg. adgn. tut.* (1. 15.). *L.* 8 *de R. J.* (50. 17.), und andere Stellen.

(h) Der Unterschied der Wirkung der geringsten c. d. und der höheren Grade wird im Allgemeinen anerkannt in *L.* 2 *pr.* *L.* 7 § 2. 3 *de cap. min.* (4. 5.).

dig sein Vermögen verlieren, weil er in einen Zustand eintritt, in welchem es unmöglich ist, Vermögensrechte zu erwerben oder zu haben (§ 67). Dagegen giebt es viele andere Wirkungen, die auf diese einfache Weise, ähnlich den Wirkungen der maxima und media c. d., nicht zu erklären sind, und der Grund dieses Unterschieds ist folgender. Die höheren Grade sind ganz einfache und stets gleichförmige Ereignisse. Verlust der Freyheit, Verlust der Civität ist in ihnen enthalten, nie mehr noch weniger. Nicht so einfacher Natur ist die minima c. d. Vergleicht man die Arrogation mit der Emancipation, so sind diese in ihrer Bestimmung und ihrem Erfolg völlig entgegengesetzt, da die väterliche Gewalt durch die eine hervorgebracht, durch die andere zerstört wird. Wenn sie nun dennoch einen gemeinschaftlichen Namen führen, und wenn an diesen Namen allgemeine Wirkungen, die ihnen also auch gemeinschaftlich zukommen, geknüpft sind, so ist es klar, daß für solche Wirkungen die capitis deminutio an sich als selbständige Ursache zu denken ist, ohne Rücksicht darauf, ob im einzelnen Fall mit der capitis deminutio eine Unterwerfung unter die väterliche Gewalt, oder umgekehrt eine Befreyung von derselben, verbunden ist.

Zuerst nun wird ausdrücklich bemerkt, daß die minima c. d. nur im Privatrecht wirkte. Wenn also ein Magistratus, oder Senator, oder Judex, arrogirt oder emancipirt wurde, so hatte dieses Ereigniß auf jene öffentlichen Verhältnisse durchaus keinen Einfluß (i). Im Privatrecht aber sind folgende Wirkungen sichtbar.

I. Familienrecht.

Die Civilehe, welche vor der capitis deminutio vorhanden war, dauert auch nach derselben unverändert fort. Bey der Arrogation und der vollendeten Emancipation ist dieses ganz unzweifelhaft. In dem Übergangszustand, während der mancipii causa, könnte man daran noch etwa zweifeln; und gerade für diesen Fall ist die fortdauernde Wirksamkeit der Ehe ausdrücklich anerkannt (§ 67 d).

Die Agnation wird durch jede minima c. d. gänzlich aufgehoben, die Cognation dagegen dauert unverändert fort (k). Dieses gilt in allen Anwendungen, also bey der Arrogation (l), der Adoption, und der Emancipation. Es ist dieses zugleich als eine der eigenthümlichsten Wirkungen zu betrachten; namentlich bey dem Emancipirten versteht sie sich gar nicht von selbst, und es ließe sich sehr wohl eine Entlassung aus der väterlichen Gewalt denken ohne Zerstörung der Agnation mit den Seitenverwandten.

(i) *L.* 5 § 2 *L.* 6 *de cap. min.* (4. 5.). Mit welcher Einschränkung dieser Satz vielleicht in den älteren Zeiten verstanden werden mußte, ist schon oben angegeben worden, § 67 Note c.

(k) Gajus I. § 158. 163. III. § 27. — Ulpian. XXVIII. § 9. — § 3 *J. de leg. agn. tut.* (1. 15.). — § 1 *J. de adquis. per. adrog.* (3. 10.). — *L* 6 *de cap. min.* (4. 5.). *L.* 8 *de R. J.* (50. 17.).

(l) Bey der Arrogation jedoch ist eine Einschränkung zu bemerken. Der Arrogirte nimmt seine Kinder mit hinüber in die Gewalt des neuen Vaters, deren Agnation also geht ihm nicht verloren, oder er findet sie gewissermaßen wieder in der neuen Familie.

— Justinian hat diese Wirkung der capitis deminutio nicht im Allgemeinen, namentlich nicht bey der Arrogation, aufgehoben; nur für die Emancipation hat er verordnet, daß die Agnation durch sie nicht zerstört seyn sollte (m). Allein durch seine spätere Gesetzgebung ist freylich der Agnation jede wichtige Einwirkung so sehr entzogen worden, daß diese ganze Frage fast alles praktische Interesse verloren hat.

Die Gentilität wurde gleichfalls aufgehoben, das heißt jede minima c. d. zerstörte nothwendig das Verhältniß zwischen dem deminutus und seinen bisherigen Gentilen (n).

Das Patronat gieng unter, sowohl durch die capitis deminutio des Patrons, als durch die des Freygelas-

(m) *L.* 13 § 1 *C. de leg. her.* (6.58.). Bey dem Tod des Emancipirten solle dessen hereditas an die Geschwister (als Agnaten), nicht an den Vater (als Patron) fallen.

(n) Cicero top. § 6. „Gentiles sunt qui inter se eodem nomine sunt … *Qui capite non sunt deminuti*" Zunächst dachte wohl Cicero nur an den Emancipirten, und er wollte warnen, man möge sich nicht durch das unveränderte nomen verleiten lassen zu glauben, als wäre Jener in seiner angebornen Gens geblieben. Daß der Adoptirte und der Arrogirte nicht in der angebornen Gens blieben, war schon durch das aufgegebene nomen unzweifelhaft, aber sollten sie nicht in die des neuen Vaters (so wie ganz sicher in dessen Agnation) eingetreten seyn, dessen nomen sie doch annahmen? Nach Cicero's Worten müßte man es verneinen, da sie doch gewiß eine capitis deminutio erlitten hatten; bey dem Adoptirten könnte man noch etwa glauben, die vorübergehende mancipii causa habe ihn zeitlebens unfähig gemacht, in den reinen und hohen Verhältnissen irgend einer Gens zu stehen; aber bey dem Arrogirten würde doch selbst dieser Zweifelsgrund wegfallen, und das Natürlichste ist wohl anzunehmen, Cicero habe nur allein an die Emancipation gedacht.

sen. Dieses wird weiter unten bey den einzelnen dadurch bedingten Rechten (Tutel, operarum obligatio, Erbfolge) nachgewiesen werden (o).

Die Tutel wird durch die minima c. d. des Vormundes nur dann zerstört, wenn es eine legitima, und zwar aus dem ältesten Recht (den 12 Tafeln) herstammende ist; die legitima aus neueren Gesetzen, die testamentarische, und die Dativtutel dauern fort (p). Wie die

(o) Durch maxima und media c. d. gieng das Patronatsrecht natürlich auch unter; durch die spätere Begnadigung des Verurtheilten aber wurde es wieder hergestellt. *L.* 1 *de sent. passis.* (48. 23.).

(p) *L.* 3 § 9. *L.* 5 § 5 *de legit. tutor.* (26. 4.). § 4 *J. quib. modis tut.* (1. 22.). *L.* 11 *de tutelae* (27. 3.). *L.* 7 *pr. de cap. min.* (4. 5.). „Tutelas etiam non amittit capitis deminutio, *exceptis his, quae in jure alieno personis positis deferuntur.*" Die sehr dunkel ausgedrückte Ausnahme in dieser Stelle hat mit Recht von jeher großen Anstoß erregt. Einige erklären sie als eine schwerfällige Umschreibung von agnatis, so daß hier positis so viel heißen soll, als: remanentibus usque ad mortem patris, oder: Verwandte, die ihre angeborene Agnation nicht zerstört haben. Vergl. Conradi parerga p. 190. Rudorff Vormundschaft B. 3 S. 238. Dafür spricht der Scholiast der Basiliken: dagegen der Umstand, daß der Ausdruck nicht blos unverzeihlich dunkel, sondern geradezu unrichtig wäre. Denn nach denselben müßten solche Tutoren zur Zeit der deferirten Tutel in fremder Gewalt stehen (positis deferuntur), was jedoch unmöglich ist. — Andere beschränken die Ausnahme auf die c. d. durch datio in adoptionem. Mühlenbruch A. L. Z. 1835 N. 77 S. 609. Dadurch wird aber aller logische Zusammenhang aufgehoben, indem nun zuerst eine Ausnahme, scheinbar als die einzige, angegeben seyn würde, und weiter unten noch eine zweyte, weit wichtigere. — Andere lesen mit Haloander: non deferuntur, wodurch ein ganz einfacher, befriedigender Sinn hergestellt wird, und welches, wie alle singuläre Lesearten Haloanders, nicht als bloße Conjectur entschieden angesehen werden darf. Huschke Rhein. Museum B. 7 S. 68. Das Resultat bleibt nach der ersten und dritten Erklärung gleich, an

legitima, so geht auch die cessicia unter (q). — Die capitis deminutio des Pupillen muß in allen Fällen die Tutel aufheben, da sich eine solche nicht anders denken läßt, als durch Arrogation, wodurch aber der Pupill in väterliche Gewalt kommt, folglich jeder Tutel unfähig wird (r).

sich unzweifelhaft, und mit anderen Stellen übereinstimmend; nach der zweyten läge darin etwas Neues und wenig Wahrscheinliches. — Ulpian. XI. 9 spricht zu kurz und allgemein von jeder legitima tutela, ohne die Ausnahme der novae leges hinzu zu fügen.

(q) Gajus I. § 170.

(r) *L.* 2 *de leg. tutor.* (26. 4.). § 4 *J. quib. modis tut.* (1. 22.).

§. 70.

Wirkungen der capitis deminutio. (Fortsetzung.)

II. Sachenrecht.

Das Eigenthum wird durch die capitis deminutio nicht aufgehoben. Daß der Arrogirte es verliert, indem es von ihm auf den neuen Vater übergeht, ist nicht nur keine Widerlegung, sondern geradezu eine Bestätigung dieses Satzes, indem es nicht auf einen Anderen übergehen könnte, wenn es durch die capitis deminutio zerstört würde (a). Der Emancipirte aber, der noch in der väterlichen Gewalt ein castrense peculium erworben hatte, ist gewiß Eigenthümer desselben geblieben, ungeachtet der erlittenen capitis deminutio.

Ganz anders verhält es sich mit den persönlichen Servituten, nämlich dem Ususfructus und Usus. Um dieses deutlich machen zu können, muß folgende Regel vorausgeschickt werden. Wenn einem von Familiengewalt Abhängigen (Sohn oder Sklave) eine solche Servitut gegeben wurde, so sollte der Vater oder Herr die Servitut erwerben, jedoch war es bestritten, ob deren Fortdauer an das Leben des Abhängigen, und an dessen fortwährende Abhängigkeit gebunden seyn sollte; es scheint, daß nach der vorherrschenden Meynung die Servitut unter-

(a) Gerade so wird es dargestellt bey Gajus III. § 83, im Gegensatz des Ususfructus.

gieng, wenn der Sohn starb oder emancipirt wurde, wenn der Sklave starb, oder veräußert, oder freygelassen wurde. Justinian hat das Gegentheil vorgeschrieben, so daß nunmehr der Vater oder Herr, ungeachtet aller dieser Veränderungen, den einmal erworbenen Usufructus behalten soll (b). — Daneben steht nun der ganz verschiedene Satz des älteren Rechts, daß der Usufructus durch jede capitis deminutio, auch die minima, gänzlich untergehen soll; diese Regel hat Justinian für die minima c. d. aufgehoben (c). Aus der älteren Regel nun folgte der Untergang der Servitut in folgenden Fällen: Wenn der Fructuar arrogirt wurde, in welchem Fall also der Usufructus nicht so, wie das Eigenthum, auf den neuen Vater übergieng (d); eben so, wenn der Sohn, der den Usufructus als castrense peculium erworben hatte, emancipirt wurde (e). — Dieser Untergang der persönlichen Servituten war der capitis deminutio wieder ganz eigenthümlich, und folgte keineswegs von selbst aus dem veränderten Zustand an sich. Denn bey dem castrense peculium

(b) *Fragm. Vat.* § 57. *L.* 5 § 1. *L.* 18 *quib. modis us.* (7. 4.). *L.* 15. 17. *C. de usufr.* (3. 33.).

(c) *L.* 1 *pr. quib. modis us.* (7. 4.), das heißt *Fragm. Vat.* § 61. — § 1 *J. de adqu. per arrog.* (3. 10.). In dieser Stelle allein wird auch der Usus ausdrücklich genannt. — Gajus III. § 83. Paulus III. 6. § 29. — *L.* 16 § 2 *C. de usufr.* (3. 33.). § 3 *J. de usufr.* (2. 4.). *L.* 1 *de usu et us. leg.* (33. 2.). (Hier sind die Worte ex magna causa interpolirt).

(d) Gajus III. § 83 (arrogatio und coemtio). Paulus III. 6 § 29. (Arrogatio und adoptio; diese letzte gehört zu den in der Note b. angeführten Stellen).

(e) *L.* 16 § 2 *C. de usufructu* (3. 33.).

wäre die Fortdauer in der Person des Fructuars natürlich gewesen, und auch bey der Arrogation war zu erwarten, daß der Usufructus auf den neuen Vater übergienge, und ganz in die Lage käme, wie wenn er erst nach der Arrogation erworben worden wäre. — Von dem besonderen Recht der anomalischen persönlichen Servituten (habitatio und operae) wird im § 72 gehandelt werden.

III. Obligationenrecht.

Bey den Forderungen wurde die Wirkung der capitis deminutio meist nicht sichtbar, indem dieselben bey der Arrogation auf den neuen Vater übergiengen, bey der Emancipation aber für den Sohn vorher gar nicht vorhanden seyn konnten. Dennoch gab es einige Fälle, worin die Forderungen des Arrogirten weder auf den Vater übergiengen, noch bey ihm selbst fortdauerten, sondern durch die bloße capitis deminutio zerstört wurden. Dahin gehörte die von einem freygelassenen Sklaven eidlich übernommene operarum obligatio, die überall nur mit dem gegenwärtigen, fortdauernden Patronat verbunden seyn konnte (f), hier also mit dem Patronat selbst (§ 69) untergehen mußte (g). Ferner wahrscheinlich die neue Forderung, die aus der Litiscontestation entstanden war, wenn der Arrogirte vor der Arrogation in einem legitimum judicium eine Klage angestellt hatte (h). — Eben so gehörte dahin ein anomalischer Fall bey der Emancipation.

(f) *L.* 56 *pr. de fidej.* (46. 1.). *L.* 7 *pr. de op. libert.* (38. 1.).

(g) Gajus III. § 83. — § 1 *J. de adqu. per arrog.* (3. 10.).

(h) Gajus III. § 83, die Stelle ist lückenhaft. — Die Erklärung,

Hatte der Sohn während der väterlichen Gewalt eine Adstipulation geschlossen, so wurde das Klagrecht hieraus nicht dem Vater, sondern dem Sohn selbst erworben, jedoch so, daß es einstweilen ruhte, und erst mit des Vaters Tod wirksam wurde; endigte aber die väterliche Gewalt durch Emancipation, so gieng jenes Klagrecht durch die capitis deminutio ganz unter (i).

Bey den Schulden dagegen tritt die eigenthümliche Einwirkung der capitis deminutio wieder sehr scharf hervor, indem durch jede minima c. d. nach dem älteren Recht die Schulden ganz untergiengen (k). Da nun der Sohn in väterlicher Gewalt sich eben so vollgültig verpflichten kann, als der Unabhängige (§ 67), so hätte man erwarten mögen, daß auch die capitis deminutio daran Nichts ändern würde, so daß also hier ihre zerstörende Kraft als etwas ganz Selbständiges erscheint (l). Der Arrogirte also wird frey von seinen Schulden, ohne daß dieselben auf den Vater übergehen, und eben so wird der Emancipirte frey, obgleich er vor der Emancipation nicht blos verpflichtet war, sondern auch verklagt werden konnte (§ 67).

die Huschke Studien I. 277 von der Sache giebt, scheint mir nicht gehörig begründet.

(i) Gajus III. § 114. Vgl. oben §. 67 Note b und l, auch § 71. h.

(k) Gajus IV. § 38, u. III. § 84, diese letzte Stelle mit der ganz vortrefflichen Restitution von Göschen.

(l) Donellus XXI. 5 § 22, und eben so Glück B. 6 S. 26 hält die imaginaria servilis causa bey der Emancipation für den einzigen Grund des Untergangs und läugnet diesen daher bey der Arrogation; durch die Stelle des Gajus (Note k) wird diese Meynung unmittelbar widerlegt.

Dieser wichtige Satz aber ist noch näher zu bestimmen und durch mehrere Ausnahmen zu beschränken. Zuerst bezieht sich dieser Untergang nur auf das Civile in der Obligation, auf ihre Klagbarkeit; als naturalis obligatio dauert sie fort (m). — Aber auch gegen den Untergang der civilis obligatio schützte der Prätor durch Restitution der verlornen Klage (n). Durch diese Restitution konnte also gegen den Arrogirten und den Emancipirten aus früheren Verträgen geklagt werden, was außerdem gar nicht möglich gewesen wäre; sie war unbedingt versprochen, weil sie nur gegen eine aus der buchstäblichen Strenge des alten Civilrechts hervorgehende Härte Schutz geben sollte. Daneben wird aber auch noch eine andere mögliche Restitution erwähnt, wenn nämlich der Vertrag nach der capitis deminutio geschlossen wurde (o). Diese hat etwas Räthselhaftes, weil ja der Arrogirte und der Emancipirte ohnehin wirksame Verträge schließen können. Auch wird ausdrücklich hinzugefügt, diese Restitution komme

(m) *L.* 2 § 2 *de cap. min.* (4. 5.) s. u. Note o.

(n) *L.* 2 § 1. *L.* 7 § 2. 3 *de cap. min.* (4. 5.). *L.* 2 *de in int. rest.* (4. 1.). — Gajus III. § 84. IV. § 38. — Daß es eine wahre Restitution war, sagen ausdrücklich die hier angeführten Stellen, so wie Paulus I. 7 § 2; aber es war eine anomalische, sehr verschieden z. B. von der bey Minderjährigen, s. u. Note w und x.

(o) *L.* 2 § 2 *de cap. min.* (4. 5.). „Hi, qui capite minuuntur, ex his causis quae capitis deminutionem praecesserunt, manent obligati naturaliter: ceterum si postea, imputare quis sibi debebit, cur contraxerit, quantum ad verba hujus Edicti pertinet. Sed *interdum*, si contrahatur cum his post capitis deminutionem, danda est actio. Et quidem, si adrogatus sit, nullus labor: *nam perinde obligabitur ut filiusfamilias.*"

nur zuweilen vor (interdum), und namentlich bey dem Arrogirten sey sie nie nöthig, weil dieser ohnehin, gleich jedem anderen filiusfamilias, durch seine Verträge klagbar verpflichtet werde (p); dasselbe gilt aber gewiß auch von dem Emancipirten. Der seltene Fall, der in jener Stelle nur angedeutet wird, muß bezogen werden auf einen während der mancipii causa geschlossenen Vertrag, also während eines Zustandes, der in der späteren Zeit freylich nur noch als ein Übergangszustand vorkam. Durch einen solchen Vertrag wurde freylich der gewesene Sohn civiliter nicht verpflichtet (§ 67), aber der andere Contrahent hatte sich den Schaden selbst zuzuschreiben, weil er sich um den gegenwärtigen Rechtszustand seines Schuldners erkundigen konnte: da jedoch zuweilen (interdum) eine schuldlose Unwissenheit hierin vorkommen konnte, so sollte dann Restitution eintreten (q).

(p) S. die vorige Note. — Bey der Arrogation galt auch noch eine andere Klage, die actio de peculio gegen den Vater. *L.* 42 *de peculio* (15. 1.). Von dieser ist aber hier nicht die Rede, sondern von der Klage gegen den Arrogirten selbst.

(q) Nimmt man an, daß der alte Jurist diesen Fall geradezu ausdrückte, und daß die Compilatoren die Erwähnung des veralteten Rechtsinstituts wegstrichen, so erklärt sich die Dunkelheit der Stelle ganz ungezwungen. — Cujacius obs. VII. 11 bezieht die Stelle auf den Vertrag mit einer Ehefrau in manu, die sich gar nicht obligiren könne, und wobey der Contrahent, der von der manus Nichts wisse, restituirt werden solle. Er nimmt also an, eine filiafamilias könne überhaupt nach altem Recht nicht obligirt werden, weil die auctoritas tutoris unmöglich war. Diese Meynung ist widerlegt in der Beylage V., und damit fällt auch die eben erwähnte Erklärung unsrer Stelle. — Die ganze Stelle hat von jeher viel zu leiden gehabt, sowohl durch unbefriedigende Auslegung, als durch grundlose Annahme von Interpolationen. Selbst

Es gab jedoch auch einige ausgenommene Fälle, in welchen selbst nach altem Recht die Schulden nicht untergiengen, so daß bey ihnen die Restitution nicht nöthig war. Dahin gehörten erstlich die Schulden aus Delicten (r), die ja auch bey Sklaven klagbare Obligationen bewirkten (§ 65). Zweytens die Schuld aus einem Depositum, wenn der Schuldner auch nach der capitis deminutio im Besitz der Sache blieb (s). Drittens die Schulden aus einer von dem Arrogirten vor der Arrogation erworbenen Erbschaft; denn nun gieng das Erbrecht selbst auf den Adoptivvater über, also auch ipso jure die darin enthaltenen Erbschaftsschulden (t). Hierauf aber beschränken sich die sicheren Ausnahmen. Zwar wird auch noch in vielen anderen Fällen erwähnt, daß nach der capitis deminutio Schuldklagen fortdauern, theils ohne nähere Bestimmung, theils mit dem Zusatz, daß dagegen der Emancipirte die exceptio Sc. Macedoniani, oder das sogenannte beneficium competentiae haben solle (u); allein

die Worte nullus labor („bey dem Arrogirten entsteht keine Schwierigkeit") möchten der Sprache des Ulpian nicht unangemessen seyn. Vgl. auch Plinius hist. nat. XXVI. 72, „Phreneticos somnus sanat .. E diverso lethargicos *excitare labor est*, hoc praestante ... peucedani succo."

(r) *L.* 2 § 3 *de cap. min.* (4. 5.). „Nemo delictis exuitur, quamvis capite minutus sit."

(s) *L.* 21 *pr. depos.* (16. 3.). Der Zusammenhang dieser Ausnahme kann erst unten § 74 klar gemacht werden, s. besonders § 74 Note q. r.

(t) Gajus III. § 84, s. o. Note k.

(u) *L.* 2 *pr.* *L.* 4 § 1. *L.* 5 *pr.* *L.* 7 *quod cum eo* (14. 5.). *L.* 9 *C. eod.* (4. 26.). *L.* 3 § 4 *de minor.* (4. 4.). *L.* 1 § 2 *de Sc. Mac.* (14. 6.). *L.* 58 § 2 *pro soc.* (17. 2.). Vergl. über diese letzte Stelle § 74 c.

in diesen zahlreichen Stellen ist stets schon die prätorische Restitution mit hinzu zu denken, die ja ohnehin allgemein und unbedingt ertheilt wurde.

Wie stellt sich nun aber diese ganze Lehre im Justinianischen Recht? Praktische Bedeutung hatte sie ja schon längst nicht mehr wegen der prätorischen Restitution. Zwar könnte man einwenden, daß ja in anderen Fällen, z. B. bey Minderjährigen, ein großer Unterschied sey zwischen der Gültigkeit (oder Ungültigkeit) eines Rechtsverhältnisses an sich selbst, oder vermittelst einer Restitution. Allein die Wichtigkeit dieses Unterschieds lag in zwey Umständen: erstlich behielt sich gewöhnlich der Prätor ein Handeln nach freyer Erwägung der Umstände vor (v); zweytens war gewöhnlich die Restitution an eine kurze Verjährung gebunden. Beides war hier anders. Denn die Schuldklage gegen den capite deminutus war unbedingt, ohne Vorbehalt individueller Untersuchung, versprochen (w); und diese zugesagte Klage war an keine Verjährung gebunden (x). — Justinian also fand bereits die alte Rechtsregel von dem Untergang der Schulden durch die minima c. d., entblößt von aller praktischen Bedeutung vor, und dieser Zustand der Sache wurde in seiner Gesetzgebung so wenig verkannt, daß in derselben jene Regel merkwürdiger

(v) *L.* 1 § 1 *de minoribus* (4. 4.). „.. *uti quaeque res erit*, animadvertam."

(w) *L.* 2 § 1 *de cap. min.* (4. 5.). „.. judicium dabo" ohne den sonst vorkommenden Zusatz: causa cognita.

(x) *L.* 2 § 5 *eod.* „Hoc judicium *perpetuum* est" etc.

Weise gar nicht ausgedrückt ist, so daß wir ihr Daseyn unmittelbar und positiv erst aus Gajus nachweisen können. Freylich schließen konnten wir dasselbe stets aus dem Justinianischen Recht, ja es war nicht consequent, die Restitution aufzunehmen, und die alte Rechtsregel, wodurch allein die Restitution zum Bedürfniß wurde, mit Stillschweigen zu übergehen; allein es war dieses dasselbe Verfahren, wie in so mancher anderen Lehre, indem man von dem formellen Inhalt des früheren Rechts so wenig als möglich untergehen lassen wollte. Man war zufrieden, daß die in dem Titel de capite minutis aufgenommenen Stellen der alten Juristen, ihrem letzten praktischen Resultat nach, noch immer für wahr gelten konnten (was allerdings der Fall ist), wenngleich sie in den Zusammenhang des übrigen Rechts, so wie sie ausgedrückt waren, eigentlich nicht mehr paßten.

Eine ganz andere Einwirkung auf die Schulden hatte die maxima und media c. d. Hier wurde der vorige Schuldner für immer frey, dagegen gieng die Schuld nicht unter, sondern sie fiel, wie durch Vererbung, auf denjenigen, welcher das Vermögen bekam, welches gewöhnlich der Fiscus war. Wurde später der Verurtheilte begnadigt, und in die Civität wieder eingesetzt, so galt dennoch keine Restitution für die alten Schuldklagen (y).

(y) *L.* 2 *pr.* *L.* 7 § 2. 3 *de cap. min.* (4. 5.). — *L.* 30 *de O. et A.* (44. 7.). — *L.* 47 *pr. de fidejuss.* (46. 1.). *L.* 19 *de duobus reis* (45. 2.). Vergl. zu dieser letzten Stelle die notae in Dig. von Schulting.

Nur wenn er neben der Begnadigung sein Vermögen zurück bekam, so lebten auch die früheren Schuldklagen wieder auf, und zwar unmittelbar, ohne die prätorische Restitutionsklage (z).

IV. Erbrecht.

Ein Testament wird irritum, wenn der Testator entweder eine Arrogation, oder eine maxima oder media c. d. erleidet (aa). Dagegen wenn ein Sohn in väterlicher Gewalt über sein castrense peculium testirt, so wird durch Emancipation das Testament nicht ungültig (bb). Man kann also nicht allgemein und unbedingt sagen, daß jede capitis deminutio des Testators das Testament vernichte.

Die Intestaterbfolge wird durch die minima c. d. zerstört, in so fern sie auf den zwölf Tafeln beruhte, dagegen nicht wenn sie aus neueren Gesetzen abgeleitet war (cc). Wenn also von zwey Agnaten der eine eine solche capitis deminutio erlitt, so konnte Keiner den Anderen beerben; eben so hatte der Patron sein Erbrecht verloren, wenn entweder er selbst, oder der Freygelassene,

(z) *L.* 2. 3 *de sent. passis* (48. 23.). *L.* 4 *C. eod.* (9. 51.).

(aa) Ulpian. XXIII. § 1. Gajus II. § 145. — § 4 *J. quib. mod. test.* (2. 17.). *L.* 6 § 5—12 *de injusto* (28. 3.). — So nach dem strengen Civilrecht. Der Prätor erhielt das Testament aufrecht, wenn nur vor dem Tod der frühere Zustand wieder hergestellt war. Ulpian. XXIII. § 6.

(bb) *L.* 6 § 13 *de injusto* (28. 3.). *L.* 1 § 8 *de B. P. sec. tab.* (37. 11.).

(cc) Ulpian. XXVII. § 5. — *L.* 1 § 8 *ad Sc. Tert.* (38. 17.). *L.* 11 *de suis* (38. 16.). *L.* 1 *unde legit.* (38. 7.). *L.* 7 *pr. de cap. min.* (4. 5.). § 2 *J. de Sc. Orphit.* (3. 4.).

von einer capitis deminutio betroffen wurde (dd). Dagegen hörte die aus den Senatusconsulten herstammende wechselseitige hereditas zwischen der Mutter und ihren Kindern nicht auf, wenngleich die Mutter oder das Kind eine minima c. d. erlitten hatte. Noch weit mehr aber war die prätorische Erbfolge davon unabhängig, natürlich mit Ausnahme der B. P. unde legitimi, so weit dieselbe auf den zwölf Tafeln beruhte. — Die Aufhebung jenes älteren Intestaterbrechts war die nothwendige Folge der schon oben dargestellten Regel, nach welcher die Agnation selbst, und das Patronat selbst, als die Bedingungen des Erbrechts aus den zwölf Tafeln, durch jede minima c. d. zerstört wurden.

Fassen wir dasjenige, was hier über die eigenthümlichen Wirkungen der minima c. d. als solcher gesagt worden ist, kurz zusammen, so ergiebt es sich, daß folgende als die entschiedensten und wichtigsten zu betrachten sind: Aufhebung der Agnation, des Patronats, der persönlichen Servituten, und der Schulden.

(dd) Speciell von diesem Fall reden Ulpian. XXVII. 5. Gajus III. § 51. — Vgl. auch *L.* 2 § 2 *L.* 23 *pr. de bon. lib.* (38. 2.). *L.* 3 § 4. 5 *de adsign. lib.* (38. 4.).

§. 71.

Anomalische Rechte in Beziehung auf Rechtsfähigkeit und capitis deminutio.

Wir finden eine nicht geringe Zahl von Rechten, auf welche die hier festgestellten Regeln über Rechtsfähigkeit und capitis deminutio mehr oder weniger unanwendbar sind. Der Grund dieser Unanwendbarkeit liegt darin, daß jene Rechte, obgleich ihrer Form nach mit anderen Rechten gleichartig, dennoch mehr den natürlichen, oder den politischen Menschen, als den juristischen (den Träger der Privat-Rechtsverhältnisse) angehen, so daß durch sie irgend Etwas bewirkt werden soll, das durch die so eben dargestellte Rechtsunfähigkeit nicht berührt wird. Diese Anomalien kommen am häufigsten und vollständigsten vor innerhalb des Vermögensrechts: ferner so, daß dadurch ein Klagerecht möglich wird, wo es nach den aufgestellten Regeln nicht erwartet werden möchte: endlich in Beziehung auf den filiusfamilias und die minima capitis deminutio; jedoch sind sie auf diese Gränzen keinesweges völlig eingeschränkt. — Dabey muß vor Allem gegen das mögliche Misverständniß gewarnt werden, als ständen alle hierher gehörenden Fälle auf gleicher Linie, etwa so, daß nun in jedem derselben gar keine Gränze der Rechtsfähigkeit anzuerkennen wäre. Vielmehr wird hier lediglich eine gemeinschaftliche, leitende Rücksicht angegeben, wodurch bey den einzelnen Rechten dieser Art (je nach ihrem individuellen Bedürfniß) bald mehr, bald weniger Abweichung von der Regel der Rechtsfähigkeit bewirkt wird. Wir müssen uns also hüten, hierin zu viel zu generalisiren, und wir dürfen als das Gemeinsame der angedeuteten Institute nur dieses anerkennen, daß sie eine weniger juristische Natur als die gewöhnlichen Rechtsinstitute haben. Diese Eigenthümlichkeit wird von einem Römischen Juristen in einem hierher gehörenden besonderen Fall sehr treffend so ausgedrückt: in facto potius quam in jure consistit (a).

Bey Fällen dieser Art erscheinen zugleich noch folgende Eigenthümlichkeiten, welche an sich auf die Rechtsfähigkeit keine unmittelbare Beziehung haben:

1) Bey allen diesen Fällen (vielleicht mit einer einzigen Ausnahme) findet sich die Unvererblichkeit. Nur eigentliche Rechte, und zwar Vermögensrechte, sind Gegenstand der Vererbung. Stirbt daher der Träger eines Verhältnisses von dieser anomalischen Natur, so wird das Verhältniß selbst, welches sich auf ihn allein (als Individuum) bezog, untergehen müssen. — Ganz unrichtig aber würde es seyn, diesen Satz umzukehren, und in allen unvererblichen Verhältnissen die hier zur Sprache gebrachte nichtjuristische Natur anzunehmen. Die väterliche Gewalt, der Ususfructus, der juristische Besitz, sind unvererblich, aber sie sind dennoch wahre, eigentliche Rechts-

(a) *L.* 10 *de cap. min.* (4. 5.).

verhältnisse, und daher ganz der gewöhnlichen Regel der Rechtsfähigkeit unterworfen.

2) Nicht bey allen, wohl aber bey mehreren und wichtigen Fällen dieser Art findet sich eine actio in bonum et aequum concepta, umgekehrt aber, wo sich eine solche findet, da ist auch stets jene Anomalie, und namentlich die ausgeschlossene Einwirkung der capitis deminutio, anzunehmen (§ 72 y). Dieser Punkt bedarf jedoch einer genauen Erörterung. — Von jeher haben die Meisten hierin nichts Anderes gesehen, als eine Klage, die auf den freyen Regeln der aequitas, also auf dem jus gentium beruhe, nicht auf den strengen Regeln des Römischen jus civile. Auch hat an sich der Ausdruck bonum et aequum keine andere Bedeutung, und wenn daher nur von dem Entstehungsgrund eines Klagerechts die Rede ist, so darf in der That an nichts Anderes gedacht werden. So z. B. wird von den Condictionen gesagt: ex bono et aequo habet repetitionem, und: ex bono et aequo introducta (b), und Niemand wird bezweifeln, daß die Condictionen reine Vermögensrechte sind, vererblich, allen Beschränkungen der Rechtsfähigkeit unterworfen, also ohne allen Zusammenhang mit der hier abgehandelten Anomalie. Anders aber verhält es sich mit dem Erfolg einer Klage, insbesondere wenn von dem mehr oder weniger freyen Ermessen des Richters in Beziehung auf den Gegenstand und Umfang

(b) *L.* 65 § 4. *L.* 66 *de cond. indeb.* (12. 6.).

des Urtheils die Rede ist. Hierin kennt der ältere Römische Prozeß drey Stufen:

a) Stricti juris judicium, wenn dasselbe auf certa pecunia gerichtet war. Der Prätor bestimmte in der Formel eine feste Geldsumme, und der Judex hatte nur die Wahl, entweder auf diese bestimmte Summe zu verurtheilen, oder gänzlich loszusprechen. Mehren oder mindern durfte er die Summe nicht.

b) Bonae fidei und arbitraria judicia. Hier war die Summe der Verurtheilung nicht durch die Formel vorgeschrieben, sondern dem Ermessen des Richters überlassen, und diese Freyheit wird gleichfalls als ein bonum et aequum bezeichnet (c). Von einer andern Seite aber war allerdings die Willkühr des Richters gebunden, nämlich durch die nothwendige Rücksicht auf das Interesse des Klägers, dessen wahrer Betrag stets durch die bekannten Verhältnisse des Verkehrs ermittelt werden kann. Indem also hier das Urtheil zwar nicht durch den Prätor, aber durch den Gegenstand bestimmt war, konnte man wohl annehmen, daß bey solchen Klagen zwey gleich sachkundige Richter stets auf dieselbe Summe sprechen würden.

c) Ganz anderer Natur sind die hierher gehörenden Klagen. Bey ihnen bindet den Richter weder der Prätor,

(c) § 30 *J. de act.* (4. 6.) „*ex bono et aequo* aestimandi." — § 31 *eod.* „permittitur judici *ex bono et aequo* .... aestimare quemadmodum actori satisfieri oporteat." — Dasselbe gilt (nur mit etwas weniger freyem Ermessen) bey der stricti juris actio, wenn diese auf ein incertum gerichtet war.

noch der Gegenstand, sondern sein Ermessen ist unvermeidlich so frey, daß es selbst bey zwey gleich redlichen und einsichtsvollen Richtern für ganz zufällig gehalten werden muß, wenn ihre Urtheile in der Summe übereinstimmen (d). Diese ungewöhnlich ausgedehnte richterliche Willkühr wird in den am genauesten redenden Stellen durch den Ausdruck: actio in bonum et aequum *concepta* bezeichnet. Auf den ersten Blick möchte man vielleicht Bedenken tragen, jenem Beywort eine solche unterscheidende Kraft beyzulegen, es rechtfertigt sich jedoch diese, etwas subtil scheinende, Annahme auf folgende Weise. Durch das concepta wird ausgedrückt, daß die Hinweisung auf das bonum et aequum wörtlich in der Formel enthalten war; sie lag nämlich bei der actio rei uxoriae (wahrscheinlich dem ältesten Fall dieser Art) in den der Formel eingerückten Worten quod aequius melius (e), bey mehreren späterhin in das Edict aufgenommenen Fällen in den weniger alterthümlichen Ausdrücken: quanti aequum, oder quanti bonum aequum judici videbitur (f). Dieser Theil

(d) Am anschaulichsten ist dieses bei der Injurienklage (Gajus III. § 224), worin doch gewiß die Bestimmung der Summe lediglich auf subjectivem Gefühl beruht, also mit der Bestimmung der Entschädigungssumme z. B. aus einem Kaufcontract gar keine Ähnlichkeit hat. Daß aber dasselbe Verhältniß, wenngleich weniger augenscheinlich, auch in vielen anderen Fällen statt findet, wird unten gezeigt werden.

(e) Cicero top. C. 17, de officiis III. 15. Wörtliche Anspielungen auf diesen im Edict vorkommenden Ausdruck der Formel kommen vor in *L.* 82 *de solut.* (46. 3.), *L.* 66 § 7 *sol. matr.* (24. 3.). — Über die Ähnlichkeit und Verschiedenheit dieser Klage mit anderen gleichartigen Klagen vgl. unten § 72 ee.

(f) Dieser Ausdruck findet sich

der Formel war dazu bestimmt, die ungewöhnliche Freyheit des richterlichen Ermessens, wodurch sich solche Klagen vor den regelmäßigen bonae fidei actiones auszeichneten, auszudrücken (g). Wenn also eine Klage im Römischen Recht geradezu als in bonum et aequum *concepta* bezeichnet wird, so ist es unzweifelhaft, daß ihr die hier dargestellte Anomalie zukommt. Allein nicht immer beobachten die alten Juristen diesen genauen Sprachgebrauch (h); nicht selten gebrauchen sie in derselben Bedeutung auch den allgemeineren, unbestimmteren Ausdruck: ex bono et aequo *est* oder *oritur* (i), und da dessen Zweydeutigkeit schon

in folgenden Edictstellen: *L.* 1 *pr. de his qui effud.* (9. 3.). *L.* 42 *de aed. ed.* (21. 1.). *L.* 3 *pr. de sepulchro viol.* (47. 12.).

(g) Es ist also kein Widerspruch, wenn die actio rei uxoriae, die (wegen der Worte aequius melius) in bonum et aequum concepta war, doch auch unter die b. f. actiones gezählt wird (§ 29 *J. de act.* 4. 6). Denn es sollte in ihr alles Das gelten, was für die b. f. actiones überhaupt Regel war, und nur noch eine ausgedehntere Freyheit des richterlichen Ermessens daneben.

(h) Die Benennung actio in bonum et aequum *concepta* kommt nur bey zwey Klagen vor: 1) der actio rei uxoriae. *L.* 8 *de cap. min.* (4. 5). 2) der a. sepulchri violati. *L.* 10 *de sepulchro viol.* (47. 12.). — Daß nun jede Klage, welche diesen Character an sich trug, stets zugleich auch von der Einwirkung der capitis deminutio frey war, sagt ausdrücklich *L.* 8 *de cap. min.* (4. 5.), s. u. § 72 Note y.

(i) Dahin gehört: 1) die Injurienklage. *L.* 11 § 1 *de injur.* (47. 10.), und bey dieser ist es aus mehreren Anspielungen unzweifelhaft, daß die Worte bonum aequum in ihrer Formel vorkamen. *L.* 18 *pr. eod.* *L.* 34 *pr. de O. et A.* (44. 7.). — 2) Die actio de effusis. *L.* 5 §. 5 *de his qui effud.* (9. 3.), und bey dieser wissen wir unmittelbar aus der Edictstelle, daß jene entscheidenden Worte in der Formel standen. *L.* 1 *pr. eod.* — Sehr merkwürdig ist in dieser Hinsicht die funeraria actio. Sie entsteht nicht nur ex bono et aequo, sondern der Judex hat in ihr auch ein überaus freyes Ermessen. (*L.* 14 § 6 *de relig.* 11. 7.); dennoch ist sie eine gewöhn-

oben bemerklich gemacht worden ist, so dürfen wir aus ihm allein niemals die anomalische Natur einer Klage schließen, diese ist vielmehr in solchen Fällen stets erst aus anderen Gründen zu erweisen (k).

Es ist schon oben bemerkt worden, daß die anomalischen Rechte, von welchen hier die Rede ist, großentheils in Klagrechten bestehen, und zwar besonders in solchen, die ausnahmsweise von einem filiusfamilias geltend gemacht werden können. Damit dieses in den einzelnen Anwendungen völlig klar werde, soll hier noch vorbereitungsweise die Klagfähigkeit des filiusfamilias genauer bestimmt werden, als es oben in der allgemeinen Darstellung seiner Rechtsfähigkeit überhaupt (§ 67) geschehen ist. Es kann nämlich der filiusfamilias in Betracht kommen:

I. Als Beklagter, und zwar:

A. In eigenem Namen. Hier ist gar keine Schwie-

liche Vermögensklage, und unsre Anomalien galten bey ihr gewiß nicht. Daher war sie denn auch nicht in bonum et aequum *concepta*, das heißt nicht blos, dieser Name wird bey ihr nicht erwähnt (welches eben so zufällig seyn könnte wie bey der Injurienklage), sondern wir wissen aus der erhaltenen Stelle des Edicts, daß jene Worte nicht in ihrer Formel standen. *L.* 12 § 2 *de relig.* (11. 7.).

(k) Cujacius hat die Eigenthümlichkeit der actio in bonum et aequum concepta, verschieden von der bloßen b. f. actio, und zusammenhängend mit der Formel aequius melius, richtig erkannt, und eben so richtig auf vier Klagen angewendet: de dote (rei uxoriae), injuriarum, de effusis, und sepulchri violati. Cujacii observ. XXII. 14, und fast ganz wörtlich gleichlautend in dem Comm. zu Paulus ad edictum, in *L.* 9 *de cap. min.* (Opp. T. 5 p. 161). Er hat aber der Sache nicht die Ausdehnnng gegeben, die ihr gebührt, und worin allein sie in ihrem wahren Lichte erkannt werden kann.

rigkeit, da der filiusfamilias, völlig so wie ein Unabhängiger, in vollgültigen Schuldverhältnissen stehen, und aus denselben verklagt werden kann (§ 67).

B. Im Namen des Vaters. Der Sohn kann, eben so wie jeder Fremde, vom Vater als Procurator bestellt werden (l), außerdem aber kann er, gleichfalls wie jeder Fremde, den verklagten Vater nicht vertreten. Namentlich würde es ganz unrichtig seyn, wenn man annehmen wollte, der Sohn könne die durch ihn hervorgebrachte actio de peculio nun auch ohne Auftrag für den Vater übernehmen. Veranlaßt hat er sie allerdings, aber sobald sie einmal entstanden ist, hat sie mit ihm keine Verbindung mehr, sondern nimmt die Natur jeder andern Schuld des Vaters an.

II. Als Kläger:

A. Im Namen des Vaters. Auch hier kann er, so wie jeder Andere, als Procurator vom Vater bestellt werden (Note l), außerdem ist er zu dieser Vertretung in der Regel nicht berechtigt. Namentlich liegt in dem Peculium, welches der Vater etwa dem Sohn gegeben hat, durchaus nicht der Auftrag, die darin enthaltenen Rechte durch Klagen vor Gericht geltend zu machen (m). — Ausnahmsweise aber kann zuweilen der Sohn mit einer utilis

(l) *L.* 8 *pr. in f.*, *L.* 35 *pr. de proc.* (3. 3.).

(m) Eine merkwürdige Reminiscenz findet sich in *L.* 8 *pr. C. de bon. quae lib.* (6. 61.). Bey dem sogenannten adventitium extraordinarium bedarf der Sohn, um zu klagen, noch immer der väterlichen Einwilligung, aber diese kann erzwungen werden, ist also eine leere Formalität zum Andenken des älteren Rechts. „Necessitate per officium judicis patri imponenda tantum-

actio, als präsumtiver Procurator des Vaters, klagen, wenn der Vater abwesend ist, und deswegen die Klage sonst unterbleiben, oder doch lange verschoben werden müßte. Dieses gilt unter andern bey Klagen aus einem Diebstahl, körperlicher Beschädigung, Darlehen, Depositum, Mandat, besonders wenn diese Verletzungen oder Rechtsgeschäfte in Beziehung auf die Person des Sohnes stattgefunden haben, so daß vielleicht er selbst diese Klagerechte dem Vater erworben hat. In einigen dieser Fälle wird noch der unterstützende Grund hinzugefügt, daß sonst der Sohn selbst in Noth kommen könne, wenn er z. B. sein Reisegeld ausgeliehen oder durch Diebstahl verloren hat; dieses ist jedoch keinesweges als allgemeiner Grund oder als Bedingung der Regel anzusehen (n). In diesen Fällen nun ist es ganz gleichgültig, ob der Erwerb dieser Klagen mit einem Peculium zusammenhieng oder nicht. Eine scharfe Gränze für die so zulässigen Klagen zu ziehen war nicht nöthig, da die Zulassung des Sohnes in diesen Fällen stets auf dem freyen Ermessen der Obrigkeit beruhte. Es versteht sich von selbst, daß der Ertrag dieser Klagen immer wieder dem Vater erworben werden muß.

modo filio consentire, vel agenti, vel fugienti, *ne judicium sine patris voluntate videatur consistere.*" Die Worte vel fugienti (als Beklagter) scheinen aus Versehen herein gekommen zu seyn, veranlaßt durch einen falschen Schein consequenter Vollständigkeit; denn verklagt werden konnte der Sohn schon nach altem Recht für sich allein, ohne des Vaters Wissen, ja wider dessen Willen. *L.* 3 § 4 *de minor.* (4. 4.).

(n) *L.* 18 § 1 *de judic.* (5. 1.). *L.* 17 *de reb. cred.* (12. 1.).

B. In eigenem Namen. Dieser Fall gehört allein hierher zu unsren anomalischen Rechten, und um seinetwillen sind bis jetzt auch die verwandten Fälle festgestellt worden, weil er nur in dieser Umgebung nach seiner Eigenthümlichkeit richtig aufgefaßt werden kann. — In der Regel nun kann der Sohn in eigenem Namen deswegen nicht klagen, weil er keine eigenen Rechte haben kann, die durch Klage zu verfolgen wären (o): er kann nicht vindiciren weil er kein Eigenthum hat, keine Schuldklage anstellen weil er nicht Gläubiger seyn kann. Der Grund dieser Unfähigkeit ist also materieller Art, und liegt nicht etwa in einer besondern Ausschließung des Sohnes von gerichtlichen Geschäften: daher kann derselbe aus solchen Thatsachen, die während der väterlichen Gewalt vorfallen, in der Regel auch nach deren Auflösung nicht klagen (p). — Allein es giebt wichtige ausgenommene Fälle, in welchen der filiusfamilias in eigenem Namen klagen kann,

(o) *L.* 13 § 2 *quod vi* (43. 24.). „Idem ait, adversus filiumfamilias in re peculiari neminem clam videri fecisse: namque si scit eum filiumfamilias esse, non videtur ejus celandi gratia fecisse, *quem certum est nullam secum actionem habere.*"

(p) So z. B. wenn dem Sohn eine Sache aus dem Peculium gestohlen wird, so erwirbt die furti actio der Vater, nicht der Sohn, weil der Diebstahl nur dem Vater ein Recht verletzt hat; auch die Emancipation kann hieran Nichts ändern. Gesetzt aber, der Sohn hatte ein Pferd gemiethet, und dieses stehlen lassen, so ist weder dem Vater noch dem Sohn ein Recht verletzt; allein der Sohn ist dem Vermiether zur Entschädigung verpflichtet, und deswegen wird auf ihn, eben so wie auf einen Miether der sui juris ist, die furti actio übertragen (*L.* 14 § 16 *de furtis* 47. 2.), und diese kann er nach aufgelöster väterlicher Gewalt selbständig anstellen, weil seine Schuld gegen den Vermiether stets fortdauert. (Wäh-

und dieses sind eben unsre anomalischen Rechte, die sogleich einzeln dargestellt werden sollen, und um derenwillen diese ganze Betrachtung vorausgeschickt worden ist (q). Besonders wichtig ist es, diese ausgenommenen Fälle von den oben erwähnten genau zu unterscheiden, worin der Sohn nicht in eigenem Namen, sondern als präsumtiver Procurator klagt; unsre Schriftsteller haben beide Fälle vielfach mit einander verwechselt. — Ein Hauptunterschied liegt darin, daß in diesen Fällen, worin der Sohn in eigenem Namen auftritt, das Ermessen der Obrigkeit,

rend der väterlichen Gewalt ruht die Klage, weil der Vater kein Interesse hat. *L.* 14 § 10 *de furtis* 47. 2.). So ist zu erklären *L.* 58 *de furtis* (47. 2.): „Si filiofamilias furtum factum esset, recte is paterfamilias factus eo nomine aget. Sed et si res ei locata subrepta fuit, paterfamilias factus ibidem agere poterit." Der erste Fall der Stelle kann nur von einem castrense peculium verstanden werden, weil man zu Julians Zeit nur in diesem Fall sagen konnte, es sey gegen den Sohn ein Diebstahl begangen worden; vielleicht hatte das Julian ausgedrückt, und die Compilatoren haben es weggelassen, weil sie daran dachten, daß zu ihrer Zeit der Sohn auch außerdem eigenes Vermögen haben könne. Vgl. über diese Stelle Cujacius obs. XXVI. 5, und, fast wörtlich gleichlautend, Recitat. in Julianum, Opp. VI. 500.

(q) Auf das Daseyn solcher Ausnahmen überhaupt deutet *L.* 8 *pr. de proc.* (3. 3.) „si quae sit actio qua ipse experiri potest." Weit bestimmter aber spricht *L.* 9 *de O et A.* (44. 7.). „Filiusfamilias *suo nomine* nullam actionem habet, nisi injuriarum, et quod vi aut clam, et depositi, et commodati, ut Julianus putat." Das suo nomine bezeichnet den scharfen Gegensatz gegen die Fälle des präsumtiven Mandats in *L* 18 § 1 *de judic.* (5. 1.). Da es jedoch, wie sich sogleich zeigen wird, außer diesen vier Klagen noch mehrere andere giebt, die der Sohn suo nomine anstellen kann, so fragt es sich, wie dieser Widerspruch aufzulösen ist. Wahrscheinlich sind diese vier Fälle früher als andere bemerkt und allgemein anerkannt worden.

besonders aber der Widerspruch des Vaters, ohne Einfluß ist, welcher Widerspruch in den oben erwähnten allgemeineren Fällen die Klage des Sohnes gewiß hindert (q¹). Wenn nun durch solche Klagen der Erwerb eines Vermögensrechts, z. B. durch eine Geldzahlung, bewirkt wird, so gehört dieser Ertrag doch immer wieder dem Vater, obgleich der Sohn in eigenem Namen klagen konnte und wirklich geklagt hat.

Dabey muß jedoch noch eine im alten Prozeß liegende Schwierigkeit erwähnt werden. In den meisten Klagformeln wurde der Kläger als Inhaber eines Rechts bezeichnet, z. B. si paret hominem ex jure quiritium Auli Agerii esse, oder: si paret N. Negidium A. Agerio SS. X. Milia dare oportere. Im ersten Fall war der Kläger als Eigenthümer angegeben, im zweyten als Creditor, beides aber konnte ein filiusfamilias überhaupt nicht seyn.

(q¹) Allerdings wird in *L.* 18 § 1 *de jud.* (Note n) nicht ausdrücklich gesagt, daß der Sohn als Procurator des Vaters klage, dennoch muß es aus folgenden Gründen angenommen werden. Erstlich wegen des Gegensatzes des suo nomine in *L.* 9 *de O. et A.*, welches auf bestimmte einzelne Fälle beschränkt ist, anstatt daß das in *L.* 18 *cit.* erwähnte Recht des Sohnes eine so allgemeine Natur hat, daß dafür nur einzelne Beyspiele angegeben werden. Zweytens soll das Recht des Sohnes nach *L* 18 *cit.* nur gelten „si non sit qui patris nomine agat;" durch jeden wahren Procurator, und noch mehr durch des Vaters Widerspruch, ist also der Sohn ausgeschlossen. Drittens ist dieses präsumtive Mandat nur eine einzelne Anwendung eines gleichen Mandats vieler Cognaten und Affinen (*L.* 35 *pr. de proc.*). Daß dasselbe hier bey dem Sohn besonders hervorgehoben und ausführlich gerechtfertigt wird, kommt daher, daß in der Regel der filiusfamilias gar nicht als Kläger soll auftreten können (Note o).

Diese Schwierigkeit war so bedeutend, daß deshalb ein Sohn dem Vater zwar durch Mancipation erwerben konnte, aber nicht durch in jure cessio, weil dieser eine (wenngleich nur symbolische) Vindication zum Grunde lag (r). Wie war hier in unsren anomalischen Fällen zu helfen? Auf zweyerley Weise. Erstlich durch eine formula in factum concepta, worin als Bedingung der Verurtheilung nicht, wie in den oben angeführten Formeln, ein Recht des Klägers, sondern eine bloße Thatsache ausgedrückt wurde. Es ist nicht unwahrscheinlich, daß diese Art der Formeln vorzugsweise um unsrer anomalischen Fälle willen eingeführt wurden, wenigstens ist es merkwürdig, daß mehrere von Gajus angegebene Beyspiele der formula in factum concepta zugleich auch unter die anomalischen Fälle gehören, worin ein Sohn suo nomine klagen kann (s). Zweytens auf viel durchgreifendere Weise, wenn der Rechtsstreit überhaupt nicht durch einen judex und durch formula, sondern durch die extraordina-

(r) Gajus II. § 96.

(s) Gajus IV. § 46. 47. — Hieraus ist zu erklären *L.* 13 *de O. et A.* (44. 7.). „In factum actiones etiam filiifamiliarum possunt exercere." Diese Stelle ist nicht selten so misverstanden worden, als ob ein Sohn alle actiones in factum anstellen könnte, was schon mit *L.* 9 *eod.* (s. o. Note q) im schneidenden Widerspruch stehen würde, nach welcher doch auf jeden Fall nur einzelne Klagen zugelassen werden können, mag auch deren Aufzählung in *L.* 9 *cit.* nicht vollständig genug seyn. Der wahre Sinn der *L.* 13 *cit.* ist aber dieser: Bey der formula in factum concepta sind filiifamilias durch die Prozeßform nicht verhindert, die Klage anzustellen; sie können also überhaupt diese Klagen gebrauchen, vorausgesetzt, daß sie auch eine materielle Berechtigung dazu haben. — Übrigens ist auch auf diesen Unterschied zu beziehen der Gegensatz des: in

ria cognitio eines Magistratus entschieden wurde (t). Die erste Auskunft war nur anwendbar auf die anomalischen Klagrechte eines filiusfamilias, die zweyte war der ausgedehntesten Anwendung fähig, sie diente daher namentlich auch als Prozeßform für die anomalischen Ansprüche der Sklaven, von welchen sogleich die Rede seyn wird.

Alles, was hier über die Klagfähigkeit des filiusfamilias gesagt worden ist, gilt ohne Unterschied des Geschlechts, also für Söhne und Töchter auf gleiche Weise (u).

Es ist aber dieses Alles bisher von dem Standpunkte des älteren Rechts aus betrachtet worden; die Modificationen, welche späterhin für die Einwirkung der väterlichen Gewalt eingetreten sind, haben auch darin die größten Veränderungen hervorgebracht, und es wird davon noch weiter unten die Rede seyn.

facto potius quam in jure consistit (Note a), nur nicht auf diesen allein.

(t) *L.* 17 *de reb. cred.* (12. 1.) „extraordinario judicio" (Note n).

(u) Über die gleiche Schuldenfähigkeit bey Söhnen und Töchtern vgl. Beylage V. — Was die besondere Anwendung auf die Klagfähigkeit betrifft, so erwähnt *L.* 8 *pr. de proc.* (3. 3.) beide auf ganz gleiche Weise. Eben so auch, bey genauerer Betrachtung, *L.* 3 § 4 *commod.* (13 6.), worin ganz zufällig der zweyte Satz: cum filio autem familias etc. bey der Tochter nicht wiederholt ist, ohne Zweifel weil der Jurist annahm, diese Wiederholung werde jeder Leser von selbst hinzu denken. Hätte der Jurist einen Unterschied unter beiden Geschlechtern im Sinn gehabt, so würde er sich gewiß anderer Ausdrücke bedient haben. — Eine Procuratur freylich durften Frauen überhaupt nicht übernehmen (*L.* 1 § 5 *de postul.* 3. 1.), und selbst für den Vater nur ausnahmsweise, causa cognita, wenn er keinen andern Procurator finden konnte. *L.* 41 *de proc.* (3. 3.).

§. 72.

Anomalische Rechte in Beziehung auf Rechtsfähigkeit und capitis deminutio. (Fortsetzung.)

Nachdem die Natur dieser Anomalie im § 71 festgestellt worden ist, gehe ich jetzt zur Angabe der einzelnen dahin gehörenden Fälle über. Dieselben lassen sich auf Vier Klassen zurückführen.

I. Rechte auf unmittelbare Lebensversorgung.

Durch das Eigenthum, wie durch die Obligationen die zum Eigènthum führen, werden uns die Mittel dargeboten zur Erreichung unsrer Zwecke, jedoch so, daß in der Wahl und Ausbildung der Zwecke, so wie in der Verwendung der Mittel, unsre Freyheit unbedingt herrschen soll. Wenn daher oben das Vermögen für eine erweiterte Macht der Person erklärt wurde (§ 53), so war damit eben diese Herrschaft unsres Willens über äußere Mittel zu unbestimmten Zwecken gemeynt. Dieses Verhältniß wird am anschaulichsten dargestellt durch den Geldeswerth, in welchen sich jedes Vermögensrecht auflösen läßt. Denn das Geld, an sich selbst ohne Brauchbarkeit, hat nur die Bedeutung eines Mittels zu unbestimmten Zwecken, also einer unbedingt erweiterten Freyheit. Nun giebt es aber Rechte, wodurch zwar auch für unsre Zwecke und Bedürfnisse gesorgt wird, jedoch so, daß die vermittlende Freyheit entweder ganz verschwindet, oder doch zurücktritt, so daß wir selbst dabey unter eine Art von Vormundschaft treten. Diese Rechte sind es, bey welchen die regelmäßigen Einschränkungen der Rechtsfähigkeit zuweilen ganz verschwinden, zuweilen modificirt erscheinen. Ein Beyspiel wird diesen Gegensatz anschaulich machen. Wenn einem Unbemittelten freye Kost verschafft werden soll, so kann dieses dadurch geschehen, daß für ihn in einem Gasthaus monatlich eine bestimmte Summe bezahlt wird, wodurch er das Recht erhält, täglich daselbst zu essen. Dieses wäre ein solches anomalisches Recht, die Wohlthat wäre mit einer vormundschaftlichen Beschränkung verbunden. Zu demselben Zweck aber könnten Jenem am Anfang des Monats dieselbe Summe baar gezahlt werden, wodurch er denselben Vortheil wie im ersten Fall erlangen könnte. Allein hier wäre seiner Freyheit keine Schranke gesetzt, er könnte das Geld auch anders verwenden, gut oder schlecht, indem er sich etwa mit ärmlicher Kost begnügte, und den größten Theil des Geldes den Armen gäbe, oder aber im Spiel verschwendete. — In einer Stelle des Römischen Rechts wird von denjenigen Obligationen, die jenen anomalischen Character an sich tragen, mit treffendem Ausdruck gesagt: naturalem praestationem habere intelliguntur (a), das heißt sie zwecken ab auf Naturalverpflegung, auf eine unmittelbare Darreichung der Lebensbedürfnisse, unvermittelt durch unsre Frey-

(a) *L.* 8 *de cap. min.* (4. 5.).

heit, wie sie sich in der Verfügung über Geldsummen äußert. Es ist also ganz unrichtig, wenn unsre Juristen jenem Ausdruck entweder die allgemeine Beziehung auf das jus gentium, auf bona fides, oder gar auf eine naturalis obligatio beylegen wollten; besonders die letzte Deutung widerlegt sich unmittelbar dadurch, daß die angeführte Stelle von einer **klagbaren** Obligation (civilis obligatio) spricht.

Die einzelnen zu dieser Klasse gehörenden Rechtsinstitute sind folgende:

A. **Legat von Alimenten.**

Alimente werden hier im strengen Sinn genommen, als Mittel zur Erhaltung des leiblichen Daseyns. Dahin gehört der Schutz gegen Hunger und Kälte, also Nahrung, Kleidung, Wohnung: alles Andere liegt hier außer diesem Begriff, namentlich die Mittel zu geistigen Genüssen und geistiger Ausbildung (b). Auch findet sich nur in jenen Stücken etwas Gleichförmiges, Allgemeingültiges, denn die Bedürfnisse wofür dort Befriedigung verschafft werden soll, sind für alle Menschen dieselben, wie verschieden auch die Art und der Umfang der Befriedigung seyn mögen. Deshalb haben hierin die Römer die größte Abweichung von der Regel der Rechtsfähigkeit eintreten lassen, indem diese Rechte auch den Sklaven zustehen können, und auch

(b) *L.* 6 *de alim. leg.* (34. 1.). „Legatis alimentis cibaria, et vestitus, et habitatio debebitur, *quia sine his ali corpus non potest:* cetera, *quae ad disciplinam pertinent,* legato non continentur."

durch maxima capitis deminutio nicht verloren gehen. Dieses muß jedoch so verstanden werden. Wenn einem gewöhnlichen Sklaven Alimente legirt werden, so ist von jener Ausnahme nicht die Rede; es wird dadurch dem Herrn der Vortheil verschafft, daß er die Nahrungskosten des Sklaven erspart, und er erwirbt dieses Recht durch den Sklaven eben so, wie er jedes dem Sklaven legirte Eigenthum durch diesen erwirbt, welches auch keine Ausnahme von der Regel der Rechtsfähigkeit bildet (c). Dagegen kommt jene Anomalie in folgenden Fällen zur Anwendung. Zuerst bey einem herrenlosen Sklaven. Der servus poenae kann dieses Legat erwerben, und der Freye der es erworben hat, verliert es durch die maxima capitis deminutio nicht; jedes andere Legat, das einem servus poenae gegeben wäre, würde nichtig seyn, weil er selbst persönlich unfähig ist, und doch auch keinen Herrn hat, dem es durch ihn erworben werden könnte (d). — Ferner wird jene Anomalie sichtbar in manchen Fällen, in welchen

(c) *L.* 42 *de condit.* (35. 1.). „.. si cibaria servis Titii legentur, procul dubio domini est, non servorum legatum." *L.* 15 § 1 *de alim. leg.* (34. 1.).

(d) *L.* 3 *pr.* § 1 *de his quae pro non scr.* (34. 8.). „Si in metallum damnato quid *extra causam alimentorum* relictum fuerit, *pro non scripto est* (die Alimente also sind gültig), nec ad fiscum pertinet: nam poenae servus est non Caesaris et ita D. Pius rescripsit" etc. *L.* 11 *de alim. leg.* (34. 1). „Is cui annua alimenta relicta fuerant, in metallum damnatus, indulgentia Principis restitutus est. Respondi, eum *et praecedentium annorum recte cepisse alimenta*, et sequentium deberi ei." Die praecedentes anni sind die vor der Restitution, also während des Sklavenstandes, nicht die vor der Verurtheilung, bey welcher ja ohnehin kein Zweifel denkbar war.

der eigene Herr gezwungen wird seinem Sklaven Alimente zu geben, anstatt daß er ihn sonst hungern lassen könnte; dieses kommt vor, da wo ohnehin schon für die Zukunft die Freyheit des Sklaven, oder dessen Übergang an einen andern Herrn rechtlich gesichert ist (e). — In welcher Form diese Sätze durchgeführt wurden, ist nicht ganz klar; ohne Zweifel geschah es extra ordinem, durch die Obrigkeit, nach der Form der Fideicommisse, und also auch wahrscheinlich erst seit der Zeit, in welcher die Fideicommisse Rechtsgültigkeit erlangten (f).

Mit diesem Fall darf nicht verwechselt werden ein anderer, der nur eine äußere und scheinbare Ähnlichkeit mit demselben hat. Das Legat einer periodischen Geldrente

(e) *L.* 17 *de alim. leg.* (34. 1.). *L.* 16 *de annuis leg.* (33. 1.). „Servus post decem annos liber esse jussus est, legatumque ei ex die mortis domini in annos singulos relictum est: eorum quidem annorum, quibus jam liber erit, legatum debebitur: *interim autem heres ei alimenta praestare compellitur.*" Dieser letzte Fall ist besonders merkwürdig und erläuternd. Das Legat einer jährlichen Geldrente ist ein gewöhnliches, dessen der Sklave nicht fähig ist; daher wird es für die beschränkte Zeit, worin der Legatar noch Sklave ist, ganz nach dem unzweifelhaften Sinn des Testators, in ein Alimentenlegat umgewandelt, dessen ist der Sklave fähig, und der eigene Herr wird zur Entrichtung gezwungen.

(f) Daß es in *L.* 17 *de alim. leg.* (34. 1.) heißt officio *judicis*, kann nicht als Einwurf gelten, denn auch in *L.* 3 *eod.* heißt es: Solent *judices* ex causa alimentorum libertos dividere, und doch ist sowohl aus dem Fortgang der Stelle, als aus der Inscription klar, daß die Consuln gemeynt sind. (Vgl. § 1 *J. de fid. her.* 2. 23.). Der allgemeinere Name judex wurde vielleicht hier gebraucht, um die Consuln und den Fideicommissarprätor zugleich zu umfassen. Gewiß ist es wenigstens, daß nicht der Sklave im ordentlichen Prozeß vor dem praetor urbanus auftreten konnte.

(annuum, menstruum legatum) hat die Natur jedes anderen Geldlegats, da es dem Legatar, ganz verschieden von den Alimenten, die freyeste Verfügung über die jedesmalige Geldsumme giebt. Daher gehört es nicht zu unsren anomalischen Rechten, und ein Sklave war dazu nicht fähig (g). Dennoch wird auch von einem solchen Legat gesagt, daß es durch capitis deminutio nicht untergehe (h). Dieses aber hat einen ganz andren Grund, als bey den Alimenten. Eine solche Jahresrente nämlich wurde betrachtet als ob es verschiedene, von einander unabhängige Legate wären, und deswegen sollte z. B. die Emancipation des Legatars demselben nicht den Anspruch auf das künftige, noch gar nicht deferirte Legat entziehen (i). Der Fall wurde als ganz gleichartig behandelt mit dem eines Usufructus, wel-

(g) Nach *L.* 3 *de his quae pro non scr.* (Note d) ist Alles ungültig, was dem servus poenae außer den Alimenten legirt wird; also auch das annuum legatum. — Eben so muß in dem Fall der *L.* 16 *de ann. leg.* (Note e) das annuum legatum erst in ein Alimentenlegat verwandelt werden, um auf den Sklaven anwendbar zu seyn.

(h) *L.* 10 *de cap. min.* (4. 5.). *L.* 8 *L.* 4 *de ann. leg.* (33. 1.)

(i) Ob nicht zuweilen selbst von den Römischen Juristen dieser Unterschied übersehen worden ist, mag dahin gestellt bleiben. Man könnte es glauben nach *L.* 10 *de cap. min.* (4. 5.) „Legatum in annos singulos, vel menses singulos relictum, vel si habitatio legetur, … capitis deminutione … interveniente perseverat, *quia tale legatum in facto potius quam in jure consistit.*" Dieser Grund bezeichnet recht eigentlich unsre anomalischen Rechte (§ 71). Er paßt auch in der That, wie sich sogleich zeigen wird, auf die habitatio, und würde eben so auf ein Alimentenlegat gepaßt haben, auf das annuum legatum paßt er nicht. Ob aber wirklich den alten Juristen deshalb ein Vorwurf trifft, läßt sich nicht bestimmt behaupten, da dieser Schein vielleicht nur aus der Art entstanden ist, wie das Excerpt aus seinem Zusammenhang abgetrennt wurde.

cher auch ausnahmsweise durch capitis deminutio nicht untergehen sollte, wenn er wiederholt auf einzelne Jahre, oder wiederholt auf den Fall des Untergangs durch capitis deminutio, oder mit ausdrücklicher Angabe eines Zeitraums (Lebenszeit, oder zehen Jahre) legirt wurde (k); ein solcher Usufructus war gewiß kein anomalisches Recht, sondern durch die allgemeine Regel der Rechtsfähigkeit bedingt, und die capitis deminutio sollte nur nicht die darin enthaltenen künftigen (noch gar nicht deferirten) Legate zerstören.

B. Legat der habitatio und der operae.

Habitatio ist dem Wort nach das Recht in einem bestimmten Gebäude Obdach zu finden, also eines der Stücke, woraus der vollständige Begriff der Alimente besteht (Note b). Es war also natürlich, daß dabey dieselbe mehr factische als juristische Natur, wie bey den vollständigen Alimenten, angenommen wurde, also auch eine ähnliche Unabhängigkeit von Rechtsfähigkeit und capitis deminutio. Nur dieser letzte Punkt wird ausdrücklich bezeugt, und zwar geradezu mit Zurückführung auf den Grund der factischen Natur dieses Instituts (l). Es liegt also dabey folgende Betrachtung zum Grunde. Wer einem Andern den Vortheil der Wohnung verschaffen will, kann dazu verschiedene Mittel anwenden. Er kann ihm Geld geben, um ein Haus zu kaufen oder zu miethen: er kann ihm das Eigenthum oder

(k) *L.* 1 § 3 *L.* 2 § 1 *L.* 3 *pr.* § 1 *quib. mod. ususfr.* (7. 4.). *L.* 8 *de ann. leg.* (33. 1.). *Fragm. Vat.* §. 63. 64.

(l) *L.* 10 *de cap. min.* (s. o. Note i). *L.* 10 *pr. de usu* (7. 8.).

den Usufructus eines Hauses geben. In allen diesen Fällen behält die Freyheit des Andern einen weiten Spielraum, denn selbst im Fall des Usufructus kann er das Haus vermiethen und das Miethgeld verschwenden. Selbst der Usus umfaßt doch das ganze Haus, so daß der Usuar den leerstehenden Theil des Hauses vermiethen kann. Beschränkt man aber das Recht streng auf den Vortheil des Obdachs, das der Andere in dem Hause finden soll, so hat es die größte Ähnlichkeit mit der oben erwähnten Anweisung auf einen Freytisch, es ist dann partielle Versorgung mit strenger Vormundschaft, das heißt ohne allen Spielraum der Freyheit des Berechtigten, oder mit anderen Worten eine naturalis praestatio, wobey natürlich die capitis deminutio außer Anwendung bleiben konnte (m). Es steht nicht im Widerspruch mit dieser Erklärung, daß ein solches Legat späterhin durch wohlwollende Interpretation erweitert wurde, zuerst durch die Juristen auf den Umfang des Usus, dann durch Justinian auf den des Usufructus (n); diese Erweiterung gehört zu der späteren Umbildung des Instituts, neben welcher die aus der in alter Zeit beschränkteren Natur hervorgegangene Ausschließung

(m) Thibaut Abhandlungen N. 2 nimmt an, nach dem Sprachgebrauch habe habitatio ein Quartier als Almosen für Arme bedeutet, deswegen habe man sie mit den Alimenten gleich gestellt, und aus bloßer Milde die capitis deminutio ausgeschlossen. In den meisten Fällen mag wohl die habitatio in diesem Sinn gegeben worden seyn, aber dieses Zusammentreffen war doch blos zufällig, und der wahre Grund der juristischen Eigenthümlichkeit lag hierin nicht.

(n) *L.* 10 *pr. de usu* (7. 8.). *L.* 13 *C. de usufructu* (3. 33.). § 5 *J. de usu* (2. 5.).

der capitis deminutio inconsequenterweise beybehalten wurde. Hätte man von jeher die habitatio als usus oder usus-fructus aedium angesehen, so wäre ja durchaus kein Grund denkbar gewesen, weswegen sie weniger juristisch als jeder andere Usus oder Ususfructus hätte seyn sollen.

Eine ähnliche Bewandniß hatte es mit den operae, das heißt dem Recht durch einen bestimmten Sklaven Dienste zu erhalten. Auch dieser Vortheil konnte verschafft werden durch Eigenthum oder Ususfructus an dem Sklaven, welches streng juristische Verhältnisse waren: es konnte aber auch geschehen als naturalis praestatio, ähnlich der habitatio. Freylich ist es hier weniger möglich einen Unterschied vom Usus an einem Sklaven aufzufinden; auch gehört die Bedienung nicht so wie die Wohnung zu den strengen Lebensbedürfnissen, also den Alimenten. Dennoch war bey den Römern irgend eine Sklavenbedienung für jeden Freyen so sehr zum hergebrachten Bedürfniß geworden, daß man ohne Zweifel aus denselben Gründen, wie bey der habitatio, auch bey den operae den Untergang durch capitis deminutio ausschloß (o). Daß man auch hier späterhin das Recht so weit ausdehnte wie den Ususfructus, ja daß man es endlich auf den Erben übergehen ließ, gehört zu den Umbildungen, deren Gründe wir nicht kennen (p). — Beide Rechte, worauf sich diese Eigen-

(o) *L.* 2 *de op. serv.* (7. 7.).

(p) *L.* 2 *de usu leg.* (33. 2.). Es scheint übrigens dieses das einzige unter den hier zusammengestellten Rechten zu seyn, welches auf die Erben übergeht: aber freylich auch nur nach seiner neueren Umbildung, nicht nach dem

thümlichkeit bezieht, werden übrigens blos als Gegenstände von Legaten erwähnt, so daß wir eine Entstehung derselben auf anderen Wegen anzunehmen keinen Grund haben (q).

C. Das Dotalrecht der Ehefrau.

Die Eigenthümlichkeiten dieses wichtigen Rechtsinstituts erklären sich großentheils aus der hier dargestellten anomalischen Natur, die auch ihm zukommt, und die Irrthümer neuerer Juristen sind vorzüglich dadurch erzeugt oder befestigt worden, daß sie versäumt haben, das Institut unter diesen Gesichtspunkt zu bringen. Es zeigt sich aber diese besondere Beschaffenheit desselben sowohl während der Ehe, als auch nach deren Auflösung.

Während der Ehe ist die Dos ganz und gar im Vermögen des Mannes, und gar nicht in dem der Frau. Der Mann hat die Dotalsachen im wahren Eigenthum, ex jure quiritium und in bonis (r); er kann dieselben,

Begriff, durch welchen allein es in die Reihe unsrer anomalischen Rechte kam. — Andere nahmen darin blos die Befugnisse des Usus an. *L.* 5 *de op. serv.* (7. 7.). — Als praktische Veranlassung könnte man sich etwa die Rücksicht auf einen Deportirten denken, dem in dieser Form die Bedienung eines Sklaven zugewendet oder erhalten werden konnte, während er weder Eigenthum, noch Ususfructus oder Usus, zu erwerben oder zu behalten fähig war.

(q) Eine Entstehung durch in jure cessio würde zu der nicht streng juristischen Natur dieser Institute nicht gepaßt haben. Wenn der Eigenthümer bey der Veräußerung eines Hauses die habitatio sich vorbehielt, so war das was ihm blieb der gewöhnliche Usus, nicht das besondere Recht der habitatio. *L.* 32 *de usufr.* (7. 1.). — Ob jene Rechte eine Klage erzeugten, wird nicht gesagt, es könnte aber höchstens eine actio in factum concepta gewesen seyn, z. B. si paret habitationem legatam Gajo esse etc.

(r) *L.* 75 *de j. dot.* (23. 3.) „Quamvis *in bonis mariti dos*

wenn der Geber nicht Eigenthümer war, pro dote usucapiren; er vindicirt sie, und zwar sogar gegen die Frau selbst, wenn diese den Besitz der Sachen hat (s); er kann sie veräußern, sogar an die Frau selbst (t), und wenn ihm durch positives Gesetz (die Lex Julia) die Veräußerung der unbeweglichen Dotalsachen besonders untersagt wurde, so ist gerade die Möglichkeit und das Bedürfniß eines solchen positiven Verbots, der entscheidendste Beweis seines wahren Eigenthums. Dennoch wird auf der andern Seite gesagt, die Dos gehöre der Frau, sie sey ihr patrimonium (u). Dieser scheinbare Widerspruch ist nur durch die Anerkennung der anomalischen Beschaffenheit des ganzen Instituts zu erklären. Der Mann hat die Dos in seinem Vermögen, aber er trägt die Lasten der Ehe, und zu diesen gehört vorzüglich die Erhaltung der Person der Frau. Sie hat also den Vortheil und Genuß der Dos, aber dieser ist ihr nicht durch eine gegenwärtige Klage, sondern nur durch die allgemeine Einrichtung des ehelichen Lebens geschützt. Ihr Vortheil also besteht in der naturalis praestatio, und man kann von ihm recht eigentlich sagen: in facto potius quam in jure consistit. Justinian drückt einmal dieselbe Ansicht in folgenden Worten aus (v): „cum eaedem res et ab initio uxoris fuerint,

sit, mulieris tamen est... quamvis *apud maritum dominium sit*" etc. Gajus II. §. 63.

(s) *L.* 24 *de act. rer. amot.* (25. 2.).

(t) *L.* 58 *sol. matr.* (24. 3.).

(u) *L.* 75 *de j. dot.* (s. oben Note r) *L.* 3 § 5 *de minor.* (4. 4.).

(v) *L.* 30 *C. de j. dot.* (5 12.).

et naturaliter in ejus permanserint dominio. Non enim, quod legum subtilitate transitus earum in patrimonium mariti videatur fieri, ideo rei veritas deleta vel confusa est." Hierin liegt nicht, wie es Viele angesehen haben, der Gegensatz des in bonis und ex jure quiritium, oder auch irgend eine neu erfundene Eintheilung des Eigenthums, sondern ganz dasselbe, was anderwärts durch das in facto potius quam in jure consistit ausgedrückt wird. — Nun ist es sehr natürlich, daß dieser faktische Vortheil der Frau ganz derselbe ist, sie mag in väterlicher Gewalt leben oder nicht, und daß selbst ihre capitis deminutio darauf keinen Einfluß hat (w). Auch erklären sich daraus die eigenthümlichen Schicksale des Dotalvermögens. Steht nämlich der Ehemann in väterlicher Gewalt, so ist sein Vater wahrer Eigenthümer der Dos, aber sie wird keinesweges wie sein übriges Vermögen behandelt. Denn wenn der Sohn emancipirt oder in Adoption gegeben oder exheredirt wird, eben so wenn derselbe bey des Vaters Tod nur einen Theil der väterlichen Erbschaft bekommt, so wird stets die Dos von des Vaters Vermögen ausgeschieden, so daß sie, in unzertrennter Verbindung mit den Lasten der Ehe, dem Ehemann folgt (x).

Nach aufgelöster Ehe treten an die Stelle jenes

(w) Darum muß auch die Ehefrau, die sua heres ihres Vaters ist, die Dos conferiren. *L.* 1 *pr.* § 8 *de dotis coll.* (37. 7.).

(x) *L.* 1 § 9 *de dote praeleg.* (33. 4.). *L.* 46 *L.* 20 § 2 *L.* 51 *pr. fam. herc.* (10. 2.). *L.* 45 *de adopt.* (1. 7.) verbunden mit *L.* 56 § 1. 2 *de j. dot.* (23. 3.).

Verhältnisses Obligationen, die den Inhalt der alten actio rei uxoriae bilden, und auch in dieser Klage setzen sich jene früheren Eigenthümlichkeiten fort, ja sie werden hier erst recht sichtbar. Weil der Gegenstand dieser Obligation, seiner Bestimmung nach, die Grundlage einer naturalis praestatio seyn sollte, (und zwar auch nach aufgelöster Ehe, wegen einer möglichen neuen) so ist die Klage von der Einwirkung der beschränkten Rechtsfähigkeit und der capitis deminutio großentheils unabhängig (y). Dieser wichtige Grundsatz zeigt sich in folgenden Anwendungen. Wenn der Ehemann eine capitis deminutio erleidet, so müßte nach der für andere Schulden geltenden Regel (§ 70. k.) auch seine Dotalschuld eigentlich untergehen; diese aber geht in der That nicht unter, sondern bleibt stets mit der Person des Ehemannes verbunden (Note x), so daß es dabey nicht einmal der für andere Schulden vorgeschriebenen Restitution bedarf. — Die Ehefrau, die in väterlicher Gewalt steht, kann nicht nur durch ihren Widerspruch die actio rei uxoriae, die allerdings ihrem Vater zusteht, verhindern (z), sondern sie kann dieselbe auch

(y) *L.* 8 *de cap. min.* (4. 5.) „Eas obligationes, quae naturalem praestationem habere intelliguntur, palam est capitis deminutione non perire, quia civilis ratio naturalia jura corrumpere non potest. *Itaque* de dote actio, *quia in bonum et aequum concepta est,* nihilo minus durat etiam post capitis deminutionem." Hier ist zunächst nur von der capitis deminutio die Rede, ganz aus demselben Grunde ist aber auch die ursprüngliche Rechtsunfähigkeit oft ohne Einfluß.

(z) *L.* 22 § 1 *L.* 3 *sol. matr.* (24. 3.). Ulpian. VI. § 6. *Fragm. Vat.* § 269.

oft selbst anstellen; und zwar im Namen des Vaters, wenn dieser durch Wahnsinn oder andere Gründe verhindert ist (aa): in eigenem Namen, also selbst gegen des Vaters Willen, wenn der Vater einen verwerflichen Lebenswandel führt (bb). Wird sie emancipirt, so ist durch diese capitis deminutio ihre Forderung so wenig zerstört, daß gerade umgekehrt das ganze Recht derselben jetzt uneingeschränkt auf ihre Person übertragen wird (cc). Ja selbst die in der Deportation liegende media capitis deminutio entzieht ihr für die spätere Zeit den Gebrauch der Klage nicht (dd). — Zugleich ist die Klage in bonum et aequum concepta (§ 71. e), und die Römer selbst betrachten diese ihre Eigenschaft als zusammenhängend mit der eben dargestellten anomalischen Natur (Note y). Es hat aber in ihr das bonum et aequum, oder das aequius melius, die wichtige praktische Bedeutung, daß der Richter eine weit freyere Gewalt hat, als bey den gewöhnlichen b. f. actiones, so daß er namentlich jede Bereicherung des einen Theils auf Kosten des unvorsichtigen andern Theils verhüten kann

(aa) *L.* 22 § 4 10. 11. *sol. matr.* (24. 3.). *L.* 8 *pr. de proc.* (3. 3.).

(bb) *L.* 8 *pr. de proc.* (3. 3.).

(cc) *L.* 44 *pr. L.* 22 § 5 *sol. matr.* (24. 3.). *L. un.* § 11 *C. de rei ux. act.* (5. 12.). — *L* 9 *de cap min.* (4. 5.) „Ut *quandoque* emancipata agat," das heißt: die Emancipation mag vor oder nach Auflösung der Eh eingetreten seyn, welches besonders für den zweyten Fall zu bemerken wichtig war, weil hier der Vater das Klagrecht schon wirklich erworben hatte. Der Satz der *L.* 9 *cit.* ist zwar unläugbar eine Folgerung aus der vorhergehenden *L.* 8, aber keinesweges die einzige, so daß es ganz irrig seyn würde, den Sinn der *L.* 8 *cit.* auf den daraus in *L* 9 gefolgerten Satz einschränken zu wollen.

(dd) *L.* 5 *de bonis damn.* (48. 20.).

und soll, die doch bey anderen Obligationen durchaus nicht ausgeschlossen wird (ee).

Besonders zu bemerken ist dabey, daß fast alle diese Eigenthümlichkeiten des Dotalverhältnisses von Justinian unverändert beybehalten worden sind. Die wichtigste Änderung, die er eingeführt hat, besteht in der Verwandlung der vorher unvererblichen Dotalklage in eine vererbliche Klage, welches er dadurch ausdrückt, daß an die Stelle der (von jeher unvererblichen) actio rei uxoriae hinfort stets eine actio ex stipulatu treten soll, bey welcher sich die Vererblichkeit von selbst versteht.

D. Die Alimentenklage unter nahen Verwandten.

Sie gilt wechselseitig zwischen Ascendenten und Descendenten. Die gewöhnlichen Regeln von der beschränkten Rechtsfähigkeit und der capitis deminutio haben darauf gar keinen Einfluß, denn das Kind hat sie gegen den eigenen Vater selbst während der väterlichen Gewalt, und eben so auch nach der Emancipation, so daß also die

(ee) *L.* 6 § 2 *L.* 12 § 1 *de j. dot.* (23. 3.). *L.* 9 § 1 *de minor.* (4. 4.), die durchaus nicht auf minderjährige Frauen beschränkt werden darf, wie die Vergleichung mit den ganz ähnlichen Ausdrücken der vorhergehenden Stellen deutlich zeigt. *L. un. C. si adv. dotem* (2. 34.). — Indem aber hier dieser Klage eine größere Freyheit des richterlichen Ermessens, als bey den meisten anderen Klagen, zugeschrieben wird, soll damit keinesweges eine absolute Freyheit, und namentlich nicht völlige Gleichheit mit anderen Klagen ähnlicher Art behauptet werden. Bey der Injurienklage z. B. bestimmt der Richter die Strafe nach ganz freyem Ermessen, bey der a. rei uxoriae ist er durch den Umfang der empfangenen Dos beschränkt.

capitis deminutio sie nicht zerstört haben kann (ff). Eben so ist kein Zweifel, daß auch der Vater gegen seinen filiusfamilias diese Klage hat, wenn dieser ein castrense peculium, oder ein sogenanntes adventitium extraordinarium besitzt. — Es wird nicht ausdrücklich gesagt, daß die Klage in bonum et aequum concepta sey, in der That aber ist sie es, weil der Richter unvermeidlich mit viel freyerem Ermessen, als bey den meisten anderen Klagen, den Umfang des Bedürfnisses und der Zahlungsfähigkeit festzustellen hat (gg). — Übrigens ist noch zu bemerken, daß der Begriff der Alimente hier eine weit freyere Ausdehnung erhält, als bey dem Legat von Alimenten (Note b), und namentlich auch die geistige Ausbildung in sich schließt (hh). Dafür ist aber auch hier die Anomalie selbst weit beschränkter, indem hier nur die väterliche Gewalt und die minima capitis deminutio, bey dem Alimentenlegat aber sogar der Sklavenstand und die maxima capitis deminutio kein Hinderniß des Rechts seyn soll.

F. Die Klage der Tochter gegen den Vater auf Dotation (ii).

Auch hier ist die Abhängigkeit von väterlicher Gewalt

(ff) *L.* 5 § 1 *de agnoscendis* (25. 3.).

(gg) *L.* 5 § 2. 7. 10 *de agnosc.* (25. 3.). Es heißt hier, mit wenig abweichendem Ausdruck, ex aequitate haec res descendit. Das freye Ermessen ist hier sehr ähnlich dem in der funeraria actio, welche jedoch **nicht** in bonum et aequum concepta war. Vgl. § 71 Note i. — Wahrscheinlich war jedoch die Alimentenklage überhaupt kein ordinarium judicium, sondern eine extraordinaria cognitio vor dem magistratus. Zeitschrift für geschichtl. Rechtswiss. B. 6. S. 238.

(hh) *L.* 5 § 12 *de agnosc.* (25. 3.).

(ii) *L.* 19 *de ritu nupt.* (23.2.).

kein Hinderniß des Klagrechts, da sie sogar die Bedingung desselben ausmacht. Übrigens fällt dieses Recht seinem Wesen nach mit dem vorhergehenden zusammen, da die Dotation eigentlich nur eine andere Form ist, in welcher der Vater seiner Tochter die Alimente darreicht. Bey diesem Recht nun ist es ganz gewiß, (was bey der Alimentenforderung als Vermuthung aufgestellt worden ist), daß es extra ordinem durch die Obrigkeit geltend gemacht wurde, nicht durch eine gewöhnliche Klage.

§. 73.

Anomalische Rechte in Beziehung auf Rechtsfähigkeit und capitis deminutio. (Fortsetzung.)

II. Klagrechte, deren Zweck auf Vindicta geht (*).

Die Klagrechte, welche als eigenthümliche Wirkungen von Rechtsverletzungen entstehen (quae poenae causa dantur) kommen in verschiedenen Abstufungen vor. Einige sollen blos die Verletzung selbst ausgleichen, wie die doli actio, die sich auf die Entschädigung des Betrogenen beschränkt. Andere sollen dem Verletzten eine Bereicherung (poena) verschaffen, und zwar bald nur diese (wie die furti actio), bald die poena noch neben der Entschädigung (wie die vi bonorum raptorum actio). Eine dritte Klasse endlich geht zwar zunächst auch auf ein Vermögensrecht, aber dieses ist nicht, wie bey den ersten Klassen, der Zweck, sondern nur ein Mittel: der wahre Zweck ist vindicta. Unter dieser ist jedoch nicht Das zu verstehen, was wir im gewöhnlichen Leben Rache nennen, Befriedigung unsres Gefühls durch das Wehe des Andern, sondern viel-

(*) In den Rechtsquellen heißt es von einer solchen Klage: ad ultionem pertinet, in sola vindicta constitutum est, vindictam continet. *L.* 6. 10 *de sepulchro viol.* (47. 12.), *L.* 20 § 5 *de adqu. vel om. her.* (29. 2.). Die Neueren sagen: actiones quae vindictam spirant. Vergl. hierüber Burchardi Grundzüge des Rechtssystems der Römer S. 231, der mit Unrecht die Zusammenstellung dieser Klagen verwirft.

mehr die Ausgleichung der in unsrer Person gestörten Rechtsordnung, wobey also der Einzelne den Beruf ausübt, der von Seiten des Staats durch das ganze Criminalrecht geübt wird. Auch diesen Rechten sind manche Abweichungen von der Regel der Rechtsfähigkeit und der capitis deminutio eigen, und auch bey ihnen hat dieses seinen Grund darin, daß sie sich auf den natürlichen, nicht auf den juristischen Menschen (den Vermögensinhaber) beziehen; denn sie sind unmittelbar auf ein sittliches Bedürfniß gegründet, so wie die Rechte der ersten Klasse auf das Bedürfniß der Lebenserhaltung gegründet waren. Dahin gehören folgende Fälle.

A. Actio injuriarum.

Wenn ein filiusfamilias beleidigt wird, so liegen in dieser einen Handlung zwey ganz verschiedene Injurien: gegen den Vater, weil der Sohn unter seinem Schutze steht, und gegen den Sohn selbst. Aus jeder derselben entsteht eine eigene Injurienklage, in der Regel auf Geld gerichtet: die aus der Injurie gegen den Sohn selbst ist es, die hierher gehört. Auch sie stellt in der Regel der Vater an, weil er überhaupt durch den Sohn Klagen aller Art erwerben kann: auch kann ihn der Widerspruch des Sohnes daran nicht hindern (a). Ausnahmsweise aber kann auch der Sohn selbst, in eigenem Namen, mit Erlaubniß des Prätors klagen, wenn der Vater abwesend

(a) *L.* 1 § 5. *L.* 41 *de injur.* (2. 14.). *L.* 39 § 3. 4 *de proc.* (47. 10.). *L.* 30 *pr. de pactis* (3. 3.).

oder sonst verhindert, und nicht durch einen Procurator vertreten ist: ja selbst gegen des Vaters Willen, wenn dessen Nichtswürdigkeit einen gänzlichen Mangel an Ehrgefühl annehmen läßt (b). Wird der Sohn emancipirt, so geht das Klagrecht unbedingt auf ihn über, so daß also die capitis deminutio dasselbe nicht zerstört (c). Das Geld übrigens, welches der filiusfamilias auf diese Weise einklagt, gehört ohne Zweifel dem Vater, so daß also der Sohn stets in einem gemischten Verhältniß auftritt: suo nomine wegen der vindicta, als Vertreter des Vaters wegen des eingeklagten und erworbenen Geldes. Eben auf dieses gemischte Verhältniß gründen sich die großen Beschränkungen, unter welchen der Sohn zu der Klage zugelassen wird. Ist die Injurie von so schwerer Art, daß die Klage aus der lex Cornelia begründet ist, so fallen alle jene Beschränkungen weg, und der Sohn hat dann ein unbedingtes Klagrecht (d).

Die gewöhnliche, auf Geld gerichtete Injurienklage, von welcher hier die Rede war, ist in bonum et aequum concepta (e), denn die Bestimmung der Strafsumme hängt ganz von subjectivem Gefühl ab, ist also in hohem Grade willkührlich. Auch ist die Klage unvererblich, und gehört

(b) *L.* 17 § 10—14. § 17. 20. *L.* 11 § 8 *de injur.* (47. 10.). *L.* 9 *de O. et A.* (44. 7.). *L.* 8 *pr. de proc.* (3. 3.). *L.* 30 *pr. de pactis* (2. 14.). — Auch diese Klage übrigens „etsi pro publica utilitate exercetur, privata tamen est." *L* 42 § 1 *de proc.* (3. 3.).

(c) *L.* 17 § 22 *de injur.* (47.10.).

(d) *L.* 5 § 6 *de injur.* (47.10.).

(e) *L.* 11 § 1 *de injur.* (47.10.) sagt blos: ex bono et aequo est, welcher Ausdruck an sich zwey-

überhaupt nicht zu den Vermögensrechten. Beides freylich ändert sich sobald sie einmal wirklich angestellt ist (f).

B. Actio sepulchri violati.

Wegen der Verletzung eines Grabmals klagen vor Allem Die, welche eine persönliche Beziehung dazu haben, das heißt die Kinder des Beerdigten (auch wenn sie sich der Erbschaft entschlagen), oder die Erben. Ihre Klage geht auf bloße vindicta durch eine willkührlich zu bestimmende Summe, sie ist daher in bonum et aequum concepta (g). Daraus folgt, daß die capitis deminutio diese Klage nicht entziehen kann (h). Wollen jene besonders Berechtigte die Klage nicht anstellen, so ist Jeder aus dem Volk dazu fähig, nun geht sie auf 100 aurei, und hat jene Eigenthümlichkeit nicht.

deutig ist (§ 71). Allein die Anspielungen in *L.* 18 *pr. eod.* und in *L.* 34 *pr. de O. et A* (44. 7.) machen es unzweifelhaft, daß jene Ausdrücke in der Klagformel des Edicts standen, und die völlig willkührliche Bestimmung der Strafsumme bestätigt dieses.

(f) *L.* 13 *pr. L.* 28 *de injur.* (47. 10.). Darum ist denn auch das Aufgeben dieser Klage keine Veräußerung oder Vermögensverminderung; ganz eben so auch das Aufgeben der querela inofficiosi. *L.* 1 § 8 *si quid in fraud. patr.* (38. 5.), verglichen mit § 7 *eod.*

(g) *L.* 3 *pr. L.* 6. 10 *de sep. viol.* (47. 12.). *L.* 20 § 5 *de adquir. hered.* (29. 2.).

(h) Nach der allgemeinen Regel in *L.* 8 *de cap. min.* (4. 5.), welche dieses für jede actio in bonum et aequum concepta anerkennt. Man müßte den Fall etwa so denken. Der Verstorbene hinterließ einen Suus, welcher abstinirte, und sich nachher arrogiren ließ; hier hätte der Arrogirte noch immer die Klage. Hätte er nicht abstinirt, so würde durch ihn der Adoptivvater wirklicher heres geworden seyn, und wäre nun selbst der Klagberechtigte (ad quem ea res pertinet).

C. Actio de effusis.

Wenn Etwas aus einem Hause ausgegossen oder herabgeworfen, und wenn dadurch ein freyer Mensch beschädigt wird, so gilt eine Klage auf eine willkührlich zu bestimmende Summe. Diese Klage geht auf vindicta, sie ist nicht erblich, und sie ist in bonum et aequum concepta, also ist sie nach der allgemeinen Regel frey von der Wirkung der capitis deminutio (i).

D. Die Klage wegen Verwundung durch gefährliche Thiere, wenn dabey eine Unvorsichtigkeit des Herrn zum Grunde lag, ist gleichfalls in bonum et aequum concepta, und hat daher dieselbe Beschaffenheit wie die vorhergehende Klage (k).

E. Interdictum quod vi aut clam.

Dieses gehört unter die Klagen, welche ein filiusfamilias in eigenem Namen anstellen kann (l). Der Grund liegt darin, daß dasselbe auf vindicta geht wegen der verletzten persönlichen Würde durch Nichtachtung des Einspruchs (vi factum), welche Verletzung ja auch gegen den Sohn in väterlicher Gewalt möglich ist (m). Ein Recht

(i) *L.* 5 § 5 *de his qui effud.* (9. 3.). Der allgemeine Ausdruck dieser Stelle: ex bono et aequo *oritur* würde Nichts beweisen (§ 71). Allein in der erhaltenen Stelle des Edicts stehen geradezu die Worte: quantum ob eam rem *aequum judici videbitur. L.* 1 *pr. eod.*

(k) *L.* 42 *de aedil. ed.* (21. 1.) „quanti bonum aequum judici videbitur." Vgl. § 1 *J. si quadr.* (4. 9.).

(l) *L.* 9 *de O. et A.* (44. 7.). *L.* 19. *L.* 13 § 1 *quod vi* (43. 24.).

(m) *L.* 13 § 1. 2 *quod vi* (43. 24.). Es wird hier ausdrücklich bemerkt, vi könne etwas gegen den Sohn gethan werden, clam nicht, weil dieser keine Klage ha-

des Klägers an der Sache, welches freylich dieser nicht haben könnte, ist auch sonst dazu nicht erforderlich (n), und eben so wenig ein wirkliches materielles Unrecht des Beklagten (o). Auch der unmittelbare Erfolg des Interdicts, der in der Restitution der vorgenommenen eigenmächtigen Veränderung besteht (p), kann zum Vortheil des klagenden filiusfamilias unbedenklich in Erfüllung gebracht werden, wenn z. B. der Sohn ein Haus des Vaters, oder auch ein von einem Fremden gemiethetes Haus bewohnt, und durch einen eigenmächtigen Bau des Nachbars in dem bequemen Gebrauch der Wohnung gestört wird. Kommt es freylich zu einem durchgeführten Rechts-

ben könne, auf deren Umgehung die Heimlichkeit abzwecken möchte. Das heißt also, wegen vi factum steht das Interdict dem Vater und dem Sohn zu, wegen clam nur dem Vater. — Ohne Zweifel wird nun auch das Klagrecht des Sohnes durch capitis deminutio nicht aufgehoben.

(n) *L.* 13 § 5. *L.* 12 *quod vi* (43. 24.). — Eben daher ist es ganz irrig, wenn Manche diese Befugniß des filiusfamilias auch auf die possessorischen Interdicte ausdehnen wollen, unter welche das Int. quod vi ganz und gar nicht gehört (so z. B. Burchardi, Archiv für civil. Praxis B. 20 S. 33). Denn die possessorischen Interdicte sind bedingt durch die juristische possessio, ein Verhältniß des Klägers, welches zwar ursprünglich factisch, durch seine Folgen aber einem Rechte ähnlich ist (Savigny Besitz § 5. 6); zu diesem Verhältniß ist ein filiusfamilias ganz unfähig. Durch die Dejection des Sohnes aus einem fundus peculiaris erwirbt also der Vater das Interdict, und der Sohn hat zu dessen Anstellung nicht mehr Recht als zur Anstellung der väterlichen Vindication. Der Grund liegt eben darin, daß der Zweck des Int. quod vi in der vindicta besteht, der Zweck des Int. de vi dagegen in der Verfolgung eines gewöhnlichen Privatinteresse, so gut als der Zweck der Vindication.

(o) *L.* 1 § 2. 3 *quod vi* (43. 24.).

(p) *L.* 1 *pr.* § 1 *quod vi* (43. 24.).

streit, so löst sich am Ende jene Restitution in die Verurtheilung zu einer Geldsumme auf, die in dem erweislichen Interesse besteht (q), und dieses Geld wird wieder, eben so wie bey der Injurienklage, dem Vater erworben. Die Klage ist also, da sie einen völlig bestimmten Gegenstand hat (Restitution oder Interesse), keinesweges in bonum et aequum concepta (r).

F. Die Klage gegen den Freygelassenen wegen einer in jus vocatio.

Dem Freygelassenen war es verboten, ohne besondere Erlaubniß des Prätors, gegen den Patron selbst oder dessen Kinder eine in jus vocatio vorzunehmen: die Übertretung dieses Verbots hatte eine Strafklage auf 50 aurei zur Folge. War nun diese Verletzung gegen den Sohn begangen, und der Vater war abwesend, so gehörte die Klage unter diejenigen, die der Sohn selbst anstellen konnte, ähnlich der Injurienklage (s).

G. Querela inofficiosi.

Daß auch diese Klage, die doch auf reines Vermö-

(q) *L.* 15 § 12 *quod vi* (43. 24.).

(r) Dagegen hat es wohl keinen Zweifel, daß das Interdict, eben so wie die Injurienklage, unvererblich ist. Die scheinbar entgegenstehende *L.* 13 § 5 *quod vi* (43. 24.) geht nur auf den besonderen Fall, wenn die tadelnswerthe Handlung nach dem Tode des Erblassers, aber vor dem Antritt der Erbschaft, geschah, in welchem Fall auch die Injurienklage dem Erben erworben wird. *L.* 1 § 6 *de injur.* (47. 10.).

(s) *L.* 12 *de in jus voc.* (2. 4.). Die Klage gieng auf vindicta und war unvererblich (*L.* 24. *eod.*), aber in bonum et aequum concepta konnte sie, wegen ihres genau bestimmten Gegenstandes, nicht seyn. Daß für diesen Fall eine formula in factum concepta galt (deren Ausdruck dem

gensrecht abzweckt, unter unsre anomalischen Rechte gehört, muß besonders bewiesen und erklärt werden.

Wenn ein Testator die nächsten Verwandten, die seine Intestaterben hätten werden können, gar nicht oder zu wenig bedenkt, so entsteht dadurch im Volke die Meynung, der Ausgeschlossene müsse eine solche Strafe durch schlechte oder lieblose Handlungen verdient haben. Ist nun diese Meynung ungegründet, so liegt darin eine unverdiente Ehrenkränkung (t), zu deren Austilgung dem Gekränkten folgendes Rechtsmittel dargeboten ist. Er darf das Testament als inofficiosum anklagen, und findet sich seine Behauptung gegründet, so wird angenommen, das Testament sey in blinder Leidenschaft, dem Wahnsinn ähnlich, gemacht worden (u), es wird aufgehoben, die Intestaterbfolge wird eröffnet, und dadurch wird auf recht öffentliche und feyerliche Weise die Unschuld des Ausgeschlossenen anerkannt. — Diese Behandlung der Sache zieht aber die erwähnte Klage, ähnlich der Injurienklage, unter unsre anomalischen Rechtsmittel. Wenn nämlich einem filiusfamilias eine solche Kränkung wiederfuhr, z. B. im Testament seiner Mutter oder seines mütterlichen Großvaters, so wird dieses als eine höchst persönliche Angelegenheit des Sohnes betrachtet (weit mehr als die Inju-

filiusfamilias als Kläger nicht im Wege stand) sagt ausdrücklich Gajus IV. § 46.

(t) Es heißt injuria *L.* 4 *L.* 8 *pr. de inoff. test.* (5. 2.). — Auch indignatio *L.* 22 *pr. eod.* — „Totum *de meritis filii* agitur." *L.* 22 § 1 *eod.*

(u) *L.* 2. 4. 5 *de inoff. test.* (5. 2.).

rienklage), obgleich durch die Klage der Vater wirklicher Erbe werden kann. Daher kann der Vater die Klage nicht gegen den Willen des Sohnes anstellen, noch nach dessen Tod fortführen (v). Umgekehrt aber kann der Sohn klagen, selbst wenn der Vater das Testament, worin er selbst bedacht war, anerkannt hat, also auch gegen des Vaters Willen (w). Es ist also auch kein Zweifel, daß die capitis deminutio des Sohnes diese auf blos sittlichen Gründen beruhende Klage nicht zerstören kann. — Sehr natürlich geht diese Klage nicht auf die Erben über (x). In bonum et aequum concepta konnte sie nicht seyn, weil sie einen höchst bestimmten Gegenstand hatte; dennoch galt darin ein äußerst freyes richterliches Ermessen, welches nur nicht den Umfang der Verurtheilung (so wie die mit jenem Namen bezeichneten Klagen), sondern die Zulassung derselben betraf, indem diese von der Prüfung des

(v) *L.* 8 *pr. de inoff. test.* (5. 2.). — Hier ist das Widerspruchsrecht des unbillig ausgeschlossenen Kindes gegen die von seinem Vater anzustellende Querel ganz ähnlich dem Widerspruchsrecht der Tochter gegen die actio rei uxoriae, womit ihr Vater gegen den Ehemann oder dessen Erben klagen will (§ 72 z).

(w) *L.* 22 *pr.* § 1 *de inoff. test.* (5. 2.). — Natürlich kann aber der Vater nicht gezwungen werden, wider seinen Willen die Erbschaft anzunehmen. Dann geschieht es also, daß die Intestaterbfolge, die einmal unabänderlich eröffnet ist, einem Andern als dem Kläger zufällt, was aber auch in anderen Fällen vorkommt. *L.* 6 § 1 *eod.* Der Sohn hat dennoch seinen Zweck erreicht, denn seiner Ehre ist öffentliche Genugthuung widerfahren.

(x) *L.* 6 § 2. *L.* 7. *L.* 15 § 1 *de inoff. test.* (5. 2.). — Sie ist nämlich überhaupt nicht in bonis, und wer sie aufgiebt, vermindert dadurch nicht sein Vermögen, eben so wie bey der Injurienklage (s. o. Note f).

sittlichen Verhaltens des Klägers abhing, die doch nicht auf so feste Regeln zurück zu führen war, wie die Beurtheilung anderer Klagen.

Über die Natur der Querel ist von alter Zeit her viel Streit gewesen, und dieser erneuert sich noch immer wieder. Einige sehen sie als eine Klage in rem an, und zwar namentlich als eine eigenthümliche Art der hereditatis petitio: andere als gar keine eigene, selbständige Klage, sondern nur als Vorbereitung einer andern: neuerlich ist auf die Ansicht derselben, als einer in personam actio, hingearbeitet worden (y). Die Erörterung dieses Streites kann hier freylich nicht ihre Stelle finden. Allein zur Vermittlung der streitenden Meynungen dürfte die hier dargelegte Unterscheidung des unmittelbaren Gegenstandes der Klage von ihrem entfernteren, aber nicht minder wesentlichen, Zweck (worin die ganze Eigenthümlichkeit derselben ihren Grund hat) wohl beytragen können, indem hierin Dasjenige, was jeder Partey in der entgegengesetzten Meynung am meisten Anstoß erregte, seine Auflösung findet. Zu diesem Zweck soll hier nochmals das ganze Verhältniß kurz zusammengefaßt werden. Der Ausgeschlossene verlangt, durch Aufhebung des Testaments Intestaterbe zu werden, verfolgt also das Erbrecht, welches ohne Zweifel ein reines Vermögensrecht ist. Allein der eigentliche Zweck dieser Klage ist die feyerliche, offen-

(y) Vergl. Klenze querelae inoff. test. natura Berol. 1820. Mühlenbruch Fortſ. von Glück B. 35 § 1421. e.

kündige Herstellung des durch das Testament gefährdeten Rufs: der Kläger erscheint darin in einem feindlichen Verhältniß zu dem verstorbenen Testator, der seinen Ruf in diese Gefahr brachte, und die Klage geht daher auf vindicta. Eben so war die Genugthuung für die verletzte Ehre Zweck der Injurienklage, und beide Klagen haben also etwas Gemeinschaftliches in ihrem Zweck. Als Mittel dazu dient bey der Injurienklage die Einforderung einer Geldobligation: bey der querela inofficiosi die Verfolgung eines Erbrechts, welches erst durch eine richterliche Handlung eröffnet werden soll. Die Eigenthümlichkeiten beider Klagen erklären sich aus der Verschiedenheit jenes wesentlichen Zweckes von dem nächsten juristischen Gegenstand, der blos als Mittel zu jenem Zweck gebraucht werden soll.

H. Alle populares actiones.

Diese sind Klagen auf eine dem Kläger zu zahlende Geldstrafe, wodurch aber ein öffentliches Interesse verfolgt und geschützt werden soll (z); so daß dabey der Kläger in seiner politischen, nicht in seiner juristischen (privatrechtlichen) Eigenschaft thätig ist (§ 71). Wenn in solchen Fällen zugleich einzelne Personen, wegen der ihnen widerfahrenen Verletzung, ein besonderes Interesse haben, so werden diese allen anderen Klägern vorgezogen (aa);

(z) *L.* 1 *de pop. act.* (47. 23.). „Eam popularem actionem dicimus, quae suum jus populi tuetur."

(aa) *L.* 3 § 1 *de pop. act.* (47. 23.). *L.* 42 *pr. de proc.* (3. 3.). *L.* 45 § 1 *eod.*

die Klage hat dann eine gemischte Natur, und tritt nicht in ihrer ganzen Eigenthümlichkeit hervor (bb). Dahin gehören mehrere der in diesem §. abgehandelten einzelnen Obligationen, z. B. die actio sepulchri violati (lit. B). Anders, wenn solche Interessenten entweder gar nicht vorhanden sind, oder nicht klagen wollen. Nun kann Jeder aus dem Volke, als Vertreter der allgemeinen Sicherheit, die Klage anstellen, und er erscheint dann gleichsam als ein Procurator des Staats, jedoch ohne die einem Privatprocurator obliegende Cautionspflicht (cc). Dazu ist denn auch ohne Zweifel jeder filiusfamilias befugt (dd), und eben so kann Keiner durch minima capitis deminutio diese Befugniß verlieren, da er doch gewiß nicht aufgehört hat, unus ex populo zu seyn. Das Klagerecht selbst ist auch zunächst gar nicht ein Bestandtheil des Vermögens; durch die Litiscontestation verwandelt es sich in einen solchen, es wird nun, was es bis dahin nicht war, eine wahre Obligation (ee), und diese Forderung, so wie

(bb) S. Note cc.

(cc) S. o. Note z. — *L.* 43 § 2 *de proc.* (3. 2.). „In popularibus actionibus, ubi quis *quasi unus ex populo agit*, defensionem ut procurator praestare cogendus non est." — Weil er gleichsam ein Procurator ist, kann er nicht wieder einen Procurator bestellen (*L.* 5 *de pop. act. L.* 42 *pr. de proc.*); eben deswegen sind zu diesen Klagen unfähig Diejenigen, welche überhaupt nicht Procuratoren seyn können (*L.* 4. 6 *de pop. act.*). Beides aber ist anders, wenn der Kläger zugleich ein eigenes Interesse verfolgt, d. h. wenn es keine reine Popularklage ist. *LL. citt.* und *L.* 45 § 1 *de proc.* (3. 3.).

(dd) Gerade so kann auch der filiusfamilias im Criminalprozeß Ankläger seyn. Keinesweges wollen das *L.* 6 § 2 *L.* 37 *ad L. Jul. de adult.* (48. 5.) auf den Ehebruch beschränken.

(ee) *L.* 7 § 1 *de pop. act.* (47.

das dadurch erzwungene Eigenthum der Geldstrafe, erwirbt der klagende filiusfamilias allerdings wieder dem Vater. — In bonum et aequum conceptae sind übrigens die reinen Popularklagen nicht, vielmehr gehen sie auf allgemein bestimmte Geldsummen, welches der gleichmäßigen Befugniß Aller zu ihrer Anstellung angemessen ist.

Eine ähnliche Natur, wie die populares actiones, haben auch die Interdicta publica oder popularia (ff), und eben so auch die operis novi nunciatio, welche publici juris tuendi gratia geschieht (gg); nur mit dem Unterschied, daß diese Rechtsmittel nicht auf Zahlung von Geldstrafen gerichtet sind. In der unbeschränkten Befugniß zu ihrem Gebrauch, unabhängig von den gewöhnlichen Regeln über die Rechtsfähigkeit, kommen alle diese Rechtsmittel mit einander überein.

23.). *L.* 12 *pr. de V. S.* (50. 16.). *L.* 32 *pr. ad L. Falc.* (35. 2.). *L.* 56 § 3 *de fidejuss.* (46. 1.).

(ff) *L.* 1 *pr. L.* 2 § 1 *de interd.* (43. 1.), *L.* 2 § 34 *ne quid in loco* (43. 8.), *L.* 1 § 9 *ne quid in flum.* (43. 13.).

(gg) *L.* 1 § 16. 17, *L.* 4, *L.* 5 *pr. de op. novi nunc.* (39. 1.).

§. 74.

Anomalische Rechte in Beziehung auf Rechtsfähigkeit und capitis deminutio. (Fortsetzung)

III. Eine dritte Klasse solcher anomalischen Rechte bilden folgende Verhältnisse, welche an sich blos faktischer Natur sind, und nur durch enge Verbindung mit eigentlichen Rechten an der juristischen Natur derselben Theil nehmen.

A. Societät.

Sie besteht in einer fortgehenden faktischen Verbindung zu gemeinsamen Unternehmungen, wobey die Rücksicht auf die Eigenschaften des natürlichen Menschen (seine Redlichkeit und Geschicklichkeit) vorherrschend ist. Sie selbst also ist, ihrem allgemeinen Daseyn nach, verschieden von den daraus entstehenden Obligationen, die durch die actio pro socio verfolgt werden.

Wenn daher ein filiusfamilias eine Societät eingeht, so bleibt diese unverändert dieselbe auch nach der Emancipation, und eben so wird umgekehrt die Societät durch die Arrogation weder aufgelöst, noch auf den neuen Vater übertragen (a). Es hat also auf dieselbe die minima capitis deminutio gar keinen Einfluß, und nur durch die maxima und media, in welchen ein bürgerlicher Tod liegt (§ 69), wird sie stets aufgelöst (b). Was aber die actio

(a) *L.* 58 § 2. *L.* 65 § 11 *pro socio* (17. 2.).

(b) *L.* 63 § 10 *pro socio* (17. 2.). Gajus III. § 153. Wenn da-

pro socio betrifft, so folgt diese den gewöhnlichen Regeln. Nach der Emancipation also kann damit gegen den Vater geklagt werden nur aus früheren Handlungen des Sohnes, und nur de peculio: gegen den Sohn sowohl aus früheren, als aus späteren Geschäften (c). Das Recht auf den activen Gebrauch der Klage hat aus den früheren Geschäften ausschließend der Vater, selbst nach der Emancipation, weil ihm die Klage schon früher unabänderlich erworben war: aus den späteren der Sohn.

Auch ein Sklave kann in der Societät stehen: er selbst wird dadurch nicht verpflichtet, aber die actio pro socio geht wegen seiner Handlungen gegen den Herrn als actio de peculio oder quod jussu (d): ohne Zweifel auch gegen jeden Dritten, der den Sklaven als Instrument zur Societät gebraucht, und der nun selbst als durch ihn handelnd anzusehen ist. Wird der Sklave veräußert, so hört jedoch die bisherige Societät auf und das was äußerlich

her *L.* 4 § 1 *cod.* sagt: „Dissociamur renuntiatione, morte, *capitis minutione*, et egestate," so ist hier die Unbestimmtheit des Ausdrucks nicht als Allgemeinheit anzusehen, sondern einschränkend hinzu zu denken: maxima vel media. Haloander liest: *maxima* capitis deminutione, nimmt also jenen Gedanken theilweise in den Text auf, weshalb er von Augustin. emend. III. 6 getadelt wird. Indessen möchte es wohl die wahre Vulgata seyn, wenigstens lesen so ed. Jenson s. a. und ed. Koberger 1482, Handschriften müßten darüber entscheiden. Für richtig jedoch halte ich diese Leseart nicht, sondern die Florentinische, weil durch die bestimmte Bezeichnung maxima die media ausgeschlossen wäre, ganz gegen die angeführten Zeugnisse.

(c) *L* 58 § 2 *pro socio* (17. 2). Bey der Klage gegen den Sohn aus früheren Geschäften muß natürlich die Restitution hinzugedacht werden. Vgl. § 70 u.

(d) *L.* 18. *L.* 58 § 3. *L.* 63 § 2. *L.* 84 *pro socio* (17. 2).

als Fortsetzung erscheint, kann doch nur als eine neue Societät angesehen werden (e).

Aus dieser strengen Unterscheidung der Societät selbst, von den daraus entspringenden Obligationen, ist es denn auch allein zu erklären, warum jene unvererblich ist, anstatt daß diese, so wie alle andere Obligationen forterben.

B. Mandat und negotiorum gestio.

Das Mandat hat mit der Societät eine ganz ähnliche Natur, denn auch bey ihm ist zu unterscheiden das faktische, unvererbliche, auf die Eigenschaften des natürlichen Menschen großentheils gerichtete Verhältniß des Auftrags selbst, und die daraus entstehende Obligation, welche durch die mandati actio verfolgt wird, und in ihrer Beschaffenheit von jeder andern Obligation gar nicht verschieden ist. Die negotiorum gestio hat hierin gleiche Natur mit dem Mandat.

Hieraus folgt, daß der Sohn ein wahres Mandat von seinem Vater erhalten kann (f), obgleich Obligationen mit civiler Gültigkeit unter ihnen nicht möglich sind (§ 67). Hat ein filiusfamilias von einem Fremden ein Mandat erhalten, und wird dann emancipirt, so dauert das vorige Mandat unverändert fort, so daß also die capitis deminutio keinen Einfluß auf dasselbe hat (g). Geht der Auftrag eines Fremden darauf, daß der filiusfamilias für ihn eine Adstipulation schließe, so erwirbt die Klage daraus

(e) *L.* 58 § 3 *pro socio* (17. 2.). *de proc.* (3. 3.), s. o. § 71.
(f) *L.* 8 *pr. in f.* *L.* 35 *pr.* (g) *L.* 61 *mandati* (17. 1.).

nicht der Vater, weil auf dessen Person dabey nicht gerechnet war; auch in der Person des Sohnes ruht einstweilen die Klage aus der Adstipulation, weil sonst das eingeklagte Geld dem Vater erworben werden würde; sie kann daher erst geltend gemacht werden, wenn der Sohn aus der väterlichen Gewalt ausgetreten ist, und zwar ohne capitis deminutio, weil durch diese die Stipulationsklage ganz untergehen würde (h).

Auch ein Sklave kann gegen Jeden im Verhältniß eines Mandats oder einer negotiorum gestio stehen, und dieses Verhältniß nach der Manumission unverändert fortsetzen. Allein eine Klage daraus gieng gegen ihn nur wegen der nach der Freylassung vorgenommenen Handlungen, nicht wegen der früheren, weil die contractlichen Handlungen eines Sklaven überhaupt keine Klagen erzeugen (§ 65): eine Ausnahme dieser Einschränkung gilt für den Fall, wenn die frühere Geschäftsführung mit der späteren unzertrennlich zusammenhängt, indem nun die Klage die früheren und späteren Handlungen zugleich umfaßt (i).

C. Actio depositi.

Ulpian sagt, ein filiusfamilias könne nicht selten im Namen des abwesenden Vaters klagen, als dessen präsumtiver Procurator, jedoch immer nur mit besonderer Erlaubniß der Prätors: beyspielsweise nennt er als solche

(h) Gajus III. § 114. S. o. § 67 l und § 70 i.

(i) *L.* 17 *de negot. gestis* (3. 5.). S. o. § 65 und Beylage IV. Note n.

Klagen (nicht um andere damit auszuschließen) die aus Diebstahl, Beschädigung, Mandat, Darlehen, und auch die actio depositi (k). Dagegen zählt Paulus einige wenige Klagen auf, die ein Sohn ausnahmsweise in eigenem Namen anstellen könne, also unabhängig von des Vaters Willen oder Abwesenheit, und eben so von einer Erlaubniß des Prätors, unter diesen Ausnahmen nennt er die actio depositi (l), mit welcher Angabe auch Ulpian in einer anderen Stelle übereinstimmt (m). Diese beiden Möglichkeiten sind an sich völlig verschieden (§ 71), und da sie beide in Beziehung auf die actio depositi aufgestellt werden, zum Theil von demselben alten Juristen (welches den Gedanken an eine Controverse der Alten ausschließt), so liegt darin ein scheinbarer Widerspruch, welcher nur durch folgende Unterscheidung gelöst werden kann. Wenn der Sohn eine Sache des Vaters, z. B. aus dem Peculium, einem Andern zur Aufbewahrung übergiebt, so erwirbt dadurch der Vater die actio depositi, weil es sein Interesse ist, die Sache selbst wieder zu bekommen, oder in Geld entschädigt zu werden. Hier kann der Sohn gar nicht klagen, außer als Procurator des Vaters, und auf

(k) *L.* 18 § 1 *de judic.* (5. 1.). S. o. § 71 n.

(l) *L.* 9 *de O. et A.* (44. 7.). S. o. § 71 q.

(m) *L.* 19 *depositi* (16. 3.). „Julianus et Marcellus putant, filiumfamilias depositi recte agere posse." Hier ist offenbar das Depositum als etwas Besonderes gemeynt, und in ganz anderer Weise, als es derselbe Ulpian in *L.* 18 § 1 *de jud.* (Note k), mitten unter vielen anderen Klagen, und selbst mit diesen nur beyspielsweise anführt.

diesen Fall, der ohnehin der gewöhnlichste ist, geht die erste Stelle des Ulpian. Das Depositum kann aber auch so beschaffen seyn, daß der Vater dabey gar kein rechtliches Interesse hat, wenn etwa der Sohn die Sache von einem Fremden miethweise, oder als Commodat, oder als Depositum empfangen, oder wenn er sie gar gestohlen hatte. Hier hat der Sohn ein zwiefaches Interesse die Klage anzustellen, wovon der Vater nicht berührt wird: erstlich, in manchen Fällen (wie wenn er die Sache als Miether oder Commodatar erhielt), weil er dadurch den faktischen Vortheil der Detention und des Gebrauchs der Sache wieder erlangt, der nicht im Vermögen ist, und daher auch dem Vater nicht zu gut kommt: zweytens, in allen hier bezeichneten Fällen, weil er selbst gegen andere Personen verpflichtet ist, ihnen die Sache oder eine Geldentschädigung zurück zu geben, welche Verpflichtung wieder nicht den Vater berührt. Da nun überhaupt ein Depositar, ein Dieb u. s. w., wenn er die Sache einem Andern aufzubewahren giebt, gegen diesen die actio depositi erwirbt (n), so muß in den angegebenen Fällen auch der Sohn dieselbe in eigenem Namen haben, und auf diese Fälle geht denn die Stelle des Paulus, so wie die zweyte Stelle des Ulpian, welche daher mit der ersten Stelle des Ulpian nicht im Widerspruch stehen. Wenn freylich der Rechtsstreit nicht durch die Restitution der Sache selbst (wodurch jene Zwecke rein zur Erfüllung kommen)

(n) *L.* 16. *L.* 1 § 39. *L.* 31 § 1 *depos.* (16. 3.).

beendigt wird, sondern durch eine Entschädigung in Geld, so wird dieses Geld allerdings dem Vater erworben, und dieser kann darüber willkührlich verfügen; wenn aber der Sohn es verwendet, um damit Denjenigen abzufinden, gegen welchen er aus dem früheren Commodat oder aus dem Diebstahl verpflichtet war, so ist dadurch seine Schuld getilgt, und der oben angegebene Zweck ist dennoch erfüllt; ja er kann sich diese Erfüllung noch dadurch sichern, daß er die Klage gar nicht selbst anstellt, sondern seinem Gläubiger cedirt, und auf diesem Wege seine Schuld tilgt. — Es ist bemerkenswerth, daß gerade bey dem Depositum auch eine formula in factum vorkommt, die dem Sohn die Anstellung der Klage in eigenem Namen möglich machte (o). — Wie wirkt nun auf diese Verhältnisse die capitis deminutio, nämlich die Emancipation oder die datio in adoptionem? Die Klage für den Vater fällt gewiß weg, weil der Grund der präsumtiven Vertretung aufgehoben ist, aber die Klage in eigenem Namen muß fortdauern, da die Gründe und Zwecke derselben selbst fortwähren: namentlich die Schuld gegen den Dritten durch die oben abgehandelte Restitution gegen die capitis deminutio.

Alles dieses stellt sich ganz anders bey dem Sklaven, welcher eine Sache deponirt: dieser kann weder als Sklave die Klage anstellen, weil er überhaupt zu allen Klagen unfähig ist, noch nach der Manumission, weil bey ihm

(o) Gajus IV. § 47.

das Hauptinteresse des Sohnes (die klagbare Verpflichtung gegen den Dritten) ohnehin wegfällt (§ 65). Daher hatte diese Klage stets der Herr, in dessen Dienst der Sklave zur Zeit des gegebenen Depositum stand (p).

Ähnliche Rücksichten, wie bey dem Recht zur actio depositi, treten auch bey der Verpflichtung aus dem Depositum ein. Wenn also ein filiusfamilias ein Depositum übernimmt, und wenn derselbe noch nach der Emancipation im Besitz der Sache bleibt, so geht die Klage gegen ihn (hier gewiß selbst ohne Restitution), und gar nicht als Peculienklage gegen den Vater (q); denn es handelt sich hier um die ganz faktische Restitution des natürlichen Besitzes, die von dem juristischen Verhältniß im Peculium unabhängig ist. Daß man dieses wirklich als etwas Besonderes dachte, und zwar gerade aus diesem Grunde, erhellt unwidersprechlich aus der ganz ähnlichen, und noch mehr anomalischen, Weise, wie das einem Sklaven gegebene Depositum behandelt wird: denn wenn dieser nach der Manumission die Sache besitzt, so geht gegen ihn die actio depositi, da doch andere Contractsklagen aus der Zeit des Sklavenstandes durchaus nicht gegen ihn angestellt werden können (r).

(p) *L.* 1 § 30 *depos.* (16. 3.).

(q) *L.* 21 *pr. depos.* (16. 3.).

(r) *L.* 21 § 1 *depos.* (16. 3.). Die ganze Stelle, deren erste Hälfte in Note q angeführt ist, lautet im Zusammenhang so: „Si apud filiumfamilias res deposita sit, et emancipatus rem teneat, pater nec intra annum de peculio debet conveniri: sed ipse filius. — Plus Trebatius existimat, etiam si apud servum depositum sit, et manumissus rem teneat, *in ipsum dandam*

D. Actio commodati.

Eine ganz ähnliche Bewandniß wie mit dem Depositum, hat es auch mit dem Commodat, und wir dürfen unbedenklich annehmen, daß die eben aufgestellten Sätze auch auf das Commodat anwendbar sind. Einer der wichtigsten derselben ist sogar ausdrücklich anerkannt, und wenn die übrigen nicht gleichfalls erwähnt werden, so ist dieses nur als zufällig anzusehen. Auch die actio commodati nämlich wird ausdrücklich unter diejenigen Klagen gerechnet, die ein filiusfamilias ausnahmsweise in eigenem Namen anstellen kann (s). Dieses ist ohne Zweifel aus denselben Gründen abzuleiten, und mit denselben Unterscheidungen anzuwenden, welche so eben bey dem Depositum dargestellt worden sind. Auch kommt bey dem Commodat, eben so wie bey dem Depositum, eine formula in factum concepta vor (t).

Man könnte fragen, ob nicht ein filiusfamilias auch die actio locati gebrauchen könne, um eine von ihm vermiethete Sache zurück zu fordern? Wenn blos von die-

actionem, non in dominum, *licet ex ceteris causis in manumissum actio non datur.*" — Von dieser Ausnahme ist schon anderwärts die Rede gewesen, vgl. § 70 s und Beylage IV. Note m. Besaß der Freygelassene die Sache nicht, so konnte die Klage nicht gegen ihn angestellt werden, selbst nicht wenn er sich als Sklave eines dolus dabey schuldig gemacht hatte. *L.* 1 § 18 *depos.* (16. 3.).

(s) *L.* 9 *de O. et A.* (44. 7.). Vgl. oben § 71 q. — Auch hier gilt die Regel, daß selbst der Dieb die Klage anstellen kann (*L.* 15. 16 *comm.* 13. 6.), gewiß also auch ein Commodatar oder Depositar, der die Sache einem Dritten als Commodat überließ.

(t) Gajus IV. § 47.

ser Rückforderung die Rede ist, so sind allerdings die Verhältnisse ganz ähnlich denjenigen, welche so eben bey der actio depositi und commodati erwähnt worden sind. Daß sie demungeachtet nicht in dieser Verbindung erwähnt wird, mag wohl daher rühren, daß hier die Klage zugleich auf die Zahlung des Miethgeldes gerichtet, also die Rückforderung meist mit der Verfolgung eines reinen und vollständigen Vermögensrechts vermischt ist.

E. Der natürliche Besitz (die bloße Detention).

Kinder in väterlicher Gewalt, eben so wie Sklaven, sind des juristischen Besitzes unfähig, der Detention aber, da sie blos faktisch ist, fähig (u). Diese Fähigkeit zeigt sich in folgenden Anwendungen.

Wenn der Vater dem Sohn etwas stipulirte, das juristische Natur hatte, z. B. Eigenthum, so war es gültig, weil das dem Sohn gegebene Eigenthum so gut als dem stipulirenden Vater selbst gegeben ist. Geht aber die Stipulation auf etwas blos Faktisches, z. B. auf Detention des Sohnes oder auf dessen Gehen über einen bestimmten Weg, so ist es ungültig, weil dieses Faktum nicht in des Vaters Vermögen kommen kann, so daß es wie jede Stipulation für einen Andern, den der Stipulator nicht repräsentirt, zu betrachten ist. Wenn umgekehrt der Sohn stipulirt, daß der Vater Eigenthum, oder Detention, oder die Erlaubniß zu gehen erhalte, so ist dieses Alles gültig, weil der Sohn allgemein den Vater repräsentiren kann.

(u) Savigny Recht des Besitzes § 9. 26.

Wenn endlich der Sohn für sich selbst die Detention oder das Gehen stipulirt, so ist das gültig, und zwar in dem Sinn, daß nun der Vater (nicht der Sohn) gegen den Schuldner die Interessenklage wegen Verweigerung der Detention oder des Gehens erwirbt. Dieses Alles galt bey dem Sklaven ganz eben so wie bey dem Sohn (v).

Eine andere Anwendung findet sich bey der von einem filiusfamilias besessenen Erbschaft. Dieser muß die hereditatis petitio, so wie jeder Unabhängige, gegen sich ergehen lassen, weil die Verpflichtung zu derselben auf dem natürlichen Besitz beruht. Läßt er sich nun auch arrogiren, so ändert hierin selbst die capitis deminutio Nichts, und es bedarf nicht einmal einer Restitution, um die Anstellung der Klage gegen ihn auch ferner möglich zu machen (w).

F. Die erzwungene Restitution eines Fideicommisses der Erbschaft.

Wenn der Vater, der zum Erben eingesetzt, und zur Restitution der Erbschaft an den Sohn verpflichtet ist, die Erbschaft bedenklich findet, so kann ihn der Sohn zum Antritt und zur Restitution zwingen, weil nun in Folge des Zwanges alle Schulden auf den Sohn übergehen, und der Vater frey von aller Gefahr bleibt (x). Anders

(v) *L.* 130. *L.* 37 § 6. 7. 8 *de V. O.* (45. 1.). § 2 *J. de stipul. serv.* (3. 17.). Vgl. Cujacius in Lib. 15 quaest. Pauli (*L.* 130 *de V. O.*), opp. T. 5 p. 1107.

(w) *L.* 36 § 1 *de her. pet.* (5. 3.).

(x) *L.* 16 § 11. 12 *ad Sc. Treb.* (36. 1.).

verhält es sich, wenn der Herr gebeten wird, seinen Sklaven frey zu lassen, und dann demselben die Erbschaft zu restituiren. Denn da der Sklave sich nicht durch Rechtsgeschäfte klagbar verpflichten kann (§ 65), so verpflichtet ihn auch nicht der gegen den Herrn ausgeübte Zwang zum Antritt; er könnte also nach der Freylassung die Annahme der Restitution verweigern, in welchem Fall der Herr mit den Erbschaftsschulden belastet bleiben würde (y).

Der Grund dieses anomalischen Klagrechts zwischen Vater und Sohn liegt darin, daß die durch Klage erzwungene Handlung eine bloße Formalität ist, also etwas blos Faktisches, ohne alle rechtliche Wirkung für den Beklagten. Die Prozeßform war kein Hinderniß, weil der Zwang extra ordinem durch die Fideicommißobrigkeit durchgeführt wurde.

IV. Endlich eine vierte Klasse anomalischer Rechte bezieht sich auf den Zwang zu solchen Handlungen, wodurch Veränderungen in Familienverhältnissen hervorgebracht werden sollen. In der Regel nämlich sind solche Handlungen überhaupt ganz frey; wo aber ein rechtlicher Zwang zu denselben zugelassen wird, da ist dieser auch von den gewöhnlichen Regeln über die Rechtsfähigkeit unabhängig, weil ein solcher Zwang gerade darauf abzweckt, jene Regeln zu modificiren. Dahin gehören folgende Fälle.

(y) *L.* 16 § 13. 14 *ad Sc. Treb.* (36. 1.).

A. Fideicommissaria libertas.

Wenn ein Testator seinem Sklaven die directa libertas giebt, so liegt darin keine Abweichung von den Regeln über die Rechtsfähigkeit. Der Sklave geht unmittelbar in den Zustand der Freyen über, und es erscheint also gar nicht das Bedürfniß, während des Sklavenstandes die Ausübung eines Rechts, z. B. eine Klage gegen den Erben, zuzulassen. Anders wenn der Testator seinem eigenen Sklaven, oder dem des Erben, oder auch eines Dritten, die Freyheit durch Fideicommiß hinterläßt. Denn dadurch erhält der Sklave eine Klage gegen den eigenen Herrn unmittelbar auf Freylassung, gegen den Erben der nicht sein Herr ist, auf Ankauf und Freylassung. Dieses bey den Römern so sehr häufige und wichtige Rechtsverhältniß wurde für die Ausführung dadurch möglich gemacht, daß nicht eine gewöhnliche Klage, sondern eine extraordinaria cognitio der Obrigkeit, dazu angewendet wurde (z).

B. Wenn einem Erben oder Legatar durch Fideicommiß zur Pflicht gemacht wurde, seine Kinder zu emancipiren, so war dieses zwar durch die gewöhnliche fideicommissarische Jurisdiction nicht geschützt: außerordentlicherweise aber konnte auch hier durch Einwirkung der Kaiser ein Zwang gegen den Vater eintreten, der sich durch Annahme der Erbschaft oder des Legats zu einer

(z) § 2 *J. de sing. reb.* (2. 21.). ULPIAN. XXV. § 12. 18. Tit. Dig. de fid. libert. (40. 5.).

Handlung verpflichtet hatte, die er hinterher verweigerte (aa). — Vielleicht konnte sogar im ordentlichen Prozeß die Emancipation erzwungen werden, wenn ein Unmündiger arrogirt war, und dieser nach erlangter Mündigkeit die Auflösung der Gewalt verlangte (bb).

C. Noch weit wichtiger aber ist die durch die Lex Julia eingeführte Regel, daß der Vater von seinen Kindern durch Einwirkung der Obrigkeit gezwungen werden kann, in ihre Ehe einzuwilligen, wenn er diese Einwilligung ohne gehörigen Grund verweigert (cc).

(aa) *L.* 92 *de cond. et demonstr.* (35. 1.).

(bb) *L.* 32. 33 *de adopt.* (1. 7.). Doch könnte man auch unter dem in *L.* 32 *pr. cit.* erwähnten judex den magistratus verstehen, worauf der Zusatz causa cognita zu deuten scheint; dann wäre es eine extraordinaria cognitio.

(cc) *L.* 19 *de ritu nupt.* (23. 2.).

§. 75.

Heutige Anwendbarkeit der Lehre von der Rechtsfähigkeit und der capitis deminutio.

Es bleibt nun noch zu untersuchen übrig, welche Bedeutung der hier dargestellten Lehre von der Rechtsfähigkeit und der capitis deminutio (§ 64—74) in unsrem heutigen Recht übrig geblieben ist.

Wir haben von der Römischen Unfreyheit Nichts übrig, also kann auch nicht mehr die Rede seyn von der Rechtsunfähigkeit der Römischen Sklaven.

Eben so wenig besteht unter uns ein Stand der Civität oder Latinität, mit ihrem Gegensatz in dem Stand der Peregrinen; also hat auch bey uns die beschränkte Rechtsfähigkeit der Peregrinen aufgehört: die der Latinen war ohnehin schon durch Justinians Gesetzgebung verschwunden.

Dagegen besteht in unsrem heutigen Recht allerdings noch die Abhängigkeit von väterlicher Gewalt. Auch die hierauf gegründete beschränkte Rechtsfähigkeit ist zum Theil unverändert geblieben; und selbst da, wo sie durch die Gesetze der christlichen Kaiser starke Modificationen erhalten hat, ist sie doch nur in Verbindung mit dem älteren Recht zu verstehen und anzuwenden möglich.

Ich gehe über zur capitis deminutio. Haben wir keine Sklaven und Peregrinen mehr, so ist auch eine maxima und media capitis deminutio unmöglich geworden; mit ihnen zugleich der bürgerliche Tod, den die Römer darin annahmen (§ 69).

Die minima capitis deminutio kann allerdings noch vorkommen; denn wenn sich ein Unabhängiger von einem Andern arrogiren läßt, so unterwirft er sich allen Beschränkungen, welche überhaupt einem filiusfamilias zukommen, und erleidet also eine nachtheilige Veränderung in seiner Rechtsfähigkeit. Eine andere Frage ist es, ob für ihn auch die ganz eigenthümlichen, positiven Wirkungen der capitis deminutio (§ 69) noch jetzt eintreten, um deren willen allein dieser Begriff mit seinem Kunstausdruck jemals praktischen Werth hatte? Diese Frage aber muß verneint werden. Denn die Agnation, die dadurch verloren gieng, ist überhaupt seit der neuesten Gesetzgebung von Justinian ohne praktische Bedeutung. Das Patronatsverhältniß existirt gar nicht mehr. Den Einfluß der minima capitis deminutio auf die persönlichen Servituten hat Justinian ausdrücklich aufgehoben. Endlich auch der Untergang der Schulden durch capitis deminutio ist im Justinianischen Recht nicht mehr als praktisches Recht zu finden, sondern nur noch für das Recht der früheren Zeit zu errathen; jedoch auch hier so, daß ihm schon längst sein praktischer Einfluß ganz entzogen war. Wir müssen also sagen: die Lehre von der capitis deminutio ist historisch und exegetisch wichtig; für das praktische Recht ist der Begriff und der Name vollkommen entbehrlich.

Am meisten lebendige Fortdauer älterer Rechtsansichten ist noch wahrzunehmen in den anomalischen Rechtsinstituten, welche sich von den positiven Einschränkungen der Rechtsfähigkeit ganz oder theilweise unabhängig erhalten haben (§ 71 — 74). Zwar ist auch hier Vieles ganz verschwunden, wie z. B. das Alimentenlegat an Sklaven (§ 72) und die Freylassung durch Fideicommiß (§ 74). Dagegen hat sich erhalten die eigenthümliche Beschaffenheit des Dotalrechts, der Klagen auf Alimente und auf Dotation (§ 72), der Injurienklage, der querela inofficiosi (insofern man diese noch nach der Novelle 115 gelten lassen will) (§ 73), der Societät, des Mandats u. s. w. (§ 74).

Die hier aufgestellten Behauptungen über die Gränze der Anwendbarkeit der vorgetragenen Rechtsregeln stehen auch mit den Ansichten neuerer Schriftsteller nicht im Widerspruch. Zwar pflegen sich dieselben nicht so ausdrücklich und vollständig darüber zu erklären, allein man kann mit ziemlicher Sicherheit annehmen, daß die meisten der hier aufgestellten Sätze, wenn es zu einer Erklärung darüber käme, keinen erheblichen Widerspruch finden würden. Selbst der scheinbare Widerspruch von Glück (a) kann nur zur Bestätigung meiner Behauptung dienen. Er nimmt an, wir hätten eine maxima capitis deminutio, wenn Jemand sich als Leibeigenen hingäbe, oder lebenslänglich zu Festung oder Zuchthaus verurtheilt würde:

(a) Glück B. 2 § 128.

desgleichen eine media, in dem Verlust des Bürgerrechts eines einzelnen deutschen Staats, oder auch des allgemeinen deutschen Bürgerrechts. Er fügt aber hinzu, die Römischen Rechtssätze könnten darauf nicht angewendet werden. Gerade davon aber ist hier allein die Rede, und insbesondere von der aufgehobenen oder verminderten Rechtsfähigkeit im Römischen Sinn. Daß zu allen Zeiten mancherley Veränderungen in dem Zustand der Menschen vorkommen, wird Niemand bezweifeln; will man aber diese als capitis deminutiones behandeln und bezeichnen, so kann das nur zu einem leeren, verwirrenden Spiel mit Worten führen.

So verhält es sich nun insbesondere auch mit dem bürgerlichen Tod; unsre Schriftsteller geben wohl den Römischen Begriff an (b), aber nicht um damit eine praktische Anwendung desselben zu behaupten. Anders hat sich die Sache seit langer Zeit in Frankreich gestaltet, und obgleich dieser Gegenstand nicht in den Gränzen unsrer Aufgabe liegt, so will ich ihn dennoch anhangsweise darstellen, weil er ein warnendes Beyspiel darbietet, wie weit die ungeschickte Anwendung misverstandener historischer Rechtsbegriffe führen kann.

Domat spricht von der mort civile in wenigen Zeilen, die ihm jedoch zu zwey großen Irrthümern Raum lassen: Mort civile, sagt er, war der Zustand des zum Tod oder zu irgend einer Strafe mit Vermögensconfisca-

(b) So z. B. Mühlenbruch T. 1 § 184.

tion Verurtheilten, welcher diesen Namen deswegen führte, weil er esclave de la peine war (c). — Allein mit der Confiscation hat der bürgerliche Tod gar Nichts zu schaffen: denn der kriegsgefangene Römer erlitt ihn ohne Confiscation, und der relegatus erlitt ihn niemals, obgleich auch bey ihm die Confiscation des Vermögens zuweilen (nicht immer) vorkam. Ferner erlitt der Deportirte den bürgerlichen Tod, ohne doch esclave de la peine zu seyn.

So stand es in der Theorie. In der Praxis (d) wurde jener Begriff angewendet auf die lebenslängliche Galeeren- und Verbannungsstrafe; in einigen anderen Fällen war die Anwendung bestritten. Die wichtigste Anwendung, und wodurch alle böse Leidenschaften in Bewegung gesetzt wurden, machte das Gesetz von Ludwig XIV. auf die religiösen Emigranten, die réfugiés; weil aber dieses Gesetz mit der öffentlichen Meynung im Widerspruch stand, so setzte man sich in der Anwendung oft darüber hinweg, besonders in Beziehung auf die Kinder der Ausgewanderten.

Die Revolution brach aus, und bald fanden sich neue höchst wichtige Anwendungen, indem die Gesetze vom 28. März und vom 17. Sept. 1793 den bürgerlichen Tod auf die Emigranten und auf die Deportirten anwendeten. Die Rüstkammer der alten Jurisprudenz mußte jetzt die Waffen zur Verfolgung der Emigranten hergeben.

(c) Domat Liv. prélim. Tit. 2 Sect. 2 § 12.

(d) Ausführlich handelt davon Merlin Répertoire art. *Mort civile*, wo sich die Beläge zu den nachfolgenden Sätzen des Textes finden.

Endlich sollte der Code gemacht werden. Nichts ist irriger, als wenn Viele glauben, dieser wäre ganz aus neuer revolutionärer Weisheit, kraft einer Art von Inspiration, hervorgegangen. Vielmehr brachten sowohl die ersten Redactoren, als nachher die Mitglieder des Staatsraths, alle ihre Kenntnisse und Irrthümer aus der Zeit der alten Jurisprudenz mit hinzu. Als Fälle der Anwendung des bürgerlichen Todes wurden nun folgende angenommen:

1) Die Emigranten. Zwar wurden die Gesetze gegen die Emigration schon im J. VIII. aufgehoben und die meisten Einzelnen, die es wollten, waren aus der Emigrantenliste gestrichen, und dadurch wieder von dem bürgerlichen Tod befreyt worden; allein theils blieben immer noch Viele übrig, die nicht zurückgekehrt waren, theils sollten und konnten auch die Wiederaufgenommenen von der Wirkung ihres bürgerlichen Todes auf die in der Vergangenheit eingetretenen Ehen und Erbfälle nicht befreyt werden (e).

Dagegen sollte in Zukunft die freywillige Auflösung der Verhältnisse zum Vaterland nicht mehr als bürgerlicher Tod gelten, sondern nur noch die Eigenschaft eines Franzosen aufheben (art. 17 — 21), welche Veränderung aber gar nicht von Erheblichkeit ist.

(e) Die Gesetze über die Emigranten citirt Merlin l. c., p. 373. — Bey der Discussion des Code im Staatsrath wurde die fortdauernde Wirksamkeit und Wichtigkeit der Emigrantengesetze überhaupt, und besonders in Beziehung auf ihren bürgerlichen Tod, ausdrücklich anerkannt. *Conférence* du code civil T. 1 p. 76. 77 (zu art. 24).

2) Die zum Tod Verurtheilten: theils für die Zwischenzeit bis zu ihrer Hinrichtung, theils für die Fälle, worin sie sich der Hinrichtung durch die Flucht entziehen würden (art. 23).

3) Die zu gewissen anderen Strafen Verurtheilten (art. 24). Der Code civil behielt die nähere Bestimmung noch vor, der Code pénal art. 18 knüpfte den bürgerlichen Tod an die lebenslängliche Zwangsarbeit (Galeeren) und an die Deportation; dieser letzte Fall wurde mit Recht als der erheblichste und schwierigste behandelt, weil der Deportirte am Ort der Verbannung in Freyheit leben sollte.

Das Wichtigste aber sind nun die Wirkungen des bürgerlichen Todes, die sich in folgenden Hauptsätzen, nach Vorschrift des art. 25, darstellen lassen:

1) Das ganze gegenwärtige Vermögen des bürgerlich Todten fällt, im Augenblick dieses Ereignisses, auf seine Intestaterben.

2) Er ist für die Zukunft unfähig zu allen droits civils, fähig zu allen droits naturels (f). Diese Grundverschiedenheit wird folgendergestalt angewendet:

(f) Es war dieses wörtlich ausgesprochen im Projet de code civil Liv. 1 Tit. 1 art. 30 „privés des avantages du *droit civil proprement dit.*" § 31 „Ils demeurent capables de tous les actes qui sont du *droit naturel et des gens.*" Der Code civil selbst enthält diese formelle Bestimmung nicht, sondern nur (beyspielsweise) die Aufzählung der wichtigsten einzelnen entzogenen Rechte, der Sinn aber ist derselbe geblieben, wie aus der Discussion im Staatsrath deutlich erhellt. Vgl. Toullier droit civil Français Liv. 1 § 279.

a) Er kann nicht durch Erbschaft erwerben, mit Ausnahme legirter Alimente.

b) Er kann weder Testaments- noch Intestaterben hinterlassen. Was er während des bürgerlichen Todes erwirbt, fällt bey seinem natürlichen Tod an den Staat (art. 33).

c) Er kann weder schenken, noch Geschenke empfangen, mit Ausnahme von Alimenten (g).

d) Die Ehe, in welcher er bis jetzt lebte, ist aufgelöst in Ansehung aller civilen Wirkungen.

e) Die Ehe, die er von jetzt an schließen möchte, ist in Ansehung derselben Wirkungen ungültig.

f) Dagegen ist er fähig, durch jede andere juristische Handlung, als die oben genannten, Vermögen zu erwerben und zu veräußern. Er ist also fähig zu Kauf, Tausch, Pacht und Miethe, Darlehen, so wie zu allen Klagen aus Injurien oder anderen Delicten (h).

Gegen diese Gränzbestimmung ist nun Folgendes einzuwenden. Die Unterscheidung der droits civils und natu-

(g) So ist es im art. 25 wörtlich ausgedrückt. Toullier § 282 sagt dagegen, der bürgerlich Todte sey fähig zu erwerben und zu veräußern durch donations manuelles, d. h. durch Schenkung beweglicher Sachen vermittelst der Tradition, aber nicht durch Schenkung von Immobilien, oder solche, die schriftlich abgefaßt werden müßten. Dann würde also ein großes Vermögen in baarem Geld oder Staatspapieren gültig geschenkt werden können, was doch dem Gesetz geradezu entgegen ist. Das Projet de code civil art. 32. 33 erlaubte den Empfang einer Schenkung von geringen beweglichen Sachen und die von Alimenten, dagegen die Veräußerung durch Schenkung unbedingt.

(h) Das Projet de code civil § 31 hatte die erlaubt bleibenden

rels stammt augenscheinlich aus dem Römischen Recht, hat aber in diesem eine ganz andere Bedeutung, indem das Römische jus gentium ein in sich ausgebildetes, gleichfalls positives Recht war (§ 22). Unvermerkt hat man dem Römischen Gegensatz den davon verschiedenen Gegensatz der mehr positiven und willkührlichen, oder mehr natürlichen und sich von selbst verstehenden Rechtsinstitute untergeschoben. Dieser letzte aber ist theils für die Anwendung unerheblich, theils in der Gränzbestimmung schwankend und unbestimmt, welches sich in folgenden Anwendungen deutlich zeigt. Ganz inconsequent ist es, daß der Deportirte Vermögen erwerben kann, dieses aber bey seinem Tode an den Staat fallen soll, was doch im Grunde nur eine partielle Confiscation, also eine halbe Maasregel ist. Im Römischen Recht galt zwar derselbe Rechtssatz (i), aber hier hatte er die consequente Bedeutung einer Fortsetzung der gleich Anfangs eintretenden Confiscation, die ja aber das Französische Recht verwirft. Blos als Peregrine betrachtet hätte der Deportirte wohl Erben hinterlassen können, denn die Peregrinen als solche wurden ja niemals vom Staate beerbt. In der positiven Natur alles Erbrechts liegt gewiß keine Rechtfertigung des Französischen Rechtssatzes, und doch scheint man ihn blos darauf ge-

Geschäfte ausdrücklich aufgezählt, der Code selbst schweigt darüber, aber der Sinn ist auch bey ihm derselbe. Vgl. Toullier § 280. 283. Ferner die Äußerungen von Tronchet im Staatsrath, Conférence T. 1 p. 119.

(i) *L. 2 C. de bonis proscript.* (9. 49.).

gründet zu haben. — Noch auffallender ist die Behandlung der Schenkung, die doch gewiß um gar Nichts positiver ist, als der Kauf und die Miethe. Auch geht hierin der Code ganz von dem Projet ab, und die Juristen gehen wieder ihren eigenen Weg (Note g). Der Grund, den Toullier für die civile Natur der Schenkung angiebt, daß die Schenkung an positive Formen gebunden sey, kann gar Nichts entscheiden; denn auch der Kauf und die Miethe, so bald sie einen Werth von 150 Franken übersteigen, sind einer positiven Form unterworfen (art. 1341), und doch sollen diese Verträge unbedingt dem Deportirten zugänglich seyn.

Doch wichtiger als alles Andere ist die Behandlung der Ehe. In dieser unterschied man zwar ein natürliches, civiles und religiöses Element (k); indem man ihr aber die effets civils versagte, meynte man damit unzweifelhaft alle und jede juristische Wirkungen, wie es auch im Lauf der Discussionen ausdrücklich anerkannt worden ist. In Beziehung auf die Ehe eines Deportirten ist also, da sie juristisch gar nicht existirt, weder Ehebruch noch Bigamie möglich. Die Kinder eines Deportirten sind uneheliche, sind bâtards, sie haben keinen Vater, und es gilt für sie kein Erbrecht, selbst nicht in das Vermögen der Seitenverwandten (l). In beiden Beziehungen macht es auch

(k) *Conférence* T. 1 p. 86. 92. 98.

(l) *Conférence* p. 86. 110. — Toullier § 285. 293 behauptet die Legitimität der Kinder, weil ja doch das vinculum matrimonii (le lien) fortdauere. Offenbar im Widerspruch gegen das Ge-

gar keinen Unterschied, ob der Deportirte blos eine frühere Ehe fortgesetzt, oder ob er erst während der Deportation eine Ehe geschlossen hat. — Vergleichen wir damit das frühere Recht.

Nach Römischem Recht war die Ehe eines Deportirten nach jus civile ungültig, nach jus gentium gültig, also völlig eben so gültig, wie die Ehen der vielen Millionen Provinzialen vor der durch Caracalla allgemein gemachten Civität (m). Die Folgen dieses Grundsatzes bestanden darin, daß die Kinder aus einer solchen Ehe nicht in der väterlichen Gewalt des Deportirten, noch in der Agnation mit dessen Verwandten standen. Dagegen waren sie ehelich, sie hatten einen juristisch gewissen Vater, sie standen in einer wahren Cognation mit ihren Eltern und deren Verwandten, und konnten hieraus jedes cognatische Erbrecht (nur nicht in das Vermögen des Vaters, welches immer wieder confiscirt wurde) geltend machen. Alle diese Bestimmungen giengen aus rein juristischer Consequenz hervor, nicht aus religiösen Ansichten, denn sie waren lange vor der Herrschaft des Christenthums anerkannt. — Indem man nun

setz. Was er vertheidigt, wurde von der Minorität des Staatsraths geltend gemacht, um eine Abänderung des Projects durchzusetzen; ihre Meynung fiel aber durch, und das Project wurde unverändert angenommen. Gerade durch den vorhergehenden gründlichen Streit wird der wahre Sinn des Gesetzes ganz außer Zweifel gesetzt.

(m) Ja sogar hatte man aus Menschlichkeit noch etwas von den strengen Grundsätzen nachgegeben; die Dos, die eigentlich nur neben einem justum matrimonium gelten konnte, sollte hier fortdauern dürfen, obgleich die Ehe nicht mehr justum matrimonium war.

bey der Abfassung des Code die dem Römischen jus civile eigenthümlichen Wirkungen mit den juristischen Wirkungen überhaupt verwechselte, kam man unvermerkt zu dem seltsamen Resultat, die Ehe des Französischen Deportirten nicht (wie es natürlich gewesen wäre) mit der Ehe des Römischen Deportirten gleich zu stellen, sondern mit der Ehe des Römischen Bergwerkarbeiters, welche allerdings durch den Sklavenstand des verurtheilten Ehegatten consequenterweise vernichtet werden mußte. Ja man gieng darin noch weiter, als das Römische Recht in seiner neuesten Gestalt; denn Justinian hat den Sklavenstand dieser Verurtheilten aufgehoben, damit ihre Ehe fortdauern könne (Nov. 22 C. 8), und selbst diese Milderung ist den Französischen Deportirten versagt.

Das altfranzösische Recht, und insbesondere die ordonnance von 1639, deren Härte stets mit der öffentlichen Meynung im Widerspruch stand, und eine stille Widersetzlichkeit der Gerichte zur Folge hatte, erkannte dennoch an, daß die früher geschlossene Ehe als Sacrament fortdauere, daß daher die später in derselben erzeugten Kinder ehelich seyen, und gegen alle Verwandte Erbrecht hätten (n).

Auch erregte der Vorschlag des neuen Gesetzes den lebhaftesten und gründlichsten Widerspruch: zuerst von Seiten des Appellationshofes in Paris (o): dann im Staatsrath von Seiten des ersten Consuls (der darüber sehr ver-

(n) *Conférence* p. 89. 90.

(o) Observations des tribunaux d'appel sur le projet de code civil p. 38.

ständig sprach), des Justizministers, und anderer Mitglieglieder (p): endlich auch von Seiten des Tribunats, an welches die Redaction des Staatsraths zur Prüfung gelangte (q). Man bestritt den Vorschlag theils aus dem Römischen und altfranzösischen Recht, theils aus Gründen der Menschlichkeit; besonders hob Bonaparte hervor, wie empörend es sey, daß die Frau eines Deportirten, deren edle Treue, wenn sie sein Unglück theile, Verehrung verdiene, durch das Gesetz zur Concubine herabgewürdigt werde. Alles vergebens. Das Gesetz wurde dennoch angenommen, und dazu wirkten folgende verschiedene Gründe zusammen. Erstlich die starre Consequenz aus historisch falschen Prämissen, also die Nachwirkung der Irrthümer, welche die meisten Juristen von ihrer Jugend an aus einer oberflächlichen Kenntniß des Römischen Rechts in sich aufgenommen hatten, und nun nicht los werden konnten (r). Zweytens der von der Revolution her eingewurzelte Haß gegen die Emigranten, obgleich der größte Theil derselben

(p) *Conférence* p. 86. 87. 88. Vgl. besonders auch Maleville analyse raisonnée T. 1 p. 47—50.

(q) *Conférence* T. 1 p. 174—176.

(r) Wer etwa glauben möchte, die Einwirkung des Römischen Rechts (in irriger Auffassung) sey hier nur von mir willkührlich angenommen, in der That nicht gegründet, der wolle doch den Artikel Mort civile in Merlin Répertoire nachlesen, worin sich der Verfasser die größte und überflüssigste Noth macht mit der Erklärung und selbst mit der Textkritik von Pandektenstellen. Unter andern wird das völlig unpassende postliminium mit hereingezogen, und p. 373 werden die Worte der *L. 4 de capt.* „An *qui hostibus deditus*, reversus, nec a nobis receptus est,“ von einem Überläufer erklärt, einem enfant ingrat de la patrie, und mit art. 18. 19. 21 des Code in Verbindung gesetzt, welches doch fast in's Unglaubliche geht.

bereits begnadigt war, und die Übrigen ihre Wichtigkeit und Gefährlichkeit längst verloren hatten. Drittens das ängstliche Bestreben, die frühere Einwirkung religiöser Ansichten auf das Recht streng abzuwehren. Recht auffallend wird das Resultat dieser siegenden Beweggründe in der Vertheidigungsrede, womit der Tribun Gary das definitive Project, d. h. die jetzt in dem Code stehende Abfassung, zur Annahme empfahl. Er giebt zu, wenn die Frau dem Deportirten in die Verbannung folge, sey es hart, daß die Kinder unehelich seyen, sie selbst eine Concubine; allein Härten gebe es auch sonst wohl im Recht, und eine solche Frau möge sich mit ihrem Gewissen, mit der Religion, mit der Meynung anderer Menschen trösten, daran hindere sie das Gesetz ganz und gar nicht, aber die Consequenz des Gesetzes gehe über Alles (s). Ohne Zweifel wird stets die öffentliche Meynung das Gesetz entkräften, ja auch die Gerichte werden es, so wie sie früher thaten, in der Anwendung unvermerkt untergraben, allein dadurch wird dessen völlige Verwerflichkeit nicht vermindert, sondern nur noch mehr außer Zweifel gesetzt.

Fragt man zuletzt nach der künftigen Wirkung des Gesetzes, so ist darüber Folgendes zu sagen. Für die zum Tod oder zu lebenslänglicher Zwangsarbeit Verurtheilten ist es fast ganz gleichgültig, weil die Natur ihrer Strafe ohnehin alles Dasjenige unmöglich macht, worin die Annahme eines bürgerlichen Todes bedenklich scheinen könnte;

(s) Code civil suivi des motifs T. 2 p. 86.

hier bleibt also nur die augenblickliche Beerbung als Folge übrig, und gegen diese läßt sich am wenigsten sagen. Bey den Emigranten ist das Gesetz wichtig, wegen der Folgen der während der Emigration eingetretenen Rechtsverhältnisse; allein diese Wichtigkeit muß allmälig aufhören. Die bleibend wichtige Folge wird sich bey der Deportation zeigen; daraus wollte man ein politisch wichtiges, planmäßiges Institut machen, welches jedoch bis auf diesen Tag noch nicht zur Reife gekommen ist. Hier werden sich alle oben gerügte Mängel fühlbar machen. Die gerade hier vorgebrachte Rechtfertigung, es sey gefährlich, dem Deportirten durch ausgedehntere Rechtsfähigkeit die Mittel zur Flucht oder zu feindseligen Unternehmungen zu gewähren (t), ist völlig ohne Grund. Denn gegen diese Gefahr schützt, auch ohne bürgerlichen Tod, die bloße Interdiction, das heißt dieselbe Maasregel, die neben manchen anderen Strafen wirklich angewendet, und ganz ausreichend befunden wird (u).

Keine einzelne Anwendung jener Grundsätze hat solche Celebrität erlangt, als die auf den Fürsten Polignac. Dieser wurde durch das Urtheil des Pairshofes vom 21. Dec. 1830 zu lebenslänglicher Haft verurtheilt, welche die Stelle einer, nicht ausführbaren, Deportation vertreten sollte, und in Folge dieser Strafe wurde er zugleich ausdrücklich für bürgerlich todt erklärt, mit allen Folgen, die das Gesetz an die Deportation und den bürgerlichen

(t) Conférence T. 1. p. 128. (u) Code pénal art. 29. 30. 31.

Tod knüpfe. Seine Ehe hat in Ham fortgedauert, es sind ihm Kinder geboren worden, und so kann dieser Fall vorzüglich dazu dienen, die ganze hier dargelegte Verwerflichkeit des Französischen Gesetzes über den bürgerlichen Tod anschaulich zu machen.

Im Jahr 1831 wurde eine Commission niedergesetzt zur Abänderung einiger Bestimmungen des Strafgesetzbuchs, und durch sie sind in der That manche Modificationen herbeygeführt worden. Von dieser Commission wurde die Verwerflichkeit des Gesetzes über den bürgerlichen Tod anerkannt, und in den stärksten Ausdrücken geschildert. Sie enthielt sich nur deswegen des Antrags auf Abschaffung, weil sie mit Recht annahm, daß diese Änderung nicht ohne gleichzeitige neue Bestimmungen über manche verwandte Stücke des Privatrechts erfolgen dürfe, die außer dem Auftrag der Commission lagen (v). In diesem Zustand ist die Sache bis jetzt geblieben.

Indem aber hier die der Französischen Gesetzgebung zum Grund liegenden Irrthümer über den bürgerlichen Tod im Einzelnen dargelegt worden sind, wird dadurch zugleich zu einer umfassenderen Betrachtung dieses Gegenstandes, in Beziehung auf mögliche und räthliche heutige Anwendung, der Weg gebahnt seyn. Für überflüssig wird

(v) Der Bericht der Commission wurde in der Sitzung der Deputirtenkammer vom 11. November 1831 erstattet. Vgl. Moniteur 1831 vom 12. November.

dieser Zusatz nicht gehalten werden können, wenn man erwägt, daß dieser Theil des Französischen Rechts auch in den Gesetzen deutscher Länder Eingang gefunden hat, und leicht noch ferner Eingang finden könnte.

Im Römischen Recht erscheinen bey den meisten schweren Verbrechen viererley Folgen vereinigt: Criminalstrafen, Magna capitis deminutio, der bürgerliche Tod, die Confiscation des Vermögens. Diese vier Folgen werden häufig in einem unrichtigen Verhältniß zu einander gedacht, und hierin liegt der Grund der bedenklichsten Misverständnisse.

Die magna capitis deminutio ist nicht identisch mit den Criminalstrafen, denn die relegatio ist eine Criminalstrafe ohne capitis deminutio (w); auf der andern Seite erlitt eine magna capitis deminutio der Römische Bürger, der in Kriegsgefangenschaft gerieth, oder der in eine Latinische Colonie eintrat, und bey diesen Beiden wird Niemand an eine Strafe denken. Beide Rechtsbegriffe liegen also außer einander, und man kann nur sagen, daß an mehrere Criminalstrafen die capitis deminutio als eine ganz positive Folge angeknüpft ist, ohne aus dem Begriff dieser Strafen von selbst zu folgen.

Der Ausdruck des bürgerlichen Todes (mors civilis) ist erst in neuerer Zeit entstanden; um den Begriff bestimmter zu bezeichnen, will ich es die Fiction des Todes nennen, das heißt die Behandlung eines lebenden Men-

(w) *L.* 7 § 5 *de bonis damn.* (48. 20.).

schen als ob er todt wäre. Diese Fiction ist als ganz positive Folge an jede magna capitis deminutio angeknüpft, ohne aus dem Begriff derselben von selbst zu folgen (§ 69 S. 71). Sie steht also in demselben Verhältniß wie die capitis deminutio zu den Criminalstrafen; der Kriegsgefangene unterliegt der Fiction des Todes, der relegatus ist davon frey, und man kann also auch von dieser Fiction nur sagen, daß sie als positive Folge mit mehreren Criminalstrafen verknüpft ist. Allein auch wo sie in dieser Verbindung erscheint, ist sie von den Römern niemals als Strafe, oder als Schärfung einer andern Strafe, oder als eine Verstärkung des moralischen Eindrucks derselben, gedacht worden, sondern nur als eine billige, einfache, bequeme Auskunft zur Beseitigung derjenigen Schwierigkeiten, die bey Erbschaftsfällen entstehen konnten. Denn der so Verurtheilte konnte selbst nicht Erbe seyn wegen der capitis deminutio (x); damit nun nicht durch sein bloßes Daseyn auch Andere an der Erbfolge gehindert werden möchten, fingirte man seinen Tod, wodurch sein Daseyn bey einer solchen Erbschaft ganz außer Betracht kam. Ebendaher aber wurde diese Fiction nur angewendet, wo sie diesem besonderen Zweck dienen konnte, also auch nur in Ansehung der an das Leben geknüpften civilen Wirkungen, außerdem nahm man darauf keine Rücksicht, so daß hierin eine buchstäbliche Consequenz nicht

(x) Er war nicht einmal zu einer Bonorum possessio fähig (*L.* 13 *de B. P.*), also noch viel weniger zu einer hereditas.

erwartet werden darf. So konnte der Deportirte Vermögen erwerben, und eine Ehe führen, wiewohl bekanntlich todte Menschen zu Beidem ganz unfähig sind; die Fähigkeit dazu gründete sich bey ihm auf das jus gentium, nicht auf das jus civile.

Die Vermögensconfiscation ist, überall wo sie vorkommt, eine wahre Strafe. Mit der magna capitis deminutio erscheint sie nur zufällig und äußerlich verknüpft (§ 69. b), so daß beide Rechtsbegriffe außer einander liegen. Zur Zeit der freyen Republik trat selbst neben den schwersten Strafen die Confiscation in der Regel nicht ein (y). Unter den Kaisern war sie allerdings die regelmäßige Folge jeder als Strafe verhängten magna capitis deminutio (z); doch auch nun noch mit sehr mildernden Modificationen. Portionen des Vermögens wurden schon frühe den Kindern des Verbrechers überlassen, und nach manchen Schwankungen der Rechtsregeln bestimmte zuletzt Justinian, daß, mit Ausnahme des Majestätsverbrechens, das Recht des Fiscus ganz wegfallen sollte zum Vortheil der Descendenten und der drey nächsten Grade der Ascendenten des Verbrechers (aa). Umgekehrt aber konnte auch

(y) Der verurtheilte Vatermörder wurde auf gewöhnliche Weise beerbt, und es war nur zweifelhaft, ob er noch nach der Verurtheilung ein gültiges Testament machen könne. Cicero de invent. II. 50. Auct. ad Herenn. I. 13.

(z) *L.* 1 *pr. de bonis damn.* (48. 20.).

(aa) *L.* 1 § 1. 2. 3 *de bonis damn.* (48. 20.), *L.* 10 *C. de bonis proscr.* (9. 49.). *Nov.* 17 *C.* 12. — Das neueste Gesetz ist *Nov.* 131 *C.* 13, wovon *Auth.* Bona damnatorum *C. de bonis proscr.* (9. 46.) Etwas abweicht.

die Confiscation eintreten ohne alle capitis deminutio (bb). — Eben so zufällig zusammentreffend, und den Begriffen nach von einander unabhängig, sind die Confiscation, und die Fiction des Todes. Bleibt man bey dem strengen Begriff dieser Fiction stehen, so folgt daraus nicht Confiscation, sondern Beerbung, da ja auch das Vermögen des wirklich Todten nicht confiscirt, sondern vererbt wird.

Von den hier aufgestellten Sätzen soll nun noch eine besondere Anwendung auf die Testamentsfähigkeit eines Verurtheilten gemacht werden. Wo Confiscation des Vermögens eintritt, ist es sehr einleuchtend, daß jedes Testament des Verurtheilten unwirksam bleiben muß, es mag vor oder nach der Verurtheilung gemacht seyn. Dieser Grund verschwindet also für eine heutige Gesetzgebung, wenn darin die Confiscation überhaupt nicht aufgenommen wird.

Bey den Römern war der entscheidende Grund, der jedes frühere Testament bey solchen Strafen vernichten mußte, die capitis deminutio, da selbst die minima diese Wirkung hatte. Nur wenn zur Zeit des Todes eine Herstellung des vorigen Zustandes erfolgt war, sollte das frühere Testament, welches nach jus civile ungültig war und blieb, durch den Prätor aufrecht erhalten werden (cc) Nach der Verurtheilung konnte kein Testament gemacht

(bb) *L.* 7 § 5 *de bonis damn.* (48. 20).

(cc) Gajus II. § 145. 147. Ulpian. XXIII. § 4. 6. *L.* 1 § 8. *L.* 11 § 2 *de B. P. sec. tab.* (37. 11.). *L.* 8 § 3 *de j. codic.* (29. 7.). *L.* 6 § 5—13 *de injusto* (28. 3.).

werden, weil kein Peregrinus die testamentifactio hatte (dd). Dieses Hinderniß kann in einer neueren Gesetzgebung nicht vorkommen, weil wir die Römische magna capitis deminutio nicht kennen.

Die Fiction des Todes endlich, wenn sie streng durchgeführt wird, macht allerdings ein späteres Testament unmöglich, weil ein todter Mensch kein Testament machen kann. Dagegen steht sie der Wirksamkeit des früheren Testaments gewiß nicht im Wege, indem ja auch der wirkliche Tod ein vorhandenes Testament nicht entkräftet, sondern erst recht in Kraft setzt. Dieses wird besonders einleuchtend in einem Fall, worin die Fiction des Todes, ganz besonders zu diesem Zweck, durch einen eignen Volksschluß (die Lex Cornelia) ausgesprochen war. Wenn nämlich ein Römer als Kriegsgefangner starb, so wurde fingirt, er sey im Augenblick der Gefangennehmung gestorben; dadurch wurde sein früher gemachtes Testament aufrecht erhalten, welches ohne diese Fiction durch die maxima capitis deminutio vernichtet worden wäre (ee).

In den Römischen Begriffen und Rechtsregeln also, wenn wir sie consequent auf unsren veränderten Rechtszustand anwenden, liegt kein durchgreifender Grund, dem Testament eines Verurtheilten in einer heutigen Gesetzgebung die Wirksamkeit zu versagen.

(dd) *L.* 8 § 1—4 *qui test.* (28. 3.). *L.* 12 *qui test.* (28. 1.). Ulpian. XXIII. § 5.

(ee) *L.* 6 § 5. 12 *de injusto* (28. 1.).

Diese Betrachtungen sollten keinesweges der Aufnahme des bürgerlichen Todes in ein Strafgesetzbuch unsrer Zeit widersprechen; es sollte nur der täuschende Schein eines Zusammenhangs mit den Begriffen und Regeln unsres überlieferten positiven Rechts entfernt werden, der uns verleiten kann, ganz unbegründeten Consequenzen Raum zu geben. Was in dieser Hinsicht bestimmt werden mag, ist etwas Neues, von dem bisher geltenden Recht Unabhängiges, welches nicht durch historische Gründe, sondern von dem Standpunkt innerer Zweckmäßigkeit aus, gerechtfertigt werden muß. Und dieses gilt namentlich auch für die Frage, ob die Testamente der zu schweren Strafen Verurtheilten als gültig zugelassen werden sollen.

§. 76.

Einschränkung der Rechtsfähigkeit durch Infamie. Einleitung.

Die bisher dargestellten Beschränkungen der Rechtsfähigkeit sind aus zwey Gründen als Bestandtheile des heutigen Römischen Rechts zu behandeln: erstlich, weil das System des Privatrechts von alter Zeit her so ganz mit ihnen verflochten war, daß eine gründliche Einsicht auch in dessen neueste Gestalt ohne die genaue Kenntniß jener Beschränkungen eben so wenig möglich ist, als die sichere Abwehrung der verwirrendsten Irrthümer: zweytens weil von denselben auch in dem neuesten Recht bedeutende Stücke erhalten sind, die abgetrennt von ihrem früheren Zusammenhang in ihrem eigentlichen Wesen nicht verstanden werden können.

Beide Gründe sind nicht vorhanden bey einigen anderen Beschränkungen, die stets nur eine sehr isolirte Einwirkung auf die Rechtsfähigkeit gehabt haben, in dem neuesten Recht aber, wie ich glaube, ganz verschwunden sind: ich meyne die Infamie, und die Religionsverschiedenheit. Beide sind, insoweit sie dem Römischen Recht angehören, als antiquirte Institute zu betrachten. Da aber die herrschende Meynung mit der hier ausgesprochnen nicht ganz übereinstimmt, und daher in den neueren Systemen jene Institute als Bestandtheile des heutigen gemeinen Rechts aufgeführt zu werden pflegen, so konnte eine kritische Darstellung derselben, nach dem Plan dieses Werks, nicht ausgeschlossen werden.

Um für die schwierige Untersuchung der Infamie, als des ersten unter jenen Instituten, einen festen Boden zu gewinnen, will ich nicht mit der Aufstellung ihres Begriffs und ihrer Arten, noch mit einer Geschichte derselben, anfangen, sondern mit der Gestalt, welche sie in den Justinianischen Rechtsquellen an sich trägt. Daß diese nicht auf einer gänzlichen Entstellung des früheren Rechtszustandes beruhen kann, ist einleuchtend: denn ihr liegt zum Grunde das wörtlich aufgenommene Prätorische Edict (a), und alles Übrige ist nur Ergänzung oder Abänderung desselben. Unsre Kenntniß beruht nun hauptsächlich auf folgenden Quellenstücken:

Tit. Dig. de his qui notantur infamia (3. 2.).

Tit. Cod. ex quibus causis infamia irrogatur (2. 12.).

In merkwürdige Verbindung damit tritt ein großer Theil des Römischen Volksschlusses, welcher gewöhnlich als tabula Heracleensis bezeichnet wird (b), und worüber erst weiter unten Auskunft gegeben werden kann.

(a) Die Edictstelle steht in *L.* 1 *de his qui not.* (3. 2.). Bey den in dieser Stelle unmittelbar enthaltenen Fällen werde ich, der Kürze wegen, nur das Edict als Quelle citiren, womit also stets der in der *L.* 1 *de his qui not.* enthaltene Text des Edicts gemeynt ist. Dieses muß besonders bemerkt werden, weil wir zum Theil noch einen andern und sehr abweichenden Text besitzen, wahrscheinlich aus dem Commentar des Paulus genommen, *Fragm. Vat.* § 320 (der Commentar § 321). Von dieser Verschiedenheit wird weiter unten und in der Beylage VII. die Rede seyn.

(b) Tab. Heracl. lin. 108—141 in Haubold monumenta legalia

Folgende neuere Schriftsteller sind gleich in dieser Einleitung anzumerken:

DONELLUS Lib. 18 C. 6—8.

Hagemeister in Hugo's civil. Magazin B. 3 Num. VIII. (1803) S. 163—182 der Ausg. des dritten Bandes von 1812.

G. Chr. BURCHARDI de infamia. Kilon. 1819. 4. (c).

Th. Marezoll über die bürgerliche Ehre. Giessen 1824. 8. (d).

(Über den heutigen Zustand dieses Instituts:)

Eichhorn deutsches Privatrecht vierte Ausg. § 83—90.

ed. Spangenberg Berol. 1830 p. 122—129. — Das Gesetz wurde gegeben im J. der Stadt 709, und sein wahrer Name ist Lex Julia municipalis. Zeitschrift für geschichtl. Rechtswissenschaft B. 9 S. 348. 371.

(c) Burchardi selbst sagt p. 5. 11, daß seine Ansichten großentheils aus meinen von ihm gehörten Vorlesungen entsprungen seyen. Wenn dieses wirklich der Fall ist, so hat er wenigstens das Geliehene mit reichlichen Zinsen zurück bezahlt: auf mehrere wichtige Punkte dieser Untersuchung bin ich erst durch seine Schrift aufmerksam geworden. — Später hat dieser Schriftsteller seine Ansicht dahin modificirt, daß Vieles, was wir zum Privatrecht zählen, in der That juris publici sey, also mit in die Folgen der Infamie falle, wie connubium, commercium, testamentifactio. (Grundzüge des Rechtssystems der Römer S. 272) Wäre diese Ansicht richtig, so würden solche Folgen der Infamie nicht erst so spät, so beschränkt, und so vereinzelt eingeführt worden seyn, wie er selbst es, mit Beziehung auf Vorschriften der Lex Julia und Constantins, behauptet.

(d) Eine ungemein fleißige Schrift, auf deren reichhaltiges Material ich im Allgemeinen, als Ergänzung meiner kürzeren Darstellung, verweise, wenngleich ich mehrere Hauptansichten derselben nicht für richtig halte. Besonders manche kleinere Zusätze aus Kaisergesetzen, die auf das Wesen des Instituts keinen Einfluß gehabt haben, werde ich übergehen.

§. 77.

Einzelne Fälle der Infamie.

Die einzelnen Fälle der Infamie, wie sie in unseren Rechtsquellen aufgestellt werden, lassen sich auf fünf Klassen zurückführen.

I. Verurtheilung wegen eines Criminalverbrechens.

Dieser Fall wurde erst nach und nach zu einer allgemeinen Regel ausgebildet. Das Edict selbst knüpfte die Infamie nur allein an die in einem Criminalprozeß begangene calumnia oder praevaricatio, und dieser Fall steht auch in der Tafel von Heraklea (lin. 120. 122). — Ein Senatsschluß verordnete sie als Folge eines einzelnen Verbrechens, der vis privata (a). — Dann ließ man sie auf jede Kapitalstrafe folgen; das war nicht wichtig, denn so lange diese Strafe (also wenigstens der Verlust der Civität) wirkte, war die Infamie ohne Bedeutung; sie wurde also erst fühlbar, wenn der Verurtheilte Erlaß der Strafe erhalten hatte und nicht zugleich Erlaß der Infamie, welcher in diesem Fall überhaupt nicht ertheilt zu werden pflegte (b). — Endlich aber wurde die allgemeine Regel aufgestellt, daß jede Verurtheilung in einem publicum judicium infamire (c). Damit war also ausgeschlossen die Verurtheilung

(a) *L.* 1 *pr. ad L. Juliam de vi priv.* (48. 7.).

(b) *L.* 1 § 6. 9 *de postulando* (3. 1.). Marezoll S. 127.

(c) *L.* 7 *de publ. jud.* (48. 1.). *L.* 56 *pro socio* (17. 2.). Coll. LL. Mos. Tit. 4 § 3 vergl. mit § 12. In der tab. Heracl. lin.

wegen eines crimen extraordinarium, denn diese infamirte nur ausnahmsweise in einigen sogleich näher anzugebenden Fällen.

Dagegen wurden einige ähnliche Fälle gleichfalls als Entstehungsgründe der Infamie anerkannt, gleichsam aus der Fiction eines Criminalurtheils, welches in derselben wirklich nicht ergangen war. Dahin gehörte (als erster im Edict selbst ausgedrückter Fall) die schimpfliche Ausstoßung eines Soldaten aus dem Heer (d). Ferner der Fall einer im Ehebruch betroffenen (nicht verurtheilten) Frau (e). Der Meineid, welcher begangen wird durch Verletzung eines beschwornen Vergleichs oder Nachlaßvertrags (e[1]). Endlich der Fall einer Delation an den Fiscus, die von ihrem Urheber nicht erwiesen werden konnte (f).

Als die neueste hierher gehörende Erweiterung der Römischen Lehre von der Infamie kann man die Auth. Habita des K. Friedrich I. zum Schutz der Scholaren der Rechtswissenschaft ansehen. Wer einen solchen belei-

117. 118. 111. 112. findet sich schon früher eine nur theilweise übereinstimmende Vorschrift; das Gesetz trifft jeden der in dieser Stadt nach irgend einem publicum judicium verurtheilt, so wie jeden der in Rom aus Italien verbannt oder irgendwo ex L. Plaetoria verurtheilt ist. Der Grund dieser Verschiedenheit wird im § 80 angegeben werden.

(d) *L.* 1 *pr. de his qui not.* (3 2) „qui ab exercitu ignominiae causa ab Imperatore.... dimissus erit." Dieser Fall steht auch in der tab. Heracl. lin. 121.

(e) *L.* 43 §. 12. 13 *de ritu nupt.* (23 2.) „Quae in adulterio deprehensa est, quasi publico judicio damnata est."

(e[1]) Es ist also die Rede nur von solchen Verträgen, die ein streitiges Rechtsverhältniß zu erledigen bestimmt sind. *L.* 41 *C. de transact.* (2. 4.).

(f) *L.* 18 § 7 *L.* 2 *pr. de j. fisci* (49. 14.).

digt, oder unter dem Vorwand von Repressalien beraubt oder beschädigt, soll infam seyn, vierfachen Ersatz geben, und (wenn er Beamter ist) seines Amtes entsetzt werden.

II. Einige Privatdelicte, und zwar nach dem Edict selbst: Diebstahl, Raub, Injurie, Betrug. Hier infamirte zunächst die Verurtheilung; jedoch nur wenn der Beklagte in eigenem Namen verurtheilt war. Und zwar hatte diese Beschränkung den zwiefachen Sinn, daß, wenn der Beklagte den Prozeß durch einen Procurator geführt hatte, weder er selbst noch dieser Procurator infam wurde (g). Die natürliche Folge davon war die, daß seit der allgemeinen Zulassung von Procuratoren diese Drohung der Infamie entkräftet war, indem sie jeder Beklagte durch die Bestellung eines Procurators leicht vermeiden konnte. — Der Verurtheilung war in diesen Fällen durch das Edict selbst der Vergleich an die Seite gestellt (damnatus pactusve erit). Diese Vorschrift sollte jedoch nur verstanden werden von einer Geldabfindung durch Privatübereinkunft; also weder von einer Abfindung unter richterlicher Vermittlung, noch von einem unentgeltlichen Erlaß (h).

Wenn in den Fällen jener Privatdelicte nicht die Privatklage angestellt, sondern ein crimen extraordinarium anhängig gemacht wurde, so sollte darum nicht minder die Infamie erfolgen, und dieses sind die oben angedeuteten Ausnahmen, in welchen auch das crimen extraordi-

(g) *L.* 6 § 2 *de his qui not.* (3.2.). *L.* 2 *pr. de obsequ.* (37.15.).

(h) *L.* 6 § 3 *de his qui not.* (3. 2.).

narium die infamirende Kraft hatte, die in der Regel nur dem publicum judicium vorbehalten war (i). Auch machte es dabey keinen Unterschied, ob das Delict seinen gewöhnlichen Namen (furtum, injuria) behielt (k), oder ob dasselbe unter einem specielleren Namen (expilata hereditas, stellionatus) Gegenstand einer Criminaluntersuchung wurde (l). In allen diesen Fällen konnte die Befreyung von der Infamie, die bey Privatklagen durch die Ernennung eines Procurators bewirkt wurde, nicht zur Anwendung kommen (m).

Unter die infamirenden Privatdelicte kann man gewissermaßen auch den Zinswucher rechnen, da er wenigstens im älteren Recht eine Privatstrafe nach sich zog. Diese ist nun zwar in Justinians Gesetzgebung nicht anerkannt, aber die Infamie ist darin dennoch als Folge des Wuchers vorgeschrieben (n).

III. Obligatorische Verhältnisse außer den Delicten.

Bey einigen derselben infamirt wieder die Verurtheilung. Dahin gehören nach den Worten des Edicts folgende Klagen: pro socio, tutelae, mandati, depositi. Mit dieser Angabe stimmen größtentheils überein mehrere Stellen des Cicero und die Tafel von Heraklea (o); jedoch

(i) *L.* 7 *de publ. jud.* (48. 1.).

(k) *L.* 92 *de furtis* (47. 2.). *L.* 45. *de injur.* (47. 10).

(l) Marezoll S. 134—136, wo der scheinbare Widerspruch zwischen *L.* 13 § 8 *de his qui not.* (3. 2.) u. *L.* 2 *stellion.* (47. 20.) befriedigend gelöst ist.

(m) Marezoll S. 167.

(n) *L.* 20 *C. ex quib. caus. inf.* (2. 12.).

(o) Cicero pro Roscio Com. C. 6, pro Roscio Amer. C. 38. 39, pro Caecina C. 2 (am Ende)

diese alle mit der merkwürdigen Abweichung, daß sie die depositi actio weglassen, und dagegen die fiduciae actio aufnehmen, welche als ein veraltetes Institut bei Justinian natürlich nicht mehr vorkommt. Es ist nicht unwahrscheinlich, daß in der älteren Zeit das Depositum ohne Fiducia in der That kein Grund der Infamie war, und daß man später, als die Fiducia außer Gebrauch kam, und zwar schon vor Justinian (L. 10 C. depos.), das Depositum im Allgemeinen an deren Stelle setzte. — Auch bey diesen Klagen sollte die Infamie durch die Aufstellung eines Procurators vermieden werden können (suo nomine ... damnatus erit). — Die Infamie sollte ferner nur aus der directa actio erfolgen (non contrario judicio damnatus erit). Doch wurde ausnahmsweise auch die contraria actio infamirend, wenn dabey dem Beklagten gerade eine besondere Unredlichkeit zur Last fiel (p). — Bey der directa actio sind unsere Juristen sehr verschiedener Meynung über die wichtige Frage, ob diese Klagen allgemein infamiren, oder nur unter Voraussetzung des dolus, welchem hier, wie anderswo, die lata culpa gleich gilt. Für die erste oder strengere Meynung ist die Edictstelle geltend gemacht

und C. 3. Tab. Heracl. lin. 111. — Bey dem Vormund folgt die Infamie nicht blos aus der Verurtheilung in Folge der tutelae actio, sondern auch aus der Absetzung als Suspectus. § 6 *J. de susp.* (1. 26), *L.* 3 § 18 *eod.* (26. 10.), *L.* 9 *C. eod.* (5. 43.). — Ja sogar entsteht sie, wenn der Vormund die Mündel vor der gesetzlichen Zeit für sich oder seinen Sohn zur Ehe nimmt, weil dieses als eingestandener Dolus gelten soll. *L.* 66 *pr. de r. n.* (23. 2.), *L.* 7 *C. de interd. matrim.* (5. 6.).

(p) *L.* 6 § 5. 7 *de his qui not.* (3. 2.).

worden, welche allgemein, ohne Erwähnung des dolus als Bedingung, sagt: Infamia notatur ... qui pro socio, tutelae, mandati, depositi ... damnatus erit; mit derselben stimmen auch mehrere andere Stellen in eben so unbestimmter Allgemeinheit überein (q). Dagegen aber streiten mehrere andere Stellen, welche ausdrücklich die Unredlichkeit als Grund, und also auch als Bedingung, der Infamie bezeichnen (r). Man hat darauf erwiedert, schon der Umstand, daß es in diesen Klagen der Beklagte zum Prozeß kommen lasse, anstatt freywillig zu zahlen, diese temeritas litigandi, sey als dolus zu betrachten, und verdiene die Strafe der Infamie. Diese Erwiederung führt auf folgende Sätze, in welchen wohl jene entgegengesetzte Meynungen ihre Vermittelung finden dürften. 1) Für den Fall des eigentlichen Betrugs, der Unterschlagung u. s. w. ist ohnehin kein Streit. 2) Diesem Fall steht aber völlig gleich der andere, wenn der Vormund oder der Depositar, ohne vorher betrogen zu haben, geradezu die Auslieferung des Vermögens oder der anvertrauten Sache verweigern. 3) Auch für den Fall kann man die Infamie einräumen, wenn bey einer arbitraria actio der arbiter vor dem Urtheil den Beklagten zur Bezahlung einer bestimmten Summe auffordert, und dieser dennoch nicht zahlt, sondern es auf

(q) § 2 *J. de poena temere litig.* (4. 16.). Tabula Heracl. lin. 111.

(r) *L.* 6 § 5. 6. 7 *de his qui not.* (3. 2.) „fidem," „male versatus," „perfidia." *L.* 22 *C. ex quib. caus.* (2. 12.) „fidem rumpens." Cicero pro Caecina C. 3 „fraudavit."

das Urtheil ankommen läßt. Eine solche contumacia mag hierin, wie auch in anderen Wirkungen (s), dem dolus gleich behandelt worden seyn. 4) Weiter aber darf man nicht gehen, vielmehr muß für alle andere Fälle die Infamie verneint werden. Gesetzt also, der Mandatar hat eine levis culpa begangen, läßt es aber wegen der ganz übertriebenen Forderung des Mandanten auf den Prozeß ankommen, und wird nun auf eine mäßige Summe condemnirt, so könnte man ihm gewiß keine frevelhafte Streitsucht vorwerfen, und die Infamie würde in solchem Fall mit allem gesunden Rechtsgefühl im Widerspruch stehen (t).

Außerdem aber sollte, bey allen Obligationen ohne Unterschied, die Insolvenz ein Entstehungsgrund der Infamie seyn (bona possessa, proscripta, vendita). Dieses sagen mehrere ältere Zeugnisse ausdrücklich (u). Im Justinianischen Recht findet sich davon eine unverkennbare indirecte Spur, indem gesagt wird, die cessio bonorum, und der durch sie veranlaßte Verkauf des Vermögens infamire nicht (v); offenbar im Gegensatz des wirklichen Concurses, der dabei als Grund der Infamie vorausgesetzt

(s) So z. B. bey dem jusjurandum in litem. *L.* 2 § 1 *de in litem. jur.* (12. 3.).

(t) Die hier angenommene mildere Meynung ist vortrefflich ausgeführt, und besonders gegen die Einwürfe aus einzelnen Stellen durch gründliche Interpretation geschützt, von Donellus XVIII. 8 § 8—13. Die strengere Meynung wird ausführlich vertheidigt von Marezoll S. 148—155, welcher irrig den Donellus als Vertheidiger derselben Meynung anführt.

(u) Cicero pro Quinctio C. 15. Tabula Heracl. lin. 113—117. Gajus II. § 154.

(v) *L.* 8 *C. qui bon.* (7. 71.). *L.* 11 *C. ex quib. caus. inf.* (2. 12.).

wird. Wann und wodurch jener Rechtssatz verschwunden ist, läßt sich nicht mit Sicherheit angeben. Die Aufhebung der alten bonorum venditio erklärt das Verschwinden der Infamie nur wenn man annimmt, daß dieselbe immer erst mit der vollendeten venditio eintrat, nicht schon mit den Vorbereitungen derselben, namentlich der bloßen possessio bonorum (x).

IV. Handlungen in Beziehung auf das Geschlechterverhältniß. Hierin ist Vieles dunkel, theils wegen Unzulänglichkeit unserer Quellen, theils wohl auch weil manche Rechtsregeln selbst über diese Gegenstände vorzugsweise unbestimmt und veränderlich waren. Die einzelnen Fälle sind folgende:

1) Verletzung der Trauerzeit.

Das Edict selbst (so wie wir es in den Digesten finden) sagt: Wenn eine Wittwe vor Ablauf der Trauerzeit eine neue Ehe schließt, so werden dadurch infam: der neue Ehemann, wenn er paterfamilias ist, sonst dessen Vater: außer diesem aber auch der Vater der Wittwe, wenn er diese in seiner Gewalt hat, und durch seine Einwilligung die neue Ehe möglich macht. Von der Infamie der Wittwe selbst, die man zunächst erwarten möchte, ist nicht die Rede. — In der Folge aber wurde die Infamie allerdings auch auf die Wittwe selbst angewendet (y).

(x) Gajus erwähnt allerdings nur die venditio als Grund der Infamie, die Stellen aus Cicero und aus der Tafel von Heraklea, wenn man sie buchstäblich nimmt, sprechen für die entgegengesetzte Meynung.

(y) *L.* 11 § 3 *de his qui not.*

Hierbey bemerken die alten Juristen, der Grund der Infamie sey nicht etwa die verletzte Pietät gegen den Verstorbenen, sondern lediglich die Gefahr der sanguinis turbatio, das heißt der ungewissen Paternität im Fall zwey nahe auf einander folgender Ehen; daraus ziehen sie die ganz consequente Folge, daß die Infamie eintrete, auch wenn der Verstorbene aus besonderen Gründen, z. B. als Hochverräther, nicht betrauert werde; auf der andern Seite aber auch, daß die Niederkunft der Wittwe bald nach des Mannes Tod (wegen der nun unmöglichen sanguinis turbatio) die neue Ehe sogleich zulässig mache; imgleichen, daß jede andere vernachlässigte Trauer, selbst gegen die nächsten Verwandten, die Infamie nicht nach sich ziehe (z). So steht die Sache unzweifelhaft im Justinianischen Recht: aus dem ältern Recht aber finden sich so scheinbar widersprechende Zeugnisse, daß ein sicheres Resultat nicht ohne eine sehr ausführliche Untersuchung zu gewinnen ist (Vgl. Beylage VII.).

Die erwähnte Trauerzeit war übrigens von jeher auf Zehen Monate bestimmt, und kam daher ganz mit der physiologischen Regel überein, nach welcher die Schwangerschaft höchstens Zehen Monate dauern kann (Beyl. III.); durch Gesetze der christlichen Kaiser wurde sie auf Zwölf

(3. 2.). Hier schwanken die Handschriften zwischen den Lesearten Si quis und Si qua: die letzte wird durch den Zusammenhang nothwendig. — *L.* 15 *C. ex quib. caus.* (2. 12.). *L.* 1. 2 *C. de sec. nupt.* (5. 9.). *L.* 4 *C. ad Sc. Tert.* (6. 56.).

(z) *L.* 11 § 1. 2. 3. *L.* 23 *de his qui not.* (3. 2.).

Monate ausgedehnt (aa). — Das canonische Recht hat für diesen Fall die Infamie gänzlich aufgehoben (bb).

2) Doppelte Ehe oder doppelte Sponsalien.

Das Edict sagt: Wenn ein Mann zu gleicher Zeit in zwey Ehen oder zwey Sponsalien lebt, so trifft ihn selbst die Infamie, wenn er paterfamilias ist, sonst den Vater, der es veranlaßt. Auch hier sprach das Edict nur von dem Mann (cc); in der Folge wurde es gleichfalls auf die Frau ausgedehnt (dd).

War auch das eine der gleichzeitigen Verhältnisse aus irgend einem Rechtsgrund ungültig, so wurde dadurch die Infamie nicht abgewendet, indem nur auf die Absicht gesehen wurde (ee); ohnehin wäre außerdem die Infamie wegen doppelter Ehe unmöglich gewesen, weil neben einer bestehenden Ehe jede neue Ehe an sich nichtig war (ff).

(aa) *L.* 2 *C. de sec nupt.* (5. 9.).

(bb) *C.* 4. 5 X. *de sec. nupt.* (4. 21.).

(cc) Bey dem Fall des Trauerjahrs, der so umständlich beschrieben wird, ist es klar, daß nur von den mitwirkenden Männern die Rede seyn sollte: weniger klar ist es bey dem Fall der Doppelehe. Stände nun blos das Masculinum *Quive* im Wege, so würde das die Beziehung auf die Frau nicht hindern, da in anderen Fällen *Quis* auf Männer und Frauen zugleich geht (*L.* 1 *de V. S.* 50. 16.). Allein in dieser Stelle muß doch das Quive ausschließend auf den Mann bezogen werden, und zwar nicht blos wegen der Analogie des Falles vom Trauerjahr, sondern vorzüglich wegen der folgenden Worte: Quive suo nomine ... ejusve nomine *quem quamve* in potestate haberet etc. Da zuletzt beide Geschlechter ausgedrückt werden, so ist im Anfang der Stelle das zweyte Geschlecht absichtlich ausgelassen, weil es nicht in dem Gedanken des Prätors lag.

(dd) *L.* 13 § 3 *de his qui not.* (3. 2.).

(ee) *L.* 13 § 4 *de his qui not.* (3 2). *L.* 18 *C. ad L. Jul. de adult.* (9. 9.).

(ff) § 6. 7 *J. de nupt.* (1. 10.).

Nicht bloß durch Ehe neben Ehe, oder Sponsalien neben Sponsalien, wird die Infamie erzeugt, sondern auch durch Sponsalien neben Ehe (gg).

3) Unzüchtiges Leben der Frauen als Gewerbe (corpore, auch palam, oder vulgo quaestum faciens).

Das in den Digesten erhaltene Edict erwähnt diesen Fall gar nicht. Die Lex Julia verbietet die Ehe mit solchen Frauen den Senatoren und deren männlichen Nachkommen, ohne dabey den Ausdruck der Infamie zu gebrauchen; eben so verbietet sie allen Freygebornen die Ehe mit gewissen Frauen, aber ohne dabey diesen speciellen Fall zu nennen. Diese Verschiedenheiten sind nur durch eine genaue historische Untersuchung zu erklären (Beylage VII.).

4) Der Mann, der sich fremder Wollust überläßt (muliebria passus), ist infam schon nach dem Edict (hh), und selbst ohne Rücksicht auf Geldgewinn.

5) Eben so infamirt das Gewerbe einer unzüchtigen Wirthschaft schon nach dem Edict (qui lenocinium fecerit), womit auch die Tafel von Heraclea (lin. 123) übereinstimmt (ii). — Inwiefern dieser Fall der Infamie auf

(gg) *L.* 13 § 3 *de his qui not.* (3. 2.).

(hh) *L.* 1 § 6 *de postulando* (3. 1). *L.* 31 *C. ad L. Jul. de adult.* (9. 9.). — Der muliebria passus stand nicht in dem allgemeinen Edict über die Infamen (*L.* 1 *de his qui not.* 3. 2.), sondern wurde noch ungünstiger als diese behandelt. Von diesem Unterschied wird sogleich weiter die Rede seyn. — Die tab. Heracl. lin. 122. 123 beachtet diesen Fall nur unter Voraussetzung des Geldgewinns: „queive corpori (corpore) *quaestum* fecit fecerit."

(ii) Hier ist lenocinium im eigentlichen Sinn zu verstehen, als

beide Geschlechter bezogen wurde, ist wieder Gegenstand einer besonderen Untersuchung (Beylage VII.).

V. Einige Gewerbe (noch außer den unter Num. IV. erwähnten) bewirkten gleichfalls die Infamie, und zwar sollten nach dem Edict folgende Personen ehrlos seyn:

1) Wer als Schauspieler öffentlich aufgetreten war (kk).

2) Wer sich zu den Thierkämpfen vermiethet hatte, auch wenn er nicht wirklich auftrat: eben so auch wer auf einem Amphitheater im Thierkampf auftrat, wenngleich ohne Geldlohn (ll).

Vergleicht man diese sehr verschiedenartige Entstehungsgründe der Infamie mit einander, so zeigt sich darin eine

gewerbliche Hurenwirthschaft. *L.* 4 § 2. 3 *de his qui not.* (3. 2.). Figürlich nannte man so auch jede Beförderung von adulterium oder stuprum, z. B. wenn ein Ehemann für Geld den Ehebruch seiner Frau zuließ. Diese Fälle gehören aber nicht hierher, sie wurden ganz als adulterium behandelt, und unterlagen also einem publicum judicium. *L.* 2 § 2 *L.* 8 *pr.* *L.* 9 § 1. 2 *ad L. Jul. de adult.* (48. 5.). — Durch einen Senatsschluß muß außerdem den Vornehmen das Auftreten auf der Bühne geradezu verboten gewesen seyn, denn leichtsinnige Jünglinge von Stand ließen sich, um ihren Hang zum Schauspielerleben zu befriedigen, zuerst in einem infamirenden Prozeß verurtheilen, wodurch sie dann wieder die Fähigkeit dazu erlangten. SUETONII Tiber. 35.

(kk) Qui artis ludicrae pronunciandive causa in scenam *prodierit*. Auch lanistatura war mit eingeschlossen (Tab. Heracl. lin. 123), aber nicht Athletae und Designatores (*L.* 4 *pr.* § 1 *de his qui not.* 3. 2.).

(ll) *L.* 1 § 6 *de postul* (3. 1.). Dieser Fall stand wieder nicht unter den gewöhnlichen, sondern unter den schwereren Fällen der Infamie. Vgl. auch TAB. HERACL. lin. 112. 113.

zwiefache Übereinstimmung. Erstlich ist es immer eine eigene Handlung, woran die Infamie als Folge geknüpft ist (mm). Zweytens ist es die Handlung selbst, die infamirt, niemals eine Art der Strafe, z. B. die körperliche Züchtigung (nn).

(mm) Davon weicht nur ab das sehr späte Gesetz, worin die Söhne der Hochverräther für ehrlos erklärt werden, welches aber auch von jeher den verdienten Abscheu erregt hat. *L.* 5 § 1. *C. ad L. J. majest.* (9. 8).

(nn) *L.* 22 *de his qui not.* (3. 2.). In Deutschland hat man es hierin häufig anders angesehen.

§. 78.

Juristische Bedeutung der Infamie.

Ich will zuerst in einzelnen Sätzen zusammen stellen, was für die juristische Natur der Infamie aus der Betrachtung der aufgezählten einzelnen Fälle unmittelbar folgt.

1) Es muß ein scharf bestimmter Begriff derselben angegeben werden können, da nicht nur das Edict die Fälle einzeln aufzählt, sondern auch die alten Juristen über die Gränzen dieser einzelnen Fälle genaue Untersuchungen anstellen. Eben darauf deutet der Ausdruck, mit welchem die Ausdehnung der Infamie auf einen neuen Fall bezeichnet wird: et videlicet omni honore, *quasi infamis*, ex Senatusconsulto carebit (a). Offenbar wurde hier der technische Ausdruck eines festen, bekannten Rechtsbegriffs vom Senat auf einen neuen Fall angewendet.

2) Hieraus folgt aber weiter, daß mit der Infamie bestimmte Wirkungen verknüpft seyn mußten, weil außerdem die genaue Bestimmung des Begriffs für den praktischen Sinn der alten Juristen kein Interesse gehabt haben würde.

3) Die aufgezählten Fälle sind von zweyerley Art. In einigen wird die Infamie abhängig gemacht von einem richterlichen Urtheil, ohne welches sie nie eintreten kann: in anderen dagegen von irgend einer außergerichtlichen

(a) *L. 1 pr. ad L. Jul. de vi priv.* (48. 7.).

Thatsache, die demnach als unmittelbar gewiß, oder notorisch, vorausgesetzt wird. Diese verschiedene Natur der Bedingungen der Infamie macht es allerdings nöthig, für die Fälle der ersten Art die Eigenschaften des Urtheils festzustellen, welches zur Erzeugung der Infamie fähig seyn soll (b). Neuere Schriftsteller haben hierauf eine Eintheilung der Infamie in mediata und immediata gegründet, die nicht nur überflüssig und unfruchtbar ist, sondern auch durch die lateinischen Ausdrücke zu dem Irrthum verleiten kann, als fänden sich diese Ausdrücke schon in den Quellen.

4) Neben dieser juristisch bestimmten Infamie giebt es manche Fälle, worin das sittliche Urtheil rechtlich gesinnter und verständiger Menschen, bald wegen einzelner Handlungen, bald wegen der ganzen Lebensweise, eben so entschieden die Ehre abspricht, als wenn die Bedingungen der Infamie wirklich vorhanden wären (c). Die Neueren gründen hierauf die Eintheilung in eine juris und facti infamia. In der That ist nur für die erste der Name der Infamie juristisch zu gebrauchen, und die erwähnten Kunstausdrücke sind nicht blos deswegen verwerflich, weil sie nicht quellenmäßig sind, sondern weil sie leicht zu dem irrigen Verfahren verleiten, für die infamia facti wiederum bestimmte Bedingungen und Wirkungen aufzusuchen, die doch nur für die wahre Infamie (die infamia juris) gelten

(b) Ausführlich handelt davon Marezoll S. 123 fg.

(c) Sehr klar ist dieses Verhältniß ausgesprochen in *L.* 2 *pr. de obsequ.* (37. 15.). — Vergl. darüber auch Donellus Lib. 18 C. 6. § 7.

können. Alle Wirkungen, die man der infamia facti beyzulegen versucht hat, lösen sich auf in dem völlig freyen Ermessen, bald der höchsten Gewalt und ihrer Behörden (bey der Anstellung von Beamten), bald auch der Richter (z. B. bey der Glaubwürdigkeit der Zeugen, und bey der querela inofficiosi der Geschwister); dadurch erscheint aber jener vermittlende Begriff der infamia facti nicht nur als entbehrlich, sondern auch als verwirrend und zum Irrthum verleitend. Die gänzliche Ungleichartigkeit der sogenannten infamia facti und der wahren Infamie zeigt sich darin, daß es für jene an allen sicheren Kennzeichen fehlt: theils weil die gegründete üble Meynung in den verschiedensten Abstufungen, ohne feste Gränzen, vorkommt; theils weil die öffentliche Meynung oft im Unrecht ist, indem sie sich durch Vorurtheile anstatt sittlicher Gründe, oder durch grundlos angenommene Thatsachen, bestimmen läßt.

Noch verschieden davon ist es, wenn gewisse Stände oder Beschäftigungen als verächtlich angesehen werden, ohne daß eine solche verbreitete Ansicht durch sittliche Gründe gerechtfertigt werden kann: für solche Zustände ist die Bezeichnung eben so unbestimmt und schwankend, als die Einwirkung auf Rechtsverhältnisse, die wohl hier und da vorkommt (d).

Worin bestand nun bey den Römern die Wirkung der

(d) Darauf gehen die Ausdrücke turpes, viles, abjectae, humiles personae. Vgl. Marezoll S. 270 fg.

Infamie, woraus allein der bestimmte, praktische Begriff derselben gebildet werden kann, den wir nach den so eben angestellten Betrachtungen zu erwarten berechtigt sind?

Fragen wir nach dem Zusammenhang, worin dieser Begriff in den Rechtsquellen unmittelbar vorkommt, so scheint Alles einfach und leicht. Die Digesten enthalten wörtlich die Stelle des Edicts, worin die Fälle der Infamie aufgezählt sind, und woran sich alle spätere Bestimmungen anschließen. Der Prätor aber war veranlaßt, die Infamie im Edict zu erwähnen, weil er nicht leiden wollte, daß infame Personen für Andere postuliren, d. h. vor seinem Tribunal Anträge machen sollten. Darum steht in den Digesten der Titel de his qui notantur infamia unmittelbar hinter dem de postulando. Mag also auch von jeher ein unbestimmter Begriff von Infamie existirt haben, ähnlich dem was unsre Juristen die infamia facti nennen, so scheint doch der Prätor derjenige, welcher zuerst ihn juristisch auffaßte, ihm feste Gränzen gab, und eine bestimmte Wirkung beylegte. Demnach könnten wir, wie es scheint, den Rechtsbegriff der Infamie so definiren: es ist der Zustand derjenigen Personen, welche in der Regel unfähig sind, für Andere zu postuliren (e).

Allein bey genauerer Betrachtung erscheint diese Erklärung unhaltbar. Vor Allem muß dabey Jedem ein gro-

(e) Dieses ist eigentlich die Ansicht der Meisten, nur mehr oder weniger deutlich ausgesprochen. Vgl. unter Anderen Marezoll S. 99. 208. 212.

ßes Misverhältniß zwischen Mittel und Zweck auffallen. Ehrlosigkeit ist gewiß etwas Ernstes und Wichtiges, auch abgesehen von bestimmten rechtlichen Folgen. Dieses wichtige sittliche Verhältniß nun sollte in das Rechtsgebiet eingeführt seyn, lediglich um -- die Unfähigkeit zum Postuliren für Andere zu bezeichnen! Für den Prätor mochte es eine gewisse Wichtigleit haben, sein Tribunal von unwürdigen Menschen rein zu halten; auch war dieses gewiß für ihn der einzige Beweggrund, an dieser Stelle des Edicts, ja im Edict überhaupt, von der Sache zu reden. Allein er konnte ja diesen Zweck völlig erreichen, indem er dieselben Personen aufzählte, ohne den wichtigen Namen der Infamie auf sie anzuwenden. Wollte man sagen, er dachte eben die sittlich Ehrlosen nun auch juristisch recht hart zu treffen, indem er sie vom Postuliren für Andere ausschloß, so ist zu bedenken, wie unbedeutend eben dieses für die Meisten ist; denn die Meisten werden ohnehin kein besonderes Bedürfniß dazu haben, und die es gerade haben möchten, können doch das Auftreten vor dem Prätor unbemerkt unterlassen, also ohne daß dadurch ihre Infamie irgend sichtbar würde. Für die Einzelnen also ist in der That dieser Nachtheil fast unfühlbar, und darin liegt eben das oben gerügte störende Misverhältniß zwischen Mittel und Zweck.

Allein noch weit entscheidender gegen die dargestellte Ansicht ist der wirkliche Inhalt des Edicts selbst, der nunmehr angegeben werden soll. Der Prätor unterscheidet die Personen, denen er das Postuliren untersagt, nach drey Klassen, wodurch also drey Edicte über diesen Gegenstand entstehen (f).

Die erste Klasse (oder das erste Edict) umfaßt Diejenigen, welche schlechthin unfähig sind, also nicht einmal für sich selbst postuliren dürfen. Dahin gehören alle Menschen unter 17 Jahren, und alle Taube (g); neben diesen letzten hätten auch die Stummen ausgeschlossen werden können, allein deren mündliche Anträge waren ohnehin nicht zu besorgen.

Die zweyte Klasse besteht aus Denjenigen, welche zwar für sich selbst, aber durchaus nicht für Andere, postuliren dürfen. Dahin gehören die Frauen (h), die Blinden, und gewisse in höherem Grade ehrlose Personen (in turpitudine notabiles): namentlich Männer, die sich fremder Wollust überlassen, die wegen eines Kapitalverbrechens Verurtheilten, und Die welche sich zu den Thierkämpfen vermietheten (i).

In der dritten Klasse endlich stehen Diejenigen, welche

(f) *L.* 1 § 1. 7. 9 *de postulando* (3. 1.). „Eapropter tres fecit *ordines*" — „tres *ordines* Praetor fecit non postulantium" — „si fuerit inter eos, qui *tertio Edicto* continentur."

(g) *L.* 1 § 3 *de postul.* (3. 1.).

(h) Die Frauen jedoch mit einigen Ausnahmen: für den Vater durften sie postuliren causa cognita, wenn er keinen andern Vertreter finden konnte (*L.* 41 *de proc.* 3. 3): ferner durften sie für jeden dritten cognitoriam operam übernehmen, wenn es in rem suam geschah (Paulus I. 2 § 2). Also war ihnen die Erwerbung einer Forderung durch Cession nicht versagt.

(i) *L.* 1 § 5. 6 *de postul.* (3. 1.). Diese noch unter den Infamen Ausgezeichneten sind schon oben in der Reihe aller Infamen mit aufgeführt worden (§ 77).

für sich selbst postuliren können, für Andere in der Regel nicht, wohl aber ausnahmsweise unter Voraussetzung besonderer Verhältnisse, wie Verwandtschaft, Schwägerschaft, Patronat, Hülflosigkeit des zu Vertretenden (k). Dahin gehören:

1) Alle, die durch Volksschluß, Senatsschluß, durch Edict oder Decret des Kaisers besonders in diesen Zustand versetzt werden;

2) Außerdem aber hoc edicto continentur etiam alii omnes, qui Edicto Praetoris *ut infames notantur* (l).

Diese letzte Bestimmung war es, welche den Prätor veranlaßte, zur Erläuterung derselben ein Verzeichniß der Infamen aufzustellen, welches also ohne Zweifel ein Bestandtheil des dritten Edicts über die zum Postuliren (ganz oder theilweise) unfähigen Personen ausmachte (m).

Aus diesem, nicht in die Quellen hinein getragenen, sondern in denselben klar vor uns liegenden, Zusammenhang der Rechtssätze folgt nun aber, daß die Genealogie der Begriffe und Kunstausdrücke eine ganz andere ist, als die oben aus unsren neueren Schriftstellern dargestellte. Der Prätor sagt nicht: ich verbiete gewissen Personen zu

(k) *L.* 1 § 8. 11. *L.* 2—5 *de postul.* (3. 1.).

(l) *L.* 1 § 8 *de postul.* (3. 1.).

(m) Donellus Lib. 18 C. 6 § 1 nimmt an, der Prätor habe in einem besonderen Edict von den Infamen gehandelt; es ist aber viel wahrscheinlicher, daß die Edictstelle in *L.* 1 *de his qui not.* sich unmittelbar an die in *L.* 1 § 8 *de postul.* anschloß, und nur zur Erklärung des tertium Edictum de non postulantibus dienen sollte. Donellus scheint irre geführt zu seyn durch die Gestalt, welche der Sache in den Digesten durch die Compilatoren gegeben worden ist.

postuliren, und will diesen den Namen Infames hiermit beylegen; theils wäre nun dieser Name ganz zwecklos gewesen, theils wäre kein Grund denkbar, warum er diesen neu erfundenen Namen nicht eben so auf die im § 6 aufgezählten in turpitudine notabiles angewendet haben sollte, wodurch jener Name zur consequent durchgeführten Bezeichnung aller aus sittlichen Gründen Unfähigen geworden wäre. Vielmehr sagt er: zu dem dritten ordo der Unfähigen gehören unter andern auch alle Infames (insofern sie nicht schon einzeln im zweyten ordo mit aufgeführt sind). Nach dieser Art des Ausdrucks setzt also der Prätor den Begriff der Infames als einen alten, bekannten Rechtsbegriff voraus, dessen Anwendungsgränzen ihm auch gar nicht zweifelhaft waren: damit jedoch hierüber kein Irrthum obwalten oder vorgewendet werden möchte, stellte er vorsichtigerweise ein Verzeichniß dieser dem dritten ordo non postulantium angehörenden, Infames auf. Es war aber, nach seinem praktischen Zweck, ganz consequent, hier diejenigen Personen nicht aufzunehmen, die er schon im zweyten ordo einzeln genannt hatte, obgleich diese darum nicht minder Infames seyn und heißen sollten (n).

(n) Man könnte einwenden, der calumniae in judicio publico causa judicatus komme unter den Infames der *L.* 1 *de his qui not.* vor, und stehe doch auch schon in dem secundum edictum der *L.* 1 § 6 *de postul.* Allein in diesem § 6 wird gar nicht gesagt, der wegen calumnia Verurtheilte gehöre in den secundus ordo (d. h. er könne unbedingt nicht für Andere postuliren), sondern nur, daß bey ihm der Senat noch besonders verordnet habe, er dürfe auch nicht einmal vor dem judex pedaneus postuliren. Der calumniae damnatus wird also nicht in zwey Edicten auf-

Demnach hat also der Prätor den Begriff der Infames nicht neu gebildet, sondern als einen längst vorhandenen Begriff vorgefunden, und nur gelegentlich für einen einzelnen, seine Amtsverhältnisse berührenden, Zweck benutzt. Damit steht auch keinesweges im Widerspruch, daß einmal die alten Juristen die Infamie so bezeichnen, daß man glauben könnte, sie wollten den Ursprung derselben dem Edict zuschreiben (o). Denn allerdings war das Edict die erste geschriebene Urkunde, worin die Infamen vorkamen, und es war also natürlich, daß die Juristen, wenn sie den Rechtsbegriff der Infamie recht bestimmt bezeichnen wollten, auf dieses urkundliche Zeugniß verwiesen, also, der Sicherheit und Deutlichkeit wegen, lieber das neuere geschriebene Recht, als das ältere ungeschriebene zur Bezeichnung ihres Gedankens benutzten.

geführt, sondern es wird nur eine einzelne ihn betreffende Bemerkung von dem commentirenden alten Juristen nicht ganz am rechten Ort eingeschaltet.

(o) *L.* 5 § 2 *de extr. cogn.* (50. 13.) „... vel cum plebejus fustibus caeditur, vel in opus publicum datur, vel cum in eam causam quis incidit, *quae Edicto perpetuo infamiae causa enumeratur.*" — *L.* 2 *pr. de obsequ.* (37. 15.) „licet enim *verbis Edicti non habeantur infames* ita condemnati" etc.

§. 79.

Juristische Bedeutung der Infamie. (Fortsetzung.)

Nach der bisherigen Untersuchung hat der Prätor die Infamie als ein Rechtsinstitut nicht eingeführt, sondern vorgefunden. Welche Bedeutung hatte sie nun schon vor dem Edict?

Wir denken uns dieselbe in unsren Zeiten zunächst als ein Strafmittel, mag sie allein eintreten, oder als Erhöhung einer andern Strafe; sie ist dann der sehr wirksame Ausdruck der Verachtung, die der Staat durch seine Organe gegen einen Einzelnen ausspricht. Allein um so zu wirken, muß sie im einzelnen Fall besonders ausgesprochen werden; so lange sie blos auf einer allgemeinen Regel beruht, bleibt sie ohne lebendige Wirkung. Oder mit anderen Worten: diese Ansicht möchte noch etwa passen auf die sogenannte mediata infamia (weil dabey der Richter ein Urtheil ausspricht), auf die immediata paßt sie gar nicht. Und auch selbst bey der mediata wird sie dadurch bedenklich, daß die Römer sie doch auch nur als die natürliche Folge des Urtheils ansahen, nie im Urtheil selbst aussprachen, welches gerade den lebendigen Eindruck der als Strafe gedachten Infamie so sehr verstärkt hätte.

Eine öffentliche Meynung über Ehre oder Unehre der Einzelnen findet sich überall: doppelt wichtig aber ist sie in einer Republik wie Rom, wo alle Macht und Hoheit von Volkswahlen ausgeht. Ihrer Natur nach ist diese Meynung, wie der Sinn der Menge überhaupt, unsicher und wechslend: gelingt es, sie zu leiten und zu befestigen, so ist ein Großes gewonnen. Die Römer hatten zwey Anstalten, die unmittelbar und vorzugsweise hierauf abzweckten (a): beide in ihrem Wesen verschieden, aber verwandt und einander ergänzend, beide auch unter dieselbe Magistratur gestellt. Diese Anstalten sind die Infamie, und die freye Gewalt der Censoren. Von beiden redet mit großer Klarheit Cicero in der Rede pro Cluentio. Die Infamie beruhte auf alten, festen, durch Überlieferung unzweifelhaften Regeln (moribus): sie war unabhängig von persönlicher Willkühr, obgleich in vielen Fällen (nicht in allen) durch einen Richterspruch bedingt. Weil aber diese festen Regeln für das wirkliche Leben nicht ausreichten, so erhielten sie eine lebendige Ergänzung in der den Censoren verliehenen freyen Gewalt, nach ihrem Gewissen Unehre in verschiedenen Abstufungen zuzutheilen. Diese konnten also nach ihrem Gutfinden aus dem Senat oder Ritterstand ausstoßen, in eine geringere

(a) Ich sage unmittelbar, denn mittelbare Einwirkung auf die Ehre haben die meisten Strafen überhaupt. Darauf geht die Erklärung der existimatio als eines dignitatis inlaesae status in *L.* 5 § 1. 2. 3 *de extr. cogn.* (50. 13.). Die existimatio kann bald vermindert werden, bald vernichtet; das erste geschieht unter andern durch Infamie, außerdem aber auch durch gar manche Strafen ohne Infamie; das zweyte geschieht durch Verlust der Freyheit oder der Civität, wodurch der bisherige Bürger völlig aus dem Kreise ausscheidet, für welchen die Bürgerehre existirt. Vgl. über jene Stelle Beylage VI. Num. IV. V.

Tribus versetzen, aus allen Tribus ausstoßen, wodurch der Ausgestoßene aerarius wurde und sein Stimmrecht verlor (b): sie konnten sich auch blos mit einem ausgesprochnen Tadel begnügen, indem sie dem Namen eines Römers in den Bürgerlisten eine nota censoria hinzufügten (c). Solche Verfügungen beruhten nicht nothwendig auf einer genauen Untersuchung der Thatsachen, vielmehr konnten auch bloße Gerüchte, ja vorübergehende politische Stimmungen, Einfluß darauf haben (d). Darum geschah es oft, daß eine solche censorum opinio durch den Widerspruch des Collegen, oder durch den Beschluß der folgenden Censoren, oder durch Richtersprüche oder Volksschlüsse, wieder entkräftet wurde (e). Sie war also durchaus nicht von sicherer Dauer (f), und darin völlig verschieden von der Infamie, die unabänderlich für das ganze Leben fortwirkte (g). — War daher die Ausübung der censorischen

(b) „de senatu moveri ... in aerarios referri, aut tribu moveri" Cic. pro Cluentio C. 43. — „aerarium reliquissent" ib. C. 45.

(c) Die bloße subscriptio oder notatio censoria kommt oft vor, z. B. pro Cluentio C. 42. 43. 44. 46. 47. — Es wurden einzelne Handlungen ausgedrückt, z. B. „furti et captarum pecuniarum nomine notaverunt" C. 42, oder „contra leges pecunias accepisse subscriptum est" C. 43.

(d) pro Cluentio C. 45 und C. 47 „in istis subscriptionibus ventum quendam popularem esse quaesitum .... ex tota ipsa subscriptione rumorem quendam, et plausum popularem esse quaesitum."

(e) pro Cluentio C. 43.

(f) pro Cluentio C. 47 „quid est, quamobrem quisquam nostrûm censorias subscriptiones omnes fixas, et in perpetuum ratas putet esse oportere?"

(g) pro Cluentio C. 42 „turpi *judicio damnati,* in perpetuum omni honore ac dignitate privantur." — Damit steht nicht im Widerspruch, daß der Kaiser (früher das Volk), oder auch der Senat restituiren konnte; die Will-

Macht über die Bürgerehre, gefährlich wegen der möglichen Willkühr und Ungerechtigkeit (h), so wurde diese Gefahr dadurch gemildert, daß jedes so zugefügte Unrecht von vielen Seiten her wieder gut gemacht werden konnte. Die Infamie war gefährlicher durch ihre unveränderliche Dauer, dagegen beruhte sie auf festen, bekannten Regeln, und so konnte sie Jeder vermeiden.

Diese vergleichende Zusammenstellung der Infamie mit der censorischen Gewalt über die Ehre führt uns nun unmittelbar zu dem gesuchten praktischen Begriff der Infamie selbst. Dieselbe besteht in nichts Anderem, als dem Verlust aller politischen Rechte bey fortdauernder Civität. Der Infamis wurde also aerarius, er verlor sein Stimmrecht und seine Wählbarkeit (suffragium et honores), und die Definition desselben wird nun vollständig so lauten müssen:

führ einzelner Obrigkeiten konnte es nicht, und selbst jene feyerliche Restitution mag in der Republik selten oder nie vorgekommen seyn. Der Prätor konnte es nicht, außer indirect, insofern durch die gewöhnliche Restitution der Grund der Infamie weggeräumt wurde, z. B. wenn ein Minderjähriger wegen nachlässiger Prozeßführung in einem famosum judicium verurtheilt wurde, der Prätor ihn restituirte, und nun der neue judex die Klage abwies. *L.* 1 § 9. 10 *de postul.* (3. 1.).

(h) Cicero's Darstellung könnte zu dem Irrthum verleiten, als wären solche Ungerechtigkeiten ganz gewöhnlich gewesen; man muß aber bedenken, daß er ein censorisches Urtheil zu entkräften hatte, weshalb es im Interesse seines Clienten lag, solche Urtheile im Allgemeinen verdächtig zu machen. Ohne Zweifel übten die Censoren ihr Amt meist mit ernster und weiser Strenge, sonst hätte sich dasselbe nicht in so großem Ansehen erhalten können. Persönlichkeiten also kamen zwar vor, aber gewiß nur als seltene Ausnahmen, jedoch lag ihre Möglichkeit in der Natur des Amtes selbst.

Infamis heißt derjenige Römer, welcher in Folge einer allgemeinen Regel (nicht der censorischen Willkühr), bey fortdauernder Civität, die politischen Rechte derselben verloren hat.

Ehe ich den Beweis dieser Behauptung zu führen versuche, will ich einige Sätze aufstellen, die unter Voraussetzung ihrer Wahrheit daraus nothwendig folgen, und so zur näheren Bestimmung derselben dienen:

1) Die Infamie erscheint nun als eine Art von capitis deminutio, und zwar als eine halbe oder unvollständige *media* capitis deminutio, indem sie die Civität in ihrem politischen Theil zerstört, in dem privatrechtlichen unberührt läßt. Die publicistische Rechtsfähigkeit also wird aufgehoben, die Privatrechtsfähigkeit dauert fort.

2) Die Infamie gehört daher ihrem eigentlichen Wesen nach dem öffentlichen Recht an, obgleich sie nebenher auch im Privatrecht Wirkungen hervorbringen kann (i).

3) Die Wirkung der Infamie ist dieselbe, wie die der censorischen Macht in ihrer äußersten Anwendung, und der Unterschied liegt nur darin, daß sie nach allgemeinen Regeln erfolgt, und daher unabänderlich ist.

4) Die Regeln der Infamie beruhten nicht auf Gesetzen, sondern auf alter Volksansicht (moribus), und ihre gleichförmige Anerkennung und Beobachtung setzte daher

(i) Diese wesentlich publicistische Natur der Infamie ist zuerst von Burchardi durchgeführt worden: angedeutet hat sie schon Hagemeister, indem er am Schluß seiner Abhandlung (p. 181) dieser Lehre ihren Platz bey dem jus civitatis anweist.

eine verfassungsmäßige Aufsicht voraus. Diese nun war wiederum den Censoren anvertraut, welche jedesmal die Mitglieder des Senats, der Tribus u. s. w. neu verzeichneten, und dadurch Gelegenheit hatten, den Infamen unter die Ärarier einzutragen, also von allen Tribus auszuschließen. Sie thaten dann in Vollziehung einer festen Regel, was sie in anderen Fällen aus eigenem Gutfinden thun mochten, so daß sie eine zwiefache Einwirkung hatten, indem sie die Regel der Infamie theils zur Anwendung brachten, theils durch eigenes Ermessen ergänzten (k). Wären sie aber nachlässig gewesen in der Übung ihres Amtes, so konnte gewiß auch jeder Consul oder Prätor, der die Comitien hielt, den Ehrlosen zurückweisen, wenn dieser als Candidat auftreten, ja selbst wenn er nur seine Stimme abgeben wollte.

5) Diese Bedeutung der Infamie mußte unter den Kaisern bald ihre Wichtigkeit verlieren, als die politischen Rechte der Civität in den Hintergrund traten, und die alten Formen der Tribus, der Bürgerlisten rc. in ihrer Reinheit nicht mehr erhalten wurden. Von dieser Zeit an blieb die Infamie nur noch in Nebenwirkungen sichtbar, und daraus erklärt sich die räthselhafte Gestalt, worin sie in unsren Rechtsquellen erscheint.

(k) Vergl. hierüber besonders Niebuhr B. 2 S. 448 — 451 (ed. 2 und 3).

§. 80.

Juristische Bedeutung der Infamie. (Fortsetzung.)

Ich will nunmehr den Beweis führen, daß in der That das Wesen der Infamie in dem Verlust aller politischen Rechte des Römischen Bürgers bestand: und zwar zuerst für jeden der beiden Bestandtheile dieser Rechte (honores und suffragium) einzeln, dann für beide zusammengenommen.

1) Verlust der honores. Dieser Ausdruck ist hier in der ausgedehnten Bedeutung einer jeden höheren politischen Stellung (dignitas) zu nehmen, nicht blos für Magistraturen. Ferner hat er den zwiefachen Sinn, daß darin sowohl der Verlust einer gegenwärtigen Auszeichnung, als die Unfähigkeit zu jeder künftigen, enthalten ist.

Dieser Theil meiner Behauptung kann am wenigsten bezweifelt werden. Cicero sagt ausdrücklich, die Infamie schließe für immer von honor und dignitas aus (§ 79. g). Eben so wird in einem Senatsschluß anerkannt, daß es zum Wesen eines Infamis gehöre, von jedem honor ausgeschlossen zu seyn (§ 78. a). — Derselbe Rechtssatz hat sich nachher durch alle Zeiten der Kaiserregierung erhalten (a). Nur hatte er hier, durch die veränderte Verfassung, eine sehr veränderte Stellung angenommen. Er

(a) *L. un. C. de infam.* (10. 57.), *L.* 3 *C. de re mil.* (12. 36.), *L.* 8 *C. de decur.* (10. 31.).

war nicht mehr, wie früher, eine scharf bestimmte Rechtsregel, unabänderlich bindend für alle ausführende Behörden, sondern mehr eine Ankündigung desjenigen, was der Kaiser in einzelnen Fällen thun werde, wobey er sich natürlich vorbehielt, nach Umständen den Begriff der Infamie, wenn von der Ertheilung eines Amtes die Rede war, einzuschränken oder auszudehnen. So erklären sich die sehr schwankenden Ausdrücke einer Verordnung von Constantin, welche freylich für die frühere Verfassung unpassend gewesen wären, der Zeit dieses Gesetzes aber ganz angemessen waren (b). — Auch die Tafel von Heraklea bestätigt jenen Rechtssatz, wie dieses weiter unten genauer angegeben werden wird.

2) Verlust des suffragium, oder was dasselbe sagt, Ausstoßung aus allen Tribus, Versetzung unter die Ärarier (c).

(b) *L.* 2 *C. de dign.* (12. 1.). „Neque famosis, et notatis, et quos scelus aut vitae turpitudo inquinat, *et quos infamia* ab honestorum coetu segregat, *dignitatis portae patebunt.*" — Mit Recht bemerkt Burchardi p. 58, daß hier der bestimmte Begriff der juristischen Infamie verlassen, und der unbestimmte einer infamia facti substituirt sey. Nur ist es unrichtig, darin eine Veränderung der juristischen Lehre der Infamie zu suchen, und noch weniger ist Grund vorhanden, eine Justinianische Interpolation anzunehmen. Die Schlußworte sagen ja sehr deutlich nicht mehr als Folgendes: „Solche schlechte Menschen sollen sich keine Hoffnung machen, jemals Auszeichnungen vom Kaiser zu erhalten." Darin liegt nun kein Rechtssatz, der genau bestimmter Bedingungen bedürftig oder empfänglich wäre.

(c) Zur Rechtfertigung dieser Ausdrücke mag hier Folgendes dienen. So lange in Rom drey völlig getrennte Comitien existirten, war die Theilnahme an irgend einer Tribus Bedingung der Stimmfähigkeit nur für die tributa comitia, nicht für die anderen Comitien. Allein schon früh änderte sich dieses. Die Curien verschwanden, und erhielten ihr

Dieser Satz ist es, der wohl am ersten bezweifelt werden könnte. Denn wenngleich bey der vollständigen oder unvollständigen Ertheilung der Civität an fremde Städte suffragium und honores stets verbunden genannt werden, so ließe es sich doch bey einer positiven Anstalt, wie die Infamie, sehr wohl denken, daß man dem Ehrlosen das höhere Recht der Wählbarkeit entzogen, das niedere Recht der Stimmfähigkeit aber gelassen hätte. Daß dieses jedoch nicht so war, sondern vielmehr der Infame auch das suffragium verlor, ergiebt sich aus folgenden Zeugnissen. Zuerst stellt Cicero in den oben angeführten Stellen (§ 79. b. g) das Verhältniß der censorischen Ehrenkränkung zur Infamie so dar, daß jene leichter und willkührlicher eintreten kann, diese aber in ihrer Wirkung gewaltiger und verderblicher erscheint. Da er nun eben daselbst als das äußerste Ziel der censorischen Willkühr die Herabsetzung eines Bürgers zum Ärarier angiebt, so kann die Wirkung der Infamie unmöglich geringer als die äußerste Wirkung jener Willkühr angenommen werden.

Noch unmittelbarer aber bestätigen die aufgestellte Be-

Andenken nur noch in einer leeren Formalität: die Centurien aber kamen mit den Tribus in eine solche Verbindung, daß sie als Theile derselben angesehen wurden. (Cicero pro Plancio C. 20 und viele andere Stellen.) Von dieser Zeit an war die Stimmfähigkeit überhaupt gleichbedeutend geworden mit der Stellung in irgend einer Tribus, und der unter die Ärarier Verstoßene verlor mit der Tribus zugleich das Stimmrecht, und die Fähigkeit so wie die Verpflichtung zum regelmäßigen Kriegsdienst. Niebuhr B. 1 S. 492 — 495 ed. 4 (521 — 524 ed. 3); vergl. B. 3 S. 346 — 352, S. 383 — 384.

hauptung mehrere Stellen, welche übereinstimmend von den Schauspielern sagen: tribu mŏventur. So Livius und Valerius Maximus, welche von der Aufführung des von den Oskern herstammenden Schauspiels der Atellanen als etwas Besonderes bemerken, daß dieselbe nicht, so wie das gewöhnliche Schauspiel, den Darsteller aus der Tribus stoße, und zum Dienst in den Legionen untauglich mache (d). Eben so sagt ganz allgemein Augustin von den Schauspielern, daß sie (nach dem Eintritt in dieses Gewerbe) durch die Censoren aus ihrer Tribus gestoßen würden (e). Da nun die Schauspieler gewiß ehrlos waren (§ 77), so ist Nichts natürlicher als anzunehmen,

(d) LIVIUS VII. 2. „Quod genus ludorum ab Oscis acceptum tenuit juventus, nec ab histrionibus pollui passa est. Eo institutum manet, ut actores Atellanarum *nec tribu moveantur, et stipendia, tamquam expertes artis ludicrae, faciant.*" — VALER. MAX. II. 4 § 4. „Nam neque *tribu movetur,* neque *a militum stipendiis* repellitur."

(e) AUGUSTINUS de civitate Dei II. 13. „Sed, sicut apud Ciceronem idem Scipio loquitur, cum artem ludicram scenamque totam *probro ducerent*, genus id hominum non modo *honore* civium reliquorum *carere*, sed etiam *tribu moveri notatione censoria* voluerunt." BURCHARDI p. 46 sieht diese Stelle als einen Gegengrund an, indem nach ihr erst der Wille des Censors, also nicht schon die Infamie an sich selbst, den Schauspieler aus der Tribus entferne; er weiß diesem Einwurf nur dadurch zu begegnen, daß er einen Irrthum des Augustin annimmt, und denselben aus der damals schon längst untergegangenen Censur erklärt. Bedenkt man aber, daß den Censoren die Ausführung der Regeln über die Infamie oblag (§ 79), und daß sie es waren, die jedesmal neue Tribuslisten anfertigten, und aus denselben diejenigen Bürger wegließen, welche seit dem letzten Census infam geworden waren, so liegt in jener Stelle kein Widerspruch gegen unsre gemeinschaftliche Ansicht, und man kann höchstens dem Augustin vorwerfen, daß er nicht vorsichtig genug einen Ausdruck ge-

daß ihre Entfernung aus der Reihe der stimmfähigen Bürger lediglich eine Folge ihrer Infamie war, wodurch eben unsre Behauptung bestätigt wird. Ja Augustin drückt in der angeführten Stelle diesen Zusammenhang fast wörtlich aus, indem er die Infamie der Schauspieler mit ihrer Ausstoßung aus der Tribus unmittelbar zusammenstellt, und so beides gewissermaßen identificirt (f).

brauchte, der gewöhnlicher von der censorischen Willkühr gebraucht wurde, an sich aber auch für die eigentliche Infamie (wovon er redete) nicht unpassend war.

(f) Allerdings könnte noch aus der unverkennbaren Zweydeutigkeit des Ausdrucks tribu movere ein Zweifel hergenommen werden. Tribu movere heißt wörtlich: einen Bürger aus der Tribus, worin er bisher stand, entfernen. Daneben ist nun zweyerley denkbar: er kann in eine andere, nur geringere, Tribus (aus einer rustica in eine urbana) versetzt, oder aber in gar keine Tribus gebracht, also zum Ärarier gemacht werden. (Niebuhr II. 448). Wird der Ausdruck von einer willkührlichen Handlung der Censoren gebraucht, so giebt man ihm wohl den ersten Sinn, und unterscheidet ihn von dem in aerarios referre. So thut es Cicero (§ 79. b), und eben so kommt der Ausdruck vor in der merkwürdigsten Stelle über diesen Sprachgebrauch (Liv. XLV. 15), welche unten (§ 81. c) erklärt werden wird. — Wird dagegen das tribu moveri als Folge einer allgemeinen Regel (wie hier bey den Schauspielern) bezeichnet, so ist es ohne Zweifel gleichbedeutend mit in aerarios referri: theils weil ja sonst die Angabe, wegen der fehlenden Bezeichnung der neuen geringeren Tribus, ganz unvollständig bliebe, theils weil überhaupt die bloße Herabsetzung in eine geringere Tribus zu der willkührlichen Verfügung eines Censors sehr gut paßt, aber als Folge einer allgemeinen Regel gedacht, zu subtil und kleinlich ist, und daher nicht mit Wahrscheinlichkeit angenommen werden kann. Daß aber Livius und Valerius Maximus (Note d) unter tribu movere die Ausstoßung aus allen Tribus verstehen, wird völlig unzweifelhaft durch die damit in Verbindung gesetzte Unfähigkeit zum Kriegsdienst: denn diese Unfähigkeit war nur die Folge der Ausstoßung aus allen Tribus (Note c), nicht der bloßen Heruntersetzung in eine weniger vornehme.

Jetzt erst ist es möglich, das etwas dunkle Verhältniß der Tafel von Heraklea zu dem Edict über die Infamia festzustellen. Der in jener Inschrift enthaltene Volksschluß sagt kein Wort von Infamie, aber er stellt, mit wenigen Abweichungen, dieselben Fälle zusammen, welche der Prätor als Fälle der Infamie aufzählt. Diese Zusammenstellung aber hat in dem angeführten Volksschluß den Sinn, daß den hier bezeichneten Personen verboten wird, Senatores, Decuriones, Conscripti ihrer Stadt zu seyn, ihre Stimme im Stadtsenat abzugeben, die mit diesen Stellen verknüpften Ehren zu genießen, imgleichen Magistraturen zu erlangen, welche den Eintritt in den Senat geben: Alles bey Strafe von 50000 Sesterzen (2500 Thaler) für die Unfähigen, welche sich dennoch einzudrängen suchen (lin. 109—110. 124—141). Hierin könnte man nun theils eine Bestätigung, theils eine Widerlegung unserer aufgestellten Ansicht finden wollen: eine Bestätigung, insofern hier ungefähr dieselben Personen, die das Edict als Infames aufzählt, von allen Ehren und Würden ausgeschlossen werden; eine Widerlegung, insofern hier nicht zugleich die Entziehung des Stimmrechts an jene Eigenschaften geknüpft wird. Diesen Einwurf kann man nicht etwa durch die Annahme entfernen, daß die Municipien und Colonien damals überhaupt keine Volksversammlungen mehr gehabt hätten, denn solche werden sogar in derselben Lex ausdrücklich erwähnt (g). Vielmehr ist das

(g) Tab. Heracl. lin. 132 „neve quis ejus rationem *comitiis conciliave* habeto."

wahre Verhältniß dieses. Die Theilnahme an der Römischen Volksversammlung, welche über die höchsten Interessen des ganzen Reichs entschied, war ungleich wichtiger, als die an den Comitien einer einzelnen Landstadt. Es war also gar nicht inconsequent, die Personen, welche von alter Zeit her in Rom als Infames galten, in Rom von den Comitien auszuschließen, in den Municipien aber zuzulassen: während ihnen alle höhere Ehren auch in den Municipien versagt seyn sollten. Daun lag darin ein erster großer Schritt zu der unter den Kaisern immer vollständiger durchgeführten Umbildung der Landstädte in aristokratische Corporationen (h): eine Maaßregel, die ohnehin unvermeidlich war, wenn die monströse Verbreitung der Civität über ganz Italien nicht völlig sinnlos bleiben sollte. — Sieht man die Sache von dieser Seite an, wodurch allein jener räthselhafte Volksschluß Licht erhalten kann, so liegt auch darin wieder eine Bestätigung unsrer allgemeinen Ansicht von der wesentlich publicistischen Natur aller Infamie.

Vergleichen wir nun die einzelnen Fälle der Infamie, so wie sie von einer Seite in dem Edict, von der anderen in der Tafel von Heraklea aufgezählt werden, so finden wir bey den meisten Fällen völlige Übereinstimmung, und diese ist schon oben (§ 77) bey jedem derselben bemerkt worden. Daß die Tafel zuweilen eine größere

(h) Vergl. Savigny Geschichte des R. R. im Mittelalter B. 1 § 6. 7.

Strenge zeigt (§ 77. c), würde sich ungezwungen daraus erklären, daß sie auch nur von höheren Ehren ausschließen wollte, wobey man allerdings strenger verfahren konnte. Auffallender ist es, daß umgekehrt einige Fälle fehlen, die das Prätorische Edict mit aufzählt, namentlich der Fall der übereilten zweyten Ehe, und der Doppelehe; eben so, daß der Mann, der sich fremder Wollust hingiebt, nur dann ausgeschlossen seyn soll, wenn er es für Geld thut (§ 77. hh). Hier muß man annehmen, daß nach der Zeit dieser Lex die Ansichten strenger geworden, und mit dieser größeren Strenge in das Edict übergegangen waren: vielleicht war zur Zeit der L. Julia und Papia Poppaea dieser Zusatz in das Edict gekommen; vielleicht auch (wenn etwa doch jene Stellen des Edicts älter waren) nahm die Tafel von Heraklea auf Verschiedenheiten des Familienrechts Rücksicht, wie sie in manchen Theilen von Italien vorkommen mochten, und in welche man durch jenes blos politische Gesetz gerade nicht eingreifen wollte. Weniger Schwierigkeit macht es, daß die actio vi bonorum raptorum in dem Volksschluß fehlt: denn von dieser wissen wir, daß sie nur aus Veranlassung der Bürgerkriege eingeführt wurde (i), und diese in den vorübergehenden Zeitumständen gegründete Veranlassung mag die Ursache gewesen seyn, daß das bleibende Gesetz für die Municipien jene Klage nicht erwähnte.

(i) Savigny in der Zeitschrift für geschichtliche Rechtswissenschaft B. 5 S. 126—130.

§. 81.

Juristische Bedeutung der Infamie. (Fortsetzung.)

Folgende Zeugnisse endlich bestätigen meine Behauptung in ihrem ganzen Zusammenhang, für honores und suffragium zugleich, indem sie die Infamie als eine Kapitalsache, als eine capitis deminutio, anerkennen, welches sich nur aus der hier aufgestellten Ansicht von dem Verlust der politischen Hälfte der Civität erklären läßt (§ 79).

Von den drey infamirenden Klagen, fiduciae, tutelae, societatis, sagt Cicero in der Rede pro Roscio (Cap. 6), sie seyen summae existimationis, *et paene dicam capitis*. — Eine andere Rede des Cicero, pro Quinctio, beschäftigt sich mit der Frage, ob sein Client in der That einen rechtsgültigen Concurs (possessio bonorum) erlitten habe, und er nennt diese Sache wiederholt und ganz bestimmt eine capitis causa (Cap. 8. 9. 13. 22), welches durchaus nicht anders zu erklären ist, als aus der mit dem Concurse verbundenen Ehrlosigkeit (§ 77). Ja in einer Stelle dieser Rede bezeichnet er geradezu das schwere Schicksal, welches er von seinem Clienten abzuwenden sucht, als Infamie (Cap. 15), so daß aus dem Zusammenhang dieser Rede die Identität der Infamie mit der capitis causa unzweifelhaft hervorgeht.

Noch unmittelbarer aber gehört hierher eine Stelle des Tertullian, welche den Schauspielern die Infamie zuschreibt, zugleich aber ihren Zustand eine capitis minutio nennt, und dann im Einzelnen als die Entfernung von allen Ehren und Auszeichnungen darstellt (a). — Damit stimmt überein das von Modestin angeführte Rescript des K. Severus, nach welchem die Entsetzung aus dem Senat nicht als capitis minutio angesehen werden soll (b). Dieser Ausdruck kann nur gebraucht seyn in der Absicht, den bloßen Verlust der Senatorenwürde von der in der Infamie liegenden Unfähigkeit zu allen Würden überhaupt, scharf zu unterscheiden, und der Kaiser will also eigentlich sagen: die Absetzung eines Senators infamirt nicht; da er nun diesen Sinn durch die Verneinung der capitis minutio ausdrückt, so wird dadurch deren Identität mit der Infamie gleichfalls anerkannt.

(a) TERTULLIANUS de Spectaculis C. 22. „Quadrigarios, scenicos ... manifeste damnant *ignominia et capitis minutione,* arcentes curia, rostris, senatu, equite, ceterisque honoribus." Dürfte man bey diesem Schriftsteller jeden einzelnen Ausdruck ganz genau nehmen, so könnte das rostris neben den anderen verlornen Rechten nur noch bedeuten die Erscheinung vor den rostris, also die Theilnahme an der Volksversammlung; dann läge in dieser Stelle wieder ein unmittelbares Zeugniß dafür, daß der Infame Ärarier wurde.

(b) *L.* 3 *de senator.* (1. 9.). „Senatorem remotum senatu *capite non minui,* sed morari Romae, D Severus et Antoninus permiserunt." Daß hier eigentlich die Infamie verneint werden sollte, zeigt besonders der Zusatz sed morari Romae, welcher auffallend ist, da ja sonst selbst die wirklich eintretende capitis deminutio den Aufenthalt in Rom nicht verhindert. Dieser Zusatz bezieht sich darauf, daß die schimpflich entlassenen Soldaten (die wirklich infam waren) Rom und jeden anderen Aufenthalt des Kaisers meiden mußten (*L.* 2 § 4 *de his qui not. L.* 3 *C. de re mil.*). Das Rescript will also sagen, man solle sich nicht durch diese scheinbare Analogie verleiten lassen zu glauben, der abgesetzte Senator werde (gleich jenen Soldaten) infam, oder müsse gar Rom verlassen.

Endlich steht damit auch noch im Zusammenhang eine schon oben erwähnte merkwürdige Stelle des Livius (XLV. 15). Schon früher waren wiederholt alle Freygelassene in die weniger geachteten vier städtischen Tribus gesetzt worden. Bald aber wurde diese Einschränkung durch regelmäßige Ausnahmen gemildert, bald auch durch bloßen Misbrauch aus den Augen gesetzt, so daß sich Freygelassene durch alle Tribus zerstreut fanden. Dieses Übel von Grund aus zu heben, beschloß endlich der Censor Gracchus, die Freygelassenen aus allen Tribus zu streichen, das heißt zu Ärariern zu machen, oder des Stimmrechts zu berauben. Allein sein College Claudius widersetzte sich dieser Maasregel, die er als gewaltsam und ungerecht bezeichnete. Endlich einigten sich beide Censoren dahin, daß die Freygelassenen nicht das Stimmrecht verlieren, aber in die städtischen Tribus zurückgebracht werden sollten, und zwar nicht in alle Vier vertheilt, sondern ausschließend in eine derselben, welche durch das Loos bestimmt wurde. In der Rede nun, worin Claudius die gänzliche Ausschließung bekämpft, drückt er sich so aus: negabat ... *suffragii lationem* injussu populi censorem cuiquam homini, nedum ordini universo, adimere posse. Neque enim, si tribu movere posset, quod sit nihil aliud, quam mutare jubere tribum, ideo *omnibus* XXXV *tribubus emovere posse, id est civitatem libertatemque eripere* (c). Hier ist deutlich gesagt, die Entziehung des

(c) Hier wird schärfer als irgendwo die bloße Versetzung in

Stimmrechts, oder die Entfernung aus allen Tribus, sey ein Verlust der Civität (nämlich der politischen Hälfte der Civität, nicht der privatrechtlichen). Sieht man es nun durch die im § 80 beygebrachten Zeugnisse als erwiesen an, daß der Infame aus allen Tribus ausschied, so muß ihm nach dem Ausdruck dieser Rede des Claudius zugleich der Verlust der (politischen) Civität, folglich eine capitis deminutio, zugeschrieben werden.

Unter den Kaisern aber verloren bald die politischen Rechte der Civität ihre frühere Wichtigkeit, und diese in der Sache selbst eingetretene Veränderung blieb nicht ohne Einfluß auf die Ansicht und den Sprachgebrauch der Juristen. Von jetzt an wurden die Ausdrücke capitis deminutio und capitalis causa nicht mehr auf die Fälle der

eine geringere Tribus von der Ausstoßung aus den Tribus überhaupt unterschieden, und jenes erste allein wird durch tribu movere bezeichnet: allein dieses geschieht auch lediglich in einem Fall censorischer Willkühr, und bestätigt also den oben (§ 80. f) näher bestimmten Sprachgebrauch. Ganz eben so verhält es sich mit einer gleich folgenden Stelle desselben Kapitels, die von denselben Censoren Folgendes erzählt: „Plures, quam a superioribus, et senatu emoti sunt, et equos vendere jussi. Omnes iidem ab utroque *et tribu remoti, et aerarii facti.*" Hier wird, eben so wie bey Cicero (§ 79. b), Beides als verschieden dargestellt. — Wenn übrigens Claudius in seiner Rede den Censoren das Recht abspricht, einen Bürger aus allen Tribus auszustoßen, (oder zum Ärarier zu machen), so läßt ihn damit Livius seine Behauptung polemisch auf die äußerste Spitze treiben; denn daß sie in der That jenes Recht hatten, zeigt nicht nur das Zeugniß des Cicero (§ 79. b), sondern sogar die eigene Handlung desselben Claudius nach der so eben mitgetheilten Erzählung von den ausgestoßenen Senatoren und Rittern, die er, gemeinschaftlich mit seinem Collegen, zu Ärariern machte.

bloßen Infamie, sondern nur noch auf den Verlust der ganzen, vollständigen Civität angewendet. Erst dadurch erhielt der Begriff der capitis deminutio diejenige ausschließende Beziehung auf die privatrechtliche Rechtsfähigkeit, welche wir in unsren Rechtsquellen wahrnehmen (Beylage VI. Num. XIII.). — Diese Veränderung des Sprachgebrauchs wird ausdrücklich erwähnt in folgender merkwürdigen Stelle des Modestin:

L. 103 *de V. S.* (50. 16.).

> Licet *capitalis* latine loquentibus omnis causa existimationis videatur, tamen appellatio *capitalis*, mortis vel amissionis civitatis intelligenda est.

Das heißt: nach dem jetzt geltenden Sprachgebrauch (der Juristen und der Kaisergesetze) gilt nur der Tod und der Verlust der Civität als Kapitalstrafe, obgleich in den klassischen Schriftstellern (latine loquentibus) auch schon die Infamie als Kapitalstrafe bezeichnet wird (d). — Was nun in dieser Stelle als juristischer Sprachgebrauch allgemein bezeugt wird, das findet sich durch die in vielen

(d) Modestin bezeichnet also den Gegensatz eines älteren und neueren Sprachgebrauchs, welcher zugleich mit dem des nichtjuristischen und juristischen zusammen fällt, weil sich der neuere in Folge einer Reflexion der Juristen gebildet hatte. Marezoll S. 112. 113 erklärt irrig das latine loquentibus von dem Sprachgebrauch des gemeinen Lebens, und nimmt die oben angeführten Stellen des Cicero für rednerische Übertreibung; in der Stelle pro Roscio möchte das noch etwa gelten, in der pro Quinctio, wo der Ausdruck so oft, und ganz wie etwas allgemein Bekanntes gebraucht wird, ist es ganz unmöglich.

anderen Stellen vorkommende Anwendung vollkommen bestätigt (e).

(e) § 2 *J. de publ. jud.* (4. 18.). „Capitalia dicimus, quae ultimo supplicio afficiunt, vel aquae et ignis interdictione, vel deportatione, vel metallo. Cetera *si quam infamiam irrogant* cum damno pecuniario, haec publica quidem sunt, *non tamen capitalia.*" § 5 *J. de cap. dem.* (1. 16.), *L.* 28 *pr.* § 1 *L.* 2 *pr. de publ. jud.* (48. 19.), *L.* 14 § 3 *de bon. libert.* (38. 2.), *L.* 6 *C. ex quib. caus. inf.* (über diese letzte Stelle vgl. Beylage VI. Num. V.). — Nicht ganz stimmt damit überein das Rescript von Severus (Note b). Indessen kann bey einer solchen, gewiß allmäligen, Veränderung des Sprachgebrauchs einiges Schwanken nicht befremden, auch deutet doch das erwähnte Rescript nur negativ, also indirect, auf den älteren Sprachgebrauch hin, nicht indem es eine eigene Behauptung auf denselben gründet.

§. 82.

Nebenwirkungen der Infamie.

Es ist bisher gezeigt worden, daß das Wesen der Infamie publicistisch war: darum aber ist es nicht minder wahr, daß sie nebenher manche Einwirkungen auf das Privatrecht hatte, welche nunmehr dargestellt werden sollen.

1) Die erste privatrechtliche Wirkung der Infamie, die schon oben erwähnt worden ist (§ 78), besteht in der beschränkten Fähigkeit zu postuliren. Es sollte nämlich der Infame nur für sich selbst vor dem Prätor Anträge machen dürfen, oder für solche Personen, welche mit ihm in einem besonders nahen Verhältniß ständen (§ 78. i): in der Regel also für fremde Personen nicht.

Daraus folgte zunächst, daß der Infame in der Regel (d. h. mit Ausnahme der erwähnten persönlichen Verhältnisse), nicht Cognitor werden konnte (a): eben so wenig

(a) Fragm. Vatic. § 324. „Ob turpitudinem et famositatem prohibentur quidem (ms. *quidam*) *cognituram suscipere*, adsertionem non, nisi suspecti praetori." Paulus I. 2 § 1. „Omnes infames, qui postulare prohibentur, *cognitores fieri non possunt*, etiam volentibus adversariis." — Man könnte in der ersten Stelle das quidam der Handschrift dadurch zu retten versuchen, daß man es als eine Hindeutung auf die Ausnahme der nahe stehenden Personen ansähe; allein theils paßt quidam wohl als Bezeichnung einer Ausnahme, aber nicht (wie es hier seyn müßte) einer vorherrschenden Regel, theils ist das quidem durch den Gegensatz der Adsertion gegen die Cognitur hinlänglich motivirt. Der Jurist übergieng die Ausnahme mit Stillschweigen, da es ihm gerade nur um den erwähnten Gegensatz zu thun war. — Merkwürdi-

aber auch Procurator, da die persönlichen Hindernisse der Cognitur auch auf die Procuratur allgemein angewendet wurden (b).

Es folgte daraus aber auch ferner der wichtige Satz, daß dem Infamen keine Klagen cedirt werden konnten (c), indem dieses stets unter der Form einer Bestellung zum Cognitor oder Procurator geschah (d). Allein diese wichtigste privatrechtliche Wirkung der Infamie wurde entkräftet, sobald man anfieng, die Cession auch ohne die wirkliche Bestellung eines Cognitors oder Procurators, durch utiles actiones, zuzulassen; denn der Sache nach verfolgte ja ohnehin jeder Cessionar ein eigenes Interesse, wovon kein Infamer ausgeschlossen seyn sollte, und man konnte ihm nun auch nicht entgegen setzen, daß er der Form nach ein

gerweise hat sich dieser Satz des alten Rechts in Gratians Decret verirrt c. 1 C. 3. q. 7. „Infamis persona nec procurator esse potest nec cognitor." Er wird hier einer Romana synodus zugeschrieben, und diese hatte ihn ohne Zweifel aus dem Breviarium aufgenommen. Nur steht er freylich in dieser wörtlichen Fassung weder in dem Text des Paulus, noch in unsrer Interpretatio: wahrscheinlich aber findet er sich so in irgend einer der späteren Bearbeitungen. (Savigny Gesch. des R. R. im M. A., B. 2 § 20).

(b) Fragm. Vatic. § 322. 323.

(c) Paulus I. 2 § 3. „*In rem suam* cognitor procuratorve ille fieri potest, *qui pro omnibus postulat.*" Also nicht Derjenige, welcher in dem zweyten oder dritten Edict de postulando stand. Auch die Interpretatio bezieht den Satz ganz richtig auf die Ausschließung der Infamen. — Wörtlich konnte man ihn auch auf die Ausschließung der Frauen beziehen, aber von diesen sagt das Gegentheil der unmittelbar vorhergehende § 2. „Feminae in rem suam *cognitorium* operam suscipere non prohibentur." (Also nicht auch procuratoriam.)

(d) Gajus II. § 39. *L.* 21 *pr. de minor.* (4. 4.). *L.* 3 § 5 *de in rem verso* (15. 3.).

Procurator, also durch den Buchstaben des Edicts ausgeschlossen sey (e).

Endlich folgte daraus auch die Unfähigkeit der Ehrlosen, reine Popularklagen anzustellen, das heißt solche Klagen, wodurch zwar eine Geldstrafe eingefordert wird, aber lediglich um einem öffentlichen Interesse durch diese Strafe Gewicht und Schutz zu verschaffen. Denn in solchen Klagen stellte der Kläger lediglich einen Procurator des Staats vor (f). Hatte dagegen der Kläger zugleich ein eigenes Interesse zu verfolgen, so erhielt dadurch die Klage eine gemischte Natur, und der Infame war dann von der Anstellung derselben nicht ausgeschlossen (g).

Diese ganze Einschränkung war zunächst auf die Würde des Prätors gegründet, welchem nicht ohne Noth und aus bloßer Willkühr ehrlose Menschen vor Augen gestellt werden sollten, und darum konnte, wie Paulus ausdrücklich sagt, selbst die Einwilligung des Gegners hierin Nichts ändern (Note a). Aber auch der Gegner im Prozeß sollte in der Regel nicht gezwungen seyn, mit einem ehrlosen

(e) *L.* 9 *C. de her. vel act. vend.* (4. 39.) „*utiliter* eam movere *suo nomine* conceditur." Nämlich insofern suo nomine, als er nun nicht die besonderen Rechte und Einschränkungen eines Procurators hatte; dem Beklagten gegenüber war es freylich noch immer die alte Klage des Cedenten, also auch allen früheren Exceptionen unterworfen.

(f) *L.* 4 *de pop. act.* (47. 23.). „Popularis actio integrae personae permittitur: hoc est, cui per Edictum postulare licet." Eben so waren auch Frauen ausgeschlossen. *L.* 6 *eod.* — Vergl. über diese Klagen § 73 lit. H.

(g) Ausdrücklich gesagt wird dieses nur von den Frauen. *L.* 6 *de pop. act.* (47. 23.). Es ist aber unbedenklich auch auf die Ehrlosen anzuwenden.

Cognitor oder Procurator zu verhandeln, und zur Vertheidigung dieses seines selbständigen Rechts gab man ihm eine procuratoria exceptio, die ihm der Prätor aus bloßer Nachsicht gegen den Infamen gewiß nicht entziehen konnte. Justinian hob diese Exception gesetzlich auf, da sie ohnehin nicht mehr üblich sey (h): das heißt aber nicht so viel, daß die Infamen hinfort sollten unbeschränkt postuliren dürfen, was ja den deutlichsten Bestimmungen der Digesten widersprechen würde, sondern es sollte nur noch die Obrigkeit dieselben zurückweisen dürfen, ohne daß die Gegenpartey eine solche Exception vorbringen, oder auch blos als Vorwand zur Verschleppung des Prozesses ferner misbrauchen durfte.

Blos aus dieser zuletzt erwähnten Verordnung Justinians (Note h) erfahren wir gelegentlich, daß eine gleiche Exception den Infamen auch verhinderte, für sich einen

(h) § 11 *J. de except.* (4. 13.). „Eas vero exceptiones, quae olim procuratoribus propter infamiam, *vel dantis vel ipsius procuratoris*, opponebantur: cum in judiciis frequentari nullo modo perspeximus, conquiescere sancimus: ne dum de his altercatur, ipsius negotii disceptatio proteletur." — Marezoll S. 215 — 217 faßt die Absicht und Wirkung dieser neuen Verordnung richtig auf, erklärt aber die Worte nullo modo sehr gezwungen. Der natürliche Sinn ist wohl dieser: „die erwähnten exceptiones kamen schon jetzt sehr wenig vor, woraus erhellt, daß kein praktisches Bedürfniß für dieselben vorhanden war; wir heben sie daher nunmehr gesetzlich auf, damit sie nicht in einzelnen Fällen hervorgesucht und zur Verschleppung misbraucht werden mögen." Das frequentari nullo modo bezeichnet seltnen Gebrauch eines Rechtsinstituts, und ist noch verschieden von einer durch Gewohnheitsrecht bewirkten Aufhebung des Instituts selbst. Theophilus freylich kann leicht zur Annahme dieser letzten verleiten.

Procurator zu ernennen, welche Beschränkung gleichfalls Justinian aufhebt. Das mag seinen Grund etwa darin gehabt haben, daß der Beklagte die Unzuverlässigkeit des ehrlosen Klägers mit mehr Erfolg für sich geltend machen konnte, wenn dieser persönlich vor Gericht erschien. Die Amtswürde der Obrigkeit hatte dabey kein Interesse, und es war ihr daher nicht, wie bey der vorhergehenden Einschränkung, überlassen, den von einem Infamen ernannten Procurator von Amtswegen zurück zu weisen. Daher mußte denn mit der Aufhebung dieser zweyten procuratoria exceptio zugleich auch der ganze ihr zum Grund liegende Rechtssatz völlig verschwinden: hierin liegt der natürliche Grund, warum sich in den übrigen Theilen der Justinianischen Rechtsbücher keine Spur dieser zweyten Einschränkung erhalten hat. Sehr wichtig war dieselbe im älteren Recht, indem dadurch der Infame verhindert wurde, irgend eine ihm zustehende Schuldforderung zu veräußern, welches damals nur durch eine förmliche Cession, also nur durch die Bestellung eines Procurators oder Cognitors, geschehen konnte.

2) Die zweyte privatrechtliche Wirkung der Infamie bestand in einer Beschränkung der Fähigkeit zur Ehe. Dem älteren Recht war dieselbe fremd, die Lex Julia legte dazu den Grund, aber erst die Interpretation der Juristen brachte sie zur Ausbildung (i). Der Entwicklungsgang dieses Rechtssatzes war aber folgender.

(i) Die vollständige Darstellung dieser Sätze, durch Quellenzeug-

Die Lex Julia verbot den Senatoren, so wie den männlichen und weiblichen Nachkommen der Senatoren, die Ehe mit Freygelassenen, und außerdem mit gewissen, einzeln aufgezählten, verächtlichen Personen. Allen freygebornen Männern verbot sie die Ehe mit gewissen, gleichfalls einzeln aufgezählten, verächtlichen Frauen. Beide Aufzählungen der Fälle der Verächtlichkeit stimmten nur theilweise überein.

Die Juristen bildeten dieses Verbot auf zweyerley Weise aus: erstens indem sie die Fälle der Verächtlichkeit aus einer Klasse auf die andere übertrugen: zweytens indem sie diese Fälle auf den allgemeinen Begriff der Infamie zurück führten, und nun die Regel aufstellten, daß sich das Verbot für die Senatoren, wie für die Freygebornen, auf alle im Edict als Infame bezeichnete Personen beziehe. Dieses gab die erste Gelegenheit, die Infamie auch auf Frauen zu beziehen, und so den alten Begriff der Infamie zu erweitern. Die neu aufgenommenen Fälle derselben wurden nachträglich in das Edict eingeschrieben.

Das Verbot der Lex Julia aber hatte nicht etwa den Sinn, daß eine so verbotene Ehe nichtig seyn sollte, sondern sie sollte nur nicht die durch dieses Gesetz mit dem Zustand der Verehelichten verbundenen Vortheile gewähren, oder mit anderen Worten: sie sollte nicht fähig seyn, die Strafen des Cölibats abzuwenden.

nisse begründet, findet sich in der Beylage VII. Ich stelle hier nur deren Resultate zu einer kurzen Übersicht zusammen.

Zwar wurde die Wirkung des Verbots durch einen Senatsschluß unter Marc Aurel bis zur Nichtigkeit der Ehe ausgedehnt, jedoch nicht für die Freygebornen, sondern nur für die Senatoren, und auch für diese nur im Verhältniß zu den Freygelassenen, und zu den durch gewisse Gewerbe verächtlichen Personen (wie den Schauspielern), niemals im Verhältniß zu den Infamen im Allgemeinen.

Das Eheverbot der Lex Julia hörte von selbst auf, als durch Gesetze christlicher Kaiser die Cölibatsstrafen allgemein aufgehoben wurden. Die Ausdehnung jenes Verbots für die Senatoren wurde von Justinian gänzlich aufgehoben.

Nunmehr hatte wieder die Infamie ihre Anwendbarkeit auf das weibliche Geschlecht gänzlich verloren. Es war eine consequente Folge davon, daß die Compilatoren, als sie das prätorische Edict über die Infamen in die Digesten aufnahmen, daraus wiederum die nachträglich eingeschriebenen Stellen über ehrlose Frauen wegließen.

Die hier aufgezählten Nebenwirkungen sind die einzigen, die sich mit Grund auf die Infamie, nach dem wahren juristischen Begriff dieses Worts, zurückführen lassen. Manche andere sind jedoch von unsren Juristen irrigerweise dahin gezählt worden.

So sollen die Infamen unfähig seyn als Zeugen aufzutreten, sey es vor Gericht, oder bey feyerlichen Rechtsgeschäften (k). Das Römische Recht hat aber niemals eine solche allgemeine Regel aufgestellt. In älteren Gesetzen war den wegen gewisser einzelner Verbrechen Verurtheilten die Zeugenfähigkeit besonders abgesprochen. Zuletzt hat Justinian verordnet, zu Zeugen sollten überhaupt nur vortreffliche Leute genommen werden, gleich zuverlässig durch guten Ruf und durch ihre äußere Stellung (l). Daß diese, ohnehin unausführbare, Vorschrift mit dem bestimmten Rechtsbegriff der Infamie Nichts gemein hat, versteht sich von selbst; sie geht sogar über den schon sehr schwankenden Begriff der Infamia facti (§ 78) noch hinaus (m). Demnach müssen wir, was das Resultat des neuesten Rechts betrifft, eine absolute Unfähigkeit der Infamen zum Zeugniß (sowohl dem gerichtlichen, als dem bey feyerlichen Geschäften) durchaus verneinen. Was aber die Glaubwürdigkeit derselben im gerichtlichen Zeugniß betrifft, so kann diese ohnehin nur durch freyes Ermessen des Richters in jedem einzelnen Fall beurtheilt werden, und auch dabey sind die genauen juristischen Bestimmungen der Infamie gleichgültig.

Eben so verhält es sich endlich auch mit der angeblichen Beziehung der Infamie auf die querela inofficiosi. Geschwister, sagt man, die in dem Testament ausgeschlossen sind, können nur dann auf die Querel Anspruch ma-

(k) Diese Meynung ist sehr verbreitet. Vergl. u. a. Linde Lehrbuch des Civilprozesses § 258 (4te Auflage).

(l) Nov. 90.

(m) Ausführlich behandeln diese Frage Burchardi § 6 und Marezoll S. 220—227.

chen, wenn der ihnen vorgezogene Erbe eine infame Person ist. Allein die Bestimmung des Gesetzes ist eine ganz andere. Die Querel wird abhängig gemacht von dem Umstand, daß der Vorzug des eingesetzten Erben, wegen dessen persönlicher Eigenschaften, etwas besonders Verletzendes habe. Als Beyspiele solcher, den Vorzug zur Kränkung für den Ausgeschlossenen machender Eigenschaften, werden genannt: die Infamie, schlechter Ruf (wenngleich in geringerem Grade), und Libertinität, mit Ausnahme solcher Freygelassenen, die sich besondere Verdienste um den Verstorbenen erworben hatten (n). Offenbar ist also auch hier Alles der freyen Beurtheilung des Richters überlassen, und der Rechtsbegriff der Infamie mit seinen scharf bestimmten Gränzen ist dabey nicht das entscheidende Moment.

(n) *L.* 27 *C. de inoff. test.* (3. 28.) „si scripti heredes infamiae, vel turpitudinis, vel levis notae macula adspergantur: vel liberti qui perperam et non bene merentes ... instituti sunt." Die Grundlage dieser Constitution sind zwey Stellen des Theodosischen Codex. *L.* 1. 3 *C. Th. de inoff.* (2. 19.). Vergl. über diese Frage Marezoll S. 246, dessen Ansichten von den hier aufgestellten zum Theil verschieden sind.

§. 83.

Heutige Anwendbarkeit der Lehre von der Infamie.

Es ist nunmehr anzugeben, was aus den über die Infamie aufgestellten Sätzen für die heutige Anwendung dieses Rechtsinstituts folgt.

Zuerst also: welche Gestalt hat die Infamie im Justinianischen Recht angenommen? Es ist davon Nichts übrig geblieben, als die beschränkte Fähigkeit der Infamen, für Andere postulirend vor Gericht aufzutreten, und auch diese Beschränkung nur insoferne der Richter selbst sie geltend machen will, nicht mehr als ein persönliches Recht der Gegenpartey (§ 82). Denn die publicistische Bedeutung der Infamie hatte ohnehin längst aufgehört, indem auch selbst die Unfähigkeit der Infamen zu Ehrenstellen, obgleich sie sich noch ausgesprochen findet, dem Sinne nach von dem alten Rechtssatz ganz verschieden ist, und blos eine buchstäbliche und scheinbare Fortdauer desselben in sich schließt (§ 80). Eben so war auch die mit der Infamie lange Zeit verbundene beschränkte Fähigkeit zur Ehe gänzlich verschwunden (§ 82).

Allein auch jener Überrest des alten Rechtsinstituts hat sich bey dem Übergang des Römischen Rechts auf das neuere Europa nicht erhalten können, da er mit der eigenthümlichen Gerichtsverfassung der Römer zusammenhieng, in der That also auch wieder durch staatsrechtliche Verhältnisse bedingt war.

Nach der neueren Gerichtsverfassung beruht alle gerichtliche Vertretung Anderer theils auf der Procuratur, theils auf der Advocatur, welche bald in denselben Personen vereinigt, bald getrennt erscheinen. Beide Geschäfte sind ferner (je nach dem verschiedenen Recht einzelner Länder) theils an eine öffentliche Anstellung gebunden, theils davon unabhängig, also bloße Privatsache. Im ersten Fall gehören sie, so wie alle Anstellungen, dem öffentlichen Rechte an, und sind daher von den Bestimmungen des Römischen Rechts, nach richtigen Ansichten, ganz unabhängig. Insbesondere was die Unfähigkeit der Infamen zur Anstellung als Gerichtsprocuratoren betrifft, so gilt davon alles Dasjenige, was so eben über ihre Unfähigkeit zu öffentlichen Ämtern überhaupt bemerkt worden ist. — Im zweyten Fall könnte an sich wohl von einer Anwendung der Römischen Regel die Rede seyn. Diese hätte dann den Sinn (den auch wirklich Manche darein legen), daß Infame nicht befugt wären, Prozeßschriften für Andere abzufassen: denn das ist es, was man unter der Privatadvocatur, oder dem heutigen Postuliren, zu denken pflegt. Allein auch selbst eine so beschränkte Anwendung würde doch höchstens dem Buchstaben, nicht dem wahren Sinn der Römischen Regel entsprechen. Denn was nach der Römischen Ansicht die Amtswürde verletzte, war das willkührliche, nicht durch Verfolgung eigener Interessen gerechtfertigte, Auftreten des Infamen vor der Person des Prätors. Die Abfassung von Prozeßschriften kann unmöglich als eine Verletzung des richterlichen Ansehens betrachtet werden, welche Eigenschaften auch der (vielleicht sogar ungenannt bleibende) Verfasser an sich tragen möge. Wollte man etwa sagen, ein ehrloser Verfasser sey auch der Verdrehung des Rechts verdächtig, so würde dadurch die Sache in ein ganz anderes, der Römischen Regel fremdes Gebiet hinüber gespielt, das Gebiet der Aufsicht auf die Prozeßverhandlungen. Hier aber sind, wenn sich einmal der Richter einmischen soll, ganz andere Rücksichten zu beachten: theils sittliche, theils intellectuelle, wohin besonders ein gewisser Grad von Rechtskenntniß gehören wird. Die Infamie mit ihren ganz positiv bestimmten Bedingungen wird dabey gleichgültig seyn, und anstatt derselben wird der unbestimmte Begriff persönlicher Zuverlässigkeit zur Anwendung kommen.

Die hier aufgestellten Gründe, wenngleich sie in dieser Gestalt und Bestimmtheit nicht anerkannt zu werden pflegten, und also nicht zu deutlichem Bewußtseyn kamen, sind dennoch nicht ohne Einfluß auf neuere Schriftsteller geblieben, Daraus allein erklären sich die unglaublich schwankenden Meynungen derselben über den Grad der Anwendbarkeit, welcher den Römischen Grundsätzen über die Infamie einzuräumen seyn möchte (a).

Aber auch in dieser großen Mannichfaltigkeit der Mey-

(a) Vgl. Marezoll S. 346—349.

nungen lassen sich doch einige gemeinsame Ansichten wahrnehmen, worin die Meisten und Besonnensten übereinstimmen (b). Dahin gehört zunächst eine ungemeine Beschränkung der Vorschriften des R. R., wodurch sich also jene Ansichten in ihrem letzten Resultat der hier vertheidigten sehr annähern. Es sollen nämlich gar keine Anwendung mehr finden die Fälle der Infamie, welche ohne richterliches Urtheil eintraten (immediata). Ferner aus der sogenannten mediata die Urtheile über Privatdelicte oder Contracte. Hiernach bliebe die Infamie als Rechtsinstitut (denn die infamia facti geht uns überhaupt Nichts an), nur noch übrig als Folge ausgesprochener Criminalstrafen, wobey es noch dahin gestellt bleiben muß, ob man auch die extraordinaria crimina ausschließen möchte (§ 77. c), welche Einschränkung freylich zu unsrem heutigen Criminalrecht gar nicht mehr passen würde. — Die Carolina erwähnt die Infamie namentlich als Strafe des Meineidigen, so wie Desjenigen, welcher durch die Person seiner Frau oder seines Kindes ein Lenocinium begeht (c). Andere Reichsgesetze erkennen sie an als Folge der Injurie (d), oder drohen sie als eigene, neu erfundene Strafe für bestimmte Vergehen an (e).

(b) Eichhorn deutsches Privatrecht § 87. 88, 4te Ausg.

(c) C. C. C. art. 107. 122.

(d) Reichsschlüsse von 1668. 1670. Sammlung der Reichsabschiede Th. 4. S. 56. 72.

(e) Strafe der Notare, die eine Cession von Juden an Christen aufnehmen R. A. 1551 § 80. Strafe der widerspenstigen Handwerksgesellen 1731. Sammlung der Reichsabschiede Th. 4. S. 379.

Die so eng begränzte Infamie soll nun im heutigen Recht noch folgende Wirkungen hervorbringen:

1) Unfähigkeit zu Ehrenämtern, mit Einschluß der Gemeindeämter;

2) desgleichen zur Advocatur, Procuratur, und zum Notariat;

3) desgleichen zur Theilnahme an Zünften und bürgerlichen Collegien.

4) Endlich auch noch alle im Privatrecht durch das R. R. geordnete Wirkungen, namentlich in Beziehung auf die querela inofficiosi.

Über die wichtigsten der hier erwähnten Gegenstände habe ich mich bereits im Einzelnen erklärt, namentlich darüber, daß die unter Num. 4 genannten Wirkungen in der That gar nicht vorhanden sind. In den Reichsgesetzen wird eine jener Folgen, die Unfähigkeit zum Notariat, namentlich ausgesprochen (f).

Man sieht, daß der Umfang der noch übrig bleibenden rein praktischen Controverse sehr eng ist, und daß die bedenklichsten Fälle der Römischen Infamie schon in jener Lehre bewährter neuerer Schriftsteller beseitigt sind (g).

(f) Notariatsordnung 1512 § 2 „so darzu von den Rechten verboten, als … ehrloß, Infames genandt … und in Summa alle die in Rechten zu zeugen verworffen werden, dieweil sie an statt der Zeugen gebraucht werden.“ Hierbey liegt offenbar die falsche Meynung mehrerer Rechtslehrer zum Grunde, als ob nach R. R. die Infames schlechthin unfähig zu jedem Zeugniß wären.

(g) Am bedenklichsten sind manche Fälle der sogenannten infamia immediata, z. B. der Fall der bina sponsalia, das heißt eines neuen Verlöbnisses ohne ausdrückliche Aufkündigung des frü-

Aber auch in dieser großen Einschränkung kann ich irgend eine Anwendung der Römischen Infamie aus den oben entwickelten Gründen nicht zugeben. Was sich davon einräumen läßt, ist Folgendes.

Unter dem Einfluß Germanischer Ansichten haben sich vom Mittelalter her in verschiedenen Ländern ziemlich gleichförmige Regeln über Ehre und Ehrlosigkeit ausgebildet, die theilweise auch die Natur von Rechtsinstituten angenommen haben, vorzüglich in Beziehung auf die mögliche Theilnahme an Corporationen verschiedener Art. Solche Rechtsregeln sind theils durch eigentliche Gesetze, theils durch Gewohnheitsrecht, besonders aber durch die Statuten und Observanzen solcher Corporationen selbst, festgestellt worden. Auf diese Feststellung nun, woran meist Rechtsgelehrte Antheil nahmen, haben nicht selten die (mehr oder weniger misverstandenen) Bestimmungen des R. R. Einfluß gehabt.

Ein solcher indirecter Einfluß des R. R. auf das heutige Recht der Infamie läßt sich nicht verkennen; er gründet sich jedoch nur auf Misverständnisse über die oben dargestellte wahre Natur dieses Rechtsinstituts, und er ist überdem nie von großer Erheblichkeit gewesen. In das

heren; ferner die Ehe des Vormundes oder des Sohnes desselben mit der Mündel vor der gesetzlichen Zeit (§ 77. o). Beide Fälle lassen sich denken als ganz arglose Übertretungen blos formeller Vorschriften bey augenscheinlicher Unschuld in der Sache selbst. Kein Rechtsinstitut aber kann so wenig, als das der Infamie, einen schneidenden Widerspruch mit der öffentlichen Meynung vertragen.

Gebiet dieser Misverständnisse fallen denn auch diejenigen Reichsgesetze, welche für einzelne Fälle die Infamie theils als gültig voraussetzen, theils neu vorschreiben (§ 83. c. d. e. f), und auch diese können daher nicht geltend gemacht werden, um die hier aufgestellten Gründe gegen die gemeinrechtliche Anwendbarkeit der Infamie zu widerlegen.

In den Fällen übrigens, worin die Infamie noch in unsrem Criminalrecht, sey es als ausgesprochene Strafe, oder als Folge gewisser Strafarten, vorkommt, kann ich zwar, aus den hier entwickelten Gründen, bestimmte rechtliche Wirkungen derselben, so wie sie im Einzelnen behauptet zu werden pflegen, nicht zugeben. Ich bin aber weit entfernt, deshalb die Realität und Wirksamkeit derselben als eines bedeutenden Strafmittels zu bestreiten. Denn wenn der Richter die Infamie ausspricht, oder wenn sie als nothwendige Folge einer vollzogenen Strafe angesehen wird, so ist die unausbleibliche Wirkung auf die öffentliche Meynung an sich selbst ein sehr reelles Übel, auch wenn daneben einzelne juristische Folgen nicht noch nachgewiesen werden können.

§. 84.

Einschränkung der Rechtsfähigkeit durch Religion.

Seit der Herrschaft der christlichen Religion bildete sich im Römischen Recht allmälig der Grundsatz aus, daß gewisse Verschiedenheiten des religiösen Bekenntnisses eine Beschränkung der Rechtsfähigkeit mit sich führen sollten. Es gehören dahin folgende Fälle.

I. Pagani. Die Anhänger der alten Religion, deren Herrschaft und Druck so lange Zeit den Christen verderblich gewesen war, wurden nun abwechslend mit mehr oder weniger Duldung behandelt, ja es wurden auf sie die härtesten Strafgesetze nicht selten angewendet. Es erklärt sich wohl gerade aus der Strenge dieser Strafen, daß dabey von einer Beschränkung der Rechtsfähigkeit, die doch immer einen Zustand ruhiger Duldung voraussetzt, und durch vertilgende Maasregeln unnütz wird, nicht unmittelbar die Rede ist. Gegen die willkührliche Verfolgung durch Privatpersonen wurden sie zu Zeiten durch besondere Gesetze in Schutz genommen (a).

II. Judaei. Der Regel nach sollten sie gleiches Recht mit den Christen haben (b). Nur die Ehe zwischen Christen und Juden war gänzlich verboten, und sollte mit der gesetzlichen Strafe des Ehebruchs belegt werden (c). Diese

(a) *L.* 6 *C. de paganis* (1. 11.).

(b) *L.* 8. 15 *C. de Judaeis* (1. 9.).

(c) *L.* 6 *C. de Judaeis* (1. 9.).

Bestimmung war ganz positiv, und darf auf keine Weise als eine Anwendung des den Peregrinen versagten Connubium betrachtet werden. Denn das fehlende Connubium war kein Verbot und zog keine Strafe nach sich: ferner hatten gewiß von jeher einzelne Juden die Civität erworben, und die allgemeine Civität, die Caracalla allen Unterthanen des Reichs verlieh, kam gewiß auch den damals vorhandenen Juden und ihren Nachkommen zu gut.

III. Haeretici. Diejenigen Christen, deren Lehre durch eine Kirchenversammlung für Ketzerey erklärt worden war, wurden mit verschiedenen, oft harten, Strafen verfolgt, welche bald auf einzelne augenblicklich wichtige Irrlehren, wie der Manichäer und Donatisten, bald auf alle Ketzereyen überhaupt bezogen wurden. Unter diese Strafen gehörten nun besonders auch Beschränkungen der Rechtsfähigkeit. Am häufigsten wurde ihnen die Befugniß versagt, Erbschaften zu erwerben, und Testamente zu errichten: daneben kommt auch wohl das Verbot der Schenkung und des Verkaufs, ja aller Contracte, aller Klagen, und aller juristischen Handlungen vor (d).

IV. Apostatae. Besondere Gesetze wurden erlassen gegen den Abfall von der richtigen Kirchenlehre zu den drey genannten Klassen von Irrthümern. Diese Gesetze betrafen bald nur eine der genannten Klassen, bald mehrere,

(d) *L.* 4 *L.* 19 *pr.* *L.* 21. *L.* 22 *C. de haeret.* (1. 5.). Auth. *Item* und Auth. Friderici *Credentes* C. eod. — *L.* 7. 17. 18. 25. 40. 49. 58 *C. Th. de haeret.* (16. 5.).

bald alle, so daß also der Name Apostata, wie es Veranlassung und Bedürfniß gerade mit sich brachte, in verschiedenen Bedeutungen gebraucht wurde. Hier, wie bey der Ketzerey, kam häufig die Beschränkung der Rechtsfähigkeit vor, und besonders das Verbot Erbe zu werden und zu testiren (e).

Von allen diesen Bestimmungen ist in dem heutigen Römischen Recht, und namentlich in dem gemeinen Recht vor Deutschland, nur eine einzige übrig geblieben: das Eheverbot zwischen Juden und Christen. Heiden, so wie Ketzer im Sinn der Römischen Kaisergesetze, also auch Apostaten in dieser Beziehung, sind in unsren Staaten nicht mehr vorhanden, so daß insofern selbst die Möglichkeit der Anwendung fehlen würde. Eine solche Unmöglichkeit läßt sich für die Apostasie zum Judenthum allerdings nicht behaupten: dennoch wird schwerlich Jemand die Anwendung der Römischen Gesetze auf diesen Fall, vom Standpunkt des heutigen Römischen Rechts aus, in Schutz nehmen.

Andere Gegensätze haben seit der Reformation Europa entzweyt, und hier sind ähnliche Härten und Ausschließungen, wie jene Römischen, erfolgt, je nachdem die eine oder andere Parten siegreich wurde. In Deutschland allein kam es schon sehr früh zu einem gewissen Gleichgewicht, welches in festen, gesetzlichen Regeln ausgebildet wurde.

(e) *L.* 2. 3. 4 *C. de apost.* (1. 7.). *L.* 1. 2. 4. 7 *C. Th. de apost.* (16. 7.).

Seitdem war gemeinrechtlich zwischen den drey großen Religionsparteyen kein Unterschied mehr: desto größer war dieser Unterschied nach dem Particularrecht einzelner Länder, und auch diese Verschiedenheit hatte ihre hypothetische Begründung in den Bestimmungen des Westphälischen Friedens.

Anders nach der Bundesakte von 1815. Diese bestimmt für die christlichen Religionspartheien in allen zum deutschen Bunde gehörenden Ländern völlige Gleichheit der bürgerlichen und politischen Rechte, und zwar unbedingt, ohne für irgend eine Abweichung in dem Recht einzelner Länder Raum zu lassen (f). In Ansehung der Juden werden ebendaselbst künftige Bestimmungen über den Genuß der bürgerlichen Rechte noch vorbehalten.

(f) Bundesakte Art. 16 „Die Verschiedenheit der christlichen Religions-Partheien kann in den Ländern und Gebieten des Deutschen Bundes keinen Unterschied in dem Genusse der bürgerlichen und politischen Rechte begründen.“

§. 85.

Juristische Personen. Begriff.

Digest. III. 4. Quod cujuscunque universitatis nomine vel contra eam agatur.

Digest. XLVII. 22 de collegiis et corporibus.

Schriftsteller:

Über die historische Seite der Lehre:

WASSENAER ad tit. D. de coll. et corp. L. B. 1710. (Fellenberg jurispr. ant. I. p. 397—443).

Dirksen Zustand der juristischen Personen nach R. R. (Abhandlungen B. 2 Berlin 1820 S. 1—143).

Über die praktische Seite:

ZACHARIAE liber quaestionum Viteb. 1805. 8. Qu. 10 de jure universitatis.

Thibaut civilistische Abhandlungen Heidelberg 1814 N. 18. Über die rechtlichen Grundsätze bey Vertheilung der Gemeindesachen. — Vgl. desselben Verfassers Pandektenrecht § 129—134 der 8ten Ausg.

J. L. GAUDLIZ s. HAUBOLD de finibus inter jus singulorum et universitatis regundis Lips. 1804, in HAUBOLDI opusc. Vol. 2 Lips. 1829 p. 546—620 p. LXIII—LXXIX (a).

(a) Ich citire diese Schrift, die gewöhnlich unter dem Namen des Respondenten angeführt wird, unter Haubolds Namen, weil in

Lotz civilistische Abhandlungen, Coburg und Leipzig 1820 N. 4 S. 109—134.

Kori von Gemeinheits-Beschlüssen, und von Pseudo-Gemeinheits-Sachen; in: Langenn und Kori Erörterungen praktischer Rechtsfragen B. 2 Dresden und Leipzig 1830 N. 1. 2, S. 1—39.

Die Rechtsfähigkeit wurde oben dargestellt als zusammenfallend mit dem Begriff des einzelnen Menschen (§ 60). Wir betrachten sie jetzt als ausgedehnt auf künstliche, durch bloße Fiction angenommene Subjecte. Ein solches Subject nennen wir eine juristische Person, d. h. eine Person welche blos zu juristischen Zwecken angenommen wird. In ihr finden wir einen Träger von Rechtsverhältnissen noch neben dem einzelnen Menschen.

Um aber diesem Begriff die angemessene Bestimmtheit zu geben, ist es nöthig, das Gebiet der Rechtsverhältnisse, worauf sich diese Fähigkeit beziehen soll, enger zu begränzen; der Mangel einer solchen Begränzung hat nicht wenig Verwirrung in die Behandlung dieses Gegenstandes gebracht.

Zuvörderst, da wir hier überhaupt nur im Gebiet des Privatrechts uns befinden, sind es auch nur die Verhältnisse des Privatrechts, worauf die künstliche Fähigkeit der juristischen Person bezogen werden darf. Auch im

der That Beide theilweise als Verfasser anzusehen sind. Vergl. Opusc. Vol. 1 p. XV.

Staatsrecht ist Nichts häufiger, als daß ein Zweig der öffentlichen Gewalt nur von Mehreren gemeinschaftlich, also von einer collectiven Einheit, ausgeübt werden kann; wollte man aber deswegen z. B. jedes Richtercollegium als juristische Person bezeichnen, so würde man nur den Begriff verdunkeln, indem gerade das Wesen der juristischen Person (die Vermögensfähigkeit) den meisten jener Collegien abgeht, obgleich einzelne unter ihnen, neben ihrem Richteramt, auch den davon völlig verschiedenen Character einer juristischen Person erlangt haben können. Eben so ist es ganz uneigentlich, wenn Manche in einer erblichen Monarchie die ganze Reihe der Regenten als eine juristische Person bezeichnen (b). Daß den Römern, die so lange unter republicanischen Formen lebten, solche Verhältnisse des öffentlichen Rechts bekannt und geläufig waren, versteht sich von selbst. In diesem Sinn sprechen sie von einem Collegium der Consuln, oder der Volkstribunen (c). Eben so sagen sie, die gleichzeitigen Duumvirn einer Stadt seyen als Einheit zu betrachten, ganz als ob nur ein einzelner Mensch dieses Amt bekleidete (d). Ferner wenn mehrere judices in einem Rechtsstreit ernannt würden, und einige derselben, oder gar alle, durch andere Personen ersetzt werden müßten, so bleibe es den=

(b) Hasse, Archiv B. 5. S. 67.

(c) Livius X. 22. 24. Cicero in Verrem II. 100, pro domo 47.

(d) *L.* 25 *ad munic.* (50. 1.). „Magistratus municipales, cum unum magistratum administrent, etiam unius hominis vicem sustinent.“

noch dasselbe Judicium (e). Alle diese Ausdrücke und Rechtssätze aber gelten ihnen nur für das Staatsrecht oder den Prozeß, und sie sind weit entfernt, sie mit der privatrechtlichen Lehre von den juristischen Personen in irgend eine Berührung zu bringen, von welcher Vermischung des Ungleichartigen sich die neueren Schriftsteller nicht so frey erhalten haben. Auch die Classen, Centurien und Tribus waren wichtige politische Einheiten, aber als juristische Personen, d. h. als Inhaber eines gemeinsamen Vermögens, scheinen sie niemals gegolten zu haben (f).

Eine zweyte, nicht minder wesentliche Begränzung des Begriffs der juristischen Person ist die auf die Vermögensverhältnisse, wodurch also die Familie ausgeschlossen wird. Alles Familienverhältniß nämlich, in seinem ursprünglichen Begriff, bezieht sich auf den natürlichen Menschen, und die juristische Behandlung desselben ist etwas Abgeleitetes und Untergeordnetes (§ 53. 54); daher ist eine Anwendung desselben auf Subjecte, die nicht Menschen sind, unmöglich. Das Vermögen aber ist sei-

(e) *L* 76 *de judic.* (5. 1.). — Eben so, wenn Nov. 134 C. 6 sagt, das Rescript an einen Provinzialbeamten sey auch von dessen Nachfolger auszuführen.

(f) Doch will ich hierüber nichts Bestimmtes behaupten. SUETON. Aug. 101 sagt, August habe in seinem Testament dem Populus zwey Millionen Thaler, jeder Tribus Fünf Tausend Thaler legirt: „Legavit populo Rom. quadringenties, tribubus tricies quinquies HS." (das heißt so viele 100000 Sesterze). Indessen kann das auch so viel heißen: die zwey Millionen waren der Staatskasse legirt, Fünf Tausend sollten an die einzelnen Bürger jeder Tribus vertheilt werden. Vgl. auch AVERANIUS II. 19.

nem Wesen nach eine Machterweiterung (§ 53), also Sicherung und Erhöhung der freyen Thätigkeit. Dieses Verhältniß nun läßt sich eben so gut auf die juristische Person, wie auf den einzelnen Menschen anwenden: ihre Zwecke (worauf das ganze Bedürfniß ihrer Annahme beruht) können eben so durch Vermögen gefördert werden, wie die Zwecke des einzelnen Menschen. Was aber die künstlichen Erweiterungen der Familie betrifft, so sind diese von zweyerley Art (§ 55. 57): einige sind an rein menschliche Zustände angeknüpft, die dadurch ausgebildet oder geschützt werden sollen, und diese werden auf die juristischen Personen keine Anwendung finden können: andere sind auf Vermögensverhältnisse gegründet, und sind daher, so wie diese, allerdings bey juristischen Personen anwendbar.

Hieraus ergiebt sich, daß bey den juristischen Personen folgende Rechtsverhältnisse vorkommen können: Eigenthum und jura in re, Obligationen, Erwerb durch Erbschaft: ferner Gewalt über Sklaven und Patronat: im neueren Recht auch Colonat. Dagegen sind auf sie nicht anwendbar: Ehe, väterliche Gewalt, Verwandtschaft: ferner manus, mancipii causa und Vormundschaft. Und nunmehr können wir den Begriff der juristischen Person noch näher dahin bestimmen: sie ist ein des Vermögens fähiges künstlich angenommenes Subject. — Indem nun hier das Wesen der juristischen Personen ausschließend in die privatrechtliche Eigenschaft der Vermögensfähigkeit gesetzt wird, soll damit keinesweges behauptet werden, daß an den wirklich vorhandenen juristischen Personen nur allein diese Eigenschaft zu finden oder doch von Wichtigkeit wäre. Im Gegentheil setzt sie stets irgend einen von ihr verschiedenen selbstständigen Zweck voraus, der eben durch die Vermögensfähigkeit gefördert werden soll, und der an sich oft ungleich wichtiger ist als diese (g). Nur für das System des Privatrechts sind sie durchaus Nichts als vermögensfähige Subjecte, und jede andere Seite ihres Wesens liegt völlig außer dessen Gränzen.

Ich gebrauche dafür lediglich den Namen der juristischen Person (welcher dann die natürliche Person, das heißt der einzelne Mensch, entgegengesetzt ist), um auszudrücken, daß sie nur durch diesen juristischen Zweck ein Daseyn als Person hat. Früher war sehr gewöhnlich der Name der moralischen Person, den ich aus zwey Gründen verwerfe: erstens weil er überhaupt nicht das Wesen des Begriffs berührt, der mit sittlichen Verhältnissen keinen Zusammenhang hat: zweytens weil jener Ausdruck eher dazu geeignet ist, unter den einzelnen Menschen den Gegensatz gegen die unmoralischen zu bezeichnen, so daß durch jenen Namen der Gedanke auf ein ganz

(g) So z. B. ist bey den Städten die Grundlage ihres Wesens politischer und administrativer Natur, und dagegen steht ihr privatrechtlicher Character, d. h. ihr Daseyn als juristische Personen, sehr an Wichtigkeit zurück. Auf die Städte als politische und administrative Körper beziehen sich im R. R. Digest. Lib. 50 Tit. 1 — 12, die ich daher im Anfang des § 85 unter den Quellen der hier abzuhandelnden Lehre des Privatrechts nicht mit aufgeführt habe.

fremdartiges Gebiet hinüber geleitet wird. — Die Römer selbst haben keinen gemeinschaftlichen Namen für alle Fälle dieser Art. Wo sie diesen Character solcher Subjecte allgemein ausdrücken wollen, sagen sie nur, daß dieselben die Stelle von Personen vertreten (h), welches soviel sagen will, als daß sie fingirte Personen seyen.

(h) *L.* 22 *de fidejuss.* (16. 1.). „hereditas *personae vice fungitur*, sicuti municipium et decuria et societas." Gerade so heißt es von dem bonorum possessor: vice heredis, oder loco heredis est. *L.* 2 *de B. P.* (37. 1.), *L.* 117 *de R. J.* (50. 17.), Ulpian. XXVIII. 12 „heredis loco constituuntur ... heredes esse finguntur." Wie der bonorum possessor ein fingirter heres ist, so ist die juristische Person eine fingirte persona.

§. 86.

Juristische Personen. — Arten.

Betrachten wir die juristischen Personen, wie sie in unsrem Rechtszustand wirklich vorkommen, so müssen wir unter denselben folgende Gegensätze anerkennen, deren Verschiedenheit nicht ohne Einfluß auf die juristische Natur derselben ist.

1) Einigen derselben können wir ein natürliches oder auch nothwendiges Daseyn zuschreiben, anderen ein künstliches oder willkührliches. Ein natürliches Daseyn haben die Gemeinden, Städte und Dörfer, welche meist älter sind als der Staat selbst (nämlich in seiner gegenwärtigen Einheit und Begränzung), und welche die Hauptbestandtheile des Staates bilden. Das juristische Daseyn derselben ist fast nie zweifelhaft; eine willkührliche Gründung kommt zwar auch bey ihnen vor, aber nur als Ausnahme, und nur als Nachbildung der ursprünglichen Gemeinden. Solche willkührlich gegründete waren die Römischen Colonieen (im Gegensatz der Municipien), mit deren Anzahl und Bedeutung in unsren neueren Staaten kein ähnlicher Fall zu vergleichen ist. Die Einheit der Gemeinden ist eine geographische, da sie sich auf das örtliche Verhältniß der Wohnung und des Landeigenthums gründet.

Künstliche oder willkührliche juristische Personen sind alle Stiftungen und Gesellschaften, welchen diese Eigenschaft besonders beygelegt ist. Bey ihnen ist es augenscheinlich, daß sie lediglich dem willkührlichen Entschluß eines Einzelnen oder Mehrerer ihr Daseyn verdanken.

Auf einer scharfen Begränzung übrigens beruht dieser Gegensatz nicht; vielmehr giebt es auch juristische Personen, welche zwischen beiden Arten gewissermaßen die Mitte halten. Dahin gehören die Handwerkszünfte und andere Innungen, welche sich zuweilen an die Gemeinden anschließen, und als einzelne Bestandtheile derselben erscheinen.

2) Einige juristische Personen haben eine sichtbare Erscheinung in einer Anzahl einzelner Mitglieder, die, als ein Ganzes zusammengefaßt, die juristische Person bilden; andere dagegen haben ein solches sichtbares Substrat nicht, sondern eine mehr ideale Existenz, die auf einem allgemeinen, durch sie zu erreichenden Zweck beruht.

Die ersten nennen wir, mit einem aus dem lateinischen erborgten Ausdruck, Corporationen, welcher Name daher für die Bezeichnung der juristischen Personen überhaupt zu eng ist. Es gehören dahin zunächst alle Gemeinden, außerdem aber auch die Innungen, und eben so diejenigen Gesellschaften, welchen die Rechte juristischer Personen verliehen sind. Das Wesen aller Corporationen besteht aber darin, daß das Subject der Rechte nicht in den einzelnen Mitgliedern (selbst nicht in allen Mitgliedern zusammengenommen) besteht, sondern in dem idealen Ganzen: eine einzelne, aber besonders wichtige, Folge davon ist, daß durch den Wechsel einzelner, ja selbst aller, individuellen Mitglieder das Wesen und die Einheit der Corporation nicht afficirt wird (a).

Die zweyten pflegt man mit dem allgemeinen Namen Stiftungen zu bezeichnen. Die hauptsächlichsten Zwecke derselben bestehen in: Religionsübung (wohin die höchst mannichfaltigen kirchlichen Institute gehören), Geistesbildung, Wohlthätigkeit (b).

Auch hier aber finden sich nicht selten Übergänge, die eine scharfe Begränzung beider Klassen ausschließen; ja sogar Institute derselben Art haben in verschiedenen Zeiten bald der einen, bald der anderen Klasse angehört. So z. B. sind die Domkapitel und Chorherrenstifter zwar

(a) *L.* 7 § 2 *quod cuj. un.* (3. 4.). „In decurionibus vel aliis universitatibus nihil refert, utrum omnes *iidem* maneant, an pars maneat, vel omnes immutati sint." Das iidem ist eine ganz unbedenkliche Emendation von Jensius stricturae p. 12 ed. L. B. 1764; Handschriften und Ausgaben lesen idem. Noch vollständiger entwickelt findet sich derselbe Satz in *L.* 76 *de jud.* (5. 1.), obgleich nicht in Anwendung auf juristische Personen, sondern auf mehrere für dieselbe Rechtssache ernannte judices, deren individuelle Erneuerung kein Grund seyn soll, es für ein anderes judicium zu halten.

(b) Wie unpassend es ist, den Namen der Corporationen für alle juristische Personen zu gebrauchen, läßt sich leicht an manchen Stiftungen recht auffallend wahrnehmen. Wollte man z. B. ein Hospital als eine Corporation ansehen, wer wären denn die einzelnen Mitglieder, deren collective Einheit als Subject des Vermögens betrachtet werden könnte? Die in dem Hospital verpflegten Kranken gewiß nicht, denn diese sind blos Gegenstände der Wohlthätigkeit, nicht Theilhaber an dem Vermögen der Anstalt. Das wahre Subject der Rechte ist also ein als Person anerkannter Begriff, nämlich der Zweck der Menschenliebe, der an diesem Orte, auf bestimmte Weise, durch bestimmte Mittel, erreicht werden soll.

kirchliche Institute, zugleich aber wahre Corporationen. Die höheren Lehranstalten waren bey ihrer Entstehung wahre Corporationen, und zwar, nach Verschiedenheit der Länder, bald der Lehrer, bald der Scholaren (c); in neueren Zeiten aber sind sie immer mehr Unterrichtsanstalten des Staats geworden: sie erscheinen nun nicht mehr als Corporationen, obgleich noch immer als juristische Personen, das heißt des Vermögens fähige Subjecte.

3) Unter den Corporationen findet sich wieder der Unterschied, daß einige eine künstlich ausgebildete Verfassung haben, wie Stadtgemeinden und Universitäten (wo dieselben Corporationen waren oder noch sind), andere nur mit einer nothdürftigen Organisation für beschränkte Zwecke versehen sind, wie Dorfgemeiden und (wenigstens in den meisten Fällen) Handwerkszünfte. Neuere Schriftsteller bezeichnen diesen Gegensatz durch die Kunstausdrücke universitas ordinata und inordinata.

Ganz allein, und außer diesen Gegensätzen, steht die größte und wichtigste unter allen juristischen Personen: der Fiscus, das heißt der Staat selbst, als Subject von privatrechtlichen Verhältnissen gedacht. Wollte man auch ihn als eine Corporation auffassen, als die Corporation aller Staatsgenossen, so würde diese gezwungene Ansicht leicht zu einer verwirrenden Gleichstellung der ungleichartigsten Rechtsverhältnisse führen.

(c) Savigny Geschichte des R. R. im Mittelalter B. 3 § 59.

§. 87.

Juristische Personen. — Geschichte.

Bei den Römern finden sich schon in der ältesten Zeit bleibende Genossenschaften von mancherley Art: besonders religiöse und gewerbliche: dann auch die der untergeordneten Officianten, z. B. der Lictoren, welche Vereine späterhin bey dem Kanzleypersonal eine große Ausdehnung erhielten. Dennoch lag in ihrem Daseyn kein dringendes Bedürfniß, den Begriff juristischer Personen auszubilden, da bey ihnen die gemeinsame Thätigkeit und etwa die politische Stellung allein von Wichtigkeit war, die Vermögensfähigkeit aber mehr zurücktrat; so z. B. veranlaßte zwar der Gottesdienst nicht geringen Aufwand, aber die Kosten desselben wurden vom Staat bestritten, machten also ein Corporationsvermögen der Priestercollegien oder der Tempel selbst weniger nöthig (Note p). Ferner konnte die fromme Absicht derer, die durch Stiftungen den Götterdienst fördern wollten, meist ganz einfach durch Consecration der dazu bestimmten Sachen erreicht werden, wodurch diese dem Eigenthum überhaupt entzogen, also nicht etwa dem Tempel oder den Priestern Eigenthum beygelegt wurden.

Bey der Vergrößerung des Staats waren es zuerst die abhängigen Gemeinden (Municipien und Colonieen), in welchen der Begriff der juristischen Personen zu bedeutender Anwendung, und so auch zu bestimmter Ausbildung kam; denn diese hatten, gleich den natürlichen Personen, auf der einen Seite Bedürfniß des Vermögens und Gelegenheit zu dessen Erwerbung, auf der andern Seite aber eine solche Abhängigkeit, wodurch sie vor Gericht gezogen werden konnten. In dieser letzten Rücksicht waren sie verschieden vom Römischen Staat, der unter keinem Richter stand, und dessen Vermögensverhältnisse mehr administrativ behandelt wurden; daher denn auch die Betrachtung der Römischen Republik und ihres Vermögens nicht die erste Veranlassung zur Anerkennung der juristischen Persönlichkeit und zur Ausbildung ihres Rechts gab, wenngleich zur Sicherheit des Staats gleiche Rechtsformen, wie zur Sicherheit der Privatpersonen, angewendet wurden, wovon unter andern das jus praediatorium ein Beyspiel giebt.

Sobald aber um der abhängigen Städte willen der Begriff einer juristischen Person festgestellt worden war, kam derselbe allmälig auch in solchen Fällen zur Anwendung, für welche allein er ursprünglich nicht leicht erfunden worden wäre. Er wurde nun angewendet auf die oben genannten uralten Genossenschaften der Priester und Handwerker; ferner auf den Staat, den man jetzt durch künstliche Reflexion aus sich selbst heraustreten ließ, unter dem Namen des Fiscus als eine Person behandelte, und so unter einen Richter stellte; endlich auf ganz ideale Subjecte, wie Götter und Tempel.

Diese letzte Anwendung erhielt die größte Ausdehnung und Mannichfaltigkeit, als das Christenthum zur Oberherrschaft gelangte. Das so ausgebildete Rechtsinstitut erhielt in den Germanischen Staaten nicht nur Fortdauer, sondern selbst weitere Entwicklung, da ihm hier, bey dem loseren Staatsverband, die entschiedene Neigung der Nationen zu willkührlichen Vereinen aller Art entgegen kam. In neueren Zeiten hat das Uebergewicht centraler Staatsgewalt die Corporationen wieder mehr in den Hintergrund gedrängt, wie dieses schon oben (§ 86) an dem Beyspiel der Universitäten bemerkt worden ist; doch ist das Wesen der juristischen Personen dadurch nicht verändert worden.

Nach dieser vorläufigen Uebersicht sollen nunmehr die wichtigsten Fälle der im Römischen Recht vorkommenden juristischen Personen zusammen gestellt werden.

I. Gemeinden.

Ganz Italien, seitdem es unter Römischer Herrschaft stand, zerfiel in eine große Anzahl von Stadtgebieten, so daß Städte lange Zeit die einzigen selbstständigen Gemeinden waren. Alle diese Städte wurden zugleich als wirkliche Staaten gedacht, nur von Rom abhängig; ja viele derselben (die Municipien) waren früher unabhängig gewesen, und erst später in diese Abhängigkeit gekommen. Diese Ansicht der Städte ist unsrem heutigen Recht im Ganzen fremd, und kommt nur in seltenen Ausnahmen vor. — Aus den Rechtsquellen sind dafür folgende Ausdrücke zu bemerken.

Civitas (a).

Municipes (b). Dieses ist der gewöhnlichste Ausdruck, häufiger als municipium, unter andern auch deswegen, weil jener Ausdruck die Bürger der Municipien und der Colonieen gleichmäßig umfaßt. Dieser Ausdruck ist ein so regelmäßiger geworden, daß er selbst da die Stadt bezeichnet, wo dieselbe im Gegensatz der einzelnen Bürger erwähnt werden soll (c).

Respublica (d). Zur Zeit der freien Verfassung bezeichnet dieser ohne Zusatz gebrauchte Ausdruck den Römischen Staat: bey den alten Juristen dagegen regelmäßig eine abhängige Stadtgemeinde.

(a) *L.* 3. 8 *quod. cuj. univ.* (3. 4.), *L.* 6 § 1 *de div. rer.* (1. 8.), *L.* 4 *C. de j. reipub.* (11. 29), *L.* 1. 3 *C. de vend. reb. civ.* (11. 30.).

(b) *L.* 2 *L.* 7 *pr. L.* 9 *quod cuj. un.* (3. 4.), *L.* 15 § 1 *de dolo* (4. 3.) (s. Note i), Gajus III. § 145. — In demselben Sinn aber kommt allerdings auch municipium vor, z. B. in *L.* 22 *de fidejuss.* (46. 1.).

(c) *L.* 1 § 7 *de quaest.* (48. 18.) „Servum *municipum* posse in caput *civium* torqueri saepissime rescriptum est: quia non sit *illorum* servus, sed *reipublicae*. Idemque in ceteris servis corporum dicendum est: nec enim plurium servus videtur, sed corporis." Hier ist offenbar municipes gleichbedeutend mit respublica, und den Gegensatz bilden die (einzelnen) cives, auf welche nachher das illorum geht. (Ueber die Sache selbst vgl. *L.* 6 § 1 *de div. rer.* 1. 8.). — Nur scheinbar verschieden ist der Sprachgebrauch in Ulpian. XX. § 5. „Nec *municipia*, nec *municipes* heredes institui possunt, quoniam incertum *corpus est*" etc. Er will sagen: die Erbeinsetzung ist gleich ungültig, der Testator mag den Ausdruck municipium oder municipes gebraucht haben. Ulpian selbst also nimmt unter diesen Ausdrücken gar keine Verschiedenheit an, wie der gleich folgende Grund deutlich zeigt.

(d) *L.* 1 § 1 *L.* 2 *quod cuj. un.* (3. 4.), *L.* 1 *C. de deb. civ.* (11. 32.). Cod. Just. Lib. 11 Tit. 29—32.

Respublica civitatis oder municipii (e).

Commune, Communitas (f).

Außer den Städten selbst, als den Hauptgemeinden, kommen aber auch einzelne Bestandtheile derselben als juristische Personen vor. Dahin gehören folgende Fälle:

Curiae, oder Decuriones. Gewöhnlich stehen die decuriones entweder blos als Einzelne, im Gegensatz der Stadt (g), oder auch für die Stadt selbst, welche ja ganz durch sie regiert und vertreten wird (h). Zuweilen aber kommen sie auch als besondere Corporation innerhalb der Stadt vor, mit einem eigenen Vermögen versehen (i).

Vici. Die Dörfer haben, politisch betrachtet, durchaus keine Selbstständigkeit, indem sie stets zu einem Stadtgebiet gehören (k). Dennoch sind sie auch für sich juristische

(e) *L.* 2 *C. de deb. civ.* (11.32.), *L.* 31 § 1 *de furtis* (47.2) „... reipublicae municipii alicujus ... Idemque scribit et de ceteris rebus publicis deque societatibus." Die ceterae res publicae sind coloniae, fora, conciliabula u. s. w.

(f) Wassenaer p. 409.

(g) *L.* 15 § 1 *de dolo* (4. 3.) „Sed, an in *municipes* de dolo detur actio, dubitatur. Et puto, ex suo quidem dolo non posse dari: *quid enim municipes dolo facere possunt?* Sed si quid ad eos pervenit ex dolo eorum, qui res eorum administrant, puto dandam. De dolo autem *decurionum* in ipsos *decuriones* dabitur de dolo actio."

(h) *L* 3 *quod cuj. un.* (3.4.) „Nulli permittetur nomine *civitatis vel curiae* experiri, nisi ei cui lex permittit" etc.

(i) *L.* 7 § 2 *quod. cuj. un.* (3.4.) „In *decurionibus vel aliis universitatibus* nihil refert" etc. *L.* 2 *C. de praed. decur.* (10.33).

(k) *L.* 30 *ad munic.* (50. 1.) Qui ex vico ortus est, eam patriam intelligitur habere, *cui reipublicae vicus ille respondet.*" Also ist der vicus selbst keine respublica, sondern Theil einer solchen. Diesem widerspricht nicht Festus v. vici: „.. Sed ex vicis partim habent rempub. et jus dicitur; partim nihil eorum, et tamen ibi nundinae aguntur negotii gerendi causa, et magistri

Personen, und können sowohl eigenes Vermögen erwerben (l), als Prozesse führen (m).

Fora, Conciliabula, Castella. Es waren Orte, die an Umfang und Wichtigkeit zwischen den Städten und Dörfern in der Mitte standen; sie gehörten gleichfalls zu einem Stadtgebiet, und hatten gewiß auch Corporationsrechte (n).

In späterer Zeit wurden auch ganze Provinzen als juristische Personen, mithin als größere Gemeinden behandelt (o).

vici, item magistri pagi quotannis fiunt." Sie hatten also nur bald mehr, bald weniger Stücke einer Gemeindeverfassung: die vollständigeren sind vielleicht gerade die, welche sonst fora und conciliabula heißen (Note n). Die hier erwähnte jurisdictio geht nicht auf örtliche Gerichtsobrigkeiten, sondern der städtische magistratus begab sich an diese Orte hin, um daselbst Gericht zu halten. — Hierin war also der Römische Zustand von dem unsrigen völlig verschieden; denn bey uns sind Dörfer (oder auch Kirchspiele und Bauerschaften ohne Dörfer) selbstständige Gemeinden, völlig unabhängig von den Städten (vgl. Eichhorn deutsches Privatrecht § 379. 380); ja wenn ausnahmsweise manche Dörfer von Städten abhängen, so steht dieses in Verbindung mit dem den Römern ganz fremden gutsherrlichen Verhältniß. — Außerdem kommt heutzutage noch eine andere gleichfalls geographische, den Römern unbekannte, Art von Corporationen vor, die wichtigen Markgenossenschaften. Vgl. Eichhorn deutsches Privatrecht § 168. 372.

(l) *L.* 73 § 1 *de leg.* 1 (30. un.). „Vicis legata perinde licere capere atque civitatibus, rescripto Imperatoris nostri significatur."

(m) *L.* 2 *C. de jurejur. propter cal.* (2. 59.) „sive pro aliquo corpore, *vel vico*, vel alia universitate."

(n) Es ist merkwürdig, daß diese Gemeinden in den Justinianischen Rechtsquellen nicht erwähnt werden. Sie kommen vor in der Tafel von Heraklea, der Lex de Gallia cisalpina, und bey Paulus IV. 6. § 2.

(o) Cod. Theod. Lib. 12 Tit. 12. Dirksen S. 15.

Bey den Agrimensoren heißen die Gemeinden, und zwar namentlich die Colonieen, publicae personae, welcher Ausdruck ihr politisches Wesen, als Grundlage der privatrechtlichen Persönlichkeit sehr gut bezeichnet (p).

(p) Aggenus ap. Goes. p. 56. „Quaedam loca feruntur ad *publicas personas* attinere. Nam *personae publicae* etiam coloniae vocantur, quae habent assignata in alienis finibus quaedam loca quae solemus praefecturas appellare. Harum praefecturarum proprietates manifeste *ad colonos* pertinent" etc. (also hier coloni für colonia, eben so wie oben municipes, Note b. c. g). — Dasselbe fast wörtlich gleichlautend, p. 67. — Aggenus p. 72 „haec inscriptio videtur *ad personam coloniae ipsius* pertinere quae nullo modo abalienari possunt a republica: ut si quid in tutelam *aut templorum publicorum*, aut balnearum adjungitur: habent et respub. loca suburbana *inopum funeribus destinata*."

§. 88.

Juristische Personen. — Geschichte (Fortsetzung)

II. Willkührliche Vereinigungen.

A. Religiöse Vereine. — Dahin gehören die Collegien der Priester (auch Tempelcollegien genannt) und der Vestalinnen. Beide konnten Eigenthum erwerben, und in letzten Willen bedacht werden (a).

B. Beamtenvereine. — Die untergeordneten Officianten, die von den Obrigkeiten zur Besorgung verschiedener Geschäfte gebraucht wurden, erscheinen schon frühe als Corporationen (§ 87). Besonders war stets zunehmend, an Zahl der Mitglieder und an Wichtigkeit, das Schreiberpersonal, dessen Mitglieder in allen Zweigen des öffentlichen Dienstes benutzt wurden, daneben aber auch, so wie unsere Notare, für Privatpersonen ähnliche Geschäfte besorgten (b). Sie kommen unter verschiedenen Namen vor, hergenommen von besonderen Beschäftigungen, wie librarii, fiscales, censuales: der allgemeinste Name

(a) Hyginus p. 206 ed. Goesii: „Virginum quoque Vestalium et sacerdotum quidam agri vectigalibus redditi sunt et loçati." — *L.* 38 § 6 *de leg.* 3 (32. un.). Es war folgendes Fideicommiß gegeben: „MM. sol. reddas *collegio cujusdam templi.* Quaesitum est cum id collegium postea dissolutum sit" etc. — Vgl. Wassenaer p. 415. Dirksen S. 50. 117. 118.

(b) Niebuhr Römische Geschichte B. 3 S. 349—353. Savigny Geschichte des R. R. im Mittelalter B. 1 § 16. 111. 140. — Vgl. J. Gothofred. in Cod. Theod. XIV. 1. Dirksen S. 46. 58.

aber war früher Scribae. Sie waren in besondere Abtheilungen geordnet, welche decuriae hießen, und es war ganz zufällig, daß dieser an sich generische Name (c) für sie als individuelle Bezeichnung üblich wurde. Decuriae also, ohne weiteren Zusatz, bezeichnet schon in der Republik, und dann stets unter den Kaisern, die Innungen der Schreiber; die einzelnen Mitglieder heißen decuriati, und in späterer Zeit decuriales. Es war natürlich, daß die Schreiberzünfte in Rom, und dann auch in Constantinopel, besonders ausgezeichnet und privilegirt wurden (d).

C. Gewerbliche Vereine (e).

Dahin gehören zuerst die uralten Handwerkszünfte, die sich durch alle Zeiten erhielten, zum Theil auch (wie die Schmiede) mit besonderen Privilegien versehen waren (f). Ferner auch neuere, wie in Rom die Bäckerzunft, in Rom und in den Provinzen die Schiffer (g). Die Geschäfte der-

(c) Decuria heißt eigentlich ein Verein von zehen Personen, dann aber auch ein Collegium überhaupt, ohne Rücksicht auf die Zahl der Mitglieder. Der Ausdruck kommt auch bey dem Senat vor (in Rom und in den Landstädten), ferner bey den judices; aber in keiner dieser Anwendungen ist er zu so üblicher, vorherrschender Bezeichnung gebraucht worden, wie bey den Schreibern.

(d) Hauptstellen über diese Decurien sind folgende: Cicero in Verrem III. 79, ad Quintum fratrem II. 3. Tacitus ann. XIII. 27. Sueton. August. 57, Claudius 1. — *L.* 3 § 4 *de B. P.* (37. 1.), *L.* 22 *de fidejuss.* (46. 1.), *L.* 25 § 1 *de adqu. vel om. her.* (29. 2.), Cod. Just. XI. 13, Cod. Theod. XIV. 1. — Vgl. Averanius Interpret. II. 19 § 1.

(e) Niebuhr B. 3 S. 349. Dirksen S. 34 fg. — Über die heutigen Zünfte als Inhaber von Vermögensrechten vergl. Eichhorn deutsches Privatrecht § 371 — 373.

(f) *L.* 17 § 2 *de excus.* (27. 1.), *L.* 5 § 12 *de j. immun.* (50. 6.).

(g) *L.* 1 *pr. quod cuj. univ.* (3. 4.), *L.* 5 § 13 *de j. immun.*

selben waren gleichartig (und darauf gründeten sich ihre Vereine), nicht gemeinschaftlich: jeder Einzelne arbeitete, so wie bey uns, auf eigene Rechnung.

Allein auch gemeinschaftliche gewerbliche Unternehmungen kommen in der Gestalt juristischer Personen vor. Der allgemeine Name solcher Verbindungen ist Societas, und die meisten derselben hatten eine blos contractliche Natur, erzeugten Obligationen, und waren der Auflösung durch Kündigung so wie durch den Tod jedes einzelnen Mitgliedes unterworfen. Einzelne darunter erhielten jedoch das Recht von Corporationen, ohne darum den allgemeinen Namen Societates aufzugeben (h). Dahin gehörten die Gesellschaften zum Betrieb von Bergwerken, Salinen und Zollpachtungen (i).

D. Gesellige Vereine, Sodalitates, Sodalitia, Collegia sodalitia (k). Der ältere Cato (bey Cicero) erzählt

(50. 6.). — Als Elemente der Stadtgemeinden selbst, und als Träger politischer Rechte, konnten übrigens weder die alten noch die neuen Zünfte betrachtet werden. Darin waren die alten Stadtverfassungen wesentlich verschieden von den in den Germanischen Staaten entstandenen: denn in diesen waren die Zünfte an Stellung und Wichtigkeit den Römischen Tribus zu vergleichen.

(h) *L.* 1 *pr.* § 1 *quod cuj. univ.* (3 4), *L.* 3 § 4 *de B. P.* (37. 1.), *L.* 31 § 1 *de furtis* (47. 2.) (s. o. § 87. e). In *L.* 1 *pr. cit.* muß man mit Haloander lesen: „Neque *societatem* (Flor. *societas*), neque collegium, neque hujusmodi corpus passim omnibus habere conceditur" etc. — Zur Unterscheidung von diesen corporativen Societäten werden dann die blos contractlichen auch wohl *privatae* societates genannt. *L.* 59 *pr. pro soc.* (17. 2.).

(i) *L.* 1 *pr. quod cuj. univ.* (3. 4.), *L.* 59 *pr. pro soc.* (17. 2.).

(k) Dieser letzte Ausdruck steht in *L.* 1 *pr. de coll.* (47. 22.). Haloander liest sodalitia (ohne collegia), und dieses scheint auch (nach der Glosse) die Vulgata zu seyn, obgleich manche alte Aus-

ihre erste Entstehung während seines Mannesalters, und beschreibt sie mit großem Behagen als Zusammenkünfte zu gemeinschaftlichen Gastmahlen, mäßig, aber in froher Geselligkeit: zugleich, nach der Sitte der alten Zeit, in Verbindung mit gemeinschaftlichem Gottesdienst (l). Es war also das was wir Clubbs nennen, und wenn wir diese Vereine späterhin als minder harmlos, ja als politisch gefährlich, erwähnt finden, so folgt daraus gar nicht, daß unter jenem Ausdruck Institute verschiedener Art verstanden werden müßten, sondern nur, daß die Beschaffenheit derselben durch den allgemeinen Character jedes Zeitalters bestimmt wurde. Die früher blos geselligen Clubbs wurden in aufgeregten Zeiten (wie es auch in unseren Tagen geschehen ist) Mittelpunkte der politischen Factionen, ja es wurden nun ohne Zweifel auch neue lediglich zu diesem Zweck gestiftet. — Dadurch erklärt sich denn zugleich Dasjenige, was von öfteren Verboten derselben berichtet wird. In einzelnen Fällen großer Bewegung

gaben das Florentinische collegia sodalitia haben, z. B. Venet. 1485, Lugd. Fradin. 1511. In meiner Handschrift fehlen die Worte collegia sodalitia neve milites, so daß es heißt ne patiantur esse collegia in castris habeant. So mag überhaupt die bald folgende Wiederholung des Wortes collegia Veranlassung zur irrigen Weglassung gegeben haben. — Übrigens hat Sodalitia, allein stehend, sehr alte Autoritäten für sich, so daß es wohl nur zufällig in den Rechtsquellen nicht vorkommt.

(l) Cicero de senect. C. 13. Cato zählt hier die Freuden des Alters auf. „Sed quid ego alios? ad meipsum jam revertar. Primum habui semper sodales; sodalitates autem me quaestore constitutae sunt, sacris Idaeis Magnae Matris acceptis; epulabar igitur cum sodalibus omnino modice, sed erat quidam fervor aetatis, qua progrediente

waren die öffentlichen Plätze von den Clubbs und den Schreibercollegieen besetzt worden: der Senat befahl ihnen aus einander zu gehen, und brachte einen Antrag an das Volk, um diesem Befehl durch die Drohung eines publicum judicium Nachdruck zu geben (m). Dann wurden im Allgemeinen die collegia aufgehoben (n). So erscheint denn auch in unsren Rechtsquellen die bleibende Regel, kein Verein dürfe ohne obrigkeitliche Erlaubniß gestiftet werden, und diese Erlaubniß werde nicht leicht noch häufig ertheilt; die unerlaubte Theilnahme daran werde criminell, und zwar als extraordinarium crimen, bestraft (o). Die-

omnia fient in dies mitiora; neque enim ipsorum conviviorum delectationem voluptatibus corporis magis, quam coetu amicorum et sermonibus metiebar." — Festus v. Sodales giebt mehrere Etymologieen an, woraus für die Sache erhellt, daß es Gastmahle mit zusammengetragenen Speisen waren (Pickenicks).

(m) Cicero ad Quintum fratrem II. 3 „Sc. factum est, ut sodalitates decuriatique discederent: lexque de iis ferretur, ut, qui non discessissent, ea poena quae est de vi tenerentur."

(n) Asconius in Cornelianam (p. 75 ed. Orelli) „Frequenter tum etiam coetus factiosorum hominum sine publica auctoritate malo publico fiebant: propter quod postea collegia Scto et pluribus legibus sunt sublata, praeter pauca atque certa, quae utilitas civitatis desiderasset quasi, ut fabrorum fictorumque" (al. *lictorumque*, welches besser scheint; denn fictor bezeichnet mehr das Abstractum des Bildners, die Töpfer dagegen, deren Zunft allerdings uralt war, heißen figuli. Vgl. Plinius hist. nat. XXXV. 12). — Asconius in Pisonianam (p. 7 ed. Orelli) „.. qui ludi sublatis collegiis discussi sunt. Post novem deinde annos, quam sublata erant, P. Clodius trib. pl. lege lata restituit collegia."

(o) *L.* 1. 2. 3 *de coll. et corp.* (47. 22.), *L.* 1 *pr. quod cuj. un.* (3. 4.). Wenn eine solche versuchte Verbindung misbilligt und aufgelöst wird, folglich als juristische Person niemals entsteht, so können natürlich die Mitglieder den zusammen gebrachten Fonds

ses Alles hat man nicht selten von einer allgemeinen Aufhebung aller Corporationen verstanden; allein Niemand dachte daran, z. B. die uralten Handwerkerzünfte, oder gar die Priestercollegien zu verbieten. Man meynte die factiösen, politisch gefährlichen Clubbs, und fand vielleicht eine genauere Bezeichnung des verbotenen Gegenstandes nicht nöthig, weil ohnehin jeder wußte, wovon die Rede sey (p). Es hatten aber jene Regeln unsrer Rechtsquellen einen doppelten Sinn, der nur in den Worten nicht deutlich unterschieden wird: erstlich, daß überhaupt ein Verein nicht ohne öffentliche Genehmigung zur juristischen Person werde, und dieser, noch in dem heutigen Recht bestehende wichtige Rechtssatz ist ganz unabhängig von dem unschuldigen oder bedenklichen Character des Vereins: zwey-

wieder zurücknehmen, also unter sich vertheilen. *L.* 3 *de coll. et corp.* „.. permittitur eis, cum dissolvuntur, pecunias communes, si quas habent, dividere"... Mit Unrecht haben hieraus Manche gefolgert, daß auch wenn eine Corporation wirklich bestanden habe, und nachher sich auflöse, ihr Vermögen stets unter die Mitglieder vertheilt werden müsse; in dem Fall jener Stelle war blos die factische Vereinigung Einzelner dissolvirt worden, eine Corporation hatte niemals angefangen. Vgl. Marezoll in Grolmans und Löhrs Magazin B. 4 S. 207.

(p) Vgl. über das Geschichtliche dieser Verbote Dirksen S. 34—47. — Nach Asconius (Note n) könnte man glauben, daß nur einige wenige Collegieen von dem Verbot namentlich ausgenommen, die übrigen alle aufgehoben worden wären. Zu buchstäblich ist das aber wohl nicht zu nehmen, denn es ist kaum denkbar, daß irgend eine der alten Handwerkszünfte verboten seyn sollte, von den Societäten der Zollpächter ist es noch unwahrscheinlicher, und von den Priestercollegien (die doch auch unter den Buchstaben jener Erzählung fallen würden) ist es völlig undenkbar.

tens, daß ungenehmigte Vereine verboten und strafbar sind, und dieses geht nur auf Vereine, die wirklich gefährlich sind, oder durch ihre Unbestimmtheit gefährlich werden können (wobey dann die juristische Persönlichkeit blos Nebensache ist), niemals auf blos gewerbliche Unternehmungen.

Eine ähnliche Natur mit jenen Clubbs aus der Zeit der Republik hatten, wie es scheint, die weit neueren Collegia tenuiorum, von welchen Folgendes gemeldet wird. Solche Vereine geringer Leute sollten zwar gestattet seyn, jedoch nur mit Einer Zusammenkunft in jedem Monat, wozu denn auch monatliche Beyträge gegeben wurden. Niemand sollte in mehreren derselben zugleich Mitglied seyn. Auch Sklaven konnten Theil nehmen, doch nur mit Erlaubniß ihrer Herren (q).

Für alle diese willkührlich gebildete Corporationen gilt die gemeinsame Bemerkung, daß sie als Nachahmungen der Stadtgemeinden betrachtet werden, und gleich diesen Vermögen und Vertreter haben, welches eben das Wesen der juristischen Personen ausmacht (r). — Unter ihnen ist

(q) *L.* 1 *pr.* § 2. *L.* 3 § 2 *de coll. et corp.* (47. 22.). — Unrichtig hat man mit diesen collegiis tenuiorum in Verbindung gebracht die Regel, nach welcher die Immunitäten, welche manchen Handwerkszünften ertheilt waren, nur den ärmeren Mitgliedern (tenuioribus) zu gut kommen sollten, nicht den reichen, die durch ihr Vermögen (noch außer ihrem Handwerk) hinreichende Mittel besaßen, die städtischen Lasten zu tragen. *L.* 5 § 12 *de j. immun.* (50. 6.).

(r) *L.* 1 § 1 *quod cuj. un.* (3. 4.). „Quibus autem permissum est corpus habere collegii, societatis, sive cujusque alterius eorum nomine, propri-

die schon oben (§ 86) bemerkte Verschiedenheit wahrzunehmen, daß einige auf bleibenden Bedürfnissen, ähnlich den Gemeinden, beruhten, wie die Priestercollegien, Decurien, Handwerkszünfte: andere auf vorübergehenden Bedürfnissen und mehr willkührlichen Entschließungen, wie die Societates und Sodalitates.

Über die Benennungen ist Folgendes zu bemerken. Einige specielle Namen (decuriae, societates, sodalitates) sind bereits angegeben worden. Zwey Namen aber sind ihnen allen gemeinschaftlich, und werden als solche abwechslend gebraucht: collegium und corpus, wie denn auch schon oben collegia templorum und collegia sodalitia nachgewiesen worden sind (Note a und k). Wenn zuweilen diese Ausdrücke unterschieden zu werden scheinen, so rührt das blos daher, daß die einzelnen Corporationen nicht beide Namen abwechslend gebrauchten, sondern einen ausschließend: welchen sie aber führten, das war ganz zufällig. Wenn also z. B. gesagt wird: neque collegium neque corpus habere conceditur (Note h), so heißt das so viel: die willkührliche Bildung von Vereinen ist unerlaubt, sie mögen nun den Namen collegium oder corpus führen wollen (s). Jeder dieser Ausdrücke also bezeichnet

um est, *ad exemplum Reipublicae,* habere res communes, arcam communem, et actorem sive Syndicum, per quem, *tamquam in Republica,* quod communiter agi fierique oporteat, agatur, fiat."

(s) *L.* 1 *pr.* § 1 *quod cuj. un.* (3. 4.) (s. o. Note h), rubr. tit. Dig. de collegiis et corporibus (47. 22.), *L.* 1 *pr.* § 1 *L.* 3 § 1. 2 *eod.*, *L.* 17 § 3 *L.* 41 § 3 *de excus.* (27. 1.), *L.* 20 *de reb. dub.* (34. 5.). — Nach Stryk us.

eine willkührliche Corporation, mithin den Gegensatz gegen städtische Gemeinden (t).

Die einzelnen Mitglieder heißen, in wechselseitiger Beziehung zu einander, collegae (u), auch sodales, welcher Name also eine allgemeinere Bedeutung und eine ältere Entstehung als sodalitas hatte (v); in absoluter Bedeutung heißen sie collegiati und corporati (w). — Bey einzelnen oben erwähnten Arten solcher Corporationen heißen die Mitglieder Decuriati, Decuriales (Note d), Socii (Note h).

Der gemeinschaftliche Name für alle Corporationen, Städte und andere, ist Universitas (x), und im Gegensatz

mod. XLVII. 22 § 1 heißt corpus eine aus mehreren collegiis bestehende Corporation; dieser ganz unrömische Sprachgebrauch gründet sich auf den sehr zufälligen Umstand, daß in unsren Universitäten der ganze Senat das corpus academicum heißt, die einzelnen Facultäten collegia.

(t) *L.* 1 § 7 *de quaest.* (48. 18.).

(u) *L.* 41 § 3 *de excus.* (27. 1.), Fragm. Vatic. § 158.

(v) So die uralten Sodales Titii oder Tatii, dann die Sodales Augustales u. s. w. Tacitus ann. I. 54. — Vgl. *L.* 4 *de coll. et corp.* (47. 22.), nach welcher Stelle es scheint, daß auch schon die zwölf Tafeln diesen Ausdruck enthielten.

(w) *L. un. C. de priv. corporat.* (11. 14.). *L.* 5 *C. de commerc.* (4. 63.).

(x) rubr. Dig. Lib. 3 tit. 4, *L.* 1 *pr.* § 1. 3 *L.* 2 *L.* 7 § 2 *eod.* (zu L. 2 cit. vergl. Schulting notae in Dig.). — Es ist nur eine unter den vielen Anwendungen dieses Ausdrucks, der ja jede Gesammtheit von Personen, Sachen oder Rechten bezeichnet (§ 56. n), also auch ganz andere Begriffe als den einer juristischen Person. So z. B. bedeutet in *L.* 1 *C. de judaeis* (1. 9.) die universitas Judaeorum in Antiochiensium civitate nur die Gesammtheit der einzelnen daselbst wohnenden Juden (universi Judaei), nicht eine juristische Person; denn eine solche sollten sie ja gerade nach dieser Stelle nicht bilden, und namentlich sollte ihnen kein gültiges Legat gegeben werden können. Vgl. Zimmern Rechtsgeschichte B. 1 § 130.

derselben heißt die natürliche Person, oder der einzelne Mensch, singularis persona (y).

III. Stiftungen, oder unsichtbare juristische Personen (§ 86). Seitdem die christliche Religion herrschend wurde, kamen jene in der größten Ausdehnung und Mannichfaltigkeit vor, und wurden mit vieler Begünstigung behandelt. Einen gemeinsamen Namen führen sie in den Rechtsquellen nicht, und erst die Neueren haben dafür den Ausdruck pia corpora erfunden (z). Um ihr eigentliches Wesen durch den Gegensatz klarer hervor treten zu lassen, wird es zuträglich seyn, zuvor den Zustand des vorchristlichen Roms zu betrachten.

In der früheren Zeit sind solche juristische Personen außerordentlich selten, und es kommt davon nur Folgendes vor, welches sich lediglich auf religiöse Anstalten bezieht. Einige bestimmte Götter hatten ausnahmsweise das Vorrecht bekommen, daß sie zu Erben eingesetzt werden durften (aa). Darauf ist es denn auch ohne Zweifel zu beziehen, wenn gültige, einem Tempel angewiesene, Fideicommisse (bb), und wenn Sklaven und Freygelassene, die

(y) *L.* 9 § 1 *quod metus* (4. 2).

(z) Viele derselben finden sich zusammen gestellt in *L.* 23 *C. de SS. eccl.* (1. 2.), *L.* 35. 46 *C. de ep. et cler.* (1. 3). — Vgl. überhaupt Mühlenbruch T. 1 § 201. Schilling Institutionen B. 2 § 49. — Allerdings steht in *L.* 19 *C. de SS. eccles.* (1. 2.) „donationes super *piis causis* factae;" allein dieser Ausdruck bezeichnet den frommen Zweck der Schenkung, nicht die juristische Person als Donatar.

(aa) Ulpian. XXII. § 6. „Deos heredes instituere non possumus, praeter eos quos Scto, constitutionibus Principum, instituere concessum est: sicuti Jovem Tarpejum" etc.

(bb) *L.* 20 § 1 *de annuis leg.* (33. 1.). Es war den Priestern

einem Tempel angehören, erwähnt werden, welches letzte jedoch vielleicht als ein allgemeines Recht aller Tempel, unabhängig von jenen Privilegien wegen der Testamente, angesehen werden mochte (cc).

Wie ist nun diese Verschiedenheit der Zeiten in der Annahme und Behandlung solcher juristischen Personen zu erklären? Gleichgültig gegen ihren Cultus waren die Römer in der vorchristlichen Zeit gewiß nicht; aber er war Staatscultus, und die Staatskasse deckte seine großen Ausgaben; wie in Rom, eben so in jeder Stadt des Reichs. Es konnte dafür noch besonders gesorgt seyn durch gewisse Güter des Staats oder der Städte, deren Ertrag für solche fromme Zwecke bleibend angewiesen war, während das Eigenthum selbst dennoch dem Staat oder der Stadt gehörte (§ 87. p). Daß mit dem Chri-

und Dienern eines bestimmten Tempels ein Fideicommiß gegeben; dieses wird für gültig erklärt, und so ausgelegt: „Respondit ... ministerium nominatorum designatum: ceterum *datum templo*."

(cc) Varro de lingua latina Lib. 8 (sonst 7) C. 41. Er will beweisen, daß in der Sprache überhaupt keine Analogie beobachtet werde, und führt als Beyspiel an, daß manche Eigennamen von Orten abgeleitet seyen, andere gar nicht, oder doch nicht auf die rechte Weise: „alii nomina habent ab oppidis; alii aut non habent, aut non ut debent habent. Habent plerique libertini a municipio manumissi; in quo, ut societatum *et fanorum servi*, non servarunt pro portione rationem." Die übrige nicht geringe Schwierigkeit der Stelle gehört nicht hieher. Vgl. auch Cicero divinat. in Caecil. C. 17. — Gar Nichts beweisen für die Vermögensfähigkeit die allerdings sehr häufig erwähnten Geschenke an Götter; denn das so Geschenkte wurde gewiß meist consecrirt, stand also nun außer allem Eigenthum, und setzt daher gar nicht die Eigenthumsfähigkeit des so beschenkten Gottes voraus.

stenthum eine andere Ansicht geltend wurde, erklärt sich aus seiner Einheit und Selbstständigkeit, und besonders aus der weit größeren Macht, die es über die Gemüther ausübte. — Was aber die Anstalten der Wohlthätigkeit betrifft, so hatten diese zur Zeit der Republik weniger einen menschlichen, als einen politischen Character; so der ungeheuere Aufwand, wodurch für die Erhaltung und das Vergnügen der geringen Klassen der Einwohner, theils aus Staatskassen, theils von den einzelnen Obrigkeiten, gesorgt wurde. Wenn später von manchen Kaisern Wohlthätigkeit geübt wurde, wie von Trajan durch seine großartige Stiftung für arme Kinder in Italien, so beruhte dieses auf vereinzelter, vorübergehender persönlicher Willkühr. Es war dem Christenthum vorbehalten, die Menschenliebe an sich zu einem wichtigen Gegenstand der Thätigkeit zu erheben, und in dauernden, unabhängigen Anstalten gleichsam zu verkörpern.

Seitdem nun, unter der Herrschaft christlicher Fürsten, die kirchlichen Institute als juristische Personen auftreten, welches ist hier der Punkt, wohin wir die Persönlichkeit zu versetzen haben, oder wie haben wir uns genau das Subject der ihnen zustehenden Vermögensrechte zu denken? Vor Allem ist hierin folgender Gegensatz gegen die frühere Zeit unverkennbar. Die alten Götter wurden gedacht als individuelle Personen, ähnlich den einzelnen, sichtbar umher wandelnden Menschen; Nichts war natürlicher, als daß Jeder derselben sein eigenes Vermögen haben konnte, und es war nur eine Fortsetzung desselben Gedankens, wenn auch der in einem einzelnen Tempel verehrte Gott wieder eine besondere juristische Person vorstellte, ja selbst eigene Privilegien erhielt (dd). Die christliche Kirche dagegen beruht auf dem Glauben an Einen Gott, und sie ist durch den gemeinsamen Glauben an diesen Einen Gott und dessen bestimmte Offenbarung zu Einer Kirche verbunden. Es lag also sehr nahe, diese Einheit auch auf die Vermögensverhältnisse zu übertragen, und diese Auffassung findet sich in ganz verschiedenen Zeitaltern, sowohl in der Lehre von Schriftstellern, als in dem Gefühl und der Ausdrucksweise einzelner Urheber von Stiftungen. So geschah es also ganz gewöhnlich, daß als Eigenthümer des Kirchengutes bald Jesus Christus, bald die allgemeine christliche Kirche, oder auch deren sichtbares Oberhaupt, der Pabst, bezeichnet wurde. Allein bey genauerer Betrachtung mußte man sich überzeugen, daß auf dem, an sich nothwendig beschränkten, Rechtsgebiet diese Auffassung völlig unbrauchbar sey, und daß an ihre Stelle die Annahme individueller juristischer Personen, auch in Beziehung auf das Kirchengut, gesetzt werden müsse.

In diesem Sinn enthält schon ein Gesetz von Justinian folgende Bestimmungen (ee). Wenn ein Testator Jesus Christus zum Erben einsetzt, so ist darunter die Kirche seines Wohnorts zu verstehen. Setzt er einen Erzengel

(dd) Ulpian. XXII. § 6

(ee) *L.* 26 *C. de SS. eccles.* (1. 2.); die Stelle ist nicht glossirt.

oder einen Märtyrer zum Erben ein, so ist die demselben gewidmete Kirche des Wohnorts, oder (wenn sich da eine solche nicht findet) der Hauptstadt der Provinz als eingesetzter Erbe gemeynt. Bleibt nach diesen Regeln eine Ungewißheit unter mehreren Kirchen übrig, so hat diejenige den Vorzug, zu welcher der Testator in seinem Leben besondere Zuneigung zeigte, und wenn auch dieser Umstand nicht entscheidet, die ärmste unter jenen Kirchen. — Subject des Erbrechts ist also eine individuelle Kirchengemeinde, das heißt die Corporation der zu dieser Kirche gehörenden Christen.

Derselbe Grundsatz findet sich in den Schriftstellern ganz verschiedener Jahrhunderte: sowohl vor der Reformation (ff), als nach derselben; bey Katholiken (gg) eben sowohl, als bey Protestanten (hh). Diese erkennen gleichmäßig die individuelle Kirchengemeinde als Inhaber des Kirchenvermögens an, namentlich also bey den Pfarrgütern die

(ff) Jo. Faber in Instit. § Nullius, de divis. rerum; Französischer Jurist des vierzehnten Jahrhunderts.

(gg) Gonzalez Tellez in Decr. Lib. 3 Tit. 13 C. 2 „dicendum est dominium rerum ecclesiasticarum residere penes ecclesiam illam particularem cui talia bona applicata sunt pro dote ... Nec persona aliqua singularis habet dominium, *sed sola communitas*, persona autem singularis non ut talis, sed *ut pars et membrum communitatis*, habet in ipsis rebus jus utendi." Fr. Sarmientus de ecclesiae reditibus P. 1 C. 1 N. 21 „... et haec est opinio in glossis posita." Sarpi de materiis beneficiariis s. benef. ecclesiast. Jenae 1681. 16 p. 91—93. Sauter fundam. j. eccles. catholicorum P. 5 Friburgi 1816 § 854. 855.

(hh) J. H. Böhmer Jus eccles. Protest. Lib. 3 Tit. 5 § 29. 30, Jus parochiale Sect. 5 C. 3 § 3. 4. 5.

Gesammtheit der Parochianen (ii). Sie wollen damit abweisen die Meynung Derjenigen, welche entweder alles Kirchengut überhaupt der Universalkirche, oder das in jedem bischöfflichen Sprengel befindliche Kirchengut dieser Diöcesankirche, als Gemeingut zuschreiben. Sie führen gegen diese Meynung als entscheidend den Grund an, daß zwischen dem Pfarrvermögen zweyer Parochieen Rechtsverhältnisse aller Art vorkommen können, namentlich Erwerb und Verlust durch Verjährung, so wie die Errichtung von Prädialservituten, welches nur unter Voraussetzung von zwey gänzlich getrennten Vermögensmassen möglich sey. — Es erhellt hieraus, daß der aufgestellte Rechtssatz über den wahren Inhaber des Kirchenguts keinesweges unter die unterscheidenden Lehren der Katholiken und Protestanten gehört; beide stimmen in dieser Individualisirung des Kirchenguts überein, und die Differenz betrifft nur den Begriff und die Verfassung sowohl der einzelnen Kirchen, als der Kirche im Großen und Ganzen (kk).

Eine ähnliche Bewandniß, wie mit den kirchlichen Instituten, hat es mit den sogenannten milden Stiftungen, das heißt mit den Anstalten bloßer Wohlthätigkeit, wohin die Versorgungshäuser für Arme, Kranke, Pilger,

(ii) Über den eigentlichen Begriff der Parochianen findet sich eine sehr gründliche Untersuchung bey J. H. Böhmer Jus paroch. Sect. 3 C. 2 § 4 § 9—25.

(kk) Auf diese letzte Verschiedenheit geht die Äußerung von G. L. Böhmer princ. j. canon. § 190, in welcher also kein Widerspruch gegen die von mir im Text behauptete Übereinstimmung der beiden Kirchenparteyen enthalten ist.

Greise, Kinder überhaupt, Waisenkinder insbesondere, gehören (Note z). Sobald hier Grund vorhanden ist, die Natur einer juristischen Person anzunehmen, ist jede einzelne Anstalt dieser Art als eine solche Person zu betrachten, wie es auch in der That von den christlichen Kaisern geschieht. Jedes Hospital also u. s. w. ist Inhaber eines selbständigen Vermögens, so gut als der einzelne Mensch oder eine Corporation, und es ist unrichtig, wenn manche Neuere das Vermögen jener Anstalten dem Staat, oder einer Stadtgemeinde, oder einer Kirche zuschreiben. Der allgemeinste Grund jener Verwechslung liegt aber in Folgendem. Wenn der Einzelne Almosen giebt, oder der Staat bey großer Theurung mit seinen Kassen und Magazinen zu Hülfe kommt, so ist das auch eine Thätigkeit zu jenen Zwecken, allein schon das Einzelne und Vorübergehende der Handlung schließt den Gedanken an eine juristische Person völlig aus. Wenn der Staat oder eine Stadt bleibende Maaßregeln dieser Art trifft, so haben diese vielleicht einen blos administrativen, gar nicht juristischen, Character; dann ist immer nur von dem Vermögen des Staats oder der Stadt die Rede, von welchem ein Theil zu solchen Zwecken willkührlich verwendet wird, welches eben so willkührlich wieder abgeändert werden kann. Es kann ferner auch ein Rechtsgeschäft zur Grundlage solcher Zwecke gemacht werden, ohne daß deshalb eine juristische Person entsteht; wenn z. B. ein Testator seinem Erben die Verpflichtung auflegt, so lange er lebt, eine gewisse Summe in Almosen an bestimmten Tagen des Jahrs zu vertheilen, so wird diese Bestimmung, gleich jedem anderen Modus, geschützt (§ 128. 129); eine juristische Person erscheint dabey gar nicht, vielmehr ist blos von dem Vermögen des Erben, und von einer dem Erben auferlegten Verbindlichkeit die Rede. Endlich aber kann allerdings auch die Errichtung einer juristischen Person solchen Zwecken zum Grunde gelegt werden, und es wird gewöhnlich dadurch eine höhere Sicherheit erreicht seyn; wovon diese Errichtung abhängt, wird sogleich näher bestimmt werden (§ 89). Nun pflegt man den Ausdruck Stiftung auf ganz verschiedene Fälle der hier beschriebenen Art anzuwenden, und die Unbestimmtheit dieses Ausdrucks hat unverkennbar die Verwirrung der Begriffe selbst sehr befördert. Ich selbst habe hier den Ausdruck Stiftung gebraucht, jedoch nur um eine Klasse der juristischen Personen zu bezeichnen, also in der ausdrücklichen Voraussetzung, daß die Stiftung zugleich auch eine juristische Person geworden sey.

Die Constitutionen der christlichen Kaiser zeigen die größte Sorgfalt, jene milden Zwecke, in welcher Gestalt sie auch auftreten mögen, in Schutz zu nehmen, und von den Hindernissen zu befreyen, die ihnen in den Weg treten können. Dieses geschieht, indem sie als juristische Personen anerkannt werden, wo nur immer dazu Veranlassung erscheint. Wie es auch außer solchen Fällen geschieht, davon finden sich folgende entscheidende Beyspiele. Wenn ein Testator die Armen überhaupt zu Erben oder Legataren ernannte, so war die Bestimmung ungültig wegen der alten Regel des Römischen Rechts, daß keine incerta persona bedacht werden könne; eine Verordnung Valentinians III. hob die Regel in dieser besonderen Anwendung auf (ll). Justinian erklärte ein solches Testament dahin, daß die Erbschaft dem Armenhaus, welches der Testator besonders meynte, in Ungewißheit hierüber dem Armenhaus seines Wohnorts, unter mehreren Armenhäusern dem ärmsten derselben, wo gar kein Armenhaus sey, der Kirche des Wohnorts zufallen solle, mit der Verpflichtung, Alles für die Armen zu verwenden; eben so, wenn die Gefangenen zu Erben eingesetzt waren, sollte die Kirche des Orts Erbe seyn, mit der Verpflichtung das ganze Vermögen zum Loskauf von Gefangenen zu verwenden (mm). Hier werden also die wohlthätigen Absichten dadurch unterstützt, daß das Recht der Succession auf schon bestehende juristische Personen übertragen wird. Außerdem aber verordnete Justinian, daß alle wohlthätige Verfügungen Verstorbener unter der besonderen Aufsicht der Bischöffe und Erzbischöffe stehen sollten, welchen also die Sorge für die Ausführung allgemein übertragen wurde (nn). Es war dieses eine Folge davon, daß die Ar-

(ll) *L.* 24 *C. de episc.* (1, 3.).

(mm) *L.* 49 *C. de episc.* (1.3.).

(nn) *L.* 46 *C. de episc.* (1.3); diese Stelle ist unglossirt.

menversorgung als ein wesentlicher und wichtiger Theil kirchlicher Thätigkeit anerkannt war. — Dieselben Grundsätze finden sich in den Bestimmungen des canonischen Rechts. Es bildete sich hieraus die Ansicht, daß das Vermögen der milden Stiftungen unter den allgemeinen Begriff des Kirchenguts (bona ecclesiastica) falle. Diese Bezeichnung hatte den zwiefachen Sinn, daß dasselbe unter dem Einfluß und der Aufsicht der Kirchenobern stehe, und daß es an den Privilegien des Kirchenguts Theil nehme; keinesweges aber sollte dadurch die Selbständigkeit der juristischen Personen dieser Art verneint werden, und es ist ein Misverständniß neuerer Zeit, wenn man dem Ausdruck diese Deutung gegeben hat (oo). Der entscheidende Beweis für die Richtigkeit dieser Behauptung ist derselbe, welcher oben für die individuelle Persönlichkeit der einzelnen Kirchen, insbesondere der Parochieen, geführt worden ist. Denn auch milde Stiftungen sind durchaus fähig, sowohl unter einander, als mit dem Staate, den Städten, den Kirchen, in so mannichfaltigen Rechtsverhältnissen zu stehen, wie sie nur unter Voraussetzung juristischer Selbstständigkeit möglich sind.

Sehen wir hierin endlich auf das heutige Recht, so hat sich die Grundansicht, nach welcher die milden Stif-

(oo) Auf diesem Wege ist Roßhirt dazu gekommen, den milden Stiftungen die Natur juristischer Personen ganz abzusprechen, und ihr Vermögen als Vermögen der Kirche anzusehen. Archiv für civilistische Praxis B. 10. Num. 13 S. 322 — 324. 327.

tungen zu betrachten sind, gar nicht geändert; nur sind sie mannichfaltiger geworden, und haben eben dadurch eine andere Stellung zum Staate eingenommen. Anstatt daß sie im Justinianischen Recht lediglich als Mittel erscheinen, die Armuth in ihren verschiedenen Gestalten zu mildern, sind sie seit dem Mittelalter großentheils auf die Befriedigung geistiger Bedürfnisse der verschiedensten Art gerichtet. Schon dadurch mußte das ausschließende Verhältniß der Stiftungen zur Kirche, wie wir es im Justinianischen Recht wahrnehmen, sehr beschränkt werden. Allein auch das Armenwesen ist zu einer wichtigen und ausgebildeten Thätigkeit des Staats geworden, so daß selbst der darauf gerichtete Theil der Stiftungen eine andere Stellung gegen Staat und Kirche eingenommen hat, als die welche in der Justinianischen Gesetzgebung erscheint.

Aus diesem Allen geht hervor, daß auch im heutigen Recht die milden Stiftungen eben so individuelle juristische Personen bilden, wie die Corporationen; daß es aber irrig wäre, sie selbst als Corporationen anzusehen, oder auch die den Corporationen angemessenen Einrichtungen schlechthin auf sie anwenden zu wollen.

IV. Fiscus. — Zur Zeit der Republik wurde der Staat, als Inhaber von Vermögensrechten, durch den Namen aerarium bezeichnet, indem sich alle jene Rechte, insoweit sie in den lebendigen Verkehr fielen, zuletzt in Einnahmen oder Ausgaben der Staatskasse auflösten.

Gleich bey dem Anfang der Kaiserregierung wurde zwischen dem Senat (als Vertreter der alten Republik) und dem Kaiser eine Theilung der Provinzen, und zugleich der wichtigsten Einnahmen und Ausgaben des Staats vorgenommen. Das Senatsvermögen behielt den alten Namen aerarium, das Vermögen des Kaisers (pp) wurde fiscus genannt, welche Benennung folgenden Ursprung hatte. Ursprünglich hieß fiscus ein Korb, ein Behältniß von Flechtwerk, und da die Römer Körbe gebrauchten, um größere Geldsummen aufzubewahren und zu transportiren, so wurde der Name auf jede Kasse übertragen, und so hieß auch des Kaisers Kasse: Caesaris fiscus. Weil aber nun von diesem fiscus häufiger als von jedem andern die Rede war, so gebrauchte man bald auch den bloßen Namen fiscus als Bezeichnung der Kaiserlichen Kasse. Und als sich nach nicht langer Zeit alle Gewalt in dem Kaiser concentrirte, so hieß nun fiscus das in des Kaisers Händen wieder vereinigte Staatsvermögen, das heißt der Ausdruck nahm nun dieselbe Bedeutung an, welche ursprünglich das Wort aerarium gehabt hatte (qq).

(pp) Nämlich dasjenige Vermögen, welches er als Kaiser hatte, wovon sein Privatvermögen (res privata Principis) noch verschieden war.

(qq) Die Verschmelzung der beiden öffentlichen Kassen zu einer einzigen geschah wahrscheinlich allmälig, und ist wenigstens chronologisch nicht genau nachzuweisen. Bis auf Hadrian wird noch Sache und Name genau unterschieden. Tacitus ann. VI. 2. Plinius panegyr. C. 42. Spartianus Hadrian. C. 7. Und doch nennt schon ein Sc. unter Hadrian den Fiscus, da wo man bestimmt das Ärarium erwarten möchte, nämlich bey dem Recht auf caduca. *L.* 20 § 6 *de pet. her.* (5. 3.). Späterhin werden beide Ausdrücke mit willkührlicher Abwechslung gebraucht, um die einzige öffentliche Kasse, die des Kaisers, zu bezeichnen. § 13 *J. de usuc.* (2. 6.), *L.* 13 *pr.* § 1. 3. 4 *L.* 15 § 5 *de j. fisci* (49. 14.), *L.* 1 § 9 *ad L. Corn. de falsis* (48. 10.), *L.* 3 *C. de quadr. praescr.* (7. 37.). — Merkwürdig ist in der Rubrik von Paulus V. 12 die Erwähnung des alten Gegensatzes: de jure fisci et populi; nur folgt daraus nicht, daß zu seiner Zeit noch eine reelle Trennung beider Kassen existirt hätte, vielmehr konnte er diesen Ausdruck auch mit bloßer Hinsicht auf die frühere Zeit gebrauchen.

§. 89.

Juristische Personen. — Entstehung und Untergang.

Nicht bey allen juristischen Personen ist eine positive Regel über die Bedingungen ihrer rechtsgültigen Entstehung nöthig. Die meisten Gemeinden sind so alt, ja älter als der Staat (§ 86), und die späteren werden stets durch einen politischen Akt gegründet (nach R. R. durch die coloniae deductio), nicht nach einer privatrechtlichen Regel. Auch bey dem Fiscus wird Niemand nach der Art seiner Entstehung fragen.

Bey den übrigen aber ist es Regel, daß sie nicht durch die bloße Willkühr mehrerer zusammentretenden Mitglieder, oder eines einzelnen Stifters, den Character juristischer Personen erhalten können, sondern daß dazu die Genehmigung der höchsten Gewalt im Staate nöthig ist, welche nicht nur ausdrücklich, sondern auch stillschweigend, durch wissentliche Duldung und thatsächliche Anerkennung, ertheilt werden kann. Dieser Satz ist allgemein: das Verbot und die Strafbarkeit des Versuchs, ungenehmigte juristische Personen zu gründen, ist nicht so allgemein, sondern geht nur auf gewisse Arten derselben, namentlich nicht auf gewerbliche Genossenschaften und auf Stiftungen (§ 88. o). Für die collegia insbesondere, das heißt für die willkührlichen Corporationen (§ 88), gilt die Regel, daß drey Mitglieder dazu erforderlich sind (a). Das hat jedoch lediglich den Sinn, daß sie nur unter Voraussetzung einer solchen Zahl anfangen können: denn fortdauern kann jede einmal gegründete universitas auch noch in einem einzigen Mitglied (b).

Die hier aufgestellte Behauptung, daß keine juristische Person ohne den genehmigenden Willen des Staats entstehen könne, ist jedoch in neuerer Zeit von mehreren Seiten angefochten worden. Zwar für die Corporationen hat man sie zugegeben, theils wegen mancher Stellen des Römischen Rechts, theils wegen der möglichen Gefahr, die dem Staat durch die willkührliche Bildung von Corporationen entstehen könne. Dagegen ist sie bestritten worden für die milden Stiftungen, aus folgenden Gründen. Erstlich weil schon das Römische Recht die willkührliche Er-

(a) *L.* 85 *de V. S.* (50. 16.) „Neratius Priscus tres facere existimat collegium: et hoc magis sequendum est.“ Es giebt wenige Aussprüche des R. R., die so sehr auch unter Nichtjuristen in Umlauf gekommen sind wie dieser. — Eben so wurde auch unter familia in der Regel nur eine Anzahl von wenigstens drey Sklaven verstanden (*L.* 40 § 3 *de V. S.* 50. 16), ausnahmsweise aber galt bey dem Int. de vi („aut familia tua dejecit“) auch schon ein einziger Sklave als familia. *L.* 1 § 17 *de vi* (43. 16.).

(b) *L.* 7 § 2 *quod cuj. un.* (3. 4.) „..si universitas ad unum redit, magis admittitur, posse eum et convenire et conveniri: cum jus omnium in unum reciderit, et stet nomen universitatis.“ — Also die juristische Person dauert in einem solchen Fall fort, und behält sogar ihren Namen, es wird daher keineswegs das Corporationsvermögen nunmehr Privatvermögen des einzigen übrigen Mitgliedes; das Besondere (worauf jene Stelle aufmerksam machen will) liegt nur darin, daß dieser Einzelne jetzt ohne Weiteres im Prozeß auftreten kann, ohne der künstlichen Vertretung durch einen actor oder Syndicus zu bedürfen.

richtung solcher Institute durch den Privatwillen zulasse, zweytens weil Anstalten dieser Art durchaus löblich und ungefährlich seyen; und zwar nimmt man diese freye Willkühr nicht blos für Armenanstalten in Anspruch, sondern auch für alle auf geistige Entwicklung abzweckende Stiftungen (c). Das Römische Gesetz kann hier nicht entscheiden, theils weil es unglossirt ist (d), theils weil es blos von Stiftungen für die Kirche oder die Armen redet, und die Aufsicht und Genehmigung der Kirche voraussetzt, deren Verhältniß zu den Stiftungen aber im heutigen Recht ein ganz anderes geworden ist (§ 88). Der zweyte Grund für jene freye Privatwillkühr wird in folgender Betrachtung seine Erledigung finden. Die Nothwendigkeit der Staatsgenehmigung zur Entstehung jeder juristischen Person hat, unabhängig von politischen Rücksichten, einen durchgreifenden juristischen Grund. Der einzelne Mensch trägt seinen Anspruch auf Rechtsfähigkeit schon in seiner leiblichen Erscheinung mit sich: weit allgemeiner als bei den Römern, deren zahlreiche Sklaven eine so wichtige Ausnahme bildeten. Durch diese Erscheinung weiß jeder Andere, daß

(c) Diese Meynung ist besonders, bey Gelegenheit des Rechtsstreits über das Städelsche Kunstinstitut in Frankfurt a. M., von den Vertheidigern dieses Instituts aufgestellt worden. Gegen dieselbe hat damals Mühlenbruch (Beurth. des Städelschen Beerbungsfalles, Halle 1828) die richtige Lehre von der Entstehung juristischer Personen in Schutz genommen. Übrigens war dieses nur Ein Moment in der Beurtheilung jenes Rechtsfalles; die übrigen Momente gehören eben so wenig hierher, als das Resultat derselben.

(d) Es ist die unglossirte *L.* 46 *C. de episc.* (1. 3.).

er in ihm eigene Rechte zu ehren, jeder Richter, daß er in ihm solche Rechte zu schützen hat. Wird nun die natürliche Rechtsfähigkeit des einzelnen Menschen durch Fiction auf ein ideales Subject übertragen, so fehlt jene natürliche Beglaubigung gänzlich; nur der Wille der höchsten Gewalt kann dieselbe ersetzen, indem er künstliche Rechtssubjecte schafft, und wollte man dieselbe Macht der Privatwillkühr überlassen, so würde unvermeidlich die höchste Ungewißheit des Rechtszustandes entstehen, selbst abgesehen von dem großen Misbrauch, der durch unredlichen Willen möglich wäre. Zu diesem durchgreifenden juristischen Grund treten aber noch politische und staatswirthschaftliche Gründe hinzu. Die mögliche Gefährlichkeit der Corporationen giebt man zu; allein die Stiftungen, in der eben erwähnten Ausdehnung, sind keinesweges unbedingt heilsam und unbedenklich. Wenn eine reiche Stiftung zur Verbreitung staatsgefährlicher, irreligiöser, sittenloser Lehren oder Bücher gemacht würde, sollte der Staat diese dulden? (e) Ja selbst die Errichtung von Armenanstalten dürfte nicht unter allen Umständen der bloßen Willkühr zu überlassen sein. Wenn z. B. in einer Stadt, deren Armenwesen wohl geordnet und hinreichend dotirt ist, ein reicher Testator, aus mis-

(e) In unseren Tagen wird Niemand sagen, daß dergleichen unmöglich sey. Es gab reiche Leute unter den Saint-Simonisten, und warum sollte nicht Einer derselben auf den Gedanken kommen, eine große Stiftung zur Beförderung seiner Lehre zu machen? Vielleicht war es niemals nöthig, durch Gesetz oder Richteramt gegen solches Treiben zu kämpfen; aber gewiß sollte doch nicht der Staat seine Macht zur Beförderung desselben herleihen.

verstandener Wohlthätigkeit, eine Stiftung von Almosenspenden machte, wodurch die heilsamen Folgen der öffentlichen Armenanstalt gestört und geschwächt würden, so hätte wenigstens der Staat keinen Grund, dieser Stiftung, durch Ertheilung der Rechte einer juristischen Person, größere Consistenz zu geben. Hierzu kommt nun, selbst bey unschädlichen Stiftungen, die Rücksicht auf die vielleicht übertriebene Vermehrung des Vermögens in todter Hand. Allerdings kann eine solche Vermehrung auch in Beziehung auf schon bestehende und genehmigte Stiftungen Statt finden; allein eine Aufsicht darauf wird ganz unmöglich, wenn es unbedingt der Privatwillkühr überlassen bleibt, stets neue zu errichten.

Eben so kann die Auflösung der einmal begründeten juristischen Personen nicht durch die Willkühr der gegenwärtigen Mitglieder allein, von deren Daseyn ja die juristische Person selbst unabhängig ist (§ 86), bestimmt werden, sondern es ist auch dazu die Genehmigung der höchsten Gewalt nöthig. Dagegen können sie durch den einseitigen Willen des Staates, wider den Willen der Mitglieder, aufgehoben werden, wenn sie der Sicherheit oder dem Wohl des Staates nachtheilig werden. Dieses kann geschehen bey ganzen Klassen von Corporationen, deren Thätigkeit eine gefährliche Richtung genommen hat, also vermittelst einer gesetzlich aufgestellten allgemeinen Regel (§ 88): außerdem aber auch durch einen politischen Akt, also in einem einzelnen vorübergehenden Fall, ohne bleibende Regel (f). — Bey solchen Stiftungen, welche die Natur von Staatsanstalten haben (§ 88), kann die Aufhebung noch weit mehr nach freyem Ermessen geschehen; nämlich nicht blos weil sich etwa die bestehende Anstalt gefährlich oder schädlich erwiesen hat, sondern schon deshalb, weil der allgemeine Zweck in der Form einer neuen Anstalt vollständiger erreicht werden kann.

Aus der oben aufgestellten Regel, daß jede Corporation auch in einem einzigen Mitglied fortdauern könne (Note b), folgern Manche ganz irrig, daß der Tod aller Mitglieder die Corporation nothwendig auflösen müsse; wo ihr ein dauernder Zweck, von öffentlichem Interesse, zum Grund liegt (§ 88), muß dieses durchaus verneint werden. Wenn z. B. in einer Stadt durch Seuchen alle Mitglieder einer Handwerkszunft kurz nach einander hinsterben, so wäre es sehr irrig, die Zunft für erloschen, und ihr Vermögen für herrenlos oder für Staatsgut zu halten.

Allerdings sind die hier aufgestellten Regeln über den Anfang und das Ende einzelner juristischer Personen nicht ganz ausreichend, allein diese Unvollständigkeit ist in der Natur des Gegenstandes selbst gegründet. Alles was mehr in das Einzelne eingeht, hängt mit der Verfassung und den Verwaltungsformen der einzelnen Staaten zusammen, und liegt also außer den Gränzen des bloßen Privatrechts.

(f) *L.* 21 *quib. modis ususfr.* (7. 4.) „Si ususfructus civitati legetur, *et aratrum in eam inducatur, civitas esse desinit, ut passa est Carthago:* ideoque quasi morte desinit habere usumfructum."

§. 90.

Juristische Personen. — Rechte.

Die Rechte der juristischen Personen sind von zweyerley Art. Einige betreffen das Wesen derselben, so daß sie überhaupt nur juristische Personen sind, dadurch daß sie die Fähigkeit zu diesen Rechten haben. Andere, von mehr zufälliger und positiver Art, bestehen in besonderen Begünstigungen (jura singularia), welche manchen juristischen Personen verliehen sind: und zwar theils den juristischen Personen selbst, für die ihnen zugehörenden Rechte (a), theils den einzelnen Mitgliedern derselben (b). Diese Begünstigungen hier zusammen zu stellen, würde wenig belehrend seyn, da sie nur in Verbindung mit den Rechtsinstituten, worauf sie sich als einzelne Ausnahmen bezie-

(a) Dahin gehören die zahlreichen Vorrechte des Fiscus, z. B. dessen stillschweigende und selbst privilegirte Generalhypothek, ferner die Stellung der Stadtgemeinden mit ihren Forderungen in der vierten Klasse der Concurscreditoren, eben so der Anspruch auf allgemeine Restitution, den das R. R. den Stadtgemeinden giebt, das neuere Recht aber viel weiter ausdehnt.

(b) So haben nach R. R. die einzelnen Mitglieder mehrerer gemeinnützlicher Corporationen manche Immunitäten, besonders die excusatio von Vormundschaften. *L.* 17 § 2 *L.* 41 § 3 *de excus.* (27. 1.). Fragm. Vaticana § 124. § 233—237. — *L.* 5 § 12 *de j. immun.* (50. 8.). — Ulpian. III. § 1. 6. — Wie sich aber im späteren Reich so Vieles kastenmäßig ausbildete, so auch diese Corporationen. Die Theilnahme an denselben wurde zu einem erblichen Recht, zugleich aber auch zu einer erblichen Verpflichtung, auf ähnliche Weise wie die Theilnahme an der städtischen Curie. *L.* 4 *C. Th. de privil. corpor.* (14. 2.), *tit. C. Th. de pistor.* (14. 3.).

hen, richtig verstanden werden können. Dagegen ist für die Darstellung der regelmäßigen Rechte hier die richtige, ja die einzig mögliche Stelle.

Den rechten Standpunkt für diese regelmäßigen Rechte giebt aber der Begriff der juristischen Personen selbst (§ 85), als vermögensfähiger Rechtssubjecte. Vermögensrechte nämlich können, abgesehen von besonderen Familienverhältnissen und einigen einzelnen minder wichtigen Fällen, nicht von selbst entstehen, sondern nur durch Handlungen erworben werden (c). Allein Handlungen setzen ein denkendes und wollendes Wesen, einen einzelnen Menschen, voraus, was eben die juristischen Personen als bloße Fictionen nicht sind. Und so erscheint hier der innere Widerspruch eines der Vermögensrechte fähigen Subjects, welches doch die Bedingungen zum Erwerb derselben nicht erfüllen kann. Ein ähnlicher Widerspruch (wiewohl in geringerem Grade) findet sich auch bey vielen natürlichen Personen, insbesondere bey Unmündigen und Wahnsinnigen; denn auch diese haben die ausgedehnteste Rechtsfähigkeit neben gänzlicher Handlungsunfähigkeit. Überall nun, wo sich dieser Widerspruch findet, muß er durch eine

(c) Die necessarii heredes erwerben die Erbschaft, also Vermögen, ipso jure, ohne ihr Zuthun; alle andere Erbschaften werden nur durch den Willen des Erben erworben. Eben so kann Eigenthum zwar erweitert werden ohne Zuthun des Eigenthümers (durch sogenannte accessio), aber nicht zuerst begründet. Desgleichen ist die regelmäßige, für den Verkehr wichtige, Erwerbung von Schuldforderungen nur durch den Willen des Creditors möglich; wo sie ohne den Willen vor sich geht, wie durch erlittene Rechtsverletzungen, da ist die Erwerbung meist bedenklich und unwillkommen.

Vertretung, als künstliche Anstalt, aufgelöst werden. Dieses geschieht bey den handlungsunfähigen natürlichen Personen durch die Vormundschaft; bey den juristischen Personen geschieht es durch ihre Verfassung.

Wenn aber hier die natürliche Handlungsunfähigkeit der juristischen Personen, als Grund eines nothwendigen künstlichen Surrogats, behauptet worden ist, so ist dieselbe ganz buchstäblich zu nehmen. Manche haben sich die Sache so gedacht, als wäre die gemeinschaftliche Handlung aller einzelnen Mitglieder einer Corporation in der That die Handlung der Corporation selbst, und ein Surrogat würde blos nöthig durch die große Schwierigkeit, alle Mitglieder zum gemeinsamen Wollen und Handeln zu vereinigen. So ist es aber in der That nicht; vielmehr ist die Totalität der Mitglieder von der Corporation selbst ganz verschieden (§ 86), und selbst wenn alle Einzelne, ohne Ausnahme, gemeinschaftlich handeln, so ist dieses nicht so anzusehen, als ob das ideale Wesen, welches wir die juristische Person nennen, gehandelt hätte (vgl. § 91. q, § 93. b und h). Die Corporation ist einem Unmündigen zu vergleichen; die Vormundschaft derselben führen in der universitas ordinata (§ 86) die künstlich constituirten Gewalten, in der inordinata die gegenwärtigen Mitglieder. Diese letzten sind also mit der Corporation selbst eben so wenig identisch, als der Vormund mit seinem Pupillen.

Demnach wird der Gang der folgenden Untersuchung dieser seyn müssen. Es ist zuerst von den Rechten selbst zu reden, dann von der Verfassung der juristischen Personen. Für diese letzte aber muß gleich hier der wahre Gesichtspunkt festgestellt werden. Die Verfassung, insofern sie die juristischen Personen als solche, d. h. als Inhaber von Privatrechten betrifft (denn sie hat oft auch ganz andere, und zum Theil wichtigere Zwecke), ist lediglich dazu vorhanden, um die zum Vermögensverkehr unentbehrlichen Handlungen vertretungsweise möglich zu machen, das heißt diejenigen Handlungen, welche dazu führen, Vermögen zu erwerben, zu erhalten, zu benutzen, oder in seinen Bestandtheilen zu verändern.

Indem nunmehr die einzelnen Vermögensrechte, als den juristischen Personen zugänglich, dargestellt werden sollen, ist nur noch ein wichtiger gemeinsamer Grundsatz anzugeben, der allerdings schon aus dem Begriff der juristischen Person folgt, darum aber nicht weniger verkannt werden kann. Alle diese Vermögensrechte beziehen sich nur ganz und ungetheilt auf die juristische Person als Einheit, mithin (wo von Corporationen die Rede ist) keinesweges theilweise auf die einzelnen Mitglieder derselben. Dieser Grundsatz wird erst in der Anwendung auf einzelne Arten der Rechtsverhältnisse seine volle Anschaulichkeit erhalten können.

§. 91.

Juristische Personen. — Rechte. (Fortsetzung.)

I. Eigenthum.

Juristische Personen können Eigenthum an Sachen aller Art haben (a). Sie konnten es sogar, selbst nach dem strengen alten Recht, durch feyerliche Handlungen, z. B. durch Mancipation, erwerben, vorausgesetzt daß sie dabey durch einen bereits in ihrem Eigenthum befindlichen Sklaven vertreten wurden (b). — Dieses Eigenthum bezieht sich, so wie jedes ihrer Rechte, ungetheilt auf die juristische Person als Einheit, und die einzelnen Mitglieder haben daran keinen Theil (c). Dieses zeigte sich bei den Römern unter andern in folgender merkwürdigen Anwendung. Bey einer Criminaluntersuchung durften, nach einer allgemeinen Regel, die Sklaven des Inquisiten nicht gegen ihn als

(a) *L.* 1 § 1 *quod cuj. un.* (3.4.) „Quibus autem permissum est corpus habere.... proprium est, ad exemplum Reipublicae, habere *res communes, arcam communem*" (§ 88. r).

(b) Taciti ann. II. 30 „Negante reo, agnoscentes servos per tormenta interrogari placuit. Et, quia vetere Scto quaestio in caput domini prohibebatur, callidus et novi juris repertor Tiberius, *mancipari singulos actori publico* jubet: scilicet ut in Libonem, salvo Scto, quaereretur." Plinius epist. VII. 18 „Deliberas mecum, quemadmodum pecunia, quam municipibus nostris in epulum obtulisti, post te quoque salva sit.... Equidem nihil commodius invenio, quam quod ipse feci. Nam pro quingentis millibus numûm .. agrum ex meis longe pluris *actori publico mancipavi*" etc. — In beiden Fällen ist der actor publicus ein zu Geschäften gebrauchter Sklave, dessen Eigenthümer im ersten Fall der Römische Staat, im zweyten eine Stadtgemeinde ist.

(c) *L.* 6 § 1 *de div. rerum* (1. 8.).

Zeugen abgehört werden (welches bey Sklaven stets auf der Folter geschah). War nun der Bürger einer Stadtgemeinde in Criminaluntersuchung, so durften die der Stadt zugehörenden Sklaven gegen ihn als Zeugen gebraucht werden, weil er an diesen nicht den geringsten Antheil hatte (d).

Bezog sich das Eigenthum auf Sklaven, so konnten diese, wie alle andere Sklaven, freygelassen werden, und die juristische Person erwarb dadurch volles Patronatsrecht, namentlich auch das patronatische Erbrecht. Diese Sätze sind für die Zeit der ausgebildeten Rechtswissenschaft unzweifelhaft, und zwar in Anwendung sowohl auf Stadtgemeinden, als auf alle andere Arten juristischer Personen (e). Die Geschichte derselben ist weniger klar. Aus der Zeit von Trajan wird eine Lex vectibulici angeführt, welche den Italischen Städten die Freylassung ihrer Sklaven gestattet haben soll: ein Senatusconsult unter Hadrian dehnte dieselbe auf die Provinzialstädte aus (f). Marc Aurel gestattete endlich auch den Collegien die Freylassung ihrer Sklaven und die Erwerbung des Patronats (g). Nach diesen Angaben könnte man glauben, vor Trajan hätten juristische Personen gar nicht manumittiren können. Allein schon Varro erwähnt Freygelassene des Römischen Staats, der Municipien, der Societates, und der fana, als etwas

(d) *L.* 1 § 7 *de quaest.* (48. 18) (s. o. § 87. c).

(e) *L.* 1. 2. 3 *de manumission. quae servis* (40. 3.), *L. un. de libertis univ.* (38. 3.), *L.* 10 § 4 *de in j. voc.* (2. 4.), *L.* 25 § 2 *de adquir. vel om. her.* (29. 2.).

(f) *L.* 3 *C. de servis reipub.* (7. 9.). — Bach Trajanus p. 152, Bach hist. juris p. 380 ed. 6.

(g) *L.* 1. 2 *de manumission. quae servis* (40. 3.).

ganz Gewöhnliches und allgemein Bekanntes (h), so daß nach seinem Ausdruck die Ungültigkeit solcher Freylassungen unmöglich angenommen werden kann. Diese scheinbar widersprechende Zeugnisse sind nur auf folgende Weise zu vereinigen. Die Freilassung durch vindicta war eine legis actio, die Jeder nur in eigener Person, nicht durch Stellvertreter, vornehmen konnte (i). Dazu war eine juristische Person unfähig, und daher konnten ihre Freygelassenen in früherer Zeit nur den faktischen Besitz der Freyheit, seit der Lex Junia nur die Latinität erwerben. Von diesem unvollkommenen Zustand der Manumission ist die Stelle des Varro zn verstehen. Die Gesetze des Trajan und seiner Nachfolger gestatteten den juristischen Personen, abweichend von dem alten jus civile, ihren Sklaven die volle Freyheit mit Civität zu geben (k). — Auch bey diesem Patronatsrecht bewährt sich die Regel, daß die einzelnen Mitglieder einer Corporation keinen Theil daran haben. So z. B. hatte der Freygelassene einer Stadtgemeinde gegen die einzelnen Bürger keinesweges Rücksichten unterwürfiger Ehrfurcht, wie gegen einen Patron, zu beobachten (l).

(h) VARRO de lingua lat. Lib. 8 C. 41 (s. o. § 88. cc.)

(i) *L.* 123 *pr. de R. J.* (50. 17.). *L.* 3 *C. de vindicta* (7. 1.)

(k) *L.* 3 *C. de servis reip.* (7. 9.) „. . Si itaque secundum legem vectibulici .... manumissus, *civitatem Romanam consecutus es*" etc. *L.* 2 *eod.* — Diese Vereinigung der angeführten Stellen findet sich schon bey BACH Trajanus p. 156. — Als positive Form, anstatt der stets unmöglichen vindicta, wurde nun in den Provinzialstädten vorgeschrieben der Beschluß des Stadtsenats und die Genehmigung des Präses der Povinz. *L.* 1. 2 *C. de servis reip.* (7. 9.).

(l) *L.* 10 § 4 *de in j. voc.* (2. 4.).

Der wichtigste Gegenstand dieses Eigenthums besteht hier, wie überall, in Grundstücken. Dabey aber findet sich folgender wichtige Unterschied. Das Grundeigenthum der Corporationen kann benutzt werden entweder zu den Zwecken der Corporation, durch Verpachtung oder eigene Verwaltung; oder aber zu den Zwecken der einzelnen Mitglieder (m); endlich kann auch eine gemischte Benutzung eintreten, wenn die Einzelnen für ihre Benutzung eine (gewöhnlich sehr mäßige) Abgabe an die Corporationskasse entrichten. In dem zweyten dieser Fälle (bey der ausschließenden Benutzung durch die Einzelnen) ist freylich das Eigenthum einer Fiction ähnlich, und mehr ein Schutzrecht für die wahrhaft berechtigten Einzelnen; dennoch muß es juristisch als Eigenthum angesehen und behandelt werden (n).

(m) Eichhorn deutsch. Privatr. § 372. — In deutschen Städten heißt das erste häufig Kämmereyvermögen, das zweyte Bürgervermögen. Dahin gehört z. B. der Bürgerwald, d. h. ein Wald im Eigenthum der Stadt, dessen Holz jährlich unter die einzelnen Bürger vertheilt wird. Eben dahin gehören in Städten und Dörfern die Gemeindeweiden. Endlich auch noch andere Rechte als Eigenthum, z. B. die Bürgerjagd, die von allen einzelnen Bürgern benutzt wird, anstatt daß die Stadtjagd zum Vortheil der Stadtkasse verpachtet wird. Unsrem neueren Bürgervermögen ähnlich war der altrömische ager publicus, der auch von Einzelnen benutzt wurde. — Die Benutzung kann auch blos einzelnen Klassen der Corporationsmitglieder zustehen, wie z. B. die des Römischen ager publicus ursprünglich den Patriciern, späterhin den Optimaten ausschließend gestattet wurde. — Welches dieser Rechtsverhältnisse wahrhaft begründet ist, kann oft sehr zweifelhaft seyn, und besonders bey Veränderungen in der Verfassung zweifelhaft werden. Solche Zweifel waren es, woraus hauptsächlich vor einigen Jahren der bittere Streit im Canton Schwyz zwischen den Hornmännern und Klauenmännern hervorgegangen ist.

(n) Kori a. a. O., S. 17. 18.

— Von allen diesen Fällen aber sind wohl zu unterscheiden diejenigen, worin das Recht einzelnen Individuen oder auch ganzen Klassen unter den Corporationsmitgliedern zukommt; denn nun ist lediglich Miteigenthum vorhanden, und gar nicht mehr Eigenthum der Corporation (o).

II. Servituten.

In der Natur mancher Servituten liegen Gründe, wodurch sie auf juristische Personen unanwendbar werden.

Der usus fructus ist auf sie völlig anwendbar, weil in ihm der Eigenthumserwerb an den Früchten das Vorherrschende ist. Er dauert bey ihnen in der Regel Hundert Jahre, welcher Zeitraum hier die Stelle der möglichst lange angenommenen Lebensdauer der natürlichen Personen vertreten soll (p). Ausnahmsweise hört er auf, wenn die juristische Person selbst zerstört wird (q). Er konnte ihnen nach dem älteren Recht durch Legat (jedoch nur durch ein vindicationis legatum) vollständig, das heißt ipso jure, erworben werden: nicht durch Mancipation, weil diese bey dem ususfructus überhaupt nicht gilt; eben so wenig durch in jure cessio, weil gerade diese jedem Sklaven (durch welchen allein sie bey einer juristischen Person bewirkt werden könnte) versagt ist (r). Im neuesten Recht werden

(o) Kori a. a. O., S. 33—39, und S. 18. in der Note.

(p) *L.* 56 *de usufr.* (7. 1.), *L.* 8 *de usu et usufr. leg.* (33. 2.), s. u. Note r.

(q) *L.* 21 *quib. modis usufr.* (7. 4.), s. o. §. 89. f.

(r) Gajus II. § 96. — Es konnte also den juristischen Personen inter vivos kein ususfructus jure constitutus gegeben werden, sondern nur eine possessio ususfructus (vgl. über diesen Gegensatz *L.* 3 *si usufr.*

die Servituten überhaupt auf mehr natürliche Weise (durch bloßen Vertrag) errichtet, weshalb nunmehr die Form der Errichtung gar keine Schwierigkeit mehr macht.

Der usus ist auf sie unanwendbar, da er nur in dem eigenen, persönlichen Gebrauch des Berechtigten besteht, welcher bey der juristischen Person undenkbar ist.

Prädialservituten jeder Art können sie haben, weil diese blos Erweiterungen ihres Grundeigenthums sind. Erwerben konnten sie dieselben zu allen Zeiten durch Legat: niemals durch in jure cessio (Note r): dagegen allerdings durch Mancipation an ihren Sklaven, vorausgesetzt daß die Servitut eine ländliche, nicht städtische, war (s). Im neueren Recht ist auch hier diese auf die Form des Erwerbs bezügliche Schwierigkeit verschwunden.

III. Besitz.

Bey dem Besitz wurde die Anwendbarkeit auf juristische

7. 6.). Darauf deutet denn auch unverkennbar *L.* 56 *de usufr.* (7. 1.) „An *ususfructus nomine actio* municipibus dari debeat, quaesitum est.... Unde sequens dubitatio oritur, quousque *tuendi essent* in eo usufructu municipes? Et placuit, centum annis *tuendos esse* municipes, quia is finis vitae longaevi hominis est." Allerdings finden sich ähnliche Ausdrücke in *L.* 8 *de usu et usufr. leg.* (33. 2.), die von einem Legat redet; wahrscheinlich aber war daselbst ein damnationis legatum gemeynt, welches immer wieder zu demselben unvollständigen Erfolg führen mußte.

(s) Gajus II. § 29, Ulpian. XIX. § 1. — Eine unverkennbare Hindeutung auf diesen Unterschied enthält *L.* 12 *de serv.* (8. 1.) „Non dubito quin *fundo* municipum *per servum* recte servitus adquiratur." Nämlich dem fundus konnte der Sklave einen Weg oder eine Wasserleitung durch die Mancipation erwerben, die bey einem Gebäude zum Erwerb einer Servitut unzulässig war.

Personen bezweifelt wegen der ganz factischen Natur desselben, die nicht so wie eigentliche Rechtsverhältnisse mit einer bloßen Fiction (welches die juristische Person allerdings ist) vereinbar schien. Deswegen nahmen Manche an, es sey hier ein Besitz nur ausnahmsweise durch Sklaven, und zwar nur an den zum Peculium gehörenden Sachen möglich: Andere läugneten selbst dieses, weil die juristische Person an dem Sklaven selbst keinen Besitz habe, also auch nicht durch ihn besitzen könne (t). Zur Zeit der ausgebildeten Rechtswissenschaft war es entschieden, daß Städte und alle andere juristische Personen, sowohl durch Sklaven als durch freye Stellvertreter, Besitz erwerben können (u).

Indessen ist es nicht unwahrscheinlich, daß jener Zweifel von jeher nur in theoretischen Untersuchungen erhoben, in der Anwendung aber niemals beachtet wurde. Der Grund liegt darin, daß außerdem die Erwerbung irgend eines Vermögensrechts für die juristischen Personen nach dem strengen alten Recht völlig unerklärlich bleiben würde.

(t) *L.* 1 § 22 *de adqu. vel am. poss.* (41. 2.) „Municipes *per se* nihil possidere possunt, quia *universi* (*al. uni*) *consentire non possunt.*" Die letzten Worte wollen nicht sagen, es sey gar zu schwierig, sie Alle zu diesem Zweck zusammen zu bringen, was doch gewiß nicht mit der Unmöglichkeit einerley ist; sondern selbst wenn alle Einzelne consentirten, so wäre es doch nicht die Corporation selbst, als ideale Einheit (universi), welche wollte, also fände sich nicht der ganz unentbehrliche animus possidendi in der Person des wahren Besitzers (§ 90. § 93. b. h.). — Vgl. auch Gajus II. § 89. 90.

(u) *L.* 2 *de adqu. vel am. poss.* (41. 2.), *L.* 7 § 3 *ad exhib.* (10. 4.). Vgl. Savigny Recht des Besitzes § 21 (am Anfang) § 26 S. 354. 358. 367 der 6. Ausg.

Allerdings konnten sie durch ihre Sklaven erwerben, aber wie sollten sie jemals zu dem Eigenthum des ersten Sklaven gelangen? Dafür bleibt doch kein anderer Weg übrig, als die Usucapion; war aber ohne diese der Anfang eines Vermögens unmöglich, so muß ihnen die Praxis von jeher auch die Fähigkeit zum Besitz zuerkannt haben, indem ohne Besitz keine Usucapion möglich ist.

Der Besitzerwerb juristischer Personen gestaltet sich nun auf folgende Weise. Rechte überhaupt konnten sie von jeher erwerben, indem ihnen die juristischen Handlungen ihrer Vertreter als ihre eigene Handlungen angerechnet wurden; darin besteht eben ihr Wesen. Bey dem Besitz fand das Schwierigkeit, weil er wegen seiner rein factischen Natur mit einer solchen Fiction nicht vereinbar schien. Als man sich über diese Schwierigkeit hinwegsetzte, geschah dieses dadurch, daß man die allgemeinen Vertreter oder Vorsteher der juristischen Person, auch in Ansehung des Besitzerwerbes, an die Stelle der juristischen Person treten ließ. Jetzt muß also in der physischen Person des Vorstehers alles Das vorgehen, was bey einem gewöhnlichen Besitzerwerb in der Person des Besitzers vorgehen muß; er selbst muß das Bewußtseyn des Besitzes haben, und die Apprehension muß entweder durch ihn, oder durch einen von ihm Beauftragten (bey den Römern auch durch einen Sklaven) geschehen. Dabey bleibt also immer die Abweichung von der sonst geltenden Regel des Besitzerwerbs, daß der Besitzer selbst (hier die juristische

Person als solche) besitzen kann, ohne eigenes Bewußtseyn des Besitzes. Die Schwierigkeit, so wie die Art ihrer Beseitigung, ist also völlig dieselbe, wie wenn das Kind durch seinen Tutor, der Wahnsinnige durch seinen Curator, Besitz erwerben soll (v).

(v) Gegen diese, im Wesentlichen schon in meinem Buch über den Besitz aufgestellte, Lehre hat Widerspruch erhoben Warnkönig, Archiv XX. S. 412—420, indem er behauptet, juristische Personen könnten, eben so wie physische, nur mit ihrem Bewußtseyn Besitz erwerben. Er hat sich offenbar das Wesen der juristischen Personen nicht klar gemacht, und daß er gerade hierin das Misverständniß so vieler anderen Schriftsteller theilt, erhellt aus der Stelle S. 420: „der Grundsatz, daß die Beschlüsse der Majorität der Mitglieder den Willen der Corporation selbst bilden, ist ein ausgemachter Satz.“ Von diesem Standpunkt aus bleibt es ja unerklärlich, wie die Römer bey dem Besitzerwerb der juristischen Personen mehr Schwierigkeit finden konnten, als bey dem der physischen, oder als bey dem Erwerb anderer Rechte.

§. 92.

Juristische Personen. — Rechte. (Fortsetzung.)

IV. Obligationen.

Durch Verträge ihrer verfassungsmäßigen Vertreter können sie Forderungen erwerben und mit Schulden belastet werden. Der Form nach trat im älteren R. R. der Unterschied ein, daß einer juristischen Person durch die Stipulationen ihres Sklaven Forderungen ipso jure, also durch directe Klagen, erworben werden konnten (a): durch die Verträge freyer Stellvertreter nur vermittelst einer utilis actio (b). Dieser beschränkende Unterschied ist im neuesten Recht verschwunden. — Dagegen hat sich die nicht in der bloßen Form gegründete Beschränkung erhalten, daß vertragsmäßige Schulden, die auf einem Geben beruhen, wie bey dem Darlehen, nur insofern die juristische Person verpflichten, als das Gegebene auch wirklich in ihren Vortheil verwendet wurde (c). — Die minder häufigen und wichtigen Obligationen, welche auch ohne Wollen und Handeln entstehen, kommen bey juristischen Personen, wie bey natürlichen, ganz auf gleiche Weise vor (d).

(a) *L.* 11 § 1 *de usuris.* (22. 1.).

(b) *L.* 5 § 7. 9 *de pecunia constit.* (13. 5.).

(c) *L.* 27 *de reb. cred.* (12. 1.).

(d) So z. B. familiae herciscundae, finium regundorum, aquae pluviae actio. *L.* 9 *quod cuj. un.* (3. 4.). — Eben so aber auch, nach Römischem Recht, die Noralklagen, wenn der Sklave einer juristischen Person ein Verbrechen begieng.

Die größte Meynungsverschiedenheit aber herrscht über die Obligationen aus Delicten, insofern darin eine juristische Person Schuldner werden soll; denn ihre Forderungen aus Delicten sind weder zweifelhaft, noch von denen der natürlichen Personen verschieden. Da aber diese Frage mit der ganz ähnlichen Frage wegen eigentlicher Verbrechen der juristischen Personen unzertrennlich verbunden ist, so soll sie auch in Verbindung mit dieser behandelt werden (§ 94).

Auch bey den Obligationen bewährt sich wieder der im § 90 aufgestellte allgemeine Grundsatz. Ihre Forderungen und Schulden betreffen lediglich sie selbst als künstliche Einheit: die einzelnen Mitglieder werden davon gar nicht berührt (e). Damit ist es aber wohl vereinbar, daß die Corporation ihre eigenen Mitglieder nöthigen kann, Beyträge zur Bezahlung der Corporationsschulden zu geben; ein solcher Anspruch gründet sich auf das innere Verhältniß der Corporation zu ihren Mitgliedern, und ist von dem nach außen gerichteten Schuldverhältniß ganz unabhängig.

V. Klagenrecht.

Die Rechtsfähigkeit der juristischen Personen würde einen sehr unvollkommenen Erfolg haben, wenn ihnen nicht die Fähigkeit mitgetheilt worden wäre, als Kläger und

(e) *L.* 7 § 1 *quod cuj. un.* (3. 4.). „Si quid universitati debetur, singulis non debetur: nec, quod debet universitas, singuli debent."

Beklagte im Prozeß aufzutreten. Diese Fähigkeit ist daher auch als allgemeiner Grundsatz ausgesprochen (f). Die Ausführung kann dadurch vermittelt werden, daß die juristische Person für den einzelnen Fall einen actor bestellt, der dann die gewöhnlichen Rechte eines Procurators hat. Es ist jedoch auch dadurch möglich, daß ein solcher bleibender Vertreter für alle ihre Rechtsstreitigkeiten bestellt wird, der dann den Namen Syndicus führt; diese Form war im neueren Römischen Recht bey Stadtgemeinden die gewöhnliche (g). — Nicht blos zu eigentlichen Klagen ist eine solche Vertretung zulässig, sondern auch zu anderen auf die Rechtsverfolgung abzweckenden Handlungen, wie Cautionen, operis novi nuntiatio u. s. w. (h). Ein solcher Vertreter ist dann nicht als ein von den Einzelnen, folglich von mehreren Personen, bestellter Procurator zu betrachten, sondern wie der Procurator eines Einzelnen, der juristischen Person als Einheit (i). — Sind augenblicklich die Mitglieder einer Corporation bis auf Einen weggestorben, so kann dieser die Prozeßführung unmittelbar übernehmen, wobey er jedoch immer nicht in eigenem Namen, sondern nur als Vertreter der Corporation auftritt (k). Außerdem kann auch Jeder, der es gut findet, die Vertretung einer juristischen Person (eben so wie die einer natürlichen) als defensor übernehmen (l).

(f) *L. 7 pr. quod cuj. un.* (3. 4.).

(g) *L. 1 § 1 L. 6 § 1. 3 L. 3 quod cuj. un.* (3. 4.).

(h) *L. 10 quod cuj. un.* (3. 4.).

(i) *L. 2 quod cuj. un.* (3. 4.).

(k) *L. 7 § 2 quod cuj. un.* (3. 4.), s. o. § 89. b.

(l) *L. 1 § 3 quod cuj. un.* (3. 4.).

Wird eine juristische Person verurtheilt, so geschieht die Execution durch dieselben Mittel, wie gegen eine natürliche Person: durch missio in possessionem, Concurs, Verkauf ihres Vermögens, Einziehung ihrer Forderungen von den Schuldnern (m).

Eine besondere Schwierigkeit entsteht, wenn eine juristische Person in ihrem eigenen Rechtsstreit einen Eid zu schwören hat, da der Eid eigentlich nicht auf die juristische, sondern auf die rein menschliche Persönlichkeit der Partey (die Gewissenhaftigkeit des einzelnen Menschen) berechnet ist. Das Römische Recht erwähnt diesen Fall des Prozeßeides nicht; allein in dem ganz ähnlichen Fall eines durch Testament auferlegten Eides bestimmt es, daß derselbe, wenn er einer Stadtgemeinde (also einer Corporation mit ausgebildeter Verfassung) auferlegt wird, von ihren Vorstehern geschworen werden soll (n). Die neueren Praktiker nehmen an, der Eid müsse stets von einigen Mitgliedern der Corporation geschworen werden; über die Anzahl derselben, so wie über die Art ihrer Auswahl,

(m) *L.* 7 § 2 *L.* 8 *quod cuj. un.* (3. 4.).

(n) *L.* 97 *de condit.* (35. 1.). „Municipibus, *si jurassent*, legatum est: haec conditio non est impossibilis. Paulus: quemadmodum ergo pareri potest? Per eos itaque jurabunt, per quos municipii res geruntur." — Ganz in demselben Sinn sagt *L.* 14 *ad munic.* (50. 1). „Municipes intelliguntur *scire*, quod sciant hi, quibus summa Reipublicae commissa est." — Der Landfriede von 1521. VII. 9 verordnet, der Reinigungseid einer geistlichen oder weltlichen Commune müsse von zwey Drittheilen der Commun-Räth geleistet werden; es ist im Wesentlichen die Römische Bestimmung, nur etwas näher ausgebildet.

sind die Meynungen der Schriftsteller und die Bestimmungen neuerer Gesetze verschieden (o).

(o) Linde, Archiv für civil. Praxis, B. 10 S. 18—36. Er selbst nimmt an, eigentlich müßten (abgesehen von der entschieden entgegenstehenden Praxis) alle Mitglieder der Corporation schwören, oder wenigstens Diejenigen, die für den Eid gestimmt haben; diese Meynung hängt mit sehr verbreiteten Ansichten über die Verfassung der juristischen Personen zusammen, wovon weiter unten die Rede seyn wird.

§. 93.

Juristische Personen. Rechte. (Fortsetzung.)

V. Erbrecht.

Die Institute des Erbrechts sind bey den juristischen Personen weit später anerkannt worden, als die des übrigen Vermögensrechts, und dieser Unterschied hat seinen Grund in der allgemeinen Natur des Erbrechts selbst, verglichen mit dem Wesen der juristischen Personen. Für jeden Inhaber eines Vermögens sind die Regeln, nach welchen er beerbt wird, höchst wichtig und wesentlich, weil nur die Rücksicht auf künftige Erben der Sammlung eines Vermögens bleibenden Reiz zu geben vermag; juristische Personen aber werden nicht beerbt, weil sie nicht sterben. Umgekehrt ist der Erwerb durch die Beerbung eines Andern, mit Ausnahme der nächsten Verwandten (die aber für juristische Personen nicht vorhanden sind), etwas so Zufälliges und Unberechenbares, daß für den freyen und mannichfaltigen Verkehr im Vermögen ein dringendes Bedürfniß dazu nicht behauptet werden kann, und daß eine Lücke in demselben nicht vorhanden ist, wenn auch für jene Erwerbungen keine Anstalten getroffen seyn sollten. Da nun juristische Personen überhaupt nur die Bestimmung haben, in den lebendigen Vermögensverkehr, den natürlichen Personen gleich, einzugreifen (§ 85), so ist es ganz erklärlich, wenn das Recht derselben im Allgemeinen längst anerkannt und ausgebildet war, ehe man daran dachte, ihnen auch die Erbfähigkeit mitzutheilen. Allerdings wird für den wichtigsten Fall (die Erbeinsetzung durch Testament) zunächst ein formelles Hinderniß angeführt; allein dieses war für andere Fälle (die Legate) nicht vorhanden, und wäre auch in jenem Fall durch eine positive Anordnung zu beseitigen gewesen, wenn sich ein bedeutendes praktisches Bedürfniß dazu von jeher gezeigt hätte.

Es sollen nunmehr die einzelnen hierher gehörenden Rechtsinstitute besonders dargestellt werden.

A. Intestaterbrecht. Der wichtigste Rechtsgrund desselben, die Verwandtschaft, ist für juristische Personen nicht denkbar. Das Patronatsrecht konnte, nach den Regeln des Civilrechts, den juristischen Personen aus formellen Gründen nicht mitgetheilt werden; als man es ihnen aber durch eine ganz positive Ausnahme von jenen Regeln zugänglich gemacht hatte, so wurde nun auch das patronatische Intestaterbrecht, als eine nothwendige Folge des Patronats selbst, unbedenklich anerkannt: zuerst bey den Städten, dann auch bey den übrigen juristischen Personen (§ 91. e). — Außerdem bekamen manche Arten der Corporationen das besondere Privilegium, ihre eigenen Mitglieder beerben zu dürfen, jedoch nur in Ermanglung aller anderen Erben, also nur in dem Fall, in welchem außerdem der Fiscus eingetreten seyn würde (a).

B. Testamentarische hereditas. Diese war selbst

(a) Dirksen S. 99.

für Stadtgemeinden, um so mehr also für andere juristische Personen unmöglich. Der Grund dieser Unmöglichkeit wird von Ulpian darin gesetzt, daß die Erwerbung der Erbschaft nur durch persönliches Wollen und Handeln des Erben möglich sey, welches bey der juristischen Person, die nicht als menschliches Individuum, sondern nur als eine juristische Fiction existire, nicht vorkommen könne (b).

(b) Plinius epist. V. 7. „Nec heredem institui nec praecipere posse rempublicam constat" — Besonders aber Ulpian. XXII. § 5. „Nec municipia, nec municipes heredes institui possunt: quoniam incertum corpus est, ut neque cernere universi, neque pro herede gerere possint, ut heredes fiant." Über die Worte Nec municipia nec municipes s. oben § 87. c. Die folgenden Worte sind so zu verstehen: Sollte eine Stadtgemeinde eine hereditas erwerben, so müßte das entweder durch Vertretung geschehen, oder durch eigene Handlung; Vertretung aber ist bey dem Erwerb einer hereditas überhaupt nicht zulässig, selbst nicht durch einen Tutor (*L.* 65 § 3 *ad Sc. Treb.* 36. 1., *L* 5 *C. de j. delib.* 6. 30); eigenes Handeln aber ist für eine Stadt unmöglich, weil sie überhaupt nur eine fingirte oder ideale Existenz hat, also nicht die natürliche Handlungsfähigkeit eines Menschen (quoniam incertum corpus est), so daß die zum Erwerb der hereditas nöthigen Handlungen (cernere oder gerere) von ihr als einer solchen idealen Einheit (universi) nicht vollbracht werden können. (Über diese Erklärung des universi vgl. § 90. § 91. t und unten Note h). — Gewöhnlich versteht man das incertum corpus von einer incerta persona, und das neque .. universi .. possint von der Unmöglichkeit, alle Bürger zu einem solchen Zweck zusammen zu bringen. Diese Erklärung aber ist aus folgenden Gründen zu verwerfen. Erstlich würde Ulpian dann zwey Gründe als identisch behandeln, die doch in der That ganz verschieden wären. Zweytens ist es nicht richtig, Corporationen als incertae personae anzusehen (s. u. Note q). Drittens ist auch die Unmöglichkeit, alle einzelne Bürger zu einer solchen Handlung zusammen zu bringen, bey einer Stadt von mäßigem Umfang gar nicht vorhanden, und bey einer bedeutenden Erbschaft würden sie leicht Alle erscheinen, ohne daß auch nur Einer fehlte.

— Ausnahmsweise erlaubte den Städten ein Senatusconsult, von ihren Freygelassenen zu Erben eingesetzt zu werden und diese hereditas (ohne Rücksicht auf die erwähnte Bedenklichkeit) auch zu erwerben (c); es war dieses nur eine natürliche Entwicklung des für diesen Fall zugelassenen Intestaterbrechts, welches ohne die Zulassung der Erbeinsetzung ganz inconsequent geblieben wäre. — Erst K. Leo erlaubte im J. 469 ganz allgemein, die Stadtgemeinden zu Erben einzusetzen (d).

Andere Corporationen (collegia, corpora) waren gleichfalls der Erbeinsetzung in der Regel unfähig, und nur einzelne unter ihnen waren durch individuelle Privilegien für fähig erklärt worden (e). Eine allgemeine gesetzliche Befähigung derselben hat niemals stattgefunden. Dagegen muß auch bey ihnen, aus gleichem Grunde wie bey den Städten, angenommen werden, daß sie von ihren eigenen Freygelassenen zu Erben eingesetzt werden durften, sobald sie das Intestaterbrecht an deren Vermögen erlangt hatten. — Wenn nun in den Digesten bald von Städten, bald von anderen Corporationen Fälle erwähnt werden, in welchen sie zu Erben rechtsgültig eingesetzt, daneben aber mit Legaten oder mit der fideicommissarischen Restitution der Erbschaft belastet waren, so sind dabey stets Testamente der Freygelassenen solcher Corporationen voraus zu setzen (f).

(c) Ulpian. XXII. § 5, *L. un.* § 1 *de libertis univers.* (38. 3.).

(d) *L.* 12 *C. de her. inst.* (6. 24.).

(e) *L.* 8 *C. de her. inst.* (6. 24.).

(f) Dahin gehören *L.* 66 § 7 *de leg.* 2 (31. un.), *L.* 6 § 4 *L.* 1 § 15 *ad Sc. Treb.* (36. 1.).

Ganz eben so bey den Göttern, die auch im Allgemeinen unfähig, durch specielle Privilegien hie und da fähig zur Erbschaft waren (g). Bey ihnen wäre eine gesetzliche Zulassung in späterer Zeit ganz unmöglich gewesen, da in Folge der Herrschaft des Christenthums die alten Götter selbst aufgehoben wurden.

C. Bonorum Possessio. Bey ihr wurde dieselbe Schwierigkeit der Erwerbung angeregt wie bey der hereditas: sie war aber hier leichter zu beseitigen, indem die bonorum possessio überhaupt auch durch Mittelspersonen erworben werden konnte, z. B. durch den Vormund, ohne persönliche Mitwirkung des Pupillen (h). Auch sagen mehrere Stellen ausdrücklich, daß Städte und alle andere Corporationen durchaus fähig seyen, eine bonorum possessio zu erwerben (i). Dadurch könnte man verleitet werden anzunehmen, die ganze Unfähigkeit der juristischen Personen zur Erbeinsetzung sey durch die Einführung der bo-

Die letzte unter diesen Stellen enthält wieder eine merkwürdige Bestätigung der Regel, daß die Rechte der Corporationen ihre einzelnen Mitglieder gar Nichts angehen; es wird darin gesagt, daß die zur Erbin eingesetzte Corporation gültig verpflichtet werden könne, die Erbschaft als Fideicommiß an eines ihrer Mitglieder zu restituiren.

(g) Ulpian. XXII. § 6.

(h) Dieser Unterschied zwischen hereditas und bonorum possessio ist scharf bezeichnet in *L.* 65 § 3 *ad Sc. Treb.* (36. 1). Daß man aber auch hier zuerst dasselbe Bedenken fand, wie bey der hereditas, sagt deutlich *L. un.* § 1 *de libertis univers.* (38. 3.) „movet enim, quod consentire non possunt." Über die Bedeutung dieser Worte vergl. die ganz ähnlichen Stellen in § 91. t und § 93. b, in welchen nur noch dabey steht: *universi* .. non possunt aber ganz in demselben Sinn wie hier ohne universi. Vgl. oben § 90.

(i) *L.* 3 § 4 *de bon. poss.* (37. 1.).

norum possessio praktisch beseitigt worden, indem nun die eingesetzte Corporation nur nöthig gehabt habe, die bonorum possessio zu agnosciren; Ulpians Grund gegen die Erbeinsetzung der Städte (Note b) scheint dieser Meynung günstig zu seyn. Dennoch muß dieselbe gänzlich verworfen werden. Denn er sagt ganz bestimmt: Nec municipia, nec municipes *heredes institui possunt*. Dieser unbedingte Ausspruch ist mit der Aufrechthaltung der Erbeinsetzung durch bonorum possessio unvereinbar; um so mehr, als er selbst die Ausnahme der Testamente ihrer Freygelassenen, und die mögliche Umgehung des Verbots durch Fideicommiß, sogleich hinzufügt, ohne die bonorum possessio zu erwähnen, die hier unmöglich verschwiegen werden konnte, wenn sie überhaupt gegen das Verbot hätte helfen können. Auch wäre sonst die Aufhebung des Verbots durch K. Leo praktisch ganz überflüssig gewesen. In der That also wollte Ulpian nur den Grund ausdrücken, welcher ursprünglich allein schon jene Erbeinsetzung verhindern mußte, ohne darum diesen Grund schlechthin für den einzigen ausgeben zu wollen. Daher sind jene Stellen, welche den Corporationen die bonorum possessio gestatten (Note i), im Sinn ihrer Verfasser nur unter Voraussetzung eines überhaupt begründeten Erbrechts zu verstehen, also unter Voraussetzung der gesetzlichen oder testamentarischen Erbfolge in das Vermögen eines Freygelassenen dieser Corporation. Durch diese Erklärung werden alle jene scheinbar widersprechende Stellen völlig vereinigt, und sie findet ihre Bestätigung noch darin, daß eine der angeführten Stellen die zulässige bonorum possessio der Corporationen ausdrücklich in Verbindung setzt mit der Verlassenschaft eines Freygelassenen (k). Seit der Verordnung des K. Leo (Note d) kann übrigens bei Städten von dieser Beschränkung nicht mehr die Rede seyn.

D. Legate (mit Einschluß der Singularfideicommisse). Auch diese konnten lange Zeit nicht an juristische Personen gegeben werden, obgleich hier durchaus kein Hinderniß in der Form der Erwerbung im Wege stand. — Späterhin wurden Städte für fähig erklärt, Legate zu erwerben (l). Dann auch Collegia und Tempel (m). Ein be-

(k) *L. un.* § 1 *de libertis univ.* (38. 3.).

(l) Zuerst von Nerva, dann vollständiger von Hadrian. Ulpian. XXIV. § 28, *L.* 117. 122 *pr. de leg.* 1 (30. un.). Eine Anwendung dieser Fähigkeit bey Gajus II. § 195. Vergl. auch noch *L.* 32 § 2 *de leg.* 1, *L.* 77 § 3 *de leg.* 2, *L.* 5 *pr. de leg.* 3, *L.* 6 *L.* 21 § 3 *L.* 24 *de ann. leg.* (33. 1), *L.* 20 § 1 *de alim.* (34. 1.), *L.* 6 § 2 *de auro* (34. 2.), *L.* 8 *de usu leg.* (33. 2), *L.* 2 *de reb. dub.* (34. 5.). — Plinius sagt allerdings: nec *praecipere* posse rempublicam constat (Note b), und dieser lebte nach Nerva. Am einfachsten ist es, seine Stelle buchstäblich zu nehmen, von einem *praeceptionis* legatum, welches freylich damals einer Stadt nicht gegeben werden konnte, da es mit der ihr versagten heredis institutio unzertrennlich verbunden war. Dirksen S. 134 verwirft diese Erklärung (ohne Gründe), und erklärt die Stelle des Plinius aus der Unzulänglichkeit der Verordnung von Nerva.

(m) *L.* 20 *de reb. dub.* (34.5.). Senatusconsult unter Marcus, in Beziehung auf alle erlaubte Collegien. — Anwendung auf die Decurionen einer bestimmten Stadt. *L.* 23 *de ann leg.* (33. 1.). Auf das Collegium eines Tempels. *L.* 38 § 6 *de leg.* 3. — Eben so auch Legate an Tempel selbst gestattet. *L.* 20 § 1 *de ann. leg.* (33. 1.), *L.* 38 § 2 *de auro* (34. 2.).

sonderes Rescript gestattete diesen Erwerb auch den Dörfern (n). Man kann daher wohl diese Fähigkeit nun allgemein allen juristischen Personen zuschreiben. — Die Ausdrücke der angeführten Stellen, und namentlich die des Ulpian (Note l), sind so allgemein, daß die frühere Unfähigkeit auf alle Arten von Legaten bezogen werden muß, und nicht etwa auf das vindicationis legatum beschränkt werden darf. Allerdings kommen schon frühe gültige Legate an das Römische Volk vor, allein deren Gültigkeit ist nicht aus der dabey gewählten Form per damnationem zu erklären (die dann auch bey anderen Legataren gültig gewesen wäre), sondern daraus, daß überhaupt das Ärarium in seinen Erwerbungen mehr administrativ verfuhr, ohne durch beschränkende Regeln des strengen Civilrechts gebunden zu seyn. Eben so, und aus demselben Grunde, wurde es auch für gültig gehalten, wenn mehrmals das Römische Volk von Königen zum Erben eingesetzt wurde (o).

E. Fideicommisse. Den Städten wurde durch ein besonderes Senatusconsult gestattet, Erbschaften durch fideicommissarische Restitution zu erwerben (p). Gültige Fidei-

(n) *L.* 73 § 1 *de leg.* 1 (30. un.). Rescript von Marcus.

(o) Dirksen S. 135 nimmt an, per damnationem seyen alle Legate an Städte von jeher gültig gewesen, und erklärt daraus die Gültigkeit vieler Legate an den Römischen Staat. Jedoch bey den Erbeinsetzungen des Römischen Staats durch verschiedene Könige nimmt auch er an, diese seyen unabhängig von den Regeln des jus civile gewesen, und nach jus gentium beurtheilt worden. Ich erkläre die Gültigkeit dieser Erbeinsetzungen wie jener Legate, ohne Rücksicht auf die Civität oder Peregrinität der Testatoren, lediglich aus der ganz eigenthümlichen Stellung des populus (§ 101).

(p) Ulpian. XXII. § 5, *L. un.*

commisse zum Vortheil von Priestercollegien sind schon oben (§ 88. a und 88. bb) erwähnt worden.

Alle diese Beschränkungen der Erbfähigkeit juristischer Personen werden von mehreren neueren Schriftstellern auf den Grundsatz zurückgeführt, nach welchem vor Justinian jede incerta persona unfähig war, Erbschaften oder Legate zu bekommen; diese Ableitung aber kann nicht als richtig angenommen werden. Incerta heißt diejenige Person, welche der Erblasser gar nicht als eine individuell bestimmte denkt, sondern nur durch eine allgemeine Eigenschaft bezeichnet, welche zufällig den verschiedensten Individuen zukommen kann (q). Dieser Begriff paßt durchaus nicht auf die juristische Person, die ja der Testator in bestimmter Individualität kennt und denkt, ohne dabey dem Zufall irgend Etwas zu überlassen. Anders würde es seyn, wenn z. B. ein Legat sämmtlichen einzelnen Bürgern hinterlassen wäre, die zur Zeit des Todes zu dieser Stadt gehören würden: dieses wären in der That incertae personae, weil der Erblasser nicht wissen kann, wer bey seinem Tod Bürger jener Stadt seyn wird. Aber gerade dieser Fall kam nicht leicht vor; denn waren im Testament als Legatare die municipes genannt, so hieß das von selbst so viel als municipium (§ 87. b); eben so wurde ein den cives einer Stadt angewiesenes Legat so

§ 1 *de libertis univ.* (38. 3.), *L.* 26. 27 *pr. ad Sc. Treb.* (36. 1.).

(q) So z. B. wenn die zwey Personen zu Erben oder zu Legataren ernannt werden, auf welche die erste Consulnwahl nach Abfassung des Testaments fallen wird. § 25 *J. de legatis* (2. 20.).

interpretirt, als wäre es der civitas hinterlassen (r). Veranlassung zu der hier widerlegten Meynung hat ein Ausdruck Ulpians gegeben, der aber in der That einen anderen Sinn hat, und nicht von der incerta persona verstanden werden darf (Note b).

Die bisher aufgestellten Regeln über die Erbfähigkeit bezogen sich auf diejenigen juristischen Personen, welche schon den alten Juristen bekannt waren. Sobald aber das Christenthum herrschend wurde, traten für die kirchlichen Stiftungen im weitesten Sinn (pia corpora) ganz neue Grundsätze ein. Ihnen allen sollten jetzt Erbschaften und Legate auf die freyeste Weise zugewendet werden dürfen. Ja nicht blos auf wahre juristische Personen beschränkte sich diese neu gestattete Freyheit in der Verfügung durch letzten Willen, sondern es sollte auch Alles gültig seyn, was zu frommen und milden Zwecken angewiesen wäre, ohne durch die damals noch geltende Beschränkung der incertae personae gehindert zu seyn. Wenn z. B. Jemand den Armen seiner Stadt ein Legat aussetzt, so geht das auf die zur Zeit des Todes vorhandenen Armen; diese bilden gewiß keine Corporation, sie sind wahre incertae personae, dennoch wurde das Legat als gültig anerkannt, und zwar lange vor Justinians neuer Bestimmung über die incertae personae (s). — Das canonische

(r) *L.* 2 *de rebus dub.* (34. 5.). (1. 2.), *L.* 24. 49 *C. de episc.*
(s) *L.* 1. 26 *C. de SS. eccl.* (1. 3.).

Recht hat diese günstigen Bestimmungen der christlichen Kaiser nicht blos bestätigt, sondern noch auf mancherley Weise erweitert, indem es die Testamente dieses Inhalts von manchen außerdem geltenden gesetzlichen Beschränkungen befreyt, und dadurch sehr erleichtert hat (t). Neuere Gesetzgebungen haben nicht selten die Erwerbungen der todten Hand wieder beschränkt; allein diese aus politischen und staatswirthschaftlichen Gründen entsprungenen Beschränkungen sind niemals Bestandtheile des gemeinen Rechts geworden.

(t) G. L. Böhmer princ. j. canon. § 615. Eichhorn Kirchenrecht B. 2 S. 765.

§. 94.

Juristische Personen. — Rechte (Fortsetzung.)

VI. Criminalrecht und Obligationen aus Delicten.

Die Frage, ob juristische Personen Verbrechen begehen und Strafen erleiden können, ist von jeher sehr bestritten gewesen.

Mehrere haben die Frage aus dem Grunde verneint (a), weil die juristische Person nur ein künstliches Daseyn durch Privilegium des Landesherrn habe, welches aber nur für erlaubte Zwecke gegeben sey; wenn sie daher ein Verbrechen begehe, so sey sie in diesem Augenblick gar nicht juristische Person, könne also auch nicht als solche einer Strafe unterworfen werden.

Andere bejahen die Frage, indem sie von einer absoluten Rechts- und Willensfähigkeit der juristischen Person ausgehen, welche für diesen einzelnen Fall durch keine positive Ausnahme beschränkt sey (b). Freylich giebt man

(a) Dahin gehören von neueren Schriftstellern besonders Zachariae l. c. p. 88. Haubold l. c. C. 4 § 15. Feuerbach Criminalrecht § 28 ed. 12.

(b) Stieber zu Haubold opuscula Vol. 2 p. LXXIII. Mühlenbruch I. §. 197. Sintenis de delictis et poenis universitatum Servestae 1825. Dieser letzte nimmt jedoch Verbrechen der Corporationen nur in den mit ihren wahren Zwecken zusammenhängenden Geschäften an, z. B. wenn eine Stadt das Münzrecht hat, und dieses durch Beschluß von ⅔ ihrer Mitglieder zum Falschmünzen misbraucht wird (p. 28. 32). Diese Einschränkung scheint ganz inconsequent, denn wenn über-

zu, daß manche Verbrechen und manche Strafen ausgeschlossen bleiben müßten; denn es wird doch Niemand eine Stadt des Ehebruchs, oder ein Hospital der Bigamie beschuldigen wollen; eben so würde bey einer Dorfgemeinde die Strafe der Landesverweisung, bey einer Kirche oder einem Armenhaus die Gefängnißstrafe, unübersteigliche Schwierigkeiten haben; weniger Schwierigkeit macht die Todesstrafe, welche hier in der Gestalt der Vernichtung der juristischen Person angewendet werden könnte. — Allein es ist mit Recht bemerkt worden, daß solche Ausnahmen möglicher Anwendung die Anwendung nicht im Allgemeinen ausschließen können.

Gegen den für die erste Meynung angeführten Grund ist mit Recht eingewendet worden, daß er zu viel beweise. Denn auch wenn ein einzelner Fremder in den Staat aufgenommen wird und in dem Unterthaneneid Gehorsam gegen die Gesetze verspricht, verletzt er durch jedes Verbrechen die Bedingung seiner Aufnahme; dennoch verliert er dadurch nicht seine Persönlichkeit und am wenigsten seine Straffähigkeit. Ja man könnte aus jenem streng durchgeführten Grunde sogar folgern, daß eine juristische Person überhaupt nicht verklagt werden könne, weil jede Klage in dem Beklagten eine Rechtsverletzung voraussetzt, auf welche aber (nach Jenen) das Existenzprivilegium der ju-

haupt der Wille der ⅔ diese verpflichtende Kraft hat, so ist nicht einzusehen, warum nicht die Stadt als Dieb oder Räuber bestraft werden sollte, wenn die ⅔ beschließen, zum Vortheil der Stadtkasse zu stehlen und zu rauben.

ristischen Person nicht gerichtet ist. Dennoch ist diese Meynung die wahre, und selbst der eben bestrittene Grund hat nur ein falsches Element in die richtige Ansicht eingemischt. Die Richtigkeit dieser Meynung ergiebt sich aus dem Wesen des Criminalrechts, zusammen gehalten mit dem Wesen der juristischen Personen.

Das Criminalrecht hat zu thun mit dem natürlichen Menschen, als einem denkenden, wollenden, fühlenden Wesen. Die juristische Person aber ist kein solches, sondern nur ein Vermögen habendes Wesen, liegt also ganz außer dem Bereich des Criminalrechts. Ihr reales Daseyn beruht auf dem vertretenden Willen bestimmter einzelner Menschen, der ihr, in Folge einer Fiction, als ihr eigener Wille angerechnet wird. Eine solche Vertretung aber, ohne eigenes Wollen, kann überall nur im Civilrecht, nie im Criminalrecht, beachtet werden.

Damit steht nicht im Widerspruch die Fähigkeit der juristischen Personen, verklagt zu werden, da doch jede Klage eine Rechtsverletzung voraussetzt. Denn diese, die Klage bedingende Verletzung, hat eine blos materielle Natur, und ist in den meisten und wichtigsten Anwendungen ganz unabhängig von der Gesinnung. Die dem Civilrecht angehörenden Klagen sind nur dazu da, die wahren Gränzen der individuellen Rechtsverhältnisse zu erhalten oder durch Ausgleichung herzustellen; eine solche Einwirkung aber ist bey dem Vermögen der juristischen, wie der natürlichen Personen gleich möglich, ja überall unentbehrlich, wo nur ein Vermögen angenommen werden soll. — Eben so ist es nicht inconsequent (wie man wohl behauptet hat) anzunehmen, daß eine juristische Person zwar kein Verbrechen begehen, wohl aber durch das Verbrechen eines Andern verletzt werden könne; denn zu dieser Verletzbarkeit ist schon das Daseyn eines Vermögens hinreichend, welches bey der juristischen Person keinen Zweifel hat: Denken und Wollen des Inhabers ist dabey gleichgültig. Ja selbst die gegen eine juristische Person mögliche Injurie ist kein Einwurf, da diese nur an die verletzte Persönlichkeit, nicht gerade an die verletzte Empfindung, geknüpft ist.

Alles, was man als Verbrechen der juristischen Personen ansieht, ist stets nur das Verbrechen ihrer Mitglieder oder Vorsteher, also einzelner Menschen oder natürlicher Personen; auch ist es dabey ganz gleichgültig, ob etwa das Corporationsverhältniß Beweggrund und Zweck des Verbrechens gewesen seyn mag. Wenn daher der Beamte einer Stadt aus verkehrtem Eifer Geld stiehlt, um die Noth der Stadtkasse zu erleichtern, so ist darum nicht weniger er persönlich ein Dieb. Wollte man nun irgend ein Verbrechen an der juristischen Person bestrafen, so würde dadurch ein Grundprincip des Criminalrechts, die Identität des Verbrechers und des Bestraften, verletzt werden.

Der Irrthum Derjenigen, welche ein Verbrechen juristischer Personen für möglich halten, hat eine zwiefache

Wurzel. Die erste Wurzel besteht in der leeren Abstraction einer absoluten Willensfähigkeit, die bey ihnen ganz ohne Grund angenommen wird. Ihre fingirte Willensfähigkeit gilt nur in den durch ihren Begriff bestimmten engen Gränzen, das heißt nur so weit sie nöthig ist, um sie an dem Verkehr im Vermögen Theil nehmen zu lassen (§ 85); dazu ist die Fähigkeit zu Verträgen, Traditionen u. s. w. ganz unentbehrlich, das Begehen von Verbrechen ist dazu so wenig nöthig, daß vielmehr der ganze Verkehr im Vermögen weit fruchtbarer wäre, wenn gar keine Verbrechen begangen würden. Die irrige Annahme einer absoluten Rechts- und Willens-Fähigkeit läßt sich auch noch von einer andern Seite anschaulich machen. Wäre sie wahr, so müßte sie auch in der Erzeugung von Familienverhältnissen wirksam seyn; eine Zunft z. B. müßte durch Adoption väterliche Gewalt über ein Krankenhaus erlangen können. Daß dieses nicht möglich ist, folgt lediglich daraus, daß das Familienverhältniß ganz außer den Gränzen des Gebiets liegt, für welches allein die Fiction der juristischen Personen gemacht worden ist. — Und hierin liegt denn auch das wahre Element, welches dem oben verworfenen, von manchen Schriftstellern für die richtige Meynung angegebenen Grund zugeschrieben werden muß. Die juristische Person (sagen Jene) kann deswegen kein Verbrechen begehen, weil sie in der dazu nöthigen Thätigkeit gar nicht mehr juristische Person ist. Das ist wahr, aber nicht deswegen weil diese Thätigkeit unerlaubt, sondern weil sie dem Begriff und der ausschließenden Bestimmung der juristischen Person fremd ist.

Die zweyte Wurzel jenes Irrthums liegt in der völligen Verwechslung der juristischen Person mit ihren einzelnen Mitgliedern, eine Verwechslung, welcher sich das Römische Recht in so vielen Anwendungen auf das Bestimmteste widersetzt (§ 86). Der Einfluß dieser Verwechslung auf jene falsche Meynung wird besonders durch die Wahrnehmung einleuchtend, daß man die Fähigkeit zu Verbrechen doch nicht bey allen juristischen Personen durchführt; man behauptet sie in der That nur bey Corporationen, nicht bey Stiftungen, wenngleich dieser Unterschied nicht ausgesprochen zu werden pflegt. Inconsequent ist er gewiß, denn wenn überhaupt juristische Personen Verbrechen begehen können, weil sie allgemeine Willensfähigkeit haben, so müssen dazu auch Kirchen und Waisenhäuser, vertreten durch ihre Vorsteher, fähig seyn. Diese Inconsequenz aber erklärt sich daraus, daß die Handlungen der meisten Bürger einer Stadt, oder aller Meister einer Zunft, leicht dafür angesehen werden können, als wäre es die Stadt oder die Zunft welche handelte; oder mit anderen Worten, sie erklärt sich aus der eben gerügten Verwechslung der einzelnen Mitglieder mit der Corporation.

Folgende Vergleichung kann dazu dienen, die Wahrheit der aufgestellten Behauptungen noch anschaulicher zu machen. Wahnsinnige und Unmündige haben mit den juristischen Personen die Ähnlichkeit, daß sie rechtsfähig sind, daneben aber die natürliche Handlungsfähigkeit entbehren, weshalb ihnen in der Person von Vertretern ein künstlicher Wille verschafft wird. Bey diesen wie bey jenen ist völlig gleicher Grund vorhanden, einem solchen fingirten Willen unbegränzte Ausdehnung zu geben, und also das Verbrechen des Vormundes an dem Pupillen zu bestrafen, wenn er es in seiner Eigenschaft als Vormund begeht, indem er etwa zum Vortheil des Pupillen stiehlt oder betrügt. In diesem Fall hat meines Wissens noch Niemand die Möglichkeit eines Verbrechens durch Vertretung behauptet; allein die Inconsequenz dieser verschiedenen Behandlung der juristischen Personen und der Unmündigen ist einleuchtend.

§. 95.

Juristische Personen. — Rechte. (Fortsetzung.)

Bisher war von Verbrechen und deren criminalrechtlichen Folgen die Rede. Ganz dasselbe gilt aber auch von den Obligationen aus Delicten, die wegen dieser inneren Verwandtschaft oben, bey der allgemeinen Betrachtung der Obligationen (§ 92), einstweilen übergangen worden sind. Denn jedes wahre Delict setzt dolus oder culpa voraus, mithin Gesinnung und Zurechnung, kann also bey juristischen Personen eben so wenig angenommen werden, als bey Unmündigen und Wahnsinnigen. — Anders verhält es sich, wenn in Contractsverhältnissen der juristischen Person, ihres Stellvertreters Dolus oder Culpa in Betracht kommt. Denn dieses ist eine von der Hauptobligation unzertrennliche Modification, wobey die Gesinnung der juristischen Person eben so gleichgültig ist, wie die einer physischen Person, deren Bevollmächtigter des Dolus oder der Culpa in einem Contract sich schuldig macht.

Nachdem nun für Verbrechen und Delicte mit ihren Folgen die Unanwendbarkeit auf juristische Personen dargethan worden ist, muß noch bemerkt werden, daß allerdings bey Verbrechen und Delicten ihrer Vorsteher oder Mitglieder eine zwiefache Rückwirkung auf sie selbst eintreten kann, welche leicht den Schein annimmt, als würden ihnen die Verbrechen oder Delicte selbst zugerechnet.

Die Anerkennung solcher indirecten Einwirkungen wird vielleicht dazu beytragen, die Wiederkehr falscher Behauptungen über diese Frage noch sicherer zu verhüten.

Erstlich kann bey solchen Corporationen, welche politischer Natur sind (z. B. den Gemeinden) Etwas eintreten, das einer Strafe ähnlich sieht, und dennoch einen wesentlich verschiedenen Character hat. So ließe es sich denken, daß eine Stadt, in Folge einer Verrätherey gegen den Feind, zerstört würde und als Corporation verschwände; oder auch, daß sie nur gewisse Vorrechte oder Ehrentitel verlöre. Eben so geschieht es wohl, daß einem Regiment im Kriege die Fahnen entzogen werden, bis es sie durch neue Auszeichnung wieder gewinnt. Allein dieses sind politische Akte, Handlungen der Regierungsgewalt, nicht des Richters; sie sind dazu bestimmt, auf Schuldige und Fremde einen großen Eindruck zu machen, und das Übel, welches sie zufügen, wird fast immer auch unschuldige Individuen treffen, wie es bey einer wahren, vom Richter ausgesprochenen, Strafe nie seyn könnte. Sie haben also vielmehr eine ähnliche Natur wie die Aufhebung einer Corporation, wenn dieselbe Anfangs genehmigt war, hinterher aber sich als gemeinschädlich zeigt (§ 89); welches letzte sogar geschehen kann, ohne daß irgend ein Verbrechen begangen worden ist.

Zweytens steht neben der obligatio ex delicto oft eine von ihr ganz verschiedene obligatio ex re, ex eo quod ad aliquem pervenit, und diese kann unstreitig die juristische

Person eben sowohl, als den Unmündigen, treffen. Wenn also die Vorsteher in dem Geschäft der Corporation einen Betrug verüben, so sind nur sie selbst aus dem dolus verpflichtet; ist aber die Kasse der Corporation durch den Betrug bereichert, so muß sie diesen Gewinn herauszahlen. — Eine ähnliche Bewandniß hat es mit den Prozeßstrafen, die eigentlich keine wahre Strafen, sondern, gleich den Prozeßkosten und den Cautionen, wesentliche Bestandtheile des Prozeßmechanismus sind. Diesen muß sich die juristische Person unterwerfen, wenn sie überhaupt an den Vortheilen des Prozeßganges Theil nehmen will (a).

Über die Frage, welche bis jetzt nur mit Rücksicht auf die allgemeine Natur der juristischen Personen behandelt worden ist, sollen nun auch specielle Bestimmungen des positiven Rechts zusammengestellt werden.

Das Römische Recht bestätigt vollkommen die hier entwickelten Grundsätze. Ganz bestimmt spricht sich eine Stelle dahin aus, eine Stadtgemeinde könne nicht mit der doli actio belangt werden, weil sie des dolus ihrer Natur nach unfähig sey; sey sie durch Betrug ihrer Verwaltungsbeamten bereichert, so müsse sie diesen Gewinn herausgeben; die doli actio selbst aber geht gegen die Einzelnen, die den Betrug verübten, z. B. gegen die einzelnen Decurionen (b). — Wenn Jemand den Besitzer eines Grundstücks mit Gewalt herauswirft, und zwar im Namen einer Stadt-

(a) Haubold l. c., p. 604.
(b) *L.* 15 § 1 *de dolo* (4. 3.), s. o. § 87. g.

gemeinde, so geht gegen diese das Interdict de vi, vorausgesetzt daß sie in Folge jener Handlung Etwas in ihrem Besitz hat (c). — Zweydeutiger sind die Ausdrücke einer anderen Stelle. Wenn Jemand durch Drohungen zu einem nachtheiligen Rechtsgeschäft bestimmt wird, so hat dieser eine actio quod metus causa zur Wiederherstellung seines früheren Zustandes. Nun sagt Ulpian (in demselben Buch des Commentars über das Edict, worin er die Unfähigkeit einer Corporation zum dolus behauptet), es sey einerley wer die Drohung verübe, ein Einzelner, oder ein populus, curia, collegium, corpus; zur Bestätigung führt er aus seiner Praxis folgendes Beyspiel an: die Bürger von Capua hatten von einem Einzelnen irgend ein schriftliches Versprechen (cautio pollicitationis) erpreßt; deshalb sollte gegen die Stadt Capua Klage oder Exception gegeben werden, wie es der Gezwungene begehren würde (d). Hier ist es klar, daß die Corporation als solche sollte verklagt werden können, allein dieses gründet sich darauf, daß die erwähnte Klage nicht blos gegen den Zwingenden geht, sondern auch gegen jeden dritten Besitzer, welcher in der Lage ist, die Wiederherstellung bewirken zu können (e). Ein solcher Dritter war hier die Stadt Capua, weil sie als Corporation durch die (wiewohl

(c) *L.* 4 *de vi* (43. 16.). „Si vi me dejecerit quis nomine municipum, *in municipes* mihi Interdictum reddendum Pomponius ait, *si quid ad eos pervenit.*" Es ist oben gezeigt worden, daß der Ausdruck municipes stets die Corporation als solche bezeichnet. § 87. b. c.

(d) *L.* 9 § 1. 3 *quod metus* (4. 2.).

(e) *L.* 9 § 8 *quod metus* (4. 2.).

erzwungene) pollicitatio in der That eine ipso jure rechtsgültige Forderung erworben hatte; der Gezwungene bedurfte einer Exception, um sich gegen die Klage der Stadt zu schützen, einer Klage um von seiner Schuld ipso jure frey zu werden (f). — Der bestimmteste Ausspruch aber findet sich in einem Gesetz von Majorian, nach welchem niemals eine Curie als Ganzes verurtheilt werden soll, sondern immer nur die strafbaren einzelnen Mitglieder (f[1]).

In der Römischen Geschichte finden sich nicht wenige Beyspiele von hart behandelten Stadtgemeinden. Das merkwürdigste derselben ist das der Stadt Capua, welche im zweyten Punischen Kriege von Rom abgefallen war. Nach ihrer Wiedereroberung wurden nicht nur die angesehensten Bürger hingerichtet, sondern der Stadt selbst wurde jede Spur städtischer Verfassung gänzlich entzogen (g). Augenscheinlich war dieses, wie alles Ähnliche in der Römischen Geschichte, eine blos politische Handlung, keine Anwendung der Criminalgesetze durch richterliche Gewalt.

Abweichend von den Grundsätzen des R. R. verordnete

(f) Über die Klagbarkeit der Pollicitationen vgl. *L.* 1. 3. 4. 7 *de pollicitat.* (50. 12.). Daß ein erzwungnes Versprechen ipso jure klagbar ist, und nur per exceptionem entkräftet wird, darüber vgl. § 1 *J. de except.* (4. 13.).

(f[1]) Nov. Majoriani Tit. 7 (in Hugo's Jus civile antejust. p. 1386 § 11): „Nunquam curiae a provinciarum rectoribus generali condemnatione mulctentur, cum utique hoc et aequitas suadeat et regula juris antiqui, ut noxa tantum caput sequatur, ne propter unius fortasse delictum alii dispendiis affligantur."

(g) Livius Lib. 26 C. 16.

K. Friedrich II., jede Gemeinde die sich gegen eine Kirche Erpressungen erlaube, solle den dreyfachen Werth vergüten und in den Kirchenbann verfallen; bleibe dieser ein Jahr lang bestehen, so falle sie in des Kaisers Bann (h). Hier wird offenbar Verbrechen und Strafe auf die Corporation als solche irrigerweise bezogen.

Das canonische Recht ist sich bey dieser Frage nicht gleich geblieben. P. Innocenz IV. stellte, übereinstimmend mit dem R. R., die Regel auf, der Kirchenbann solle nie gegen eine Corporation als Ganzes, sondern nur gegen die strafbaren einzelnen Mitglieder, gerichtet werden (i). Später aber gieng P. Bonifaz VIII. davon wieder ab, indem er in dem Fall einer einzelnen Art von Bedrückung gegen Geistliche doch wieder den Corporationen als solchen das Interdict androhte (k).

Auch mehrere deutsche Reichsgesetze enthalten Strafdrohungen, welche an Corporationen als solche gerichtet sind: Geldstrafen, und Verlust der Freyheiten oder Privilegien (l). Es sind aber darin lediglich Verbrechen gegen die Sicherheit und Ruhe des Reichs bezeichnet, als Landfriedensbruch und Conföderation oder Conspiration. Eben so werden darin Fürsten und Städte neben einander gestellt. Es werden also auch in diesen Gesetzen eigentlich

(h) Auth. *Item nulla* und *Item quaecunque* C. de episc. (1. 3.).

(i) *C.* 5 *de sent. excommunicat. in* VI. (5. 11.).

(k) *C.* 4 *de censibus in* VI. (3. 20.)

(l) Aurea bulla C. 15 § 4. — Landfriede von 1548 Tit. 2 Tit. 14 Tit. 29 § 4. — Kammergerichtsordnung von 1555 II. 10. § 1.

nur politische Handlungen des Reichs gegen seine einzelnen Glieder angekündigt, wenngleich diese Handlungen, nach der eigenthümlichen Verfassung des deutschen Reichs, die Form wirklicher Criminalstrafen annahmen, und von den Reichsgerichten als Strafen ausgesprochen wurden. Auch in diesen Gesetzen also ist über die Straffähigkeit der Corporationen überhaupt, abgesehen von jenem besonderen politischen Verhältniß, kein Ausspruch enthalten.

Zu einer entschiedenen Praxis endlich über die hier erörterte Frage ist es in Deutschland niemals gekommen. Die meisten und wichtigsten Fälle, welche in dieser Art vorgekommen sind, tragen augenscheinlich einen mehr politischen als criminalrechtlichen Character an sich, und bestätigen ganz das, was so eben über den Inhalt der hier einschlagenden Reichsgesetze gesagt worden ist (m).

(m) Fälle aus der Praxis finden sich zusammengestellt bey Sintenis p. 60 sq.

§. 96.

Juristische Personen. — Verfassung.

Um den Begriff der juristischen Personen in das wirkliche Leben einzuführen, bedarf es für sie einer regelmäßigen Vertretung, wodurch die ihnen fehlende Handlungsfähigkeit künstlich ersetzt werden muß, und zwar lediglich zu dem Zweck, den Verkehr im Vermögen ihnen zugänglich zu machen; diese Vertretung wird begründet durch ihre Verfassung (§ 90). Da sie aber stets auch noch andere Beziehungen haben, und zwar solche, welche oft weit wichtiger sind als ihre privatrechtliche Persönlichkeit, und durch welche gleichfalls schon eine bestimmte Verfassung nöthig wird, so werden dann die Organe dieser allgemeinen Verfassung zugleich zur Erfüllung jenes privatrechtlichen Zwecks hinreichen. — Bey den Römern konnte ein Theil dieser privatrechtlichen Vertretung auch noch auf einem anderen Wege bewirkt werden. Wenn nämlich eine juristische Person auch nur einen einzigen Sklaven im Eigenthum hatte, so konnte ihr dieser jedes Vermögensrecht (Eigenthum und Schuldforderungen) schon nach den strengen Regeln des alten Civilrechts erwerben (§ 65). Darauf aber beschränkte sich diese Vertretung; sie war nicht anwendbar auf Veräußerungen und Verpflichtungen, also auch nicht auf die häufigsten und wichtigsten aller Rechtsgeschäfte, welche (so wie der Kauf) aus gegenseitigem Geben und Nehmen bestehen; ferner nicht auf gerichtliche Geschäfte aller Art; endlich nicht auf die obere Leitung der Geschäfte, sondern nur auf ihre Vollziehung im Einzelnen. Dennoch war diese Art der Vertretung von großer Wichtigkeit, weil dadurch von jeher der unmittelbare Erwerb des Eigenthums durch feyerliche Rechtsgeschäfte bewirkt werden konnte, welcher außerdem für diesen Fall ganz unmöglich geblieben wäre.

Bey der ungemeinen Verschiedenheit der juristischen Personen unter einander, würde es ein ganz fruchtloses Unternehmen seyn, positive Grundsätze der Verfassung aufstellen zu wollen, die für sie gemeinschaftlich anwendbar wären. Nur dieses läßt sich allgemein behaupten, daß dem Staate über sie alle, aus gleichem Grunde wie bey den Unmündigen, Schutz und Aufsicht zukommt. Für manche derselben beschränkt sich hierauf der Einfluß des Staats, da außerdem ihr Daseyn dem Staate nicht wichtiger ist, als das Daseyn jeder Vermögen habenden natürlichen Person; bey vielen aber tritt ein höheres und unmittelbares Staatsinteresse hinzu, weil sie für dauernde allgemeine Zwecke zu wirken bestimmt sind, oder wohl gar (wie die Gemeinden) die Grundbestandtheile des Staates selbst bilden. Dieser zwiefache Einfluß des Staates auf die juristischen Personen ist aber entschiedener und mannichfaltiger in neuerer Zeit, als im Römischen Recht, seitdem sich überhaupt die centrale Gewalt mehr entwickelt und befestigt hat (a). — Ganz verschieden von diesem positiven Einfluß des Staats ist der negative, der auf die Verhinderung schädlicher und gefährlicher Corporationen abzweckt. Dieses Bestreben findet sich im Römischen Recht sogar noch stärker und häufiger, als in der neueren Zeit, und es ist darüber schon oben (§ 88) geschichtliche Nachricht gegeben worden.

Nach diesen allgemeinen Betrachtungen soll nunmehr untersucht werden, was das Römische Recht über die Verfassung der juristischen Personen bestimmt. Die Römischen Juristen hatten zu viel praktischen Sinn, um allgemeine Regeln hierüber aufzustellen, die bey der großen Mannichfaltigkeit jener Personen doch nur sehr beschränkte Anwendbarkeit gehabt haben würden. Was wir bey ihnen finden, bezieht sich gar nicht auf die juristischen Personen überhaupt, ja nicht einmal auf alle Corporationen, sondern lediglich auf die Stadtgemeinden, d. h. ursprünglich auf die Municipien und Colonieen in Italien, dann aber auch auf die Provinzialstädte. Die Italischen Städte nun hatten, während der freyen Republik, Verfassungen die der Römischen sehr ähnlich waren: die öffentliche Gewalt war, hier wie dort, getheilt unter die Volksversammlung, den Senat, und einzelne Obrigkeiten. Unter den Kaisern verschwand bald die Volksgewalt gänzlich, alle Gewalt concentrirte sich in dem Senat (ordo oder curia), und auch die Magistrate waren nur als Bestandtheile desselben

(a) Eichhorn deutsches Privatrecht § 372.

anzusehen (b): dadurch wurden zugleich die Städte in Italien den Provinzialstädten immer ähnlicher. Diese neuere Städteverfassung ist es, welche schon zur Zeit der ausgebildeten Rechtswissenschaft vorhanden war, und welche uns in den Justinianischen Rechtsbüchern dargestellt wird. — Die Grundzüge dieser Verfassung sind folgende. Alle öffentliche Gewalt ruht in dem ordo, welcher aber nur als verfassungsmäßig handelnd angesehen wird, wenn wenigstens zwey Drittheile seiner überhaupt vorhandenen Mitglieder versammelt sind. Sind also diese versammelt, so stellt eine solche Versammlung den ganzen ordo vor, und man soll nicht etwa die Anwesenheit einer noch größeren Zahl, oder gar Aller, fordern, weil sonst die Verhinderung mehrerer Decurionen alle Geschäfte hemmen könnte; fehlt es an jener Anzahl, so gilt die Versammlung nicht als ordo, und kann keine gültige Beschlüsse fassen (c). In jeder solchen gesetzmäßigen Versammlung aber entscheidet die Stimmenmehrheit unter den Anwesenden (d). Diese

(b) Savigny Geschichte des Römischen Rechts im Mittelalter B. 1 § 8. 87.

(c) *L.* 2. 3 *de decretis ab ordine faciendis* (50. 9.). „Illa decreta, quae *non legitimo numero decurionum coacto* facta sunt, non valent." — „Lege autem municipali cavetur, *ut ordo non aliter habeatur, quam duabus partibus adhibitis.*" — *L.* 46 *C. de decur.* (10. 31.) (d. h. *L.* 142 *C. Th. de decur.* 12. 1.) „.. ne paucorum absentia .. debilitet, quod *a majore parte ordinis* salubriter fuerit constitutum: cum *duae partes ordinis* in urbe positae, *totius curiae instar* exhibeant." In diesen letzten Worten ist ganz unzweydeutig gesagt, daß jede Versammlung von $\frac{2}{3}$ aller Mitglieder, für die ganze Curie, den ganzen ordo, angesehen werden solle.

(d) *L.* 46 *C. de decur.* (Note b)

Regel, die in den angeführten Stellen von öffentlichen Stadtgeschäften überhaupt aufgestellt wird, gilt insbesondere auch von der Wahl eines actor, der vor Gericht für die Stadt auftreten soll: auch dazu ist nöthig die Anwesenheit von wenigstens zwey Drittheilen der Decurionen, und die Wahl wird durch die Stimmenmehrheit unter diesen Anwesenden entschieden (e).

„a *majore parte* ordinis" *L.* 19 *ad municip.* (50. 1.). „Quod *major pars curiae* effecit, pro eo habetur, ac si omnes egerint." (Curia aber heißt, nach Note b, eine Versammlung von wenigstens $\frac{2}{3}$ aller Mitglieder). — *L.* 2. 3 *C. de praed. decur.* (10. 33), „totius *vel majoris partis* intercedente decreto," „curialium *vel majoris partis curiae.*" *L.* 19 *pr. de tutor. et curat.* (26. 5.). „Ubi absunt hi qui tutores dare possunt, decuriones jubentur dare tutores: *dummodo major pars conveniat*" etc. Das conveniat ist zweydeutig; es könnte im materiellen Sinn genommen werden (für zusammenkommen), dann würde es mit der Regel der $\frac{2}{3}$ (Note b) im Widerspruch stehen: daher muß es in dem eben so gewöhnlichen tropischen Sinn genommen werden (für übereinkommen), und ist dann wieder nur die Regel der Entscheidung durch Stimmenmehrheit.

(e) *L.* 3. 4 *quod cuj. un.* (3. 4.) . nisi .. *ordo* dedit, cum *duae partes adessent*, aut amplius quam duae." Auch hier wieder gilt der ganze ordo als handelnd, wenn eine Versammlung von $\frac{2}{3}$ thätig ist. Neuerlich ist die Vorschrift der $\frac{2}{3}$ für alle Versammlungen der Decurionen so gedeutet worden, als hätte der Beschluß gefaßt werden müssen von der Mehrzahl — nicht der Anwesenden in dieser Versammlung, sondern — aller Decurionen überhaupt, woneben also die nothwendige Anwesenheit der $\frac{2}{3}$ nur eine unnütze Erschwerung gewesen wäre. (Lotz a. a. O., S. 115 — 120). Dieser Annahme widersprechen schon die Worte der angeführten Stellen; außerdem aber ist zu bedenken, daß hier von einem Geschäftscollegium die Rede ist, und zugleich von Gegenständen laufender Verwaltung, die in irgend einer Art abgemacht werden mußten: dabey ist eine andere Majorität als die der gerade anwesenden Versammlung eben so fremdartig und unnatürlich, wie sie es z. B. in unsren Justizcollegien seyn würde.

§. 97.

Juristische Personen. — Verfassung. (Fortsetzung.)

Neuere Schriftsteller haben über die Verfassung der Corporationen (nicht der juristischen Personen überhaupt) folgende allgemeine Grundsätze aufgestellt.

Die Corporation besteht aus der Totalität aller vorhandenen Mitglieder. Als Wille der Corporation aber gilt nicht blos der übereinstimmende Wille aller Mitglieder, sondern auch schon der Wille ihrer Mehrzahl: daher muß der Wille der Majorität aller vorhandenen Mitglieder als das eigentliche Subject der Corporationsrechte angesehen werden. Diese Regel ist gegründet im Naturrecht, weil, wenn man Einstimmigkeit fordern wollte, ein Wollen und Handeln der Corporation ganz unmöglich seyn würde. Sie wird aber auch bestätigt durch das Römische Recht; zum Beweis dieses letzten Satzes werden dann die Stellen über die Stimmenmehrheit unter den Decurionen angeführt (a).

Dieser allgemeine, im Naturrecht begründete, und im Römischen Recht anerkannte Grundsatz (sagt man) wird nun noch modificirt und für die Anwendung erleichtert durch eine ganz positive Bestimmung des Römischen Rechts.

(a) ZACHARIAE p. 63. 64. Thibaut a. a. O. S. 389. 390, und: Pandektenrecht § 132. HAUBOLD C. 3 § 2. — Eine einzelne Anwendung dieser Sätze auf den gerichtlichen Eid ist schon oben (§ 92. o) vorgekommen.

Nach dieser wird nämlich nicht die Übereinstimmung der Mehrheit aller Mitglieder erfordert, sondern nur derjenigen, die sich in einer gehörig berufenen Versammlung einfinden: vorausgesetzt nur, daß diese Anwesenden nicht weniger als zwey Drittheile aller Mitglieder überhaupt ausmachen (b).

Indem jetzt diese Lehre geprüft werden soll, ist es nöthig mit demjenigen Theil derselben anzufangen, dem eine relative Wahrheit zugegeben werden kann, nämlich der behaupteten Kraft der Stimmenmehrheit. Überall, wo der Wille einer Versammlung zu entscheiden hat, ist Einstimmigkeit zu erreichen zwar nicht unmöglich (denn bey den Englischen Geschwornen z. B. wird sie gefordert und erreicht), aber doch so schwierig und so von Zufällen abhängig, daß die lebendige Wirksamkeit der Versammlung dadurch ungemein gehemmt werden muß, und daß es als räthlich und zweckmäßig anzusehen ist, die Macht des gemeinsamen Willens auch schon irgend einer Mehrheit beyzulegen. Soll aber dieses geschehen, so ist es dann das Einfachste und Natürlichste, die einfache Mehrheit, das heißt jede, die reine Hälfte übersteigende, Mehrheit, als Träger des gemeinsamen Willens anzuerkennen, indem jede andere Quote, z. B. $\frac{3}{4}$ oder $\frac{6}{7}$, einen so willkührlichen Character hat, daß es ohne positive Bestimmung niemals zu einer allgemeinen Anerkennung kommen wird. So betrachtet die Sache auch das Römische Recht, indem es

(b) Thibaut Pandektenrecht § 131. Mühlenbruch § 197.

nicht blos in der Decurionenversammlung die Stimmenmehrheit entscheiden läßt (§ 96), sondern auch in der Versammlung der Provinzialen (c); ja es findet sich sogar eine Stelle, welche die Kraft der Stimmenmehrheit als ein abstractes Princip für alle denkbaren Fälle auszusprechen scheint, wenngleich der urspüngliche Zusammenhang der Stelle vielleicht keinen Zweifel darüber lassen mochte, daß dem Verfasser nur irgend eine einzelne Anwendung vor Augen stand (d).

Allein mehr als diese partielle Wahrheit können wir jener Lehre nicht einräumen, und es ist damit für ihre Wahrheit im Ganzen gar nichts gewonnen. Denn gerade die Grundannahme ist verwerflich, daß, in den Angelegenheiten der Corporation, der Totalität der Mitglieder eine wahre Allmacht zukomme, worauf dann die Majorität nur als eine natürliche Modification fortgebaut werden soll. So seltsam es nun lautet, daß wir der Gesammtheit bestreiten, was wir der größeren Hälfte gewissermaßen einräumten, so hat dieses dennoch guten Grund, und darf keineswegs als inconsequent angesehen werden. Denn wir ließen die Majorität irgend einer Versammlung gelten, vorausgesetzt daß der Versammlung selbst das Recht irgend einer Verfügung zukomme. Daß aber die

(c) *L.* 5 *C. de legation.* (10. 63.). — Andere, ähnliche Anwendungen der Stimmenmehrheit finden sich in *L.* 3 *C. de vend. reb. civ.* (11. 31.) (s. u. § 100 h), und *Nov.* 120 *C.* 6 § 1. 2.

(d) *L.* 160 § 1 *de R. J.* (50. 17.). „Refertur ad universos, quod publice fit per majorem partem." Vgl. Haubold p. 563.

Versammlung aller Mitglieder an sich selbst befugt sey, mit unbegränzter Macht über die Corporation zu verfügen, das ist es was wir bestreiten.

Die Vertheidiger jener Lehre streiten für die Stimmenmehrheit gegen die Einstimmigkeit, gerade als ob dieses der einzige Gegensatz wäre, mit welchem wir zu schaffen hätten, und der uns nöthigen könnte eine Wahl zu treffen, da hier doch ganz andere und wichtigere Gegensätze in Betracht kommen. Der letzte Grund jener Lehre besteht also in der überall wiederkehrenden Verwechslung sämmtlicher einzelnen Mitglieder mit der Corporation selbst, eine Verwechslung gegen welche das Römische Recht so oft warnt, und zwar zunächst bey der Frage nach dem wahren Subject der Corporationsrechte (§ 86), aber auch bey der Frage nach dem wahren Subject der Corporationshandlungen (§ 90, § 91. t, § 93. b. h). Jene Lehre beruht also zuletzt auf der stillschweigenden, ganz willkührlichen Voraussetzung einer absoluten Demokratie in der Verfassung aller Corporationen. Es ist mithin im Wesentlichen die publicistische Lehre von der Volkssouveränität, übertragen auf die juristischen Personen im Privatrecht.

Die ganz anderen Gegensätze aber, die hier in der That in Betracht kommen, und die schon durch jene Stellung der Streitfrage (ob Majorität oder Einstimmigkeit gelten solle) völlig verdeckt werden, sind folgende.

Der erste Gegensatz bezieht sich auf einen schon oben

(§ 86) angedeuteten Unterschied in dem Zustand der Corporationen. Viele derselben haben nämlich zu anderen Zwecken, unabhängig von ihrer privatrechtlichen Persönlichkeit (§ 96), eine künstlich ausgebildete Verfassung, mit verschiedenen Organen der öffentlichen Gewalt in einer solchen Corporation. Indem nun von den Vertheidigern jener Lehre, der Totalität der Mitglieder (im Gegensatz jener constituirten Organe der öffentlichen Gewalt), eine unbegränzte Macht zugeschrieben wird, müssen sie diese Organe entweder ignoriren, oder blos als untergeordnete und abhängige Werkzeuge der laufenden Verwaltung ansehen: beides mit völlig grundloser Willkühr. Durch folgendes Beyspiel einer der häufigsten und wichtigsten Corporationen wird dieses anschaulicher werden. In den deutschen Städten findet sich von sehr alter Zeit her eine Verfassung mit Bürgermeister und Rath, daneben auch sehr gewöhnlich eine (zuweilen noch mannichfaltig eingerichtete) Bürgervertretung. Die Vertheidiger jener Lehre müssen nun annehmen, daß in den deutschen Städten Bürgermeister, Rath und Bürgervertretung nur beschränkte Verwaltungsrechte haben, untergeordnet der allmächtigen Totalität der einzelnen Bürger; und in Vergleichung mit dieser Annahme ist offenbar die Frage, ob, bey der Ausmittlung des Willens dieser Totalität, Einstimmigkeit oder Stimmenmehrheit gelten soll, von untergeordneter Natur. Wollte man nun der erwähnten Lehre einige Haltung und Wahrscheinlichkeit geben, so hätte man dieselbe von der Anwendung auf solche, mit ausgebildeten Verfassungen versehene, Corporationen ganz ausschließen, und nur für die übrigen Corporationen aufstellen müssen. Für diese Unterscheidung hatte man sogar gangbare Kunstausdrücke in Bereitschaft, universitas ordinata und inordinata (§ 86); allein man machte davon keinen Gebrauch, begnügte sich sie anzugeben, und stellte dennoch den Grundsatz der Allmacht der einzelnen Mitglieder, als einen für alle Corporationen allgemein gültigen, daneben. — Diese Anwendung der unrichtigen Grundansicht war übrigens am wenigsten dazu geeignet, in das wirkliche Leben überzugehen, und so die Praxis zu verderben, weil die hier vorausgesetzten ausgebildeten Verfassungen durch ihre innere Lebenskraft einen natürlichen und wirksamen Widerstand leisten mußten; anders war es bey den nachfolgenden Anwendungen, welche in das Leben einzuführen schon die bloße Meynung der Gerichte (unter dem Einfluß einer irrigen Theorie) völlig hinreichend war.

Der zweyte Gegensatz, der durch jene Lehre vernachlässigt, ja ganz ignorirt wird, ist der Gegensatz von Mitgliedern überhaupt, und von Mitgliedern verschiedener, ungleich berechtigter Klassen. In einem großen Theil von Deutschland finden sich in den Dorfgemeinden Vollbauern und Halbbauern, neben den Bauern auch Kossäthen und Häusler. Diese wichtigen Unterschiede, deren Einfluß auf die Ermittlung des Willens der Corporation so natürlich ist, müssen völlig verschwinden, sobald durch einen allgemeinen Grundsatz den einzelnen Mitgliedern aller Corporationen ein blos numerisches Daseyn zugeschrieben wird, von welchem die absolute Gleichheit der Einzelnen unzertrennlich ist.

Ein dritter Gegensatz endlich, der bey jener Lehre unbeachtet bleibt, ist der zwischen der Totalität der (jetztlebenden) Mitglieder, und der Corporation selbst, die eine unvergängliche Dauer hat, unabhängig von dem Wechsel der Individuen (§ 86). Hier nun befinden wir uns in einem Gebiet, auf welchem, im öffentlichen wie im Privatrecht, der heftigste Streit geführt wird, mit einseitiger Übertreibung von Seiten beider Parteyen. Die lebendige Gegenwart hat ihre eigenthümlichen Ansprüche, und sie soll weder durch den Willen der Vergangenheit unbedingt gebunden, noch dem Interesse der Zukunft geopfert werden. Aber sie soll ihre vorübergehende Herrschaft über dauernde Güter und Zwecke mit Weisheit und Mäßigung ausüben, nicht aus Beschränktheit und Selbstsucht den nachfolgenden Geschlechtern die Mittel eines erfreulichen Zustandes entziehen. Durch jene Lehre wird den jetztlebenden Mitgliedern eine schrankenlose Macht eingeräumt, ohne alle Rücksicht auf den Zustand einer späteren Zeit. Sucht man sich den möglichen und wahrscheinlichen Erfolg dieser Lehre, in Beziehung auf den hier dargestellten Gegensatz, klar zu machen, so wird uns derselbe je nach zufälligen Umständen mehr oder minder gefährlich erscheinen. Bey Gemeinden gefährlicher als anderswo, wegen ihrer größeren Wichtigkeit für den Staat überhaupt; minder gefährlich, weil die Sorge für die eigenen Nachkommen, die fast immer in das Gemeindeverhältniß eintreten, viele der Corporation nachtheilige Beschlüsse abwehren wird: eine Sicherung, die z. B. bey Zünften nicht auf gleiche Weise eintritt.

Außer der behaupteten Allgewalt der gegenwärtig lebenden Mitglieder einer Corporation (wovon bis jetzt die Rede war) ist aber in jener Lehre auch noch ein zweyter, an sich weit weniger verderblicher, Irrthum zu bemerken, welcher darin besteht, daß sie die nothwendige, zugleich aber hinreichende, Anwesenheit von zwey Drittheilen aller Mitglieder annimmt, wenn durch Stimmenmehrheit ein Corporationsbeschluß gefaßt werden soll. Alle berufen sich dabey auf die oben (§ 96. c. e) angeführten Stellen des Römischen Rechts, ohne zu bedenken, daß sie auf zweyerley Weise diesen Stellen einen ihnen ganz fremdartigen Sinn unterschieben. Denn erstlich reden jene Stellen nicht von Corporationen überhaupt, sondern lediglich von Stadtgemeinden: zweytens aber (was weit wichtiger ist) nicht von zwey Drittheilen der Corporationsglieder, sondern der Decurionen, also einer blos repräsentativen Versammlung innerhalb einer universitas ordinata, anstatt daß zu den wahren Mitgliedern der Corporation auch alle Grundeigenthümer des Stadtgebietes (possessores) gehörten (e). —

(e) Savigny Geschichte des R. R. im Mittelalter B. 1 § 21. — Die erste dieser beiden Verwechslungen wird von einigen

Auch hier wäre es vor Allem räthlich gewesen, die universitas ordinata von jener angeblichen Regel auszunehmen, und in der That hat sich die Praxis gegen diese falsche Theorie von selbst geholfen. Denn obgleich die Lehre von den $\frac{2}{3}$ der Mitglieder, als unzweifelhaft gültig für alle Corporationen, bey den Schriftstellern überall vorgetragen wurde, so hat man doch in den deutschen Städten, weder auf die Bürgerschaft, noch auf den Stadtrath (bey welchem sich am ersten eine Analogie des wahren Römischen Grundsatzes behaupten ließe), Anwendung davon gemacht. Sieht man genau zu, was von dem Grundsatz der $\frac{2}{3}$ der Mitglieder in die Praxis übergegangen ist, so ist es lediglich die Bestellung eines Procurators zur Prozeßführung von Seiten der Dorfgemeinden, die stets eine höchst unvollkommene Verfassung haben, also universitates inordinatae sind. Hier müssen $\frac{2}{3}$ der Mitglieder versammelt seyn, um den Procurator zu bestellen, welche Handlung man (abweichend von dem wahren Römischen Sprachgebrauch) die Errichtung eines Syndicats zu nennen pflegt (f).

neueren Schriftstellern erkannt und bestritten: die zweyte, wichtigere, haben dieselben nicht beachtet. Lotz S. 119. Kori S. 3 — 5.

(f) Über die Abfassung eines Syndicats ist die vorherrschende Meynung neuerer Schriftsteller die, daß $\frac{2}{3}$ der Mitglieder zusammen kommen müßten bey einer universitas inordinata (Dörfer, Zünfte), nicht bey einer ordinata (Städte, Universitäten), deren regelmäßige Vorsteher für sich allein den gerichtlichen Procurator bestellen könnten. Glück B. 5

§ 413. Martin Proceß § 78 ed. 11. Als Ausdruck der Praxis mag das gelten; insofern man dabey Römische Stellen anführt, ist es ganz inconsequent, da gerade die Decurionen (wofür allein das R. R. die $\frac{2}{3}$ vorschreibt) einer universitas ordinata angehörten. — Struben Bedenken I. Num. 80 behauptet, die $\frac{2}{3}$ würden überhaupt nur erfordert bey Syndicaten, nicht bey anderen Beschlüssen: nach R. R. gewiß unrichtig. — Der Ausdruck Syndicus wird im R. R. nur bey städtischen Procuratoren gebraucht, und zwar nur bey solchen, die im Allgemeinen für alle Prozesse der Stadt bestellt werden; der städtische Procurator für einen einzelnen Rechtsstreit heißt actor.

§. 98.

Juristische Personen. — Verfassung. (Fortsetzung.)

Der Einfluß der hier dargestellten entgegengesetzten Meynungen über die Verfassung wird noch anschaulicher werden durch die Betrachtung der verschiedenartigen Thätigkeit, worin die juristischen Personen auftreten können. Diese Thätigkeit kann sich auf zweyerley Gegenstände beziehen: Erstlich solche, die zur laufenden Verwaltung gehören; Zweytens andere, welche in den Zustand der juristischen Person selbst und ihres Vermögens verändernd eingreifen. Zwischen beiden läßt sich jedoch keine so scharfe Gränze ziehen, daß nicht mancherley Übergänge dabey wahrzunehmen wären.

Bey den Geschäften der laufenden Verwaltung ist jener Gegensatz der Meynungen weniger merklich, theils wegen ihrer geringeren Erheblichkeit, theils weil sie großentheils von der Art sind, daß sie auf irgend eine Weise abgemacht werden müssen, und auch öfter wiederkehren. Daher wird fast überall eine regelmäßige Form solcher Geschäfte, entweder gesetzlich oder durch Herkommen, festgestellt seyn, und schon dadurch wird der Einfluß jener Theorieen ausgeschlossen oder vermindert werden (a). Es

(a) Kori S. 23 — 25 macht die richtige Bemerkung, daß bey manchen Geschäften solcher Art, die durchaus zu einer Entscheidung gebracht werden müssen, sogar die absolute Majorität in der zur Entscheidung berufenen Versammlung nicht immer zu erlangen möglich, und dann auch nicht nöthig sey.

gehört dahin vor Allem die Besorgung laufender Geldeinnahmen und Ausgaben; die neue Verpachtung schon früher verpachteter Grundstücke; die Wahl von Vorstehern und Beamten. Gewissermaßen gehört dahin auch die Aufnahme neuer Mitglieder (b); ferner die Führung von Prozessen. Doch kann diese letzte nach Umständen auch zu den zweifelhafteren und bedenklicheren Geschäften gehören, weshalb sie bey Dorfgemeinden durch neuere Gesetze häufig von der Erlaubniß vorgesetzter Staatsbehörden abhängig gemacht worden ist (§ 100).

Anders verhält es sich mit den in den bleibenden Zustand eingreifenden Geschäften. Denn durch sie kann zuweilen nicht nur dieser Zustand wesentlich verdorben, sondern selbst das Daseyn der Corporation vernichtet oder gefährdet werden. Ferner sind sie meist von der Art, daß sie auch wohl ganz unterbleiben können, und daß sie nicht regelmäßig wiederkehren, sondern nur selten, vielleicht nur ein einzigesmal vorkommen, so daß für sie weder eine gesetzliche Bestimmung, noch ein Herkommen, die Regel festgestellt hat. Aus allen diesen Gründen wird eine herrschende Theorie auf Geschäfte dieser Art großen Einfluß erlangen können, und dieser Einfluß wird gerade hier besonders wichtig und bedenklich seyn. Die wichtigsten Fälle dieser Art sind etwa folgende.

(b) Die Entlassung bisheriger Corporationsmitglieder kann nicht dahin gerechnet werden, weil in der Regel der Austritt jedem Einzelnen frey steht, und nur etwa durch Abfindung von manchen gemeinschaftlich getragenen Verpflichtungen bedingt ist.

1) Abfassung neuer Statuten, die ja für das Wohl, und selbst für das Daseyn der Corporation auf der einen Seite, so wie auf der andern für das Recht und die Sicherheit der einzelnen Mitglieder, von dem gefährlichsten Einfluß seyn können.

2) Eine ganz ähnliche Natur hat die Besteuerung der einzelnen Mitglieder zu den Zwecken der Corporation, die ja auch nur ein einzelner Zweig der Gesetzgebung innerhalb der Corporation ist.

3) Die Auflösung der Corporation. Daß diese nicht ohne Genehmigung des Staats geschehen kann, ist schon oben bemerkt worden (§ 89). Allein davon unabhängig ist die Frage, wer innerhalb der Corporation die Auflösung beschließen, und auf jene Genehmigung antragen kann. — Dieser Fall übrigens, der unter allen der wichtigste scheint, ist praktisch gerade der unbedeutendste. Bey Gemeinden kann er ohnehin nicht vorkommen, sondern nur bey willkührlichen Corporationen, am meisten bey gewerblichen Gesellschaften, welche das Corporationsrecht erlangt haben (§ 88), und bey diesen wird man nicht leicht unterlassen, schon bey der Errichtung diesen Fall voraus zu bestimmen.

4) Veränderungen in der Substanz des Corporationsvermögens. Auch diese können oft mehr die Natur der laufenden Verwaltung annehmen, so z. B. wenn ausstehende Kapitalien abgetragen und dann im Namen der Corporation neu angelegt werden, oder wenn erspartes

Geld ausgeliehen oder zum Ankauf von Grundstücken verwendet wird. Allein andere dahin gehörende Fälle sind von mehr bedenklicher Art, und, da sie so häufig vorkommen, geradezu das Wichtigste, welches überhaupt hier zu beachten ist. Es gehören dahin besonders folgende Fälle.

A. Totale Veräußerung von Vermögensstücken durch Schenkung. Gegen Fremde wird eine solche Freygebigkeit nicht leicht vorkommen, wohl aber gegen die eigenen Mitglieder, wenn z. B. ein Kämmereygut oder ein eingezogenes Geldkapital unter die Einzelnen vertheilt wird. Die Natur einer solchen Handlung als einer wahren Schenkung kann dadurch leicht übersehen werden, weil man, nach einer häufigen Verwirrung der Begriffe, das Eigenthum der Corporation ohnehin schon als Eigenthum der Mitglieder zu betrachten gewohnt ist.

B. Veräußerung solcher Stücke an die Einzelnen, woran bisher das Eigenthum der Corporation, die Benutzung den Einzelnen zustand (§ 91), wie ein Bürgerwald und eine Gemeindeweide. Dieser Fall ist vom vorigen nur dem Grade nach verschieden, da auch hier in der That Eigenthum aufgegeben wird, wenngleich ein sehr beschränktes. Eben weil hier der Verlust für die Corporation weniger augenscheinlich ist, hat man oft gar kein Bedenken dabey finden wollen; zugleich ist kein Fall so häufig, und daher praktisch so wichtig, als dieser. — Man hat dabey zuweilen theils fremdartige, theils unrichtige Ansichten eingemischt, wodurch das wahre Sachverhältniß verdunkelt wird. So z. B. hat man wohl besondere Wichtigkeit darauf gelegt, daß zuweilen auch noch die Corporation einigen Vortheil von solchem Vermögen zog, z. B. wenn Jeder, der die Gemeindeweide benutzen wollte, eine kleine Abgabe an die Gemeindekasse entrichten mußte (c). Allein dieser Umstand ist minder wichtig, weil der Ausfall einer solchen Geldeinnahme leicht auf andere Weise vollständig gedeckt werden kann, z. B. durch einen auf das vertheilte Land gelegten Grundzins. — Eben so wenig kann die Betrachtung entscheidend seyn, daß eigentlich ein solches Eigenthum, welches schon bisher der Corporation keinen Ertrag gab, ein leerer Name, ohne Wesen, sey (d). Dagegen ist zu bedenken, daß dieses unfruchtbare Corporationseigenthum vielleicht den Wohlstand künftiger Mitglieder sichert (wobey die unvergängliche Corporation wohl ein Interesse hat), anstatt daß das vertheilte Gut durch den Leichtsinn der gegenwärtigen Mitglieder für immer aufgezehrt werden kann. Bleibt z. B. der Bürgerwald Eigenthum der Corporation, so wird ihn diese besser als die Einzelnen verwalten können, und die Nachkommen werden noch Holz finden, anstatt daß nach

(c) Kori S. 15.

(d) Kori S. 17. 18, der jedoch das Eigenthum der Corporation, als durch positives Gesetz begründet, auch in diesem Fall respectirt haben will. Er gründet aber auf den ganz zufälligen und untergeordneten Umstand, ob die Gemeinde einen Geldvortheil bezog oder nicht, die Regel, daß im ersten Fall Einstimmigkeit, im zweyten nur Stimmenmehrheit zur Vertheilung an die Einzelnen nöthig sey; ich halte diese Unterscheidung für grundlos.

der Vertheilung vielleicht alles Holz verschwendet wird, und blos ein verwüsteter Boden für mehrere Geschlechter übrig bleibt.

C. Verwandlung der bloßen Benutzung, die bisher der Corporation zustand, und nun an die einzelnen Mitglieder übergehen soll (§ 91). — Obgleich hier das Eigenthum selbst der Corporation verbleibt, so ist doch auch diese Veränderung höchst wichtig und bedenklich, nicht blos wegen des ausfallenden Geldertrags, sondern auch weil dieselbe, nach den unter B. gemachten Bemerkungen, leicht auch zu einer wirklichen Vertheilung des Eigenthums führt.

D. Umgekehrte Verwandlung (des Bürgervermögens in Kämmereyvermögen). — Diese Veränderung ist ganz unbedenklich für die Corporation, die dabey nur gewinnt, aber um so nachtheiliger für die Einzelnen, welche dadurch ihr ganzes Nutzungsrecht verlieren.

E. Verschuldung durch Anleihen. — Zwar ist an sich das Darlehen ein tauschartiges Geschäft, indem für die übernommene Verbindlichkeit ein gleich großer Werth an Eigenthum von baarem Geld gewonnen wird. Da aber dieses Eigenthum durch unzweckmäßige Verwendung leicht spurlos verschwindet, während die Schuld sicher fortdauert, so gehört auch das hier genannte Geschäft zu den eventuellen Verminderungen der Vermögenssubstanz.

§. 99.

Juristische Personen. — Verfassung. (Fortsetzung.)

Nachdem nun die bedeutendsten Geschäfte dargestellt worden sind (§ 98), worauf eine Anwendung der oben im Allgemeinen geprüften Theorie (§ 97) möglich und wichtig ist, soll gegenwärtig diese Anwendung auf die einzelnen Geschäfte selbst durchgeführt und geprüft werden.

Zuvor muß jedoch bemerkt werden, daß jene Theorie bey neueren Schriftstellern in verschiedenen Graden der Strenge vorkommt. Einige behaupten die Allmacht der Majorität ohne Unterschied der Gegenstände, und lassen nur eine Einschränkung mit Rücksicht auf das Staatswohl eintreten, wenn etwa durch einen Beschluß der Majorität der Ruin einer Gemeinde herbeygeführt werden würde (a). Andere dagegen legen in die Ausführung des Grundsatzes eine zwiefache große Milderung; sie fordern für die wichtigsten der im § 98. angegebenen Geschäfte Einstimmigkeit anstatt Majorität, und sie berücksichtigen bey denselben die Verschiedenheit der Theilnehmungsrechte Einzelner (§ 97), woraus verschiedene Klassen der Mitglieder hervorgehen (b). Rechnet man diese zwiefache Mil-

(a) Thibaut a. a. O., S. 395. 397, Pandekten § 132. Die Berücksichtigung der verschiedenen Theilnehmungsrechte verwirft er S. 397 ausdrücklich, und verlangt bey jeder an sich feststehenden Theilung des Corporationseigenthums, wenn man sich über den Maasstab nicht einigen könne, die gleiche Theilung nach der Kopfzahl der Mitglieder.

(b) Haubold C. 4 § 4 sq. Kori S. 11—20 S. 26.

derung ab, wodurch allerdings viele der bedenklichsten Folgen des Grundsatzes abgewendet werden, so bleiben noch folgende unrichtige Seiten jener Lehre übrig:

I. Die vernachlässigte Beachtung der eigenthümlichen Natur der universitas ordinata, worauf die Allgewalt der Majorität der Mitglieder gar nicht paßt (§ 97). — Dieser Punkt jedoch ist praktisch weniger erheblich, als in der allgemeinen Betrachtung, da die Vertheidiger jener Lehre, trotz ihres allgemeinen Ausdrucks, in der That doch nur an universitates inordinatae, namentlich an Dorfgemeinden, zu denken pflegen, und da mir keiner bekannt ist, der den Grundsatz auch auf die Städte, ohne Rücksicht auf deren besondere Verfassung, anzuwenden versuchte.

II. Die Regel von den zwey Drittheilen der Mitglieder, deren Versammlung das Recht der Totalität soll ausüben können (§ 97). — Auch diese Regel ist, obgleich in der Ausdehnung, die ihr dort gegeben wird, völlig verwerflich (c), dennoch praktisch minder wichtig. Denn in den meisten wirklich erheblichen Fällen wird sich in der

(c) Im § 97. ist nachgewiesen worden, daß die Regel von den ⅔ nie auf die Mitglieder irgend einer Corporation, sondern bey den Römern nur auf den die Corporation verwaltenden Stadtsenat (die Decurionen) angewendet worden ist. Selbst eine Ausdehnung durch Analogie würde ganz unstatthaft seyn; denn bey den Decurionen wurden die ⅔ zugelassen, weil dieselben für die unaufhaltsame Besorgung laufender Geschäfte eine solche Erleichterung des Geschäftsgangs wirklich bedurften, anstatt daß bey Verfügungen über die Vermögenssubstanz und ähnlichen Geschäften, die auch wohl ganz unterbleiben können (§ 98), eine solche Erleichterung weder nöthig noch wünschenswerth ist.

That eine Meynungsverschiedenheit unter den Mitgliedern bereits ausgesprochen haben, und dann wird es, in einer Versammlung, die über Gegenstände von solcher Wichtigkeit für die Corporation zu entscheiden hat, nicht schwer seyn sämmtliche Mitglieder zusammen zu bringen, wodurch dann jenem Irrthum aller Einfluß ohnehin entzogen wird.

III. Als Hauptirrthum endlich bleibt noch die praktisch wichtigste Behauptung übrig, welche die Totalität der gegenwärtigen Mitglieder mit der Corporation selbst identificirt, und daher mit einer unbedingten Gewalt über deren Rechte ausrüstet; welcher Irrthum dann durch die der bloßen Majorität eingeräumte Entscheidung noch um Vieles verschlimmert, durch die für viele Fälle von manchen Schriftstellern geforderte Einstimmigkeit sehr gemildert wird.

Von dem durch diese Betrachtungen gewonnenen Standpunkte aus sollen nunmehr die nicht zur laufenden Verwaltung gehörenden Geschäfte, so wie sie im § 98. zusammengestellt worden sind, einzeln erwogen werden.

1) Neue Statuten.

2) Besteurung.

In diesen beiden Geschäften ist die der Majorität eingeräumte unbedingte Macht ganz besonders bedenklich, indem es einleuchtet, daß dadurch die willkührlichste und ungerechteste Behandlung von Individuen oder ganzen Klassen, die sich in der Minorität befinden, ohne alle Abwehr möglich wird. Dagegen ist hierin ein einstimmiger Beschluß aller Mitglieder wenig bedenklich, indem dadurch, nach der Natur der Gegenstände, ein unwiederbringlicher Nachtheil für die Zukunft nicht leicht eintreten wird. Noch eher kann der Staat in seinen eigenen Interessen dadurch gefährdet werden, indem z. B. die Art und das Maas der Communalsteuern den Staatssteuern nachtheilig werden kann. Dadurch wird ohnehin eine gewisse Aufsicht nöthig, und diese wird denn zugleich völlig hinreichen, auch die möglichen Nachtheile für die eigene Zukunft der Corporation selbst zu beachten und zu verhüten.

3) Zur Auflösung der Corporation ist ohnehin die Genehmigung des Staats erforderlich. Daneben aber kann unmöglich ein Beschluß der Majorität genügen, da nicht einzusehen ist, warum nicht die Minorität die Corporation sollte fortsetzen können, während es den Mitgliedern der Majorität frey stehen wird, einzeln auszutreten. Wenn sie dieses nicht genügend finden, sondern die allgemeine Auflösung vorziehen, so wird dieses meist darin seinen Grund haben, daß sie zugleich eine Vertheilung des Corporationsvermögens verlangen: dadurch fällt aber dieser Beschluß mit dem gleich folgenden zusammen, und muß daher auch gleichen Rücksichten, wie dieser, unterworfen werden. — Ein einstimmiger Beschluß aller Mitglieder über Auflösung der Corporation bedarf noch immer der Genehmigung des Staats, indem dadurch fremde Personen, z. B. die Creditoren, gefährdet werden können. Ist aber jene Genehmigung vorhanden, so kann in der Rücksicht auf die Zu-

kunft kein Hinderniß der Rechtmäßigkeit eines solchen auflösenden Beschlusses liegen, da nun die Corporation keine Zukunft hat, deren Zustand durch jenen Beschluß etwa in Nachtheil gerathen könnte.

4) Veränderung in der Substanz des Corporationsvermögens. Dieser Fall ist unter allen bey weitem der wichtigste, indem auf der einen Seite der Verlust, wenn ein solcher eintritt, unwiederbringlich ist, auf der andern aber die Gewinnsucht der einzelnen Mitglieder so leicht dazu anreizt, die hülflose Corporation in Nachtheil zu bringen.

Hier ist nun vor Allem augenscheinlich die Ungerechtigkeit, die aus der unbedingten Herrschaft der Majorität hervorgehen kann. Für viele Fälle freylich wird das von Thibaut zugelassene Temperament abhelfen, daß nicht das Staatsinteresse durch den Ruin der Gemeinden gefährdet werden dürfe. Allein es giebt noch manches Unrecht ohne Ruin, und es giebt viele Corporationen, die nicht Gemeinden sind. Ein Beyspiel wird dieses anschaulich machen. Gesetzt, es wandert ein Handwerker aus einer deutschen Stadt nach Indien, erwirbt Reichthümer, und hinterläßt ein großes Kapital der Zunft, deren Mitglied er vormals war. Besteht diese Zunft aus Funfzehen Meistern, so können, nach Thibauts Regel, Acht derselben, als allmächtige Majorität, das Geld unter sich theilen, und die übrigen Sieben leer ausgehen lassen. Die von Thibaut zugelassene Einschränkung hilft hier nicht, denn das Staatsinteresse beschränkt sich bey der Handwerkszunft auf den tüchtigen und redlichen Gewerbsbetrieb, und dieser ist von dem zufällig erworbenen Geldreichthum ganz unabhängig. Aber der Staat in seiner richterlichen Function, als Beschützer aller Rechte, kann hier so wenig als anderwärts zugeben, daß Unrecht geschehe. — In dieser Beziehung nun ist selbst durch die Meynung derjenigen, welche Einstimmigkeit fordern, nur die eine Seite des Unrechts abgewendet. Die Sieben Mitglieder werden dann nicht mehr durch die Acht verletzt, wohl aber die Corporation durch alle Funfzehen (d). Auch hier wieder wird die schon oben (§ 90) aufgestellte Vergleichung der Corporation mit einem Unmündigen Alles anschaulicher machen. Wenn ein Pupill Drey Vormünder hat, so sollen nicht Zwey derselben das Vermögen unter sich theilen, und den Dritten ausschließen; aber wenn sie den Dritten zur Theilung zulassen, so wird dadurch das Unrecht gegen den Pupillen nicht geringer.

Eine besondere Erwägung fordert noch der Fall, da das Bürgervermögen in Kämmereyvermögen, oder die individuelle Benutzung in Gemeindebenutzung verwandelt werden soll. Auch hier ist wieder der Beschluß der Majorität völlig verwerflich, da überhaupt keine Gemeinde als solche, durch wen sie auch vertreten seyn möge, über die

(d) Recht auffallend zeigt sich dieses in dem Fall, wenn durch eine Seuche alle Meister einer Handwerkszunft, bis auf Einen, sterben, und dieser das Zunftvermögen zu seinem Privatvermögen machen will (§ 89. b). Hier ist gewiß Einstimmigkeit vorhanden.

Nutzungsrechte der Einzelnen etwas zu beschließen hat (e); dagegen ist der einstimmige Beschluß völlig rechtmäßig, indem nun jeder Einzelne auf sein persönliches Nutzungsrecht verzichtet hat, was er unstreitig zu thun befugt ist.

(e) Eichhorn deutsches Privatrecht § 372. 373.

§. 100.

Juristische Personen. Verfassung. (Fortsetzung.)

Aus der bisherigen Darstellung scheint also hervorzugehen, daß bey Corporationen jede substantielle Veränderung im Vermögen gänzlich unterbleiben müsse. Dennoch können sehr viele Fälle kommen, worin eine solche nützlich und räthlich, andere, wo sie nothwendig ist. Wie ist dieser Widerspruch aufzulösen?

Bey den Unmündigen wird die Verwaltung des Vermögens zuverlässigen Vormündern anvertraut; bey den bedenklichsten Handlungen fügt schon das neuere Römische Recht, noch weit mehr aber das heutige Recht der meisten Staaten, eine ganz specielle Controle hinzu; endlich wird der Unmündige regelmäßig nach wenigen Jahren handlungsfähig, und fordert dann selbst Rechenschaft von den Vormündern. — Die Corporationen unterscheiden sich von den Unmündigen zunächst dadurch, daß sie nie mündig werden, dann aber noch weit wesentlicher dadurch, daß sie gerade bey den hier in Frage stehenden Vermögensveränderungen stets in die unmittelbarste Collision mit dem persönlichen Interesse ihrer eigenen Vertreter kommen (a);

(a) Namentlich geschieht dieses bey jeder Vertheilung von Corporationseigenthum unter die einzelnen Mitglieder; am Auffallendsten freylich in Dorfgemeinden und Zünften, wo die Vertheilung gerade von denselben Personen beschlossen werden soll, die dadurch Etwas zu empfangen haben; jedoch auch (wenngleich in geringerem Grade) bey einer universitas ordinata, z. B. einer

eine Collision, die zwischen dem Pupillen und dem Vormund gewöhnlich gar nicht vorhanden ist, und da, wo sie zufällig eintrit, augenblicklich die Substitution eines andern Vertreters veranlaßt (b).

Aus dieser Vergleichung folgt also, daß bey Corporationen die rechtliche Möglichkeit, Handlungen der oben beschriebenen Art vorzunehmen, durch das obervormundschaftliche Schutzrecht gegeben ist, welches der Staat über alle schutzbedürftige Personen, also auch über die Corporationen, ausüben darf und soll. Der Staat also erscheint hier thätig, nicht sowohl um sein eigenes Interesse wahrzunehmen, welches er bey vielen, ja bey den wichtigsten Corporationen allerdings auch hat, sondern in Kraft eines Rechts, welches ihm über alle gleichmäßig zusteht (§ 96).

Über diese Einwirkung des Staats auf die Corporationen ist in neueren Zeiten ungemein viel geschrieben und gestritten worden: weniger aus dem privatrechtlichen, als aus dem politischen Gesichtspunkt: nicht blos in Deutschland, sondern auch in Frankreich (c). Die Gegner jeder

Stadtgemeinde. Denn die Mitglieder der Stadtbehörde, welche die Vertheilung beschließen, stehen doch nicht außer der Gemeinde, und sind dem Interesse der Vertheilung nicht in ähnlicher Art fremd, wie der Vormund dem Interesse der Handlungen, die er für den Pupillen vornimmt.

(b) § 3 *J. de auctor. tut.* (1.21.).

(c) Unter die ausgezeichnetsten Französischen Arbeiten über diesen Gegenstand gehören: Fiévée correspondance politique et administrative, lettre première (übersetzt von Schlosser Frankfurt 1816), und die Rede von Martignac über das Communalgesetz, gehalten in der Deputirtenkammer.

solchen Einwirkung sind darum noch keinesweges gleicher Meynung über den letzten Erfolg; Einige scheinen denselben mehr positiv zu denken, so daß die gewöhnlichen Vertreter der Corporationen sollen thun können was ihnen beliebt; Andere mehr negativ, so daß in dem Vermögen der Corporationen überhaupt jede eingreifende Änderung schlechthin unterbleiben müßte. Beide Gestalten jener Meynung gehen von entschiedenem Wohlwollen für die Corporationen aus, aber beide, in ihrer strengen Consequenz, können denselben sehr verderblich werden.

Bey unbefangener Betrachtung ist nicht zu verkennen, daß durch die Übertreibung vormundschaftlicher Einwirkung des Staats auf die Corporationen (besonders die Gemeinden) vielfach gefehlt worden ist. Bald war es Fiscalität, bald verkehrte Herrschsucht der Staatsbeamten, die den Gemeinden großen Nachtheil brachte, indem selbst viele laufende Geschäfte unter die fortwährende, oft hemmende specielle Einwirkung des Staats gestellt wurden, die man weit besser der unabhängigen Communalverwaltung überlassen hätte, nur mit dem natürlichen Vorbehalt einer allgemeinen, in den Geschäften selbst wenig merklichen Aufsicht. Solche Misbräuche in der Ausführung sind nicht durch aufgestellte Regeln zu verhüten, sondern nur durch die Einsicht und den guten Willen der Behörden; die Richtigkeit des Princips kann durch sie nicht zweifelhaft werden. Ist in den Behörden der richtige Sinn vorhanden, so wird die Einwirkung des Staats auf die oben dargestellten wichtigeren Geschäfte nur zum größten Vortheil der Corporationen gereichen können; sie wird nicht nur das Interesse der Nachkommen wahrnehmen, sondern auch das der Einzelnen, die durch den eigennützigen Willen der Mehrheit verletzt werden könnten; sie wird zwar bey allen Gemeinden, also auch den städtischen, statt finden (d), jedoch am häufigsten und sichtbarsten bey denjenigen, die wie die Dorfgemeinden keine ausgebildete Verfassung haben, und bey welchen daher das Interesse der Corporation mit dem Eigennutz der Einzelnen in die unmittelbarste Collision kommt.

Unter allen oben angegebenen Geschäften, worauf eine Einwirkung des Staats räthlich seyn kann, ist keines, das durch häufiges und gleichförmiges Vorkommen eine solche Wichtigkeit hätte, wie die Gemeinheitstheilung, das heißt die Vertheilung solcher Corporationsgrundstücke an die Einzelnen, welche auch bisher schon von den Einzelnen benutzt wurden (§ 98 Num. 4. B); mehrere der oben angeführten allgemeineren Schriften sind zunächst durch das wichtige Interesse dieses Gegenstandes veranlaßt. Die unbedingte Macht der Majorität kann hier, wie in anderen Fällen, zu der schreyendsten Ungerechtigkeit führen;

(d) In der Preußischen revidirten Städteordnung von 1831 § 117 — 123 wird zu folgenden Geschäften der Städte die Einwilligung der vorgesetzten Staatsbehörde erfordert: Veräußerung von Grundstücken, Gemeinheitstheilungen, Veräußerung von Sammlungen, Anleihen, Ankauf von Grundstücken, Auflagen, Verwandlung von Bürgervermögen in Kämmereyvermögen. Gesetzsammlung 1831 S. 28—30.

aber selbst die Einstimmigkeit verhütet nicht alle Gefahren, wie an dem oben angeführten Beyspiel eines Bürgerwaldes gezeigt worden ist. Manche neuere Schriftsteller haben daher alle Gemeinheitstheilungen für ungerecht, ja für revolutionär erklärt; gewiß mit der einseitigsten Übertreibung. Wenn die bisherige Art der Bodennutzung Jahrhunderte lang dem Bedürfniß genügte, so ist unstreitig eine Zeit eingetreten, worin die größere Energie aller gewerblichen Thätigkeit Keinem erlaubt, sich davon völlig auszuschließen, ohne daß ihm die alte Gewohnheit verderblich würde. Niemand aber wird bezweifeln, daß der als Gemeindeweide sehr spärlich genutzte Boden durch die Vertheilung zu einem ungleich höheren Ertrag gebracht werden kann. Im Allgemeinen also sind die Regierungen wegen der Förderung der Gemeinheitstheilungen nur zu loben, wenngleich im Einzelnen auch hier manches Verkehrte geschehen seyn mag. Die Aufsicht aber, wodurch in diesem Geschäft der Staat sowohl von den Einzelnen, als von den Nachkommen im Ganzen, jede Verletzung abzuwenden suchen muß, kann großentheils schon auf allgemeine Regeln zurückgeführt werden, und wird in dieser Gestalt sogar noch größere Gewähr völliger Unpartheylichkeit mit sich führen: dieses ist der Ursprung der Gemeinheitstheilungsordnungen (e).

(e) Aus denselben staatswirthschaftlichen Gründen, woraus die Gemeinheitstheilungsordnungen hervorgegangen sind, hat die neuere Gesetzgebung sehr häufig auch in die Rechtsverhältnisse der Einzelnen eingegriffen, indem sie die einseitige Befugniß zu Separa-

Eine besondere Erwähnung verdient noch an dieser Stelle die Prozeßführung für die den juristischen Personen zustehenden Rechte. An sich selbst gehört diese zu den unbedenklichen Geschäften der laufenden Verwaltung (§ 98). Dennoch können zwey Rücksichten entgegengesetzter Art besondere Vorsichtsmaasregeln nöthig machen, vornämlich bey den universitates inordinatae, und namentlich den Dorfgemeinden. Erstlich kann eine leichtsinnige Prozeßführung leicht zu nutzlosen Ausgaben führen, also den Character der Verschwendung annehmen. Daher hat die Praxis die Errichtung eines förmlichen Syndicats erfordert (§ 97), und neuere Gesetze binden häufig alle Klagen der Dorfgemeinden an eine besondere Genehmigung der Regierung. — Zweytens wenn die einzelnen Mitglieder einer Dorfgemeinde das Gemeindevermögen an sich ziehen und verschleudern wollen, so brauchen sie nur als Einzelne dasselbe eigenmächtig in Besitz zu nehmen, und dann durch Verweigerung eines Syndicats jede petitorische und possessorische Klage der Gemeinde gegen sie als einzelne Verletzer zu verhindern. Da es nun widersinnig wäre, wenn man zulassen wollte, daß auf diese indirecte Weise den Gemeinden aller Rechtsschutz entzogen würde, so bleibt für solche Fälle keine andere Aushülfe übrig, als daß die Regierung irgend einem Beamten den Auftrag gebe, die

tionen und zur Ablösung von Servituten und Reallasten zugelassen hat, welches hier nur beyläufig erwähnt wird. Vgl. Eichhorn deutsches Privatrecht § 373.

Klage im Namen der Gemeinde anzustellen. Wollte man der Regierung die Ausübung dieses obervormundschaftlichen Rechts versagen, so würde man damit den Einzelnen die Macht einräumen, die willkührlichste und regelloseste Gemeinheitstheilung zu erzwingen (f).

Über die hier verhandelten Gegenstände enthält das Römische Recht ungemein wenig. In den Stadtgemeinden war in der Kaiserzeit eine fast unbeschränkte Gewalt den Decurionen eingeräumt (§ 96). Doch findet sich auch dabey schon eine merkwürdige Einschränkung in einer Constitution des K. Leo. Wenn eine Stadt Gebäude, Grundrenten, oder Sklaven (g) verkaufen will, so wird dazu in

(f) Für den einfachen Fall, daß in der That alle oder fast alle Einzelne in diesem Conflict mit der Gemeinde erscheinen, ist die Sache so klar, daß die hier aufgestellte Behauptung nicht leicht Widerspruch finden möchte. Allein öfter erscheint sie in folgender etwas verwickelteren Gestalt. Wenn nämlich nur ein Theil der Gemeindeglieder die ausschließende Nutzung eines Gemeindewaldes hat, so geschieht es wohl, daß eben diese Waldbeerbte den Besitz als Einzelne an sich reißen, und dann vorgeben, es könne nicht anders gegen sie geklagt werden, als vermittelst eines von den Übrigen errichteten Syndicats. Auch das ist illusorisch; denn da diese Übrigen gar kein Interesse bey der Sache haben, so können sie leicht durch ganz geringe Geldvortheile abgefunden werden, so daß auch sie das Syndicat verweigern. Der Fall ist also von jenem ersten, einfachsten Fall doch nicht wesentlich verschieden. — Fälle solcher verschiedenen Arten sind in neuerer Zeit öfter in den ostrheinischen (vormals Nassauischen) Theilen des Preußischen Staats vorgekommen, und der Rheinische Revisionshof in Berlin hat dieselben, seit einer Reihe von Jahren, stets nach den hier aufgestellten Grundsätzen beurtheilt.

(g) *L. 3 C. de vend. reb. civ.* (11. 31.) „domus, aut annonae civiles, aut quaelibet aedificia vel mancipia.“ Annonae civiles sind

Constantinopel die kaiserliche Genehmigung erfordert, in jeder andern Stadt die Genehmigung einer Versammlung, die aus der Mehrzahl der Decurionen, der Honorati und der Possessoren dieser Stadt bestehen muß, und worin jedes einzelne Mitglied seine Stimme besonders abzugeben hat (h). — Für die collegia enthielten schon die zwölf Tafeln die (aus den Solonischen Gesetzen übertragene) Bestimmung, daß sie selbst Statuten für sich zu machen berechtigt seyn sollten: es wird aber dabey nicht bemerkt, ob diese nur einstimmig, oder auch schon durch Stimmenmehrheit, beschlossen werden könnten (i).

Reallasten, die in Fruchtabgaben bestehen, die also von Colonen oder von Emphyteuten entrichtet werden. Vgl. *L.* 14 *C. de SS. eccl.* (1. 2.), und Jac. Gothofredus in L. 19 C. Th. de paganis (16. 10.). Der Name bezeichnet den Gegensatz gegen die militaris annona, oder die den Grundeigenthümern obliegende Naturallieferung zur Verpflegung des Heeres.

(h) l. c. „praesentibus omnibus, seu plurima parte, tam curialium quam honoratorum et possessorum civitatis." Ob die Stimmenmehrheit der Anwesenden, oder die aller vorhandenen Mitglieder jener Klassen über den Verkauf zu entscheiden habe, sagt das Gesetz nicht. Über die Bedeutung der genannten Klassen vergl. Savigny Geschichte des R. R. im Mittelalter B. 1 § 21.

(i) *L.* 4 *de coll. et corp.* (47. 22.) aus Gajus lib. 4 ad Leg. XII. tab. „Sodales sunt qui ejusdem collegii sunt. His autem potestatem facit Lex, pactionem quam velint sibi ferre, dum ne quid ex publica lege corrumpant."

§. 101.

Juristische Personen. — Fiscus.

Digest. XLIX. 14 de jure fisci.

Cod. Just. X. 1 de jure fisci.

Cod. Theod. X. 1 de jure fisci.

Paulus V. 12 de jure fisci et populi.

Die Art, wie der Staat in seinen privatrechtlichen Verhältnissen thätig erscheint, das heißt die Verfassung des Fiscus, gehört nicht hierher, sondern in das öffentliche Recht; daher haben denn auch die von den Römern hierin getroffenen Einrichtungen für uns nur ein geschichtliches Interesse.

Die privatrechtliche Seite des Fiscus besteht theils in seinen äußerst zahlreichen Privilegien, theils in seiner juristischen Persönlichkeit selbst. Die Darstellung der einzelnen Privilegien ist für diese Stelle unsres Rechtssystems schon oben als unzweckmäßig abgelehnt worden (§ 90). Nur einige allgemeine Bemerkungen mögen hier zur Sprache gebracht werden. Auf die zahlreichen eigenthümlichen Erwerbungen, worauf der Fiscus in Folge besonderer Privilegien Anspruch hatte, bezogen sich eigens organisirte Anzeigen (Nunciationes), die dem Anzeigenden mancherley Vortheil bringen konnten (a). Die Klagen aus diesen ei-

(a) *L.* 1 *pr. L.* 13 *L.* 15 § 3 *L.* 16. 42. 49 *de j. fisci* (49 14.).

genthümlichen Erwerbungen waren in der Regel einer zwanzigjährigen Verjährung unterworfen (b), bey herrenlosen Erbschaften aber ausnahmsweise einer vierjährigen (c). — Von dem Fiscus ist das Privatvermögen des Fürsten an sich in allen Staaten verschieden (§ 88. pp): im Römischen Recht jedoch sind die Privilegien des Fiscus auch auf das Privatvermögen des Kaisers, ja selbst der Kaiserin, ausgedehnt worden (d).

Bey der juristischen Persönlichkeit des Fiscus verschwinden die bey den Corporationen erwähnten Zweifel und Irrthümer gänzlich, indem das Recht zur Vertretung des Fiscus, vermittelst einzelner Personen oder ganzer Behörden, lediglich durch die, dem öffentlichen Rechte jedes Staats angehörende, Verfassung des Fiscus bestimmt wird.

Eine allgemeine Bemerkung über diese Seite des Fiscus muß aber hier ihre Stelle finden. Der Fiscus unterscheidet sich von allen anderen juristischen Personen durch eine ganz eigenthümliche Stellung (§ 86. 87. 88). Im älteren Römischen Recht war bey natürlichen, wie bey juristischen Personen, die Rechtsfähigkeit, nach Gegenständen und Graden, mannichfach bestimmt. Namentlich wurde den Corporationen lange Zeit die Erbfähigkeit versagt, und die alten Juristen suchten diese mangelnde Fähigkeit aus

(b) *L.* 1 § 3. 4. 5 *de j. fisci* (49. 14.).

(c) *L.* 1 § 1. 2 *de j. fisci* (49. 14.).

(d) *L.* 6 § 1 *de j. fisci* (49. 14.).

der besonderen Natur der Corporetionen zu erklären. Diese Gründe paßten völlig eben so auf das Ärarium (populus) und den Fiscus (e); dennoch werden dieselben bey dieser Gelegenheit gar nicht erwähnt, weder als mit derselben Unfähigkeit wie die Corporationen behaftet, noch als davon ursprünglich frey, oder in irgend einer späteren Zeit befreyt. Daneben aber finden sich nicht wenige Fälle, in welchen das Ärarium Erbschaften und Legate wirklich erwarb, ohne Spur eines Zweifels an der rechtlichen Möglichkeit dieser Erwerbung (§ 93. D). Diese Erscheinungen erklären sich aus der erwähnten eigenthümlichen Natur des Staatsvermögens. Der populus, von welchem alles Recht überhaupt ausgieng, konnte unmöglich irgend eine Art der Rechtsfähigkeit entbehren. So mußte es seyn zu jeder Zeit, und von einer besonderen Verleihung einer solchen Fähigkeit konnte nicht die Rede seyn. Die alten Juristen aber scheinen dieses Alles so natürlich und nothwendig zu finden, daß es ihnen gar nicht in den Sinn kam, Regeln darüber aufzustellen, und insbesondere den wesentlichen Unterschied zwischen dem Fiscus und den Corporationen bemerklich zu machen.

(e) Ohne Zweifel passen auf den populus ebensowohl wie auf jedes Municipium, Ulpians Worte (XXII. § 5): „quoniam incertum corpus est, ut neque cernere universi, neque pro herede gerere possint, ut heredet fiant."

§. 102.

Juristische Personen. — Erbschaften.

Nach der gewöhnlichen Lehre unsrer Rechtslehrer soll auch eine noch unerworbene oder ruhende Erbschaft (hereditas jacens) unter die juristischen Personen gehören, folglich mit den Corporationen auf gleiche Linie zu stellen seyn. In der That scheint auch eine Stelle des Florentinus diese Zusammenstellung unmittelbar zu bestätigen (a). Wir haben aber zu untersuchen, in welchem Sinn dieselbe für wahr zu halten sey.

Zuvörderst könnte man sich die Sache so denken wollen, als ob nach dem Antritt des Erben dessen Herrschaft über das Vermögen erst von dem Zeitpunkt dieses Antritts anzurechnen wäre, so daß zwischen dem Tod und dem Antritt stets ein Zeitraum übrig bliebe, in welchem lediglich ein fingirter Herr des Vermögens, die Erbschaft selbst, angenommen werden könnte. So ist es aber in der That nicht; vielmehr wird das Recht des Erben, welcher angetreten hat, gerade so betrachtet, als hätte es unmittelbar nach dem Tode angefangen, so daß überhaupt kein Zeitpunkt anzunehmen ist, worin das Vermögen nicht unter der Herrschaft entweder des Erblassers, oder des Er-

(a) *L.* 22 *de fidejuss.* (46. 1.). „Mortuo reo promittendi, et ante aditam hereditatem fidejussor accipi potest: quia *hereditas personae vice fungitur, sicuti municipium, et decuria, et societas.*" (vgl. § 85. h).

ben, wirklich gestanden hätte (b). Wenn sich daher manche Stellen so ausdrücken, als wäre die unerworbene Erbschaft herrenlos (c), so ist das nur so zu verstehen, daß wir den wirklichen Herrn nicht kennen; in jener ganzen Zwischenzeit also hat zwar die Erbschaft einen Herrn, aber für unser Bewußtseyn ist er nicht vorhanden.

Eine andere Deutung jener Zusammenstellung wäre folgende. Jenes Vermögen hat einen unbekannten Herrn, ist also ohne Schutz. Daher wird ihm einstweilen ein Curator gesetzt, der es eben so vertritt, wie eine juristische Person von ihren Vorstehern vertreten wird. — Allein auch diese Deutung muß verworfen werden. Die Ernennung eines Curators für die unerworbene Erbschaft ist zwar auch nach Römischem Recht nicht undenkbar, aber weder nothwendig, noch gewöhnlich; die zahlreichen Stellen, worin das besondere Recht der unerworbenen Erbschaften vorkommt, setzen so wenig einen solchen Curator voraus, daß vielmehr keine derselben ihn erwähnt. Auch für das Vermögen eines Abwesenden kann nach Bedürfniß ein Curator angeordnet werden, ohne daß dabey an eine juristische Person zu denken wäre. Zu einer bloßen

(b) *L.* 193 *de R. J.* (50. 17.). „Omnia fere jura heredum perinde habentur, ac si continuo sub tempus mortis heredes exstitissent." *L.* 138 *pr. eod.* „Omnis hereditas, quamvis postea adeatur, tamen cum tempore mortis continuatur." *L.* 54 *de adquir. vel omit. her.* (29. 2.). *L.* 28 § 4 *de stip. serv.* (45. 3.).

(c) *L.* 13 § 5 *quod vi* (43. 24.). „.. cum praedium interim nullius esset ... postea dominio ad aliquem devoluto .. utputa hereditas jacebat, postea adiit hereditatem Titius ... quod eo tempore nemo dominus fuerit."

Fiction wird weder der Abwesende durch seine Abwesenheit, noch der künftige Erbe durch seine augenblickliche Verborgenheit: beide bleiben einzelne Menschen, natürliche Personen. Wollte man die Behandlung der unerworbenen Erbschaft als einer juristischen Person strenge durchführen, so müßte man sie in Rechtsverhältnisse aller Art eintreten lassen, ja man könnte so weit gehen, zu gestatten, daß der ruhenden Erbschaft unmittelbar wieder ein fremder Testator Erbschaften oder Legate zuwendete; dieses Alles aber ist den Römischen Juristen nie in den Sinn gekommen.

Die einfachste und natürlichste Behandlung dieses Falles wäre ohne Zweifel die, daß man von dem Tode an die Erbschaft als das Vermögen eines noch unbekannten Herrn ansähe, der aber doch einmal bekannt werden muß, und auf welchen dann Alles zu beziehen ist, was sich in der Zwischenzeit mit diesem Vermögen etwa zutragen mag. Diese natürliche Behandlung der Sache ist es, welche das Römische Recht nicht gelten lassen will, indem es an deren Stelle eine Fiction unter zwey verschiedenen Ausdrücken setzt. Bald wird gesagt, die Erbschaft selbst stelle eine Person vor, und habe die Herrschaft über das Vermögen, also über sich selbst (d); bald, die Erbschaft stelle

(d) *L.* 22 *de fidej.* (46. 1.), (Note a), *L.* 15 *pr. de usurp.* (41. 3.) „nam hereditatem in quibusdam *vice personae* fungi receptum est." — *L.* 13 § 5 *quod vi* (43. 24.) „dominae locum obtinet," *L.* 15 *pr. de interrog.* (11. 1.) „domini loco habetur," *L.* 61 *pr. de adqu. rer. dom.* (41. 1.) „pro domino habetur," *L.* 31 § 1 *de her. inst.* (28. 5.) s. u. Note f.

den Verstorbenen vor, nicht den noch unbekannten Erben (e). Beide Ausdrücke aber sind ohne Zweifel völlig gleichbedeutend (f), und bilden blos den Gegensatz gegen das oben erwähnte natürliche Verhältniß, nach welchem die Erbschaft schon jetzt dem unbekannten Erben wirklich gehört, folglich mit ihm identisch ist (g).

Zu dieser Fiction aber wurden die Römer durch folgende Betrachtung bewogen. Wenn zu der Erbschaft auch Sklaven gehörten (welches wohl selten ganz fehlen mochte), so konnte durch diese das Vermögen, auch in seinem jetzt ruhenden Zustand, dennoch vermehrt werden, indem überhaupt der Sklave seinem Herrn Vermögen, selbst ohne dessen Wissen, erwerben konnte. Allein es gab Erwerbungsarten, bey welchen es wegen ihrer streng civilen

(e) *pr. J. de stip. serv.* (3. 17): „*personae defuncti* vicem sustinet," § 2 *J. de her. inst.* (2. 14.) „personae vicem sustinet *non heredis futuri, sed defuncti,*" *L.* 34 *de adqu. rer. dom.* (41. 1.). „Hereditas enim *non heredis personam sed defuncti* sustinet," *L.* 33 § 2 *eod.* „*ex persona defuncti* vires assumit." — Einiger Zweifel könnte entstehen aus *L.* 24 *de novat.* (46. 2.) „transit ad heredem, *cujus personam* interim hereditas sustinet." Allein der Widerspruch dieser Stelle, nach der hier abgedruckten Florentinischen Leseart, mit den vorhergehenden Stellen, ist so augenscheinlich und unauflöslich, daß deshalb die diesen Widerspruch beseitigende Vulgata: „transit ad *heredem illius, cujus personam*" unbedenklich vorzuziehen ist.

(f) Diese Identität beider Ausdrücke wird besonders klar aus einer Stelle, worin beide zusammenstehen, so daß offenbar einer den andern nur erklären und näher bestimmen soll. *L.* 31 § 1 *de her. inst.* (28. 5.) „quia creditum est hereditatem *dominam esse*, (*et*) defuncti locum obtinere."

(g) Dieser Gegensatz ist in zwey Stellen (Note e) geradezu ausgesprochen.

Natur mit der Rechtsfähigkeit des Erwerbers besonders streng genommen wurde; sollten diese von einem Sklaven ausgehen, dessen Erwerbsfähigkeit überhaupt von der seines Herrn abhieng, so wurde ein bekannter und fähiger Herr vorausgesetzt, wenn nicht der Erwerb ungültig oder wenigstens in seiner Gültigkeit zweifelhaft bleiben sollte. Unter diese streng civilen Erwerbungen gehörte nun die Erbeinsetzung des Sklaven, indem deren Gültigkeit davon abhieng, daß der Sklave einen zur Zeit des errichteten Testaments einsetzungsfähigen Herrn hatte (h). Eben so verhielt es sich mit dem Erwerb einer Forderung durch die Stipulation eines Sklaven; gewiß auch eben so mit dem Erwerb des Eigenthums, wenn sich der Sklave eine Sache mancipiren ließ, nur daß dieser Fall im Justinianischen Recht nicht mehr berührt wird. Um dieser, durch die strenge Rechtsform beschränkten, Erwerbungen willen hatten die Römer jene Fiction eingeführt, die es möglich machte die Gültigkeit der Handlung mit Sicherheit zu beurtheilen, indem dieselbe nun von der Rechtsfähigkeit des bekannten Erblassers abhieng, anstatt daß die Fähigkeit des noch unbekannten Erben ungewiß war. Einige Beyspiele werden dieses praktische Interesse jener Fiction anschaulich machen. Wenn ein testamentsfähiger Römer ohne Testament starb, und nun ein Dritter einen Sklaven dieser ru-

(h) Ulpianus XXII. § 9 *L.* 31 *pr. de her. inst.* (28. 5.). Hier wird dieser Satz in unmittelbarer Verbindung mit unsrer Fiction vorgetragen.

henden Erbschaft zum Erben einsetzte, so war die Einsetzung kraft unsrer Fiction gültig, weil sie auf den einsetzungsfähigen Verstorbenen bezogen wurde; ohne die Fiction wäre ihre Gültigkeit ungewiß gewesen, weil der noch unbekannte Intestaterbe ein Intestabilis seyn konnte, welcher keine Einsetzungsfähigkeit hatte (i). Wenn ein Soldat mit Hinterlassung eines Testaments stirbt, dieses ist noch uneröffnet, also die Erbschaft noch unerworben, so kann jeder Dritte einen zu dieser Erbschaft gehörenden Sklaven mit Sicherheit zum Erben einsetzen, weil die Einsetzung, nach unsrer Fiction, auf den Verstorbenen bezogen wird; ohne die Fiction wäre die Einsetzung von ungewisser Gültigkeit, weil der noch unbekannte Testamentserbe des Soldaten ein Peregrine seyn kann (k), welcher mit jenem dritten Testator keine testamentifactio hat. Ganz eben so verhält es sich, wenn in demselben Fall der Erbschaftssklave eine Stipulation mit der Formel spondes? spondeo schließt; denn diese ist durch die Beziehung auf den Verstorbenen gültig, anstatt daß sie, bezogen auf den peregrinen Testamentserben, ungültig seyn würde (l). — Daneben hat nun die Fiction auch die ganz consequente Folge, daß, wenn der erwerbende Erbschaftssklave selbst legirt ist, der Erwerb dennoch bey der Erbschaft bleibt,

(i) *L.* 18 § 1 *L.* 26 *qui test.* (28. 1.). Wenigstens nach dem älteren Recht konnte der Intestabilis auch nicht zum Erben eingesetzt werden. Vgl. Marezoll bürgerliche Ehre S. 90.

(k) *L.* 13 § 2 *de test. mil.* (29. 1.).

(l) Gajus III. § 93.

und nicht etwa, zugleich mit dem Sklaven, an den Legatar fällt: welcher Satz jedoch bey dem Erwerb durch das Legat eines Ususfructus eine Ausnahme leidet (Note r).

Solche Fälle sind es, um deren willen allein jene Fiction erfunden worden ist. Von ihnen sprechen die meisten und bestimmtesten der über die Fiction bereits angeführten Stellen (m). Allerdings finden sich auch einige Stellen, worin davon Gebrauch gemacht wird bey manchem Sklavenerwerb, der nicht unter der strengen Regel des jus civile stand, wie z. B. durch bloße Tradition oder durch einen bonae fidei contractus (n): andere Stellen, worin sie sogar angewendet wird ohne Rücksicht auf den Erwerb durch Sklaven (o). Allein dieses sind durchaus

(m) Von dem Erwerb des Sklaven überhaupt: *L.* 61 *pr. de adqu. rer. dom.* (41. 1.). — Von der Stipulation des Sklaven: *pr. J. de stip. serv.* (3. 17.), *L.* 33 § 2 *L.* 34 *de adqu. rer. dom.* (41. 1). Vgl. *L.* 18 *pr.* § 2 *de stip. serv.* (45. 3.). — Von der Erbeinsetzung des Sklaven: § 2 *J. de her. inst.* (2. 14.), *L.* 31 § 1 *L.* 52 *de her. inst.* (28. 5.), *L.* 61 *pr. de adqu. rer. dom.* (41. 1.). — War ein Erbe eingesetzt, der zwar testamentifactio hatte, aber die Capacität ganz oder theilweise entbehrte (coelebs oder orbus), so konnte ein Erbschaftssklave die ihm legirte Sache dennoch unbedingt der Erbschaft erwerben; wer diese Sache, so wie die ganze Erbschaft, am Ende bekommen würde, das mußte sich dann zur Zeit des Antritts der Erbschaft zeigen. *L.* 55 § 1 *de leg.* 2 (31. un.).

(n) *L.* 16 *de O. et A.* (44. 7.) (vgl. Arndts Beiträge I. 208), *L.* 33 § 2 *de adqu. rer. dom.* (41. 1.), *L.* 1 § 5 *de adqu. poss.* (41. 2.), *L.* 29 *de captiv.* (49. 15.), *L.* 15 *pr. de usurp.* (41. 3.), *L.* 11 § 2 *de acceptilat.* (46. 4.). — Vgl. auch folgende Stellen, welche von der Regel Anwendung machen, ohne sie geradezu auszusprechen: *L.* 1 § 6 *de injur.* (47. 10.), *L.* 21 § 1 *L.* 3 *pr.* § 6 *de neg. gestis.* (3. 5.), *L.* 77 *de V. O.* (45. 1.), *L.* 1 § 29 *depos.* (16. 3.).

(o) *L.* 22 *de fidejuss.* (s. oben Note a), *L.* 24 *de novat.* (46. 2.), *L.* 13 § 5 *quod vi* (43. 24.) (wo

nur zufällige Anwendungen einer zu ganz anderen Zwecken erfundenen Regel. Dieses wird dadurch unzweifelhaft, daß unter allen diesen Fällen kein einziger ist, für welchen die Fiction irgend einen praktischen Werth hätte, das heißt kein einziger, in welchem nicht ganz derselbe Erfolg behauptet werden könnte, man möge während der ruhenden Erbschaft den Verstorbenen, oder aber den künftigen Erben (der es eigentlich jetzt schon ist) als gegenwärtigen Herrn des Vermögens betrachten.

An der Richtigkeit dieser Behauptung könnte man vielleicht durch diejenigen Stellen irre werden, worin jene Fiction in so allgemeinen Ausdrücken vorgetragen wird, daß dazu die eben behauptete beschränkte Anwendung wenig zu passen scheint (p). Allein die in diesen unbestimmten Ausdrücken angedeutete Allgemeinheit der Regel ist doch nur scheinbar; dieses beweisen einige andere, genauer redende Stellen, welche der Fiction ausdrücklich nur eine relative, also beschränkte, Wirksamkeit zuschreiben (q). — Ja selbst in den Fällen des Erwerbs durch Sklaven, wofür sie eigentlich eingeführt ist, gilt sie nicht ganz ohne

dieser Grund nur neben anderen geltend gemacht wird), *L.* 15 *pr. de interrog.* (11. 1.). Vgl. auch Beylage IV. Note b.

(p) Dieser scheinbar allgemeine Ausdruck der Fiction findet sich in: *L.* 22 *de fidej.* (Note a), *L.* 24 *de novat.* (46. 2.), *L.* 13 § 5 *quod vi* (43. 24.), *L.* 15 *pr. de interrog.* (11. 1.), *L.* 31 § 1 *de her. inst.* (28. 5.), *L.* 34 *de adqu. rer. dom.* (41. 1.), § 2 *J. de her. inst.* (2. 14.).

(q) *pr. J. de stip. serv.* (3. 17.) „in plerisque," *L.* 61 *pr. de adqu. rer. dom.* (41. 1.) „in multis partibus juris," *L.* 15 *pr. de usurp.* (41. 3.) „in quibusdam."

Ausnahmen (r); dadurch aber wird es um so einleuchtender, daß der allgemeine Ausdruck der oben angeführten Stellen (Note p) nicht zu buchstäblich genommen werden darf.

Allerdings findet sich noch ein merkwürdiger, praktisch wichtiger Rechtssatz außer dem Sklavenrecht, auf welchen jene Fiction im älteren Recht einigen Einfluß hätte haben können. Wenn ein Erblasser eine angefangene, unvollendete Usucapion hinterläßt, so müßte der Strenge nach die Usucapion unterbrochen seyn, da die Erbschaft keines Besitzes fähig ist. Da dieses aber zu empfindliche Folgen gehabt hätte, so nahm man als jus singulare an, die Usucapion gehe nicht nur ununterbrochen fort, sondern sie könne selbst vor dem Antritt der Erbschaft vollendet werden (s). Diesen praktisch wichtigen Satz konnte man versuchen durch unsre Fiction zu begründen, und dieses konnte vor Justinian in dem oben angeführten Beyspiel eines Soldatentestaments wichtig werden; denn wurde die

(r) Wenn der Erbschaftssklave stipulirt, so gilt die Stipulation nur als eine bedingte, und wird erst dann erworben, wenn irgend Jemand die Erbschaft antritt. *L.* 73 § 1 *de V. O.* (45. 1.). — Wenn dem Erbschaftssklaven etwas legirt wird, so wird zwar in der Regel dieses Legat sogleich der Erbschaft erworben; ist aber ein Ususfructus legirt, so tritt der Erwerb erst zu der Zeit ein, wo der Sklave, in Folge des Antritts der Erbschaft, einen bestimmten Herrn erhält: es sey nun dieser Herr der antretende Erbe selbst, oder aber Derjenige, dem der Sklave legirt ist, da denn der Erwerb niemals an die Erbschaft kommt. *L.* 1 § 2 *quando dies ususfr.* (7. 3.). *L.* 16 § 1 *quando dies leg.* (36. 2.).

(s) *L.* 31 § 5 *L.* 40 *L.* 44 § 3 *de usurp.* (41. 3.), *L.* 30 *pr. ex quib. causis maj.* (4. 5.).

Usucapion auf den Verstorbenen bezogen, so war ihre Vollendung möglich, bezog man sie auf den peregrinen Testamentserben (der persönlich nicht usucapiren konnte), so war sie unmöglich. Dennoch wird in keiner der eben angeführten Stellen jene Fiction zu Hülfe genommen, sondern es wird vielmehr der die Usucapion betreffende Rechtssatz als ein ganz für sich bestehender dargestellt; ohne Zweifel deswegen, weil die ganze Fiction überhaupt nur reine Rechtsverhältnisse zum Gegenstand hatte, also nicht solche Verhältnisse, die ein menschliches Bewußtseyn und Handeln unmittelbar voraussetzen, wohin gerade der Besitz gehört (t).

Die Resultate dieser, die Erbschaft als juristische Person betreffenden, Untersuchung lassen sich in folgende Sätze zusammenfassen.

Erstlich: Die ruhende Erbschaft war, auch im Sinn der Römmer, keine juristische Person, und wenn sie in einer Stelle mit Corporationen verglichen wird (Note a), so hat das blos den Sinn, daß sowohl bey ihr, als bey jenen, eine Fiction angewendet wird. Diese Fiction hat jedoch in jedem der erwähnten zwey Fälle andere Gründe und andere Folgen, mithin eine verschiedene Natur.

(t) *L.* 1 § 15 *si is qui test.* (47. 4.), *L.* 61 *pr.* § 1 *de adqu. rer. dom.* (41. 1.), *L.* 26 *de stip. serv* (45. 3.). (Diese letzte Stelle hat sich nun auch noch an einem andern Orte wiedergefunden. Fragm. Vat. § 55). — Eine Folge der Besitzesunfähigkeit der Erbschaft war es, daß sie nicht bestohlen werden, also auch nicht die furti actio erwerben konnte. *L.* 68. 69. 70 *de furtis* (47. 2.), *L.* 2 *expil. hered.* (47. 19.).

Zweytens: Die eigenthümliche Behandlung der ruhenden Erbschaft vermittelst einer Fiction beschränkte sich bey den Römern auf die Erleichterung gewisser Erwerbungen durch die zu der Erbschaft gehörenden Sklaven.

Drittens: Es ist daher nicht zu rechtfertigen, wenn jene Eigenthümlichkeit der ruhenden Erbschaft als Bestandtheil des heutigen Rechts dargestellt wird, indem dasselbe den Erwerb durch Sklaven überhaupt nicht kennt.

§. 103.

Verschiedenheiten in der Verknüpfung der Rechtsverhältnisse mit den Personen.

Bisher ist in diesem Abschnitt untersucht worden, wer überhaupt Subject eines Rechtsverhältnisses seyn könne: und zwar zuerst nach der allgemeinen Natur der Rechtsverhältnisse selbst, dann nach positiven Rechtsregeln, wodurch jene natürliche Rechtsfähigkeit theils eingeschränkt, theils künstlich erweitert wird. Diese Bestimmungen vorausgesetzt, entsteht nun die fernere Frage, wie die Rechtsverhältnisse mit den an sich dazu fähigen Subjecten verknüpft werden. Diese Verknüpfung geschieht regelmäßigerweise durch irgend ein das bestimmte Individuum betreffendes Ereigniß, also durch menschliches Handeln oder Leiden. So kann ein Jeder Eigenthum erwerben durch Tradition oder Occupation, durch Verträge Glaubiger oder Schuldner werden, Schuldner auch durch die Delicte die er begeht, Glaubiger durch die welche gegen ihn verübt werden. Dieses Alles ist auch wahr von den juristischen Personen, nur mit dem Unterschied, daß als ihre Handlungen die Handlungen ihrer Vertreter angesehen werden. Die allgemeine Natur der zu dieser regelmäßigen Verknüpfung der Rechtsverhältnisse mit den Personen führenden Thatsachen wird der Gegenstand des folgenden Abschnitts seyn.

Allein es giebt auch eine abweichende, mehr künstliche, Verknüpfungsweise, die sich nicht auf das menschliche Thun und Leiden einer individuell bestimmten Person gründet, sondern auf eine allgemeine, mit den verschiedensten Individuen vereinbare Eigenschaft. Diese ungewöhnlichere Verknüpfungsweise wird bey manchen Arten der Rechtsverhältnisse durch ihre besondere Natur herbeygeführt: bey anderen kann es durch individuelle Willkühr in einzelnen Fällen der Anwendung geschehen. Eine solche individuelle Willkühr aber wird seltner in Verträgen vorkommen, welche meist ein deutlich gedachtes und genau bestimmtes Interesse der Gegenwart befriedigen sollen: häufiger in einem letzten Willen, in dessen Natur es ohnehin liegt, auf eine nicht genau bestimmbare Zukunft einzuwirken, und der sich daher leichter auch in das ganz Unbestimmte und Gränzenlose verliert: eben so auch in Bestimmungen der höchsten Gewalt, die in der Form von Privilegien erlassen werden. Der letzte Wille aber, der an allgemeine Eigenschaften, anstatt an eine bestimmt gedachte Persönlichkeit (persona incerta), ein Successionsrecht knüpfen sollte, war im älteren Römischen Recht untersagt, und erst Justinian hat denselben für gültig erklärt (§ 93. q).

Die allgemeine Eigenschaft selbst, woran in diesen abweichenden Fällen ein Rechtsverhältniß zunächst angeknüpft wird, um durch sie der Person anzugehören, in welcher sich diese Eigenschaft findet, kommt besonders in folgenden Gestalten vor:

I. Als ein staatsrechtliches Verhältniß. Wenn z. B. in Rom ein Legat dem Kaiser hinterlassen war (Quod *principi* relictum est), so wurde das so ausgelegt, als wäre nicht gerade der Kaiser zur Zeit der Abfassung des Testaments gemeynt, sondern Jeder, der zur Zeit der Erwerbung des Legats Kaiser seyn würde. Dieses war nun eigentlich eine incerta persona, mithin ungültig: daß man es dennoch schon in der älteren Zeit gelten ließ, erklärt sich aus der auf die Person des Kaisers übertragenen Exemtion des Fiscus von allen gewöhnlichen Beschränkungen des Privatrechts (§ 101). Eben daher war es auch anders bey einem der Kaiserin hinterlassenen Legat. Dieses wurde nur bezogen auf die zur Zeit des Testaments vorhandene Kaiserin, so daß es öfter als das dem Kaiser gegebene gar nicht zur Ausführung kam: ohne Zweifel deswegen, weil es, in jener freyeren Weise ausgelegt, durch das allgemeine Verbot der incerta persona ungültig gewesen seyn würde (a). — Ein ähnlicher Fall kommt vor bey einem Fideicommiß, welches dem Priester und den Dienern eines bestimmten Tempels eine Rente anwies. Dieses wurde ausgelegt als eine jährliche Rente auf ewige Zeiten, zahlbar an die jedesmal in jenen Functionen stehenden Personen. Gegen das Verbot der incerta persona wurde es dadurch geschützt, daß man als eigentlichen Successor den Tempel selbst ansah, der zwar eine juristische Person, aber als solche eine certa persona

(a) *L.* 56. 57 *de leg.* 2 (31. un.).

war (§ 93. m), so daß durch die ausdrücklich genannten Personen (Priester und Diener) nur die Art der Verwendung des Geldes bezeichnet seyn sollte (b). — Eben so würde es anzusehen seyn, wenn heutzutage ein öffentlicher Beamter eine Jahresrente stiftete, welche jeder seiner Nachfolger im Amte beziehen sollte.

II. Als ein privatrechtliches Verhältniß. Dahin gehören, nicht nach individueller Willkühr, sondern nach der allgemeinen Natur des Rechtsinstituts selbst, die Prädialservituten (c); eben so auch die nach der Analogie derselben behandelte aqua ex castello, die keine Servitut ist, da sie nicht durch Privatwillkühr, sondern durch die Verfügung einer öffentlichen Gewalt begründet wird (d); endlich auch das Recht des Eigenthümers eines Colonats gegen die durch ihre Geburt zu demselben gehörenden Colonen (§ 54).

Weit häufiger und wichtiger ist diese Art der Verknüpfung im deutschen Recht. Es gehören dahin die meisten Reallasten, sowohl von Seiten des Berechtigten, als des Verpflichteten (e); eben so auf Seiten des Berechtig-

(b) *L.* 20 § 1 *de ann. leg.* (33. 1.). „Respondit, secundum ea quae proponerentur, *ministerium* nominatorum *designatum* (nicht die zur Zeit des Testaments lebenden Individuen), *caeterum datum templo.*"

(c) Nämlich die Prädialservituten in Beziehung auf den Berechtigten, indem die Berechtigung dem jedesmaligen Eigenthümer eines Grundstücks als solchem zusteht; nicht in Beziehung auf den Verpflichteten, da die Servitut gar nicht blos von dem Eigenthümer des praedium serviens, sondern ganz auf gleiche Weise von jedem anderen Menschen, anerkannt und geachtet werden muß.

(d) *L.* 1 § 43 *de aqua* (43. 22.).

(e) Das Recht auf die Reallasten ist meist annexum eines

ten die Bannrechte, die stets mit einem Grundeigenthum verbunden sind; endlich auch das Recht der Leibeigenschaft. — Das Preußische Recht bezeichnet dieselben als dingliche Rechte in Beziehung auf das Subject, und unterscheidet sie durch diesen Zusatz von den wahren dinglichen Rechten, die es dingliche Rechte in Ansehung ihres Gegenstandes, oder Rechte auf die Sache, nennt (f).

Aber auch durch individuelle Willkühr kann eine Anknüpfung dieser Art vorgenommen werden. Dahin gehört z. B. die Grundsteuerfreyheit, die durch Privilegium einem einzelnen Grundstück, oder auch einer Klasse von Grundstücken ertheilt wird, das heißt allen Denjenigen, welche künftig das Eigenthum dieser Grundstücke haben werden.

III. Als ein blos faktisches Verhältniß. — Dahin gehören im Römischen Recht die Verpflichtungen eines Jeden, der zufällig in der Lage ist, etwas restituiren oder exhibiren zu können, also das Beklagtenverhältniß in den actiones in rem scriptae (wie quod metus causa und ad

Grundeigenthums, nicht immer, denn es giebt z. B. viele persönliche Zehentrechte, und in manchen Gegenden persönliche Dienstrechte. — Die Verpflichtung zu den Reallasten ist gleichfalls meist eine mit einem Grundeigenthum verknüpfte Obligation, so z. B. die Grundabgaben in Geld oder Früchten, imgleichen die Dienste; nicht so die Zehentlast, die vielmehr sehr gewöhnlich ein reines jus in re ist, nämlich das Recht, von bestimmten Äckern die zehente Garbe abzuholen, ohne positive Verpflichtung des Zehentpflichtigen, von seiner Seite irgend etwas zu thun.

(f) A. L. R., Th. I. Tit. 2 § 125 — 130, mit dem Zusatz, daß in Gesetzen, welche von dinglichen Rechten ohne nähere Bestimmung reden, die oben angegebene zweyte Bedeutung des Ausdrucks (als die gewöhnlichere) anzunehmen sey.

exhibendum). — Im deutschen Recht die Bannrechte auf Seiten des Verpflichteten, die für jeden Bewohner eines bestimmten Bezirks (ohne Rücksicht auf irgend ein Rechtsverhältniß desselben) die negative Verpflichtung begründen, gewisse gewerbliche Leistungen von keinen anderen Verkäufern als dem Bannberechtigten zu beziehen. — Diese Fälle bezogen sich wiederum auf die allgemeine Natur der hier erwähnten Rechtsinstitute. Eben so aber kann auch durch individuelle Willkühr, namentlich durch landesherrliches Privilegium, an ein solches blos faktisches Verhältniß irgend ein Recht angeknüpft werden.

Die hier zusammengestellten Arten der Verknüpfung von Rechtsverhältnissen mit bestimmten Personen sind neuerlich als juristische Personen dargestellt worden (g): wie ich glaube, mit Unrecht. Denn bey der an eine gewisse Beamtenstelle angewiesenen jährlichen Rente, so wie bey der

(g) Heise Grundriß B. 1 § 98 Note 15: „Juristische Person ist Alles außer den einzelnen Menschen, was im Staat als ein eignes Subject von Rechten anerkannt ist. Jede solche muß aber irgend ein Substrat haben, welches die juristische Person bildet oder vorstellt. Dies Substrat kann nun bestehen: 1) aus Menschen, und zwar *a*) aus einem Einzelnen zur Zeit (bey öffentlichen Beamten) .... 2) aus Sachen, nemlich *a*) aus Grundstücken (bey Servituten und unsern deutschen subjectiv-dinglichen Rechten)“ u. s. w. — Man kann die aufgestellte Definition zugeben, und dennoch diese Subsumtion von Fällen verwerfen, weil das Subject einer Prädialservitut u. s. w. in der That stets ein einzelner Mensch, also nicht Etwas außer den einzelnen Menschen ist. — Eben so sagt Hasse, „daß z. B. der Princeps von den Römischen Juristen als eine juristische Person angesehen wurde, nämlich dies successiv gedacht, erhellet aus L. 56 D. de legat. II.“ (Archiv B. 5 S. 67).

Prädialservitut, ist der Berechtigte jederzeit ein einzelner Mensch, also eine natürliche Person; nur die Art, wie dieser Inhaber des Rechts für jeden Zeitpunkt ermittelt wird, also der Weg auf welchem man zu diesem Recht gelangt, ist hier auf eigenthümliche, von den gewöhnlichen Regeln abweichende Weise bestimmt. Von einer Vertretung, die von jeder juristischen Person unzertrennlich ist, findet sich hier keine Spur. Der Inhaber einer Prädialservitut z. B. verfügt über dieses, wie über jedes andere Vermögensrecht, mit der freyesten Willkühr; er kann es zum Vortheil des dadurch beschränkten Nachbars durch Schenkung oder Verkauf aufgeben. Eben so kann der Beamte über die ihm angewiesene Rente für seine Dienstzeit frey verfügen, da er sie nicht für eine fingirte Person verwaltet, sondern selbst in seinem Vermögen hat, so wie jedes andere Recht. Daß er die Rente seinen Nachfolgern nicht vergeben kann, ist eine ganz ähnliche Beschränkung, wie die des Legatars, der das legirte Haus bey seinem Tode einem Fideicommissar restituiren soll; in beiden Fällen liegt keine Veranlassung, das Subject des Rechts als eine juristische Person anzusehen.

Auf die Verschiedenheiten in der Verknüpfung der Rechtsverhältnisse mit den Personen bezieht sich auch die Frage nach der möglichen Vervielfältigung der Subjecte in einem und demselben Rechtsverhältniß. Hierin nun findet sich unter diesen die größte Mannichfaltigkeit. Viele können sich durchaus nur auf Eine Person als ihr Subject beziehen: so die Ehe, der Usus, die Prädialservituten (h). Andere können nach Willkühr auch auf Mehrere bezogen werden, jedoch nur theilweise: so das Eigenthum, der Niesbrauch, die Emphyteuse. Noch andere mit freyerer Willkühr, sowohl theilweise, als solidarisch: so die Obligationen, und das Pfandrecht. Eine so allgemeine Angabe der vorkommenden verschiedenen Fälle muß an dieser Stelle genügen, da jede genauere Erörterung dieses Gegenstandes nur bey den einzelnen Rechtsinstituten selbst auf zweckmäßige Weise unternommen werden kann.

(h) Nämlich wenn mehrere Nachbarn eine Wegeservitut auf demselben Grundstück haben, so sind sie nicht (partielle oder solidarische) Inhaber eines und desselben Rechts, sondern jeder Einzelne hat seine Servitut als ein vollständiges, für sich bestehendes Recht, ohne Zusammenhang mit der Servitut der übrigen; daß diese Rechte auf denselben Gegenstand bestehen können, ohne mit einander in Collision zu kommen, liegt in der Art, wie überhaupt Wege benutzt werden, also in der faktischen Beschaffenheit gerade dieser Servitut.

Beylagen.

III. — VII.

Beylage III.

Die Vitalität eines Kindes, als Bedingung seiner Rechtsfähigkeit.

(Zu § 61 Note t).

Es ist eine sehr gewöhnliche Behauptung unsrer Rechtslehrer, zur Rechtsfähigkeit eines Kindes reiche die lebendige Geburt nicht hin, sondern es müsse noch die Lebensfähigkeit oder Vitalität hinzu kommen. Damit aber meynen sie Folgendes. Es gebe einen gewissen Zeitraum der Schwangerschaft, vor dessen Ablauf zwar eine lebendige Geburt zuweilen vorkomme, jedoch so, daß ein solches Kind höchstens einige Stunden oder Tage leben könne. Wegen dieser Unfähigkeit zur längeren Fortsetzung des Lebens müsse demselben alle Rechtsfähigkeit, selbst für die kurze Zeit, worin es wirklich lebe, ganz abgesprochen werden. Um diese Behauptung prüfen zu können, ist es nöthig, zuvor einen ganz anderen, dem Familienrecht angehörenden, Grundsatz darzustellen (a), welcher zu jener Lehre die unschuldige Veranlassung gewesen ist.

(a) Es wird also hier, zum Behuf der Untersuchung über die Vitalität, etwas vorweg abgehandelt, dessen eigentliche Stelle erst in dem speciellen Rechtssystem, und zwar bey der Entstehung der väterlichen Gewalt, gewesen wäre.

Nach Römischem Recht tritt ein Kind mit der Geburt in die väterliche Gewalt ein, wenn seine Erzeuger zur Zeit der Erzeugung in einer nach Civilrecht gültigen Ehe lebten (b). Diese faktische Bedingung der väterlichen Gewalt, von welcher so viele andere Rechte abhängen, läßt sich in folgende Elemente auflösen: 1) natürliche Paternität, d. h. die Thatsache, daß ein bestimmter Mann der wahre Erzeuger des Kindes ist, 2) natürliche Maternität, 3) gültige Ehe zwischen dem wahren Vater und der wahren Mutter, 4) Daseyn dieser Ehe im Augenblick der Erzeugung. Von diesen Vier Elementen macht das zweyte und dritte keine Schwierigkeit: beide Thatsachen werden in den seltensten Fällen bezweifelt werden, und wo sie streitig sind, da ist ein gewöhnlicher Beweis, so wie bey jeder anderen streitigen Thatsache, möglich und nöthig. Anders verhält es sich mit dem ersten und vierten Element. Denn die Erzeugung ist ein Naturgeheimniß, welches erst nach geraumer Zeit in seinen Wirkungen zur Erscheinung kommt, und wofür ein eigentlicher Beweis nicht etwa schwierig und selten, sondern ganz undenkbar ist (c). Wie war nun diese Schwierigkeit im positiven Recht zu behandeln? Man konnte etwas vorschreiben, das einem Beweise ähnlich sah, wenn man den Richter anwies, nach

(b) *pr. J. de patria pot.* (1. 9.). Ulpian. V. § 1.

(c) Namentlich kann nicht das Geständniß des Vaters, folglich auch nicht die Eidesdelation (de veritate), als Beweis gelten, weil ja selbst für den Vater ein eigentliches Wissen dieser Thatsache nicht möglich ist, sondern nur Glaube und Vertrauen, die im Rechtsstreit keine Beachtung finden.

allen Umständen zu bestimmen, von welchem Vater und zu welcher Zeit das Kind wahrscheinlich erzeugt seyn möchte. Diese Behandlung aber erscheint durch folgende Betrachtungen als höchst bedenklich. Erstlich wegen der großen Unsicherheit. Es mögen wohl Fälle vorkommen, in welchen die äußerlichen Wahrscheinlichkeitsgründe für oder wider die Paternität so stark sind, daß sie auch einem Unbefangenen fast als Gewißheit erscheinen müssen. Allein diese Fälle sind da, wo überhaupt die Paternität Gegenstand eines Streites wird, gerade die seltneren, gewöhnlicher wird eine so große Ungewißheit zurück bleiben, daß die Entscheidung nicht ohne sehr freye richterliche Willkühr erfolgen könnte (d). Zweytens aber wäre diese Willkühr hier um so gefährlicher und unpassender, als es sich gar nicht um das persönliche Interesse handelt, sondern zugleich um allgemeinere sittliche Interessen: um die Ruhe ganzer Familien, und um die Ehre der Frauen. Deswegen hat das Römische Recht jenen Weg individueller Ausmittlung nach Wahrscheinlichkeit gänzlich aufgegeben, und

(d) Man könnte einwenden, dieses beweise zu viel, denn bey der in der Praxis angenommenen Alimentenklage werde ja doch ein solcher Beweis zugelassen, und es gehe damit ganz gut. Diese Behauptung aber wäre ganz irrig, denn was bey dieser Alimentenklage bewiesen werden soll, ist gar nicht die Erzeugung, sondern die davon völlig verschiedene, sehr wohl erweisliche, Thatsache des Beyschlafs. Diese Thatsache für sich gilt nun als Grund der Obligation, und nicht etwa, weil dadurch eine Präsumtion der Erzeugung begründet wäre: denn wollte man diese Präsumtion annehmen, so würde man etwas Unmögliches, folglich Widersinniges, präsumiren, nämlich daß dasselbe Kind wahrhaft von mehreren Vätern erzeugt seyn könne.

dagegen folgenden Weg eingeschlagen. Man geht aus von der möglichen Dauer der Schwangerschaft bis zur Geburt eines lebenden Kindes. Dabey wird, nach Erfahrungssätzen, angenommen, ein Kind könne lebendig geboren werden schon am 182sten Tage nach der Erzeugung, eben so aber auch weit später, und bis zum Ablauf des zehenten Monats (e). Auf den Grund dieser physiologischen Regel wird nun von dem sicheren Tag der Geburt zurückgerechnet, zuerst 182 Tage, dann Zehen Monate. Dadurch entsteht ein Zwischenraum von Vier Monaten.

(e) *L.* 3 § 11. 12 *de suis* (38. 16.). „Post decem menses mortis natus, non admittetur ad legitimam hereditatem. — De eo autem, qui centesimo octogesimo secundo die natus est, Hippocrates scripsit, et D. Pius pontificibus rescripsit, justo tempore videri natum: nec videri in servitute conceptum, cum mater ipsius ante centesimum octogesimum secundum diem esset manumissa." Die zehen Monate gründen sich auf die XII Tafeln (Gellius III. 16), und man hat sie in die vierte Tafel aufgenommen. Die 182 Tage werden in der Stelle selbst durch Hippokrates und ein Rescript von Antonin gerechtfertigt. Man hat gefragt, was mit dieser Sache die pontifices zu schaffen hatten? Cujacius meynt, diese hätten die Aufsicht buf ächte Geburten gehabt (in L. 38 de V. S. Opp. VIII. 519), was mir eine zu moderne Ansicht scheint. Die Stelle selbst sagt ja aber deutlich, daß von dem Sohn einer Sklavin die Rede war: ohne Zweifel wollte dieser einen Opferdienst oder eine Priesterwürde annehmen, wozu nur Freygeborene fähig waren. Über die Zahl 182 vgl. unten § 181 Note h. — *L.* 12 *de statu hom.* (1. 5.). „Septimo mense nasci perfectum partum, jam receptum est propter auctoritatem doctissimi viri Hippocratis: et ideo credendum est, eum qui ex justis nuptiis septimo mense natus est, justum filium esse." Perfectus partus kann in diesem Zusammenhang nur heißen, ein wirkliches, lebendes Kind, im Gegensatz des abortus; was es außerdem noch heißen könnte, wird unten (Note y) angegeben werden. — Endlich beweist dafür die alte Rechtsregel, daß die Wittwe erst zehen Monate nach des Man-

Wenn innerhalb dieser Vier Monate, oder innerhalb eines Theiles derselben, die erweisliche Mutter eines Kindes in einer Ehe gelebt hat, so ist der Ehegatte der präsumtive Vater des Kindes, außerdem hat dieses Kind, juristisch zu reden, keinen Vater (f). Das ist der wahre Sinn der wichtigen Rechtsregel: Pater is est quem nuptiae demonstrant (g). Diese Präsumtion gilt für und wider den Vater, so daß jeder Theil sich darauf berufen kann, der ein

nes Tod eine neue Ehe schließen dürfe, weil sonst eine sanguinis turbatio zu befürchten wäre. *L.* 11 § 1 *de his qui not.* (3. 2.). *L.* 2 *C. de sec. nupt.* (5. 9.). — Eine einzelne Anwendung findet sich noch in Nov. 39 C. 2, worin Justinian in den stärksten Ausdrükken die Wittwe zurückweißt, die ein elf Monate nach des Mannes Tod gebornes Kind vorbrachte.

(f) Nämlich nach der reinen Regel des älteren Rechts. Das neuere Recht hat hierin zwey, die Legitimität erleichternde, Modificationen angenommen: 1) Wenn das Kind auch früher, als 182 Tage nach geschlossener Ehe, geboren ist, so soll es dennoch als legitim gelten; das heißt, in diesem Fall soll des Ehegatten Anerkennung den mangelnden Zeitraum ersetzen. *L.* 11 *C. de nat. liberis* (5. 27.). 2) Concubinenkinder (naturales) werden durch nachfolgende Ehe legitimirt; auch hier also ersetzt die Anerkennung die sonst nur durch jenen Zeitraum zu begründende Präsumtion. *L.* 10. 11 *C. de natur. liberis* (5. 27.).

(g) *L.* 5 *de in jus vocando* (2. 4.). Es heißt also nicht, wie es Manche ganz unrichtig ausdrücken: Pater is est quem *justae* nuptiae demonstrant. Man hat hierbey eine zwiefache, ganz verschiedene, Einwirkung der Ehe auf den Zustand der Kinder verwechselt. 1) Die in einer gewissen Zeit vorhandene Ehe begründet die Thatsache der Paternität, und dabey ist es gleichgültig, ob es justae nuptiae sind oder nicht, so daß z. B. auch der Römische Bürger, der eine peregrina zur Ehe nahm, als wahrer Vater seiner ehelichen Kinder galt. Nur verboten darf die Ehe nicht seyn, z. B. wegen Incest, denn sonst ist sie nichtig, d. h. sie existirt nicht, und die Kinder sind nicht dieses Mannes Kinder. § 12 *J. de nupt.* (1. 10.). 2) Ist die Ehe zugleich auch Civilehe, so tritt die wichtigere Folge hinzu, daß die Kinder in väterlicher Gewalt geboren werden.

Interesse dabey hat. Durch die aus den Umständen hervorgehende Wahrscheinlichkeit braucht sie nicht unterstützt zu werden, es ist aber auch nicht zulässig, sie deshalb anzufechten. Vielmehr gilt sie allein als vollständiger Beweis, und sie kann nur entkräftet werden durch den Beweis der völligen Unmöglichkeit, welche namentlich aus einer langen, ununterbrochenen Abwesenheit des Mannes hervorgeht (h). — Ob nun die physiologischen Voraussetzungen jener Regel richtig sind, kann hier natürlich nicht untersucht werden. Für höchst wohlthätig aber muß man die in ihr liegende Abwehr individueller Beurtheilung erkennen, wenn man sieht, wie schwankend und widersprechend die sowohl in theoretischen Schriften, als in Gutachten medicinischer Facultäten, ausgesprochenen Meynungen der Physiologen sind (i). Zu loben ist besonders auch

(h) Wäre also z. B. ein am 182sten Tage geborenes Kind völlig ausgewachsen, so daß man seine Erzeugung vor der Ehe annehmen könnte, so müßte es dennoch als Kind dieses Ehegatten gelten; wäre es umgekehrt vor jenem Zeitpunkt geboren, so brauchte derselbe es nicht als sein Kind anzuerkennen, selbst wenn die Ärzte, wegen des sehr unreifen Zustandes, eine Erzeugung in der Ehe für möglich hielten. Eben so, wenn ein Kind beynahe Zehen Monate nach des Ehemannes Tod geboren wird, so kann der unreife Zustand desselben nicht als Grund gegen die eheliche Erzeugung gelten. — Die gewöhnliche Meynung ist diesen Behauptungen ganz entgegen. HOFACKER T. 1 § 544. Struben rechtl. Bedenken B. 5 Num. 86. Vollends kann der Beweis eines begangenen Ehebruchs jene Präsumtion gar nicht entkräften.

(i) Unter anderen darf man sich auch nicht dadurch täuschen lassen, daß manche medicinische Schriftsteller irgend einen Zeitraum, vor welchem eine vitale Geburt unmöglich sey, als völlig gewiß an die Spitze stellen; denn hinterher nehmen sie doch oft an, daß es Abnormitäten gebe, Fälle in welchen ein sehr unreifes Kind durch

der bedeutende Umfang des angenommenen Zeitraums. Zwar kann unter dessen Schutz manches wirklich uneheliche Kind die Rechte eines ehelichen erlangen; allein theils ist die Gefahr eines entgegengesetzten Unrechts an sich wichtiger, theils ist jene Gefahr doch nur gering in Vergleichung mit der Gefahr, daß mitten in einer Ehe Kinder in der That von einem fremden Vater erzeugt werden, die dennoch als ehelich gelten: und dieser letzten, größeren Gefahr kann und soll nicht entgegengearbeitet werden, weil jeder Versuch dazu weit größere Übel mit sich führen würde.

Dieses Alles ist nun in unsren Rechtsquellen klar und sicher bestimmt, und auch unsre Schriftsteller haben es nie völlig verkannt, obgleich nicht selten durch mangel-

ganz ungewöhnliche, künstliche Sorgfalt gerettet worden sey. So erzählt Oeltze de partu vivo vitali § 37 aus namhaften Schriftstellern zwey sehr merkwürdige Fälle; in einem derselben hatte eine Frau ein Kind geboren, und genau Sechs Monate später ein zweytes, das am Leben erhalten wurde; dieses war doch gewiß weniger als 182 Tage im Mutterleibe gewesen. Über die sehr aus einander gehenden Meynungen der Ärzte vgl. Glück B. 28 S. 129 fg. — Besonders erfreulich ist mir die Übereinstimmung der hier dargelegten Ansichten mit der Meynung eines der geachtetsten medicinischen Schriftsteller: A. Henke von den Früh- und Spät-Geburten, Abhandlungen aus dem Gebiet der gerichtlichen Medicin B. 3 p. 241—307. Zwar stellt er normale Gränzen möglicher Schwangerschaft auf (p. 265. 284), allein er räumt ein, daß anomalische Fälle vorkämen, wodurch alle Gewißheit zerstört werde (p. 271. 292 fg.). Sein Resultat ist das entschiedendste Lob der Gesetzgebung, namentlich des Römischen Rechts, worin durch positive Regeln die Unsicherheit individueller Beurtheilung ausgeschlossen wird (p. 271—274, 303—304). Insbesondere billigt er auch die ansehnliche Ausdehnung des im R. R. angenommenen Zeitraums.

hafte Sonderung der in einander greifenden Begriffe und Regeln ohne Noth verdunkelt, oder auch durch Ausnahmen in einzelnen Fällen zu schwächen versucht. Aber sie sind dabey nicht stehen geblieben, sondern sie haben in folgenden Sätzen darauf weiter fortgebaut. Wenn es einmal vorkäme, sagen sie, daß ein Kind vor dem 182sten Tage nach seiner Erzeugung dennoch lebend geboren würde, so würde es, wenigstens nach der gesetzlich anerkannten physiologischen Regel, unfähig seyn, das Leben längere Zeit fortzusetzen, und daher können wir ihm auch keine Rechte zuschreiben. Zur Rechtsfähigkeit gehört also nicht nur Leben des Geborenen, sondern auch Lebensfähigkeit oder Vitalität, so daß das wegen Unreife nicht lebensfähige Kind keine Rechte hat, vielmehr einem todt geborenen, einem abortus, gleich zu achten ist (k). — Bevor diese Lehre von Grund aus geprüft werden kann, ist es nöthig, noch eine besondere Modification derselben zu erwähnen. Sie ist nämlich zuweilen noch dahin weiter ausgebildet worden, daß man sagte, die im siebenten Monat geborenen Kinder seyen lebensfähig, die im achten wieder nicht (l). Doch ist diese neue Ver-

(k) So wird es geradezu ausgedrückt von Haller Vorlesungen über die gerichtl. Arzneiwissenschaft B. 1. Bern 1782 Kap. 9 § 3. 7, und von Oeltze de partu vivo vitali § 15. 19.

(l) Cujacius in Paulum IV. 9 § 5: „Qui ante septimum, *vel octavo mense* prodeunt, imperfecti sunt *nec vitales*. Nono autem, et decimo, et undecimo a conceptionis die *legitimi partus* fiunt." Er sieht es als praktisches Recht an, und bezieht es offenbar auch auf die Rechtsfähigkeit. — Wie dieses einmal in

wicklung in späteren Zeiten meist aufgegeben worden (m).

Ich will nun versuchen zu zeigen, daß jene Lehre von der Vitalität als Bedingung der Rechtsfähigkeit in unsrem Recht durchaus keinen Grund hat.

Sie muß verworfen werden nach dem allgemeinen Begriff der Rechtsfähigkeit. Denn diese ist gebunden an das bloße Daseyn jedes lebenden Menschen, ohne Rücksicht auf dessen Aussicht, dieses Daseyn länger oder kürzer fortzusetzen. Welches wäre der Grund einer Einschränkung von dieser Seite, und wo wäre die Gränze?

Sie ist verwerflich, wenn wir auf den Inhalt unsrer Rechtsquellen sehen. Die Veranlassung dazu war augenscheinlich die wirklich Römische Regel von den 182 Tagen, aber eine Rechtfertigung jener Lehre liegt in dieser Regel gewiß nicht. Denn die Römer wenden die 182 Tage lediglich an, um die Vermuthung der Paternität zu begründen, aber gar nicht, wie jene Rechtslehrer wollen, um manche lebende Menschen von dem Genuß menschlicher Rechte auszuschließen. Die Stellen, die offenbar unsre Frage am nächsten berühren, sind die L. 2. 3 C. de posthumis (6. 29.). Diese sagen, das Kind habe Rechtsfähigkeit unmittelbar nach der vollendeten Geburt, auch selbst wenn es im nächsten Augenblick (illico) sterbe, z. B. noch in den Händen der Geburtshelferin. Hier lag es

Vom Gegenstand eines Rechtsstreits wurde, wird unten aus Gellius bemerkt werden.

(m) Haller a. a. O. § 9.

doch gewiß sehr nahe zu unterscheiden, ob dieser schnelle Tod erfolge aus Mangel innerer Lebenskraft (Vitalität), oder aus äußeren Ursachen: von dieser Unterscheidung aber finden wir kein Wort, also war sie gewiß auch nicht im Sinn des Gesetzgebers. — Die Gründe, welche von den Gegnern aus den Quellen angeführt werden, sind ungemein schwach, und beruhen meist auf einem augenscheinlichen Zirkel: es wird davon noch unten, bey der Übersicht der Schriftsteller, die Rede seyn.

Jene Lehre entbehrt ferner selbst die Möglichkeit einer wahren, eigentlichen Anwendung. Nicht lebensfähig, sagt man, ist das Kind, das früher als 182 Tage nach seiner Erzeugung geboren wird. Aber woher erfahren wir denn den Tag der Erzeugung? Gerade weil wir ihn nicht wissen können, haben die Römer das Zurückrechnen von dem bekannten, gewissen Tag der Geburt vorgeschrieben. Um aus diesem offenbaren Zirkel heraus zu kommen, haben Jene nur Ein Mittel, welches auch gewiß in ihrer Meynung liegt. Sie müssen die Ärzte herzu rufen, und diese müssen erklären: Das Kind sieht so unreif aus, daß es nicht 182 Tage im Mutterleibe gewesen seyn kann, und daraus schließen wir, daß es nicht lebensfähig ist. Bey dieser Behandlung der Sache ist aber die Zahl der Tage ganz unnütz in die Mitte geschoben, sie dient nur dazu, die völlige Willkührlichkeit zu verhüllen, und es wäre viel natürlicher, die Ärzte gleich unmittelbar erklären zu lassen: das Kind sieht so unreif aus, daß es wegen dieser seiner sichtbaren Beschaffenheit unmöglich lange leben kann; ja das ärztliche Zeugniß ist mit jener genauen Zeitbestimmung unvereinbar, und kann daher unmöglich in der Absicht der Urheber unsrer Rechtsregel gelegen haben. Denn welcher Arzt möchte wohl die Anmaßung haben zu bezeugen, das ihm vorgezeigte Kind sey genau 181 Tage im Mutterleibe gewesen, nicht 182 oder 183? Nach dieser neuen Wendung wird es aber auch recht klar, welche gefährliche und schwankende individuelle Beurtheilung ganz ohne Noth in die Sache hinein gezogen wird: also gerade dasjenige Übel, welches im Römischen Recht in einer anderen Beziehung durch die Vermuthung der Paternität recht absichtlich abgewehrt werden sollte. Man wende nicht ein, das Leben des Kindes müsse doch, auch nach unsrer Behauptung, bewiesen werden, warum nicht die Lebensfähigkeit? Gerade hierin ist der Unterschied recht auffallend. Das Leben ist meist Gegenstand sinnlicher Wahrnehmung, kann also wie jede andere Thatsache durch gewöhnliches Zeugniß ohne Gefahr erwiesen werden; das Urtheil über die Lebensfähigkeit müßte nach wissenschaftlichen Regeln gefällt werden, über welche die Ärzte selbst im höchsten Grade uneinig sind. — Dabey ist noch zu bemerken, daß Jene bey der Anwendung ihrer Regel immer noch stillschweigend die Bedingung hinzu denken müssen, daß das Kind nun auch wirklich gleich nachher gestorben sey. Denn wenn z. B. gleich nach der Geburt ein genauer Thatbestand aufgenommen und an eine medicinische Facultät zum Gutachen eingeschickt würde, nach mehreren Monaten gienge dieses Gutachten ein, welches dem Kinde die Vitalität und Rechtsfähigkeit abspräche, durch außerordentliche künstliche Pflege aber wäre in der That das Kind erhalten worden, das dann selbst ein höheres Alter erreichte, so würde doch wohl Niemand die Vertheidigung jener Lehre so weit treiben wollen, einen Menschen für rechtlos wegen mangelnder Lebensfähigkeit zu erklären, der diese Fähigkeit durch die That bewiesen hätte (n).

Außerdem machen sich viele Vertheidiger der Lehre von der Vitalität noch folgender auffallenden Inconsequenz schuldig. Gesetzt, es wird ein völlig reifes, ausgetragenes Kind geboren, dieses giebt auch die deutlichsten Lebenszeichen, stirbt aber gleich nachher. Bey der Öffnung der Leiche findet sich ein solcher organischer Fehler, der die längere Fortsetzung des Lebens völlig unmöglich machte. Hier wird vielleicht der Mangel der Vitalität weit gewisser seyn, als bey bloßer Unreife, und doch wird für jenen Fall die Rechtsfähigkeit von den Meisten nicht bestritten. Wollte man nun der Consequenz wegen auch hier jene Lehre durchführen, so würde dadurch freylich die Gefahr der Willkühr, also die Rechtsunsicherheit, noch um Vieles vermehrt werden.

Zu dieser Inconsequenz gesellt sich endlich noch eine zweyte, nicht minder augenscheinliche, welche sich auf das

(n) Vgl. die oben in Note i erwähnten Fälle.

Verhältniß des Civilrechts zum Criminalrecht bezieht. Faßt man die Sache ganz einfach auf, so müssen Diejenigen, welche im Civilrecht Lebensfähigkeit fordern, und außer derselben das Geborene als todt ansehen, auch im Criminalrecht die Möglichkeit eines Verbrechens gegen dasselbe gänzlich läugnen, da man an einem Leichnam kein Verbrechen begehen kann. Wer also im Civilrecht die Vitalität erfordert, und dennoch im Criminalrecht bey der Tödtung eines nicht vitalen Kindes irgend eine Strafe (wenngleich nicht die ordentliche Strafe der Tödtung) eintreten läßt, der ist offenbar inconsequent. Im Criminalrecht nun hat die Untersuchung aus zwey Gründen eine besondere Wendung genommen. Erstlich wegen des in der Carolina vorkommenden Ausdrucks der Gliedmäßigkeit (art. 131), welchen man sehr häufig von der Vitalität verstanden hat. Zweytens weil man Gründe zu haben glaubte, den eigentlichen Kindermord (d. h. die von der Mutter unter gewissen Umständen verübte Tödtung) von anderen Tödtungen zu unterscheiden, und gelinder zu behandeln; daher wurde besonders auch die mangelnde Vitalität benutzt, um von der Mutter die Strafe abzuwenden, zugleich aber versäumt, die Frage auch für andere Fälle der Tödtung neugeborener Kinder (z. B. durch die Geburtshelferin) zu beantworten. Daß neuerlich manche Criminalisten die Vitalität von einem bestimmten Zeitraum unabhängig machen wollten, ist nicht als etwas Besonderes zu betrachten, da auch im Civilrecht, wie oben bemerkt, der Zeitraum nur scheinbar, und das ärztliche Urtheil allein das wirkliche Moment ist.

Im Einzelnen haben sich die Meynungen der Criminalisten so gestellt: Das eine Extrem geht dahin, die Lebensfähigkeit als einen wesentlichen Bestandtheil des corpus delicti anzunehmen, so daß bey dem Mangel derselben alle Strafe wegfallen müsse. So lehrt Feuerbach, jedoch nur bey dem eigentlichen Kindermord, und nur wegen des Ausdrucks der Carolina (o): wie er andere, ähnliche Fälle behandeln würde, läßt sich nicht ersehen. Auf die äußerste Spitze getrieben ist diese Meynung von Mittermaier (p). Ihm sind lebensunfähig alle, die ihr Leben nicht lange fortsetzen können, mag dieses von frühzeitiger Geburt, oder von organischen Fehlern herrühren: er rechnet dahin auch solche, die in einzelnen, von ihm selbst angeführten Fällen ihr Leben auf Vier, ja auf Zehen Tage wirklich gebracht haben: jedes Kind dieser Art kann nicht „ein wahrhaft lebendiges genannt werden," es hat nur „Erscheinungen eines scheinbaren Lebens:" „hier ist „es gewiß, daß ihm kein Leben geraubt wurde." Dieser Lehre, die sich gar nicht auf den eigentlichen Kindermord beschränkt, ist innerer Zusammenhang nicht abzusprechen; aber ich muß zweifeln, ob sich Mittermaier die sehr weit reichendr praktische Consequenz derselben deutlich gedacht

(o) Feuerbach § 237.

(p) Mittermaier, neues Archiv des Criminalrechts B. 7 S. 316—323, besonders S. 318—320.

hat. Um die schonende Rücksicht gegen die Kindermörderinnen zu beseitigen, wodurch die eigentliche Frage nur verdunkelt werden kann, wollen wir annehmen, die Geburtshelferin, von habsüchtigen Seitenverwandten gewonnen, habe das ganz ausgewachsene, unzweifelhaft lebende Kind erdrosselt. Diese muß, nach der eben dargestellten Lehre, vor dem Criminalrichter völlig straflos bleiben, sobald die Ärzte erklären, das Kind habe einen solchen organischen Fehler gehabt, daß es auch ohne den Zutritt jener Handlung nicht lange hätte leben können; sie kann höchstens disciplinarisch von der Medicinalbehörde bestraft werden. — Andere wollen im Fall der fehlenden Vitalität nur die ordentliche Strafe ausschließen, und auch dieses nur im Fall des eigentlichen Kindermords: an Straflosigkeit zu denken, also dem nicht vitalen Kind allen Schutz der Gesetze zu entziehen, sind sie weit entfernt. Dahin gehört besonders Carzov, der eine mildere Behandlung für diesen Fall nur insoweit eintreten läßt, daß die Kindesmörderin mit einer härteren Strafe als der des Schwertes verschont werden könne (q). — Noch Andere endlich nehmen auf die Lebensfähigkeit gar keine Rüchsicht, so daß sie bey der Tödtung des nicht vitalen Kindes selbst die ordentliche Strafe eintreten lassen (r). — Nun ist das Ver-

(q) Carpzov. pract. rer. crim., quaest. 11. Num. 37—43. Von Neueren gehört dahin Püttmann j. crim. § 339.

(r) Dahin gehören Folgende: Martin Criminalrecht § 107. 122. Hencke Lehrbuch § 165. Jarcke Handbuch B. 3 S. 277. Spangenberg, neues Archiv des Criminalrechts, B. 3 S. 28. — Es scheint, daß man in dieser Untersuchung nicht immer hinrei-

hältniß derjenigen Rechtslehrer, die im Civilrecht den nicht vitalen Kindern die Rechtsfähigkeit absprechen, zu diesen verschiedenen Meynungen der Criminalisten, folgendes. Nehmen sie Mittermaiers Meynung an, so sind sie consequent: lassen sie dagegen bey der Tödtung irgend eine Strafe zu, sey es die ordentliche oder eine außerordentliche, so sind sie inconsequent, und das ist die neue Inconsequenz, welche hier hervorgehoben werden sollte.

Wenn nun aus allen diesen Gründen die Annahme der Vitalität als Bedingung der Rechtsfähigkeit gänzlich verworfen werden muß, so möchte man glauben, sie wäre überhaupt nur eine Erfindung neuerer Rechtslehrer, und die Römer hätten daran gar nicht gedacht. Dieses aber läßt sich nicht behaupten, vielmehr haben sie diese Lehre wohl gekannt. Dabey kann es am wenigsten auffallen, wenn die nichtjuristischen Römischen Schriftsteller die hier einschlagenden Fragen nicht immer gehörig sondern, namentlich die zwey Fragen: wie viele Tage nach der Er-

chend unterschieden hat: 1. den Thatbestand, 2. den gesetzwidrigen Willen. Wenn man das nicht vitale Kind einem Leichnam gleich achtet, so ist Mittermaiers Meynung richtig, und der Wille ist gleichgültig. Hält man es dagegen für einen lebenden Menschen, so kommt es nun noch auf den Willen an. Wenn nämlich der Handelnde die Lebensunfähigkeit kannte, so hat allerdings sein Wollen einen milderen Character, als im Fall der Lebensfähigkeit, wo er mit Bewußtseyn die ganze fernere Entwicklung eines Menschenlebens zerstört; von diesem Gesichtspunkt aus könnte Carpzov's Meynung gegen den Vorwurf einer blos vermittelnden Willkühr vertheidigt werden.

zeugung nöthig seyen, damit das lebendig geborene Kind fortleben könne? und wie lange sich die Schwangerschaft überhaupt ausdehnen könne? Die Stellen der alten Schriftsteller über diese Fragen, so weit sie das Recht berühren, sind folgende.

Plinius hist. nat. Lib. 7 C. 4 (al. 5.): „Ante septimum mensem haud unquam *vitalis est*. Septimo nonnisi pridie posteriore plenilunii die aut interlunio concepti nascuntur. Tralatitium in Aegypto est et octavo gigni. Jam quidem et in Italia tales partus *esse vitales*, contra priscorum opiniones .... Masurius auctor est, L: Papirium praetorem, secundo herede lege agente, bonorum possessionem contra eum dedisse, quum mater partum se XIII. mensibus diceret tulisse, quoniam nullum certum tempus pariendi statum videretur."

Hier kommt zweymal der Ausdruck vitalis vor, ich glaube aber nicht, daß er in unsrem Sinn gebraucht ist, nämlich für die Fähigkeit eines Lebenden, das Leben fortzusetzen. Denn der Ausdruck steht so willkührlich abwechselnd mit nasci und gigni, daß er gewiß natürlicher von der lebenden Geburt überhaupt (ohne jene feinere Unterscheidung) zu verstehen ist. Plinius will also sagen: Kinder können lebendig geboren werden niemals vor dem siebenten Monat nach der Erzeugung: im siebenten nur wenn die Zeugung an gewissen, durch den Mondwechsel bestimmten, Tagen statt fand: ob auch im achten, ist zweifelhaft;

in Ägypten hat man es stets angenommen, in Italien erst in neueren Zeiten. — Der Ausspruch des Prätors Papirius endlich gehört zu der ganz anderen Frage, wie weit von der Geburt eines Kindes längstens zurück gerechnet werden dürfe, um noch die eheliche Erzeugung anzunehmen. — Nach dieser Erklärung berührt die ganze Stelle unsre gegenwärtige Streitfrage gar nicht.

Gellius Lib. 3 C. 16: „de partu humano .. hoc quoque venisse usu Romae comperi: Feminam bonis atque honestis moribus, non ambigua pudicitia, in undecimo mense, post mariti mortem, peperisse; factumque esse negotium propter rationem temporis, quasi marito mortuo postea concepisset, quoniam decemviri in decem mensibus gigni hominem, non in undecimo scripsissent: sed D. Hadrianum, causa cognita, decrevisse in undecimo quoque mense partum edi posse; idque ipsum ejus rei decretum nos legimus .... Memini ego Romae accurate hoc atque solicite quaesitum, negotio non rei tunc parvae postulante, *an octavo mense* infans ex utero *vivus editus et statim mortuus jus trium liberorum supplevisset; quum abortio quibusdam, non partus, videretur mensis octavi intempestivitas.*" (Hierauf folgt denn noch wörtlich angeführt die Stelle aus Plinius über den Prätor L. Papirius).

Der Rechtsstreit über den elften Monat berührt wieder nicht unsre Frage: dagegen ist sehr merkwürdig der über den achten. Denn hier ist genau unser Fall bezeichnet: ein lebendes, alsbald verstorbenes Kind, wovon eine Partey behauptete, es sey als Achtmonatkind nicht lebensfähig gewesen, und deswegen gar nicht als lebendige Geburt anzurechnen. Die Entscheidung erzählt er leider nicht. Vorzüglich bemerkenswerth ist aber noch der Umstand, daß der Rechtsstreit gar nicht die Rechtsfähigkeit des Kindes, sondern das jus liberorum der Mutter, zum Gegenstand hatte. Ja wir können diese Angabe mit ziemlicher Sicherheit noch ergänzen: der Rechtsstreit wird sich nicht bezogen haben auf eine Strafabwendung für die Mutter (denn dabey wurden selbst monstra mitgerechnet, also gewiß auch todtgeborene Kinder) (s), sondern auf eine an das jus liberorum geknüpfte Belohnung.

Die wichtigste Stelle endlich ist die des Paulus, worin er die Bedingungen aufzählt, unter welchen die Frauen durch das jus liberorum zur Erbfolge nach dem Sc. Tertullianum (einer der wichtigsten Belohnungen) fähig werden.

PAULUS Lib. 4 Tit. 9 ad Sc. Tertullianum § 1. „Matres tam ingenuae, quam libertinae, ut jus liberorum consecutae videantur, ter et quater peperisse sufficiet, dummodo *vivos, et pleni temporis* pariant."

§ 5. „Septimo mense natus matri prodest: ratio enim Pythagorei numeri hoc videtur admittere, ut *aut septimo pleno, aut decimo mense* partus maturior (t) videatur."

(s) S. o. § 61. Note s.

(t) Die ed. princeps. (Paris.

Diese Stelle bezieht sich ganz auf die Vitalität, da sie vivos *et* pleni temporis fordert, also die Möglichkeit lebendiger und doch unreifer (nicht vitaler) Kinder voraussetzt. Man kann auch nicht etwa sagen, das pleni temporis deute an, daß sogar superstites zur Zeit der Erbfolge gefordert würden, denn das wird anderwärts entschieden verneint (u): eben so wenig, daß eheliche Kinder verlangt würden, und daß sich das plenum tempus auf die Vermuthung der Zeugung in der Ehe bezöge, denn auf die Legitimität der Kinder wurde bey dem jus liberorum der Frauen überhaupt nicht gesehen, und namentlich nicht bey dem gegenseitigen Erbrecht zwischen der Mutter und ihren Kindern (v). — Paulus will also ohne Zweifel sagen, jedes der drey Kinder müsse nicht blos lebendig geboren, sondern auch, nach der Zeit der Schwangerschaft, vital (pleni temporis) gewesen seyn, damit sich die Mutter darauf berufen könne. Er setzt also offenbar voraus, daß die vielleicht kürzere Zeit der Schwangerschaft entweder durch das Gutachten der Sachverständigen ausgemittelt werde, oder durch das eigene Geständniß der Mutter, dem man zu ihrem Nachtheil wohl glauben müßte. Aber welches ist nun jene Zeit, die er als plenum tempus fordert? Das sagt er deutlich im § 5: das Kind muß wenigstens im siebenten Monat gewesen

1525) liest *maturus*, was einfacher und natürlicher ist als maturior; auf unsre Frage hat das keinen Einfluß.

(u) Paulus IV. 9 § 9.

(v) Paulus IV. 10 § 1.

seyn, das heißt die Schwangerschaft muß über Sechs volle Monate gedauert haben, und diese Angabe über das praktische Recht stimmt vollkommen überein mit dem Minimum, welches bey der Vermuthung der Paternität von Ulpian und von Paulus selbst in anderen Stellen angegeben wird (Note e), nämlich mit den 182 Tagen. So weit ist Alles klar und zusammenhängend; es entsteht aber eine große Schwierigkeit dadurch, daß Paulus im § 5. die Angabe des siebenten Monats durch die Autorität des Pythagoras unterstützen will; denn nach Pythagoras, sagt Paulus, werde ein reifes Kind geboren aut septimo pleno, aut decimo mense. Dieses stimmt nicht mit den vorhergehenden Worten, noch mit der oben angegebenen Regel, nach welchen schon der Anfang des siebenten Monats hinreicht. Deswegen hat Noodt folgende mäßige Emendation vorgeschlagen, die seitdem noch durch eine verglichene alte Handschrift unterstützt worden ist: ut aut septimo, aut pleno decimo mense (w); dadurch entsteht eine scheinbare Übereinstimmung mit der Regel Ulpians von dem Zwischenraum zwischen 182 und 300 Tagen. Aber doch nur eine scheinbare, da pleno decimo mense nicht heißt: im ganzen Lauf des zehenten Monats (sey es im Anfang, in der Mitte, oder am Ende desselben), wie es der Regel Ulpians gemäß seyn würde, sondern genau am Ende desselben (so viel als completo decimo mense), so daß

(w) Noodt ad Pandectas Lib. 1 Tit. 6. — Die Leseart der Handschrift ist angegeben in der Bonner Quartausgabe, appendix p. 187.

ein Kind aus der Mitte des zehenten Monats nicht gelten würde. — In der That liegt die Lösung der Schwierigkeit auf einem andern Punkte. Das aut septimo pleno, aut decimo mense giebt Paulus gar nicht als praktisches Recht an, sondern lediglich als die Meynung des Pythagoras. Diese Meynung nun kennen wir glücklicherweise sehr genau aus einem anderen Schriftsteller (x). Nach ihr kann ein Kind lebendig geboren werden nur an zwey einzelnen Tagen, durchaus nicht in der Zwischenzeit, nämlich nur am 210ten Tage seit der Zeugung (aut septimo pleno), und am 274sten Tage (aut decimo mense); das eine ist der minor partus oder septemmestris, das andere der major oder decemmestris. Dieses beweist er durch eine sehr wunderliche, verwickelte Rechnung, die aber in sich selbst so genau zusammenhängt, daß an ein Misverständniß dabey gar nicht zu denken ist. Daß auch Paulus diese Lehre eben so aufgefaßt hat, ergiebt sich aus der Übereinstimmung der Resultate, und insbesondere auch aus dem aut-aut bey Paulus, welches sehr gut zu zwey einzelnen alternativ gültigen Tagen, aber gar nicht zu zwey Endpuncten mit einem eben so gültigen langen Zwischenraum paßt. Vergleicht man nun aber die Regel des Pythagoras mit der auch von Paulus anerkannten Regel des Römischen Rechts, so zeigt sich eine völlige Verschieden-

(x) Censorinus de die natali Cap. 11. Ich verdanke diese Erklärung des Paulus aus Censorinus (der bey Schulting zwar citirt aber nicht benutzt war) der Mittheilung meines Freundes Lachmann.

heit, indem Pythagoras eine lebendige Geburt erst mit dem 210ten Tage als möglich annimmt, das Römische Recht aber (und gerade Paulus selbst, in dieser unsrer Stelle) schon einen vollen Monat früher, und zwar ohne Beschränkung auf einen bestimmten einzelnen Tag. Hieraus folgt also, daß bey Paulus die Berufung auf die Autorität des Pythagoras Nichts ist, als eine unnütze, ja selbst verkehrt angebrachte Gelehrsamkeit: verkehrt, weil die Regel des Römischen Rechts und die des Pythagoras in der That ganz verschieden sind, und auch nach der Angabe des Paulus Nichts mit einander gemein haben, als die gleichlautenden (aber in verschiedenem Sinn gebrauchten) Worte septimo mense.

Aus dieser Untersuchung ergiebt sich Folgendes. Paulus sagt, ein zwar lebendes, aber nicht lebensfähiges (d. h. nicht wenigstens siebenmonatliches) Kind kann nicht mitgerechnet werden unter die drey Kinder, durch welche die Mutter einen Anspruch auf das Sc. Tertullianum erwirbt. Man könnte zweifeln, ob dieses etwa nur eine Meynung dieses einzelnen Juristen gewesen sey; ich glaube dieses nicht, weil Gellius von einem Rechtsstreit erzählt, der sogar ein Kind des achten Monats betraf; es scheint also vielmehr, daß die Anfangs schwankende Meynung sich zuletzt zu der festen Regel ausgebildet hat, wodurch nur die vor dem Anfang des siebenten Monats der Schwangerschaft geborenen Kinder nicht mitzählen sollten. Aber bey Paulus und bey Gellius betrifft jene Regel lediglich die Begründung des jus liberorum, und zwar bey Paulus gewiß (was bey Gellius unentschieden bleibt) nur bey Veranlassung der Belohnungen. Dagegen haben wir durchaus keinen Grund anzunehmen, daß Paulus oder irgend ein anderer Jurist das Erforderniß der Vitalität auch auf die eigene Rechtsfähigkeit des lebend geborenen Kindes selbst angewendet hätte (y).

Was folgt nun aus diesem Allen für die gewöhnliche Lehre von der Vitalität in Beziehung auf das Justinianische Recht? Nicht das Geringste, vielmehr noch ein neuer Grund gegen dieselbe. Von dem jus liberorum war jetzt ohnehin nicht mehr die Rede. Bey der Rechtsfähigkeit des Kindes war auch früher das Erforderniß der Vitalität, so viel wir wissen, nicht aufgestellt worden. Hätten es aber auch einige ältere Juristen behauptet, so wäre es nur um so gewisser, daß die Compilatoren diese Lehre mit Absicht verworfen hätten, indem dieselbe in unsere Rechtsbücher nicht aufgenommen ist, und ihr vielmehr der ganz allgemeine Ausdruck der entscheidendsten Stellen des Codex geradezu entgegen steht (z).

(y) Wenn derselbe Paulus anderwärts sagt: septimo mense nasci perfectum partum (Note e), so ist das perfectum partum an sich zweydeutig, da es sowohl für vivum (fähig zur lebendigen Geburt) als für vitalem (fähig zur längern Fortsetzung des Lebens) gebraucht seyn könnte; allein aus den folgenden Worten ist es klar, daß er dort jene Regel lediglich wegen der Vermuthung der Paternität aufstellt, bey welcher ohnehin von Vitalität gar nicht die Rede ist.

(z) *L.* 2. 3 *C. de posthumis* (6. 29.).

Die Meynungen und Gründe der Rechtslehrer über diese Streitfrage darzustellen, ist deswegen schwierig, weil die Meisten selbst keine klare Vorstellung von der Sache gehabt haben. Sie verwirren nämlich stets die Vitalität als Bedingung der Rechtsfähigkeit mit der Vermuthung für die Paternität, und unterscheiden daher nicht den zwiefachen Einfluß, den man dem Urtheil der Ärzte möglicherweise einräumen kann: erstlich, wenn die Frage entsteht, ob ein gleich nach der Geburt verstorbenes Kind Rechte gehabt hat; zweytens, wenn bey einem fortlebenden Menschen die eheliche Erzeugung bestritten wird (aa). Nach unsrer Meynung haben in beiden Fällen die Ärzte gar nicht mitzusprechen: nicht im ersten Fall, weil das Kind, das nur einen Augenblick nach der Geburt wirklich lebte, immer Rechte hat; nicht im zweyten Fall, weil das positive

(aa) Bey einem Rechtsstreit über die eheliche Erzeugung wird die Vitalität gewöhnlich gar nicht zur Sprache kommen, weil meist von einem solchen Kind die Rede seyn wird, das in der That länger fortgelebt hat, ja vielleicht den gegenwärtigen Rechtsstreit in eigener Person führt; einem solchen die Vitalität zu bestreiten würde einigermaßen lächerlich seyn. Dagegen können allerdings seltnere Fälle vorkommen, worin beide Streitfragen zugleich zu entscheiden sind. Wir wollen annehmen, daß ein Mann heirathet, wenige Monate nachher stirbt, und kurz darauf die Wittwe ein Kind zur Welt bringt, welches nur einen Tag lebt. Wenn jetzt die Wittwe behauptet, die Erbschaft des Mannes sey ipso jure dem Kinde erworben, und sie wolle nun das Kind beerben, so könuen die beiden Fragen neben einander vorkommen: 1) war das Kind vital, also rechtsfähig? 2) ist nach der Zeit seiner Geburt die eheliche Erzeugung zu vermuthen, so daß das Kind den Verstorbenen beerben konnte? Allein beide Fragen sind dennoch auch in einem solchen Falle von einander unabhängig, und ihre Beantwortung muß aus ganz verschiedenen Gründen erfolgen.

Recht darüber feste Regeln aufgestellt hat, ohne Zweifel gerade um die Gefahr individueller Beurtheilung auszuschließen (bb). Aber welche Meynung man auch über beide Fragen annehmen möge, so ist doch unläugbar, daß ohne genaue Sonderung dieser Fragen selbst eine gründliche Einsicht nicht gewonnen werden kann.

In der hier gerügten Verwirrung der Begriffe werden alle Anderen weit übertroffen von Glück, der sich aber hier, wie gewöhnlich, sehr brauchbar zeigt durch die reichhaltige Angabe von Schriftstellern, sowohl medicinischen als juristischen (cc).

Als sichere Vertheidiger der Lehre von der Vitalität können Folgende genannt werden:

1) Alph. a Caranza de partu naturali et legitimo Cap. 9. Er setzt stillschweigend, ohne Untersuchung, voraus, die Vitalität sey Bedingung der Rechtsfähigkeit, und untersucht blos die Frage, mit welchem Monat der Schwangerschaft die Rechtsfähigkeit anfange. Ganz willkührlich nimmt er vielfachen Widerstreit der alten Juristen unter sich, und des neueren Rechts mit dem älteren an, und nachdem er sich höchst schwerfällig dieser selbstgeschaffenen Schwierigkeiten zu erwehren gesucht hat, kommt er endlich Num. 37. 38 auf das überraschendste Resultat, Kinder im fünften und sechsten Monat der Schwangerschaft geboren

(bb) S. o. Note h. — Bey neueren Schriftstellern freylich gehen auch hier die Meynungen sehr aus einander, wobey meist diese Frage mit der Frage nach der Vitalität verwirrt wird.

(cc) Glück B. 2 § 115. 116. B. 28 § 1287 e.

seyen vital und rechtsfähig, die im dritten und vierten aber nicht.

2) G. E. Oeltze de partu vivo vitali et non vitali Jenae 1769. Er vertheidigt bestimmt die Regel, daß das nicht vitale, d. h. das vor dem siebenten Monat geborene Kind keine Rechte habe; man findet bey ihm klare Begriffe, und manches schätzbare literarische Material. Aber die Beweise für seine Behauptung sind freylich unglaublich schwach. Ich will sie kurz zusammenstellen:

a) Ein nicht vitales Kind kann seinen Nebenmenschen Nichts nützen, ist daher einem todtgeborenen gleich (§ 15).

b) L. 12 de statu hom. (1. 5.). Hier erklärt er das septimo mense nasci *perfectum* partum durch *vitalem*, was den Worten nach angehen würde, aber durch den Schluß der Stelle völlig widerlegt wird (S. oben Note y). Dieser Widerlegung sucht er dadurch zu entgehen, daß er am Schluß das *justum* filium esse von der Rechtsfähigkeit des Sohnes versteht, da es doch offenbar nur die Legitimität desselben, die Geburt ex justis nuptiis, bezeichnen kann (§ 16).

c) L. 2 C. de posthumis (6. 29.) sagt, ein abortus habe keine Rechte; da nun das nicht vitale Kind ein abortus sey, so habe es keine Rechte (§ 19).

d) L. 3 C. de posthumis (6. 29.) macht die Bedingung: si vivus *perfecte* natus est; das heiße ein vitales Kind (§ 21). Aber *perfecte* natus bezeichnet nicht den Gegensatz gegen das unreife Kind, sondern gegen dasjenige, welches noch in der Geburt, vor der völligen Trennung von der Mutter, stirbt. Läge das nicht schon in dem Wort selbst, so würde es außer Zweifel gesetzt durch die gleich folgende Wiederholung in den Worten: si vivus ad orbem *totus* processit.

3) Haller (s. Note k) nimmt als entschieden das Erforderniß der Vitalität an, aber offenbar nur auf die Versicherung mehrerer Juristen, daß dieses wahr sey, und wie es scheint mit einigem eigenen Widerstreben. Zugleich führt er (p. 321 Note q) eine ganze Anzahl von Vertheidigern der entgegengesetzten Meynung an.

4) Hofacker T. 1 § 237 spricht dem nicht vitalen Kinde die Rechtsfähigkeit entschieden ab, und setzt es einem nicht geborenen völlig gleich.

Dagegen finden sich auch in verschiedenen Zeiten sehr bestimmte Vertheidiger der richtigen Meynung. Sieht man auf das rein praktische Resultat, so müßte schon der oben für die entgegengesetzte Meynung angeführte Caranza hierher gerechnet werden, welcher zwar den Worten nach die nicht vitalen Kinder von der Rechtsfähigkeit ausschließt, in der That aber in allen wirklich streitigen Fällen die Rechtsfähigkeit dadurch einräumt, daß er die Kinder des fünften und sechsten Monats für vital erklärt. — Allein es fehlt auch nicht an solchen Schriftstellern, welche geradezu, und auch den Worten nach, annehmen, daß zur Rechtsfähigkeit lediglich die lebendige Geburt, durchaus nicht die Vitalität, erforderlich sey. Dahin gehören folgende:

Aus der älteren Zeit: CARPZOV. jurisprudentia forensis P. 3 Const. 17. defin. 18.

Aus der neueren Zeit: J. A. Seiffert Erörterungen einzelner Lehren des Römischen Privatrechtes Abtheil. 1. Würzburg 1820. S. 50—52. Hier wird der Unterschied zwischen der Vermuthung der Paternität und den Bedingungen der Rechtsfähigkeit richtig nachgewiesen, und die Vitalität als eine solche Bedingung bestimmt verworfen: aber es geschieht ohne Entwicklung dieser Behauptung in ihren Gründen und Gegensätzen, wodurch es allein möglich wird, der steten Wiederkehr des alten Irrthums vorzubeugen.

Eben so erklärt sich für die richtige Meynung Vangerov Pandekten S. 55.

In neueren Gesetzbüchern findet sich hierüber Folgendes. Das Preußische Landrecht kennt den Begriff der Vitalität nicht, und knüpft vielmehr überall die Rechtsfähigkeit lediglich an die Geburt eines lebenden Kindes. So im Civilrecht (I. 1. §. 12. 13.); ebenso aber auch im Criminalrecht, bey den Strafen des Kindermords (II. 20. §. 965. 968. 969.). — Der Code civil hat die Vitalität als Bedingung der Rechtsfähigkeit aufgenommen. Wird ein Kind zwar lebend geboren, aber nicht viable, so kann ihm weder durch Intestaterbfolge, noch durch Schenkung oder Testament, Vermögen erworben werden (art. 725. 906.). Der Ehegatte kann in der Regel die Anerkennung eines Kindes verweigern, wenn dasselbe weniger als 180 Tage nach geschlossener Ehe geboren wird; diese Verweigerung gilt nicht „si l'enfant n'est pas déclaré viable" (art. 314.). — Der Code pénal nimmt auf die Vitalität keine Rücksicht.

Mit den hier behandelten Fragen stehen zwey andere in naher Verwandtschaft, die ich blos deswegen bis jetzt nicht berührt habe, weil es mir darauf ankam, den Zusammenhang der vorstehenden Untersuchung nicht zu unterbrechen.

Die erste dieser Fragen betrifft die Anwendung des im Römischen Recht aufgestellten präsumtiven Zeitraums der Schwangerschaft auf uneheliche Kinder. Zwar im Römischen Recht selbst konnte davon gar nicht die Rede seyn, weil dasselbe in juristischem Sinn uneheliche Kinder eines Mannes überhaupt nicht anerkennt, und namentlich durchaus nicht als Cognaten des Vaters behandelt. Nur in ganz beschränkten Beziehungen nimmt das neuere Recht auf Concubinenkinder eines Mannes Rücksicht, und dann stets unter der Voraussetzung, daß er selbst dieses wünsche, also sie anerkenne; von einer Vermuthung der Paternität war also auch dabey nicht die Rede. Allein in neueren Staaten hat die Praxis, abweichend vom Römischen Recht, auch den unehelichen Kindern Ansprüche gegen den Vater zugestanden. Nun versuchten die Rechtslehrer, die Präsumtion des Römischen Rechts auch hierauf anzuwenden, indem sie die Regel aufstellten: wenn gegen einen Mann durch Geständniß oder Beweis festgestellt ist, daß er in den vier Monaten zwischen dem 182. und 300. Tage vor der Geburt irgend einmal vertrauten Umgang mit der Mutter gehabt hat, so wird dem Kind der Anspruch gegen ihn, wie gegen einen Vater, gestattet, und daran knüpfen sich zugleich Ansprüche der Mutter. Daß man dieses annahm, war unvermeidlich, als Nothbehelf, weil sich kein anderer Ausweg zeigte. Nur muß man sich nicht täuschen, als ob hierin eine wirkliche Analogie des Römischen Rechts angewendet würde. Denn die Vermuthung des Römischen Rechts gründet sich auf die Heiligkeit der Ehe, die ihre Würde auf Alles verbreitet, was während ihrer Dauer vorgeht. Völlig verschieden davon ist die Vermuthung eines Causalzusammenhangs zwischen einem erwiesenen einzelnen Beyschlaf und einer nach 182 bis 300 Tagen erfolgten Niederkunft. Ja diese letzte Vermuthung zeigt sich, consequent durchgeführt, ganz unhaltbar, indem sie darauf führt, daß ein Kind in der That von vielen Vätern erzeugt seyn könne (Note d). Man muß also nur anerkennen, daß jene Vermuthung bey unehelichen Kindern eine willkührliche, aber unvermeidliche Annahme ist.

Die zweyte Frage betrifft die Behandlung desselben Gegenstandes in neueren Gesetzgebungen. Diese haben meist die Vermuthung des Römischen Rechts angenommen, nur mit einigen Modificationen.

Das Französische Gesetzbuch schließt sich am engsten an das Römische Recht an. Die Vermuthung setzt es zwischen 180 und 300 Tage, und läßt nur, als Gegenbeweis, den Beweis der Unmöglichkeit zu. Wenn jedoch der Ehemann die Unächtheit eines vor 180 Tagen geborenen Kindes behauptet, so wird er von dieser Behauptung durch gewisse früher vorgekommene anerkennende Handlungen ausgeschlossen (art. 312—315.). Uneheliche Kinder haben gegen den Vater gar keine Ansprüche.

Das Österreichische Gesetzbuch setzt die Vermuthung, wie das Römische Recht, zwischen Sechs und Zehen Monate, ohne zu sagen (was jedoch wohl die Meynung ist), daß dagegen nur der Beweis der Unmöglichkeit gelte. Allein es bestimmt, daß auch bei einem früher oder später geborenen Kinde die Ächtheit durch ärztliches Gutachten dargethan werden könne (§ 138. 155. 157.). Eine ähnliche Vermuthung soll auch bey unehelichen Kindern gelten, wenn die Geburt zwischen Sechs uad Zehen Monaten nach dem erwiesenen Beyschlaf erfolgte (§ 163.).

Das Preußische Landrecht weicht am stärksten von dem Römischen Recht ab, und in dem Hauptpunkt, wie es scheint, weniger mit Absicht, als aus Misverständniß der Römischen Regel. Die Vermuthung für die Ächtheit des Kindes gründet sich darauf, daß das Kind „während einer „Ehe erzeugt oder geboren worden" (II. 2 § 1). Diese Vermuthung gilt also eben sowohl, die Geburt mag Einen Monat oder Neun Monate nach geschlossener Ehe erfolgt seyn (dd). Sie wird nur ausgeschlossen durch den Beweis, daß der Mann in dem ganzen Zeitraum zwischen 302 und

(dd) Daß es wirklich so gemeynt ist, und wirklich blos aus Mis-

210 Tagen vor der Geburt, der Frau „nicht ehelich bei„gewohnt habe,“ welcher Beweis, wie die nachfolgenden Erläuterungen zeigen, auf die Unmöglichkeit des Beyschlafs zu richten ist (ib. § 2—6). Wird nach des Mannes Tod ein Kind geboren, so können die Erben die auf den 302. Tag gegründete Vermuthung durch ärztliches Zeugniß entkräften (§ 21). Bey zwey schnell nach einander folgenden Ehen wird auf den 270. Tag gesehen (§ 22. 23). Bey unehelichen Kindern wird die Paternität vermuthet, wenn erweislich zwischen 210 und 285 Tagen vor der Geburt der Beyschlaf stattgefunden hat; doch auch bey weniger als 210 Tagen, wenn noch das ärztliche Zeugniß hinzu tritt (II. 1. § 1077. 1078).

verständniß des R. R., ergiebt sich aus folgender Bemerkung von Suarez, Vol. 80 fol. 81 der Materialien: „Der Satz: Pater „est quem justae nuptiae de„monstrant paßt so gut auf Kin„der die 24 Stunden, als die 6 „Monat nach der Hochzeit gebo„ren werden.“ Freylich ist daneben wieder nicht sorgfältig gewählt der Ausdruck am Schluß des § 2, indem der Mann den Gegenbeweis gegen jene Vermuthung darauf zu richten hat, „daß er der Frau in „dem Zwischenraume vom 302. „bis zum 210. Tage vor der Ge„burt des Kindes nicht ehelich „beigewohnt habe.“ Wird das Kind „24 Stunden nach der Hochzeit“ geboren, so ergiebt sich die Unmöglichkeit der ehelichen Beiwohnung vor 210 Tagen aus dem Datum des Taufscheins. Was man eigentlich meynte und sagen wollte, war daß in jenem Zeitraum kein Beyschlaf stattgefunden habe. — Man könnte nun die Regel des Landrechts dadurch zu rechtfertigen versuchen, daß bey einer bald nach der Ehe erfolgten Niederkunft der Mann die Schwangerschaft gewußt haben müsse, weshalb in der dennoch geschlossenen Ehe eine Anerkennung des Kindes liege. Allein diese Voraussetzung kann nicht zugegeben werden, vielmehr sind in dieser Hinsicht schon sehr grobe Täuschungen vorgekommen: besonders sind solche leicht denkbar, wenn die Geburt erst im fünften oder sechsten Monat nach geschlossener Ehe erfolgt.

Beylage IV.

Über die Wirksamkeit der von Römischen Sklaven contrahirten Obligationen.

(Zu § 65 Note i).

Wenn ein Römischer Sklave solche Handlungen vornahm, aus welchen für einen Freyen Obligationen entstanden seyn würden, so konnte die Wirksamkeit derselben unter ganz verschiedenen Umständen zur Sprache kommen: während des Sklavenstandes, und nach der Freylassung. Während des Sklavenstandes war schon an sich unmöglich eine civilis obligatio, da ein Sklave durchaus nicht vor Gericht stehen konnte, weder als Kläger noch als Beklagter: eine naturalis obligatio war in diesem Zustand allerdings denkbar. Nach der Freylassung dagegen war eben sowohl eine civilis, als eine naturalis obligatio denkbar. Um nun zu bestimmen, was die Römer hierüber wirklich angenommen haben, ist es nöthig, zwey Hauptfragen zu unterscheiden: Konnte der Sklave Forderungen erwerben? Konnte er Schulden auf sich nehmen? Oder was dasselbe sagt: Konnte er Glaubiger, konnte er Schuldner werden?

I. Forderungen der Sklaven.

Diese waren in der Regel deswegen unmöglich, weil der Sklave durch seine juristische Handlungen stets dem

Herrn Rechte erwarb und erwerben mußte, so daß kein Erwerb auf ihn selbst fallen konnte. Dieser Grund machte ihn eben so unfähig, in einer naturalis (a) als in einer civilis obligatio Glaubiger zu werden. Wo aber dieser Grund nicht vorhanden war, da mußte auch der Sklave ausnahmsweise Glaubiger seyn können. Eine solche Ausnahme trat ein erstlich bey dem herrenlosen Sklaven, zweytens bey einem Vertrag mit dem Herrn selbst, indem dieser nun der Schuldner war, und also nicht zugleich Glaubiger seyn konnte. In beiden Fällen erwarb der Sklave selbst eine naturalis obligatio, die auch nach der Freylassung naturalis blieb und sich nicht etwa in eine civilis verwandelte. Von diesen Ausnahmen können wir nur die zweyte beweisen, die erste aber darf eben so unbedenklich nach dem ganzen Zusammenhang der hier einschlagenden Rechtsregeln angenommen werden. — Ich will nunmehr die wichtigsten Stellen angeben, worin theils die Regel selbst, theils die erwähnte Ausnahme, anerkannt wird.

Die Regel findet sich ausgesprochen nur in einer Stelle, welche davon Anwendung macht auf die Beurtheilung eines merkwürdigen Rechtsfalls, nämlich in L. 7 § 18 de pactis (2. 14.). Ein Sklave war in einem Testament bedingungsweise freygelassen und zum Erben eingesetzt wor-

(a) Einige Stellen, woraus Zweifel gegen diesen Theil unsrer Regel, der auch die naturalis obligatio als Recht des Sklaven ausschließt, hergenommen werden könnten, werden unten erklärt werden, Note b.

den. Während die Bedingung noch unentschieden, er also noch Sklave war, schloß er mit den Glaubigern des Verstorbenen einen Nachlaßvertrag; wenn nun die Bedingung eintrat, und er dadurch Erbe wurde, konnte er den Glaubigern aus jenem Vertrag die exceptio pacti entgegen setzen? Ulpian verneint dieses aus dem Grunde „quoni-„am non solet ei proficere, si quid in servitute egit, post „libertatem: quod in pacti exceptione admittendum est." Hier ist unsre Regel unmittelbar ausgesprochen, und auf den Erwerb einer bloßen Exception, durch naturalis obligatio, angewendet; dann folgt aber die merkwürdige Erklärung, die für den praktischen Erfolg gerade das Gegentheil feststellt: unter der Form der doli exceptio könne der Sklave nach erworbener Freyheit seinen Zweck dennoch erreichen. Dieses wird bestätigt durch das Beyspiel des Sohnes, der noch bey des Vaters Leben mit dessen Creditoren den Erlaßvertrag geschlossen habe, und gleichfalls zwar nicht die pacti, wohl aber die doli exceptio, nachdem er späterhin Erbe des Vaters geworden, gebrauchen könne. „Idem probat, et si filius vivo patre cum „creditoribus paternis pactus sit: nam et huic doli excep-„tionem profuturam. Immo et in servo doli exceptio „non est respuenda." Damit soll nun ohne Zweifel gesagt werden, der Sklave habe die doli exceptio, selbst wenn er während des Lebens seines Herrn den Vertrag geschlossen habe: um so mehr also, wenn dieses erst nach dessen Tod, aber vor erfüllter Bedingung der Freyheit und Erbeinsetzung, geschehen sey (b). Darin nun, daß der Jurist die doli exceptio zuläßt, könnte man einen Widerspruch gegen unsre Regel, oder wenigstens eine Ausnahme derselben, wahrnehmen wollen: wie ich glaube, Beides mit Unrecht. Denn der einzige Grund der pacti exceptio ist das im Sklavenstand geschlossene pactum, welches hier unwirksam bleiben mußte, weil sonst (gegen unsre Regel) der Sklave eine Forderung erworben haben würde. Gründete sich nun die doli exceptio auf eine zur Zeit jenes Vertrags, also gleichfalls während des Sklavenstandes, begangene Unredlichkeit, so würde auch die doli exceptio unzulässig seyn, weil damals der Sklave keinerley Recht, also auch nicht das aus einer doli obligatio herzuleitende, erwerben konnte. Allein die Unred-

(b) Darauf geht der Fall in den Anfangsworten der Stelle, wovon Ulpians ganze Untersuchung ausgegangen war: „Sed si servus sit, qui paciscitur priusquam libertatem et hereditatem adipiscatur, quia sub conditione heres scriptus fuerat, non profuturum pactum Vindius scribit." (Die Bedingung muß aber auch auf die Freyheit gegangen seyn, weil es nachher heißt: „Sed si quis, ut supra retulimus, in servitute pactus est.") Da nun dieser bedingungsweise eingesetzte Sklave, wenn er ex asse eingesetzt ist, einstweilen als herrenloser Sklave betrachtet werden könnte, so dürfte hieraus ein Zweifel hergenommen werden gegen die erste, oben im Text behauptete Ausnahme, nach welcher der herrenlose Sklave Glaubiger seyn kann. Diesem Zweifel läßt sich auf zweyerley Weise begegnen: 1) Ulpian sagt gar nicht, daß der Sklave ex asse eingesetzt war: stand aber neben ihm ein freyer Miterbe, so war dieser einstweilen der wahre, gegenwärtige Herr des Sklaven. 2) Aber auch wenn er ex asse Erbe seyn sollte, so konnte wohl einstweilen die Erbschaft selbst als Herr des Sklaven angesehen werden, von welcher Ansicht bey den juristischen Personen gehandelt wird (§ 102).

lichkeit, worauf hier die Exception gegründet werden soll, besteht darin, daß der Glaubiger, der einen Nachlaß durch Vertrag zugesagt hatte, nun dennoch das Ganze einklagt. Diese Thatsache aber fällt in eine Zeit, worin der frühere Sklave schon frey, also zur Erwerbung jeder Obligation fähig ist; die Unredlichkeit aber als solche, als reine Thatsache von unsittlichem Character, wird dadurch nicht ausgeschlossen, daß der frühere Vertrag durch die ganz positive Rechtsunfähigkeit der Sklaven juristisch unwirksam geblieben war.

Die Ausnahme, nach welcher der Sklave eine naturalis obligatio erwerben soll, wenn darin der Herr selbst als Schuldner auftritt, zeigt sich auf zweyerley Weise in merkwürdigen Anwendungen. Erstlich noch während des Sklavenstandes, wenn im Verhältniß zu fremden Glaubigern die Frage entsteht, wie groß das Peculium ist. Nach einer allgemeinen, für Kinder und Sklaven geltenden Regel, sollten dem Peculium hinzugerechnet werden die Schulden des Herrn an den Sklaven, umgekehrt aber sollten abgerechnet werden die Schulden des Sklaven an den Herrn (c). Bey dieser Regel also wurden die gegenseitigen Obligationen als völlig gültige (jedoch nur als

(c) *L.* 5 § 4 *L.* 9 § 2 *de peculio* (15. 1.). — Eine Anwendung dieser deductio auf den filiusfamilias liegt der berühmten L. Frater a fratre (L. 38 de cond. ind. 12. 6.) zum Grunde. — Eine Anwendung derselben noch außer der actio de peculio, nämlich auf die Geldzahlung, die ein statuliber aus seinem Peculium machen darf, um dadurch frey zu werden, findet sich in *L.* 3 § 2 *de statulib.* (40. 7.).

naturales obligationes) vorausgesetzt, und es wurde das Peculium gerade so berechnet, wie wenn diese Schulden schon baar bezahlt gewesen wären. Dabey mußte natürlich alle Willkühr des Herrn ausgeschlossen bleiben, und es wurde daher das Daseyn und die Gültigkeit der Schulden nach denselben Regeln, wie bey gewöhnlichen Civilobligationen, beurtheilt (d). — Zweytens nach der Freylassung zeigte sich jene Ausnahme wirksam, indem die Zahlung einer solchen Schuld von Seiten des Patrons an den Freygelassenen niemals als indebitum angefochten werden konnte, selbst wenn der Patron dabey im Irrthum gewesen seyn sollte (e). — Nur Ein Vertrag sollte in solchen

(d) *L.* 49 § 2 *de peculio* (15. 1.). „Ut debitor vel servus domino, vel dominus servo intelligatur, *ex causa civili computandum est:* ideoque si dominus in rationes suas referat, se debere servo suo, cum omnino neque mutuum acceperit, neque ulla causa praecesserat debendi, *nuda ratio non facit eum debitorem.*"

(e) *L.* 64 *de cond. indeb.* (12 6.). „Si, quod dominus servo debuit, manumisso solvit, quamvis existimans ei aliqua teneri actione, tamen repetere non poterit, quia naturale agnovit debitum." — *L.* 14 *de O. et A.* (44. 7.). „Servi ex delictis quidem obligantur, et si manumittuntur obligati remanent: *ex contractibus autem civiliter quidem non obligantur, sed naturaliter et obligantur et obligant.* Denique si servo, qui mihi mutuam pecuniam dederat, manumisso solvam, liberor." In dieser Stelle muß das et obligant, aus den im Text ausgeführten Gründen, in eingeschränkterer Anwendung verstanden werden, als das et obligantur, so daß es nur auf die Forderungen an den eigenen Herrn, nicht an andere Personen, bezogen werden darf (Note a). Eben so muß in dem Beyspiel am Schluß der Stelle zu si servo hinzugedacht werden meo. — Gar nicht hierher gehören *L* 18. 19. 32. 35 *de solut.* (46. 3.), nach welchen der Schuldner frey wird, wenn er dem Freygelassenen zahlt, ohne von dessen Manumission zu wissen. Das geschieht nicht wegen einer naturalis obligatio zu

Fällen ganz nichtig seyn: der Verkauf einer Sache von Seiten des Herrn an seinen Sklaven (f). Denn da der Verkauf einer Sache stets auf Übergabe gerichtet ist, die Übergabe an den Sklaven aber immer dem Herrn Rechte verschafft, so ist es, als ob der Herr seine Sache an sich selbst verkauft hätte, was den Grundregeln des Kaufs widerspricht (g).

II. Schulden der Sklaven.

Hier fällt das oben erwähnte Bedenken gegen die Forderungen gänzlich weg, weil der Sklave durch seine Handlungen den Herrn nur reicher, nicht ärmer machen konnte, die Schulden also sich ohnehin nicht auf den Herrn bezogen, wenn nicht besondere Gründe (z. B. ein anvertrautes Peculium) diese Beziehung rechtfertigten. Der Sklave konnte also durch seine Handlungen sowohl gegen seinen Herrn, als gegen einen Fremden, Schuldner werden, aber in beiden Fällen war diese Schuld nur eine naturalis obligatio, und blieb eine solche auch nach der Freylassung (h).

diesem Freygelassenen, sondern weil der Schuldner nach den vorausgesetzten Umständen hinreichende Ursache hatte zu glauben, der Freygelassene empfange die Zahlung noch als Sklave und zwar nach dem Willen des wahren und einzigen Glaubigers. Hierin irrt Zimmern Rechtsgeschichte I. § 183 S. 673 (vergl. Note a).

(f) *L.* 14 § 3 *de in diem addict.* (18. 2.).

(g) *L.* 16 *pr. de contr. emt.* (18. 1.). „Suae rei emtio non valet ... nulla obligatio fuit." *L.* 45 *pr. de R. J.* (50. 17.). — Auch von anderer Seite betrachtet, ist das Geschäft ungültig, weil überhaupt Niemand an sich selbst verkaufen kann: und diese Regel würde den Kauf selbst dann ungültig machen, wenn der verkaufende Herr zufällig nicht Eigenthümer der Sache wäre. *L.* 10 *C. de distr. pign.* (8. 28.). Vgl. Paulus II. 13 § 3. 4.

(h) *L.* 14 *de O. et A.* (44. 7.).

Hat also der Sklave gegen seinen Herrn eine Schuld contrahirt, so tritt dabey die schon oben erwähnte deductio von dem Peculium ein, und es sind dabey dieselben Regeln, wie für den umgekehrten Fall, zu beobachten (Note c. d).

Eben so aber auch, wenn sich der Sklave einem Fremden verpflichtete. Anwendungen und Bestätigungen dieser Regel finden sich in vielen Stellen. Schließt der Sklave einen Contract, so kann er daraus auch nach der Freylassung nicht verklagt werden (i). Dagegen wirken alle seine Schulden vor und nach der Freylassung insoweit, daß eine Zahlung nie mit der condictio indebiti angefochten werden kann, und daß dafür Bürgen und Pfänder gültigerweise bestellt werden dürfen (k). Wenn er selbst

(Note e). — *L.* 1 § 18 *depos.* (16. 3.). Nach dem Buchstaben einiger Stellen könnte man glauben, es sey hier für den Sklaven gar keine obligatio, nicht einmal eine naturalis, entstanden. § 6 *J. de inut. stip.* (3. 19.). § 6 *J. de nox. act.* (4. 8.). *L.* 43 *de O. et A.* (44. 7.). *L.* 22 *pr. de R. J.* (50. 17.). — Allein diese Stellen erklären sich völlig aus dem auch sonst nicht seltenen Sprachgebrauch, nach welchem die naturales obligationes als uneigentliche Obligationen bezeichnet werden, so daß im Fall derselben auch wohl das Daseyn einer obligatio überhaupt verneint wird. *L.* 7 § 2. 4 *de pactis* (2. 14.). *L.* 16 § 4 *de fidej.* (46. 3.). Obligatio heißt dann so viel als Klagbarkeit.

(i) Paulus II. 13 § 9, *L.* 1. 2 *C. an servus* (4. 14.).

(k) *L.* 13 *pr. de cond. indeb.* (12. 6.). „Naturaliter etiam servus obligatur: et ideo si quis nomine ejus solvat, vel ipse manumissus, vel (ut Pomponius scribit) ex peculio cujus liberam administrationem habeat, repeti non poterit: et ob id et fidejussor pro servo acceptus tenetur: et pignus pro eo datum tenebitur; et si servus, qui peculii administrationem habet, rem pignori in id quod debeat dederit, utilis pignera-

eine solche Schuld nach der Freylassung expromittirt, so gilt das nicht etwa als Schenkung, sondern gleich einer wahren Zahlung (l).

Man könnte nun fragen, warum die Schulden der Sklaven nach der Freylassung naturales blieben, und nicht vielmehr klagbar wurden. Der Grund lag ohne Zweifel darin. Da der Sklave durchaus kein Vermögen haben konnte, so waren die Verträge, worin er sich als Schuldner verpflichtete, gewiß mit Rücksicht auf seinen Sklavenstand, also auf seine Beziehungen zu dem Vermögen des Herrn, geschlossen; es wäre also sehr hart gewesen, daraus späterhin gegen ihn selbst Klagen entstehen zu lassen: die Folgen der naturalis obligatio konnten für ihn selbst nur in den wenigsten Fällen drückend seyn. Aber eben dieser Grund erklärt und rechtfertigt zugleich einige merkwürdige Ausnahmen, in welchen der Freygelassene allerdings aus seinen früher contrahirten Schulden verklagt werden konnte. Die erste Ausnahme betraf die actio depositi, mit welcher

titia reddenda est." Die hier angenommene Leseart „vel (ut Pomponius scribit)" ist aus Haloander: mit gleich gutem Sinn liest die Vulgata „ut Pomponius scribit, vel ex peculio." Beide Lesearten bezeichnen die zwey verschiedenen Fälle, wenn der Sklave nach der Freylassung zahlt, und wenn er es vorher thut aus seinem Peculium, worüber er verfügen durfte (denn sonst könnte der Herr das Geld wenigstens vindiciren). Sinnlos ist die Florentina, welche das vel an beiden Orten wegläßt, wodurch beide Fälle auf ganz unzulässige Weise zu Einem verschmolzen werden. — Vgl. auch *L.* 24 § 2 *de act. emti* (19. 1.). *L.* 21 § 2 *de fidej.* (46. 1.). *L.* 84 *de solut.* (46. 3.).

(l) *L.* 19 § 4 *de donat.* (39. 5.).

der Freygelassene verklagt werden konnte, wenn er die deponirte Sache besaß (m); denn nun konnte seine frühere Vermögenslosigkeit kein Grund seyn, die versprochene Restitution zu verweigern. Eine zweyte Ausnahme betraf die actio mandati und negotiorum gestorum, wenn ein solches Geschäft im Sklavenstand angefangen und nach der Freylassung dergestalt fortgesetzt worden war, daß bey Anstellung der Klage die früheren Theile der Geschäftsführung von den späteren gar nicht getrennt werden konnten (n). Wichtiger und häufiger war die dritte Ausnahme. Wenn der Sklave ein Delict begieng, so konnte er daraus nach der Freylassung verklagt werden (o). Der Grund lag darin, daß er das Delict begieng, nicht aus Rücksicht auf die Verwaltung der Geschäfte des Herrn (wie es bey dem Contract zu vermuthen ist), sondern aus Schlechtigkeit; aus dieser aber muß ihn die Klage treffen, sobald er nur überhaupt fähig wird vor Gericht zu stehen. Zu diesem Grund tritt noch ein anderer hinzu, das Princip der Noxalklagen. Aus dem Delict jedes Sklaven entstand eine Noxalklage gegen den Herrn: durch Veräu-

(m) *L.* 21 § 1 *depositi* (16. 3.). — Über den Zusammenhang dieser Ausnahme vgl. § 74. r.

(n) *L.* 17 *de neg. gestis* (3. 5.). Über den Zusammenhang dieser Ausnahme vgl. § 74. i.

(o) *L.* 14 *de O. et A.* (Note e). *L.* 1 § 18 *depositi* (16. 3.). *L.* 4 *C. an servus* (4. 14.). *L.* 7 § 8 *de dolo* (4. 3.). Die Ausnahme war streng beschränkt auf die Delicte, so daß die Contractsklagen selbst im Fall des dolus nicht gegen den Freygelassenen angestellt werden konnten.

ßerung an einen Dritten gieng diese gegen den neuen Erwerber über (noxa caput sequitur): durch Veräußerung an den Verletzten, so wie durch Dereliction des Sklaven gieng sie ganz unter (p). Es war also ganz consequent, nach der Freylassung eine Klage gegen den Freygelassenen zu geben, der ja nun sein eigener Herr geworden war. Eine Anwendung findet sich bey dem Diebstahl, den ein Sklave begangen hatte; gegen diesen gieng nach der Freylassung die actio furti, aber nicht auch die condictio furtiva (q); denn nur jene entstand aus dem Delict, diese vielmehr aus dem Haben der Sache ohne Grund, ein solches Haben aber konnte man einem Sklaven niemals zuschreiben. — Merkwürdigerweise galt eine gerade umgekehrte Ausnahme, wenn der Sklave das Delict gegen den eigenen Herrn begieng; daraus entstand überhaupt gar keine Obligatio, also auch keine Klage nach der Freylassung (r): ohne Zweifel deswegen, weil der Herr ohnehin ganz andere und weit durchgreifendere Mittel hatte, die Delicte seines Sklaven zu bestrafen, als welche ihm jemals das Obligationenrecht hätte darbieten können.

Eine merkwürdige Ausnahme der hier aufgestellten Grundsätze wurde, wie es scheint, erst in einer etwas späteren Zeit anerkannt. Wenn der Sklave dem Herrn Geld

(p) § 5 *J. de nox. act.* (4. 8.). *L.* 20. 37. 38 § 1. *L.* 42 § 2. *L.* 43 *de nox. act.* (9. 4.).

(q) *L.* 15 *de cond. furt.* (13. 1.).

(r) § 6 *J. de nox. act.* (4. 8.), *L.* 6 *C. an servus* (4. 14.).

versprach für die Freylassung, und nachher nicht zahlen wollte, so sollte der Herr eine actio in factum gegen ihn haben (s). Ohne Zweifel betrachtete mau es als einen Innominatcontract nach der Form facio ut des, und setzte sich darüber weg, daß die Verabredung während des Sklavenstandes geschlossen war.

(s) *L.* 3 *C. an servus* (4. 14.). — Ulpian nimmt diese Klage noch nicht als möglich an, sondern nur eine Klage gegen den Bürgen wegen der naturalis obligatio. *L.* 7 § 8 *de dolo* (4. 3.).

Beylage V.

Über die Schuldenfähigkeit einer filiafamilias.

(Zu § 67.)

Ulpian sagt von den Frauen, sie könnten nur mit der auctoritas ihres Tutors Schulden contrahiren; eben so sagt auch Gajus (a). Hieraus schließt Cujacius, die in väterlicher Gewalt stehenden Töchter seyen überhaupt ganz unfähig gewesen, Schulden zu haben, da der Vater für sie nicht auctoriren konnte, so daß bey ihnen die nothwendige Bedingung niemals eintrat, woran Ulpian die Möglichkeit der Schulden für Frauen knüpft (b). Diese Behauptung wird scheinbar unterstützt durch die Analogie des Pupillen, welcher gleichfalls durch auctoritas des Tutors Schulden contrahiren kann, in der väterlichen Gewalt aber, worin jede Möglichkeit der auctoritas fehlt, dazu ganz unfähig ist (c).

(a) Ulpian. XI. § 27. „Tutoris auctoritas necessaria est mulieribus quidem in his rebus, si lege aut legitimo judicio agant, *si se obligent*" etc. Eben so Gajus III. § 107. 108. I 192.

(b) Cujacius obs. VII. 11. Eigentlich sagt er es nur von den Ehefrauen in manu, weil ihn dazu die *L.* 2 § 2 *de cap. min.* (4. 5.), die er eben erklären wollte, unmittelbar veranlaßte. (Vgl. § 70 Note q.) Allein eine solche Ehefrau hatte ja kein anderes Recht, als das einer filiafamilias, es ist also unzweifelhaft, daß Cujacius ganz dasselbe von den wirklichen Töchtern in väterlicher Gewalt behaupten wollte, auf welche auch alle seine Äußerungen völlig eben so passen, wie auf die Ehefrauen in manu.

(c) *L.* 141 § 2 *de V. O.* (45.

Allein bey genauerer Betrachtung verschwindet das Gewicht dieser Analogie völlig. Denn der Pupill hat eine natürliche Unfähigkeit zu juristischen Handlungen welche ihn ärmer machen würden. Diese Unfähigkeit wird künstlich gehoben durch die auctoritas des Vormundes, aber nur so weit dazu ein Bedürfniß vorhanden ist. Ein solches Bedürfniß findet sich in der That bey dem unabhängigen Pupillen, weil derselbe eigenes Vermögen hat, welches oft die Nothwendigkeit mit sich führen kann, in Schuldverhältnisse einzutreten. Diese Nothwendigkeit kann bey dem Unmündigen in väterlicher Gewalt, welcher kein Vermögen hat, nicht vorkommen, darum war für ihn kein Bedürfniß vorhanden, der natürlichen Unfähigkeit durch eine künstliche Anstalt abzuhelfen. — Alles anders bey den mündigen Frauen. Auch diese waren unfähig zu vielen Handlungen, aber ihre Unfähigkeit selbst war eine blos künstliche, erfunden nicht in ihrem eigenen Interesse, sondern im Interesse ihrer Agnaten oder Patronen, welchen dadurch ein Mittel gegeben werden sollte, die Entziehung oder Verminderung der künftigen Intestaterbschaft in den meisten Fällen zu verhindern (d). So lange sie nun in

1.). „Pupillus, licet ex quo fari coeperit recte stipulari potest, *tamen, si in parentis potestate est, ne auctore quidem patre obligatur:* pubes vero, qui in potestate est, proinde ac si paterfamilias, obligari solet. Quod autem in pupillo dicimus, idem et in filiafamilias impubere dicendum est."

(d) Gajus I. § 190—192. Aus seiner Darstellung geht klar hervor, daß die ernstliche Bedeutung der Geschlechtstutel lediglich auf den Vortheil der Agnaten und Patronen berechnet war, und daß die übrigen Arten dieser Tutel nur als Ergänzung oder Milde-

väterlicher Gewalt lebten, war dieser Grund einer willkührlichen Einschränkung nicht vorhanden, es war also keine Veranlassung da, den natürlichen Zustand abzuändern, nach welchem die mündigen Töchter eben so fähig waren Schulden zu haben, als die mündigen Söhne. — Neuerlich ist der Meynung des Cujacius eine besondere Wendung gegeben worden durch die Unterscheidung zwischen den streng civilrechtlichen, und den freyeren Obligationen: jene sollten an die auctoritas gebunden, und daher während der väterlichen Gewalt ganz unmöglich seyn, diese aber nicht (e). Allein zu dieser Unterscheidung liegt weder in den Worten von Gajus und Ulpian, die allgemein von jeder Obligirung reden, noch in der Natur und dem Zweck der Geschlechtsvormundschaft irgend ein Grund. Denn Verschuldungen einer Frau aus einem Darlehen oder einem Kaufcontract waren ja für das künftige Erbrecht eines Agnaten durchaus nicht weniger gefährlich, als die aus einer Stipulation (f). Ich glaube daher, daß unab-

rung jener beiden Fälle (der legitima tutela) zu betrachten waren.

(e) Rudorff Vormundschaftsrecht B. 1 S. 171. B. 2 S. 273. 274.

(f) Gegen diese Behauptung, daß die auctoritas zu allen Arten der Verschuldung (streng oder frey) gleich nöthig war, könnte vielleicht ein Zweifel erhoben werden aus Gajus III. § 91, wo es von der Schuld aus einem empfangenen indebitum heißt: „*quidam putant*, pupillam *aut mulierem*, cui sine tutoris auctoritate non debitum per errorem datum est, non teneri condictione, non magis quam mutui datione;" er selbst erklärt sich nachher gegen diese Meynung. Aber bey dieser Frage kam es nicht auf die historische Klasse an, wozu die vorliegende Obligation gehörte, sondern darauf, daß die auctoritas überall nur dazu dienen sollte, den Willen zu ergänzen, hier aber die Obligation gar

hängige Frauen zu allen Schulden (aus altem jus civile herstammend oder nicht) die auctoritas nöthig hatten, die filiaefamilias dagegen in allen Fällen schon allein durch ihre eigene Handlungen verpflichtet werden konnten, so gut wie die Söhne: das heißt beide nur unter der Voraussetzung des mündigen Alters. Wenn daher in der oben angeführten Stelle Ulpian die Verschuldung einer Frau an die Bedingung vormundschaftlicher auctoritas knüpft, so ist das nur von solchen Frauen zu verstehen, die überhaupt einen Tutor haben oder wenigstens haben können (g), also nur von unabhängigen. Diese Einschränkung aber ist so wenig in jene Stelle willkührlich hinein getragen, daß sie ja ohnehin in dem ganzen elften Titel Ulpians, bey Unmündigen und bey Frauen, stets hinzu gedacht werden muß, ohne daß es Ulpian auch nur nöthig fände, dieses ausdrücklich zu sagen, weil es sich zu sehr von selbst versteht.

So steht die Sache nach allgemeiner Betrachtung; noch entscheidender aber müssen einzelne Anwendungen seyn,

nicht ex voluntate, sondern ex re, entstand. Ohnehin müßte dieser Fall, wegen der condictio, vielmehr den strengen Obligationen zugezählt werden; besonders aber macht es die Gleichstellung mit dem Pupillen ganz unmöglich, hier an eine Eigenthümlichkeit der Geschlechtstutel zu denken. — In diesem speciellen Fall hat übrigens Justinian das Gegentheil von der Meynung des Gajus angenommen, und ist den Quidam beygetreten, hat aber wörtlich den Grund des Gajus beybehalten, so daß bey ihm der rechte Zusammenhang des Gedankens fehlt, der bey Gajus sehr befriedigend erscheint. § 1 *J. quib. mod. re* (3. 14.).

(g) Gajus III. § 108. „Idem juris est in feminis, *quae in tutela sunt*."

woraus hervorgeht, entweder daß die Verpflichtung einer filiafamilias möglich, oder daß sie nicht möglich war. Ohne Zweifel würden wir Stellen dieser Art in solcher Anzahl übrig haben, daß die ganze hier erörterte Frage niemals hätte streitig werden können, wenn nicht der Zusammenhang dieser Frage mit der zu Justinians Zeit veralteten Geschlechtstutel Veranlassung geworden wäre, die Stellen der alten Juristen, worin dieser Punkt berührt war, meist wegzulassen. In der That findet sich auch nur ein einziges Rechtsverhältniß, worin jene Frage ganz unmittelbar vorkommt; hier aber glücklicherweise so klar und bestimmt, daß die Stelle, die davon redet, allein schon hinreichen müßte, jeden Zweifel zu beseitigen. Das Sc. Macedonianum sprach von dem filiusfamilias, gebrauchte also wie gewöhnlich die männliche Form des Ausdrucks (h). Darüber sagt nun **Ulpian** Folgendes (i): Hoc Sc. et ad filias quoque familiarum pertinet. Nec ad rem pertinet, si adfirmetur ornamenta ex ea pecunia comparasse: nam et ei quoque, qui filiofamilias credidit, decreto amplissimi ordinis actio denegatur: nec interest consumti sint numi, an exstent in peculio. Multo igitur magis, severitate Scti, ejus contractus improbabitur, qui filiaefamilias mutuum dedit. Wenn nun aus dem einer Tochter gegebenen Gelddarlehen die Exception des Sena-

(h) *L.* 1 *pr. de Sc. Mac.* (14. 6.).

(i) *L.* 9 § 2 *de Sc. Mac.* (14. 6.). Dasselbe, nur theils kürzer, theils ausführlicher, steht in § 6. 7 *J. quod cum eo* (4. 7.).

tusconsults entstehen soll, so muß eine Klage vorhanden gewesen seyn, folglich war die Tochter überhaupt fähig, eine Schuld zu contrahiren. — Durch diese Stelle scheint mir die ganze Frage entschieden, ich will jedoch nicht die möglichen Einwürfe verschweigen, die dagegen noch etwa versucht werden könnten. Erstlich dürfte man sagen, Das was wir hier lesen, rühre nicht von Ulpian her, sondern von Tribonian, der darauf ausgieng, jede Spur der Geschlechtstutel zu vertilgen. Zwar würde wohl Niemand so weit gehen, die ganze hier abgedruckte Stelle für erfunden zu erklären: allein es wäre nicht undenkbar, daß Ulpian ausdrücklich nur von der Exception des Vaters gegen die actio de peculio gesprochen hätte, und daß diese Einschränkung von den Compilatoren weggelassen worden wäre. In der Institutionenstelle freylich (Note i) wird geradezu gesagt, die Exception gelte sowohl für die Tochter selbst, als für den Vater; allein die Institutionen sind ja überhaupt ein neues Werk. — Diese Annahme einer Interpolation würde nicht unzulässig seyn, wenn wir aus anderen Zeugnissen wüßten, daß die Tochter sich selbst nicht verpflichten konnte. Da aber solche Zeugnisse fehlen, und allgemeine Gründe vielmehr für die entgegesetzte Annahme sprechen, so wäre es doch ein sehr unkritisches Verfahren, ganz ohne Noth die Annahme einer Interpolation in jene ganz unverdächtig erscheinende Stelle hinein zu tragen, nur um eine vorgefaßte, durch andere Stellen gar nicht begründete, Meynung zu unterstützen. — Zweytens könnte man sagen, Ulpian habe an solche Frauen gedacht, die durch die Geburt von drey Kindern befreyt waren von der Nothwendigkeit aller Tutel. Allein so viel wir wissen, hat sich das jus liberorum niemals auf Töchter in väterlicher Gewalt bezogen; auch hätte es bey ihnen keinen Sinn und Zweck gehabt. Unabhängige Frauen sollten dadurch die Fähigkeit erlangen, Mancherley zu erwerben, so wie über ihr Vermögen frey zu verfügen; eine filiafamilias aber konnte überhaupt weder Etwas für sich erwerben, noch über ein Vermögen (das sie niemals hatte) verfügen, so daß jenes Recht für sie lediglich in dem seltsamen, unwahrscheinlichen Privilegium bestanden hätte, Schulden zu haben, wozu sie nach der hier bekämpften Meynung außerdem nicht fähig gewesen wäre.

Beyläufig kommen indessen außer jener Hauptstelle auch noch folgende Stellen in Betracht.

1) *Vat. Fragm.* § 99. „P. respondit: Filiamfamilias ex dotis dictione obligari non potuisse." Man könnte nämlich diesen Satz als eine bloße Anwendung der allgemeinen Schuldenunfähigkeit betrachten, die dann dadurch bezeugt seyn würde. Allein wenn man erwägt, daß die dotis dictio ein höchst eigenthümliches Rechtsinstitut war, insbesondere daß dazu Niemand die Fähigkeit hatte, als allein die Frau, ihr Schuldner, ihr Vater und Großvater (k), so wird man wohl jene Argumentation für ganz unzulässig erkennen müssen.

(k) Ulpian. VI. § 2.

2) Die Schlußworte der *L.* 141 § 2 *de V. O.* (Note c) erklären die filiafamilias impubes für gleich unfähig zur Verschuldung mit dem pupillus in parentis potestate. Diese Gleichstellung entscheidet über unsre, die mündigen Frauen betreffende, Frage unmittelbar nicht, obgleich sie die ohnehin vorhandene Wahrscheinlichkeit verstärkt, daß zwischen beiden Geschlechtern, da wo keine Geschlechtstutel eintreten konnte, überhaupt kein Unterschied statt fand. Neuerlich ist nun aber die Behauptung aufgestellt worden, die letzten Worte jener Stelle seyen interpolirt, und Gajus (der Verfasser der Stelle) habe geschrieben: idem et in filiafamilias *pubere* dicendum est (l). In dieser Gestalt würde die Stelle allerdings geradezu für die hier bekämpfte Meynung beweisen, und hätten wir andere Zeugnisse dafür, so würde jene Annahme mit vieler Wahrscheinlichkeit dazu benutzt werden können, die hier angeführte Stelle mit jenen anderen Zeugnissen in unmittelbaren Zusammenhang zu bringen. So lange aber solche Zeugnisse fehlen, und vielmehr die oben aufgestellten Gründe dagegen streiten, kann es doch nicht zulässig seyn, zuerst in jene Stelle ohne Noth die Annahme einer Interpolation hinein zu tragen, und dann mit dem so umgearbeiteten Text einen historischen Beweis zu führen.

(l) Rudorff Vormundschaftsrecht B. 1 S. 171. Er beruft sich besonders darauf, daß außerdem die Schlußworte von der filiafamilias impubes gar zu trivial seyn würden. Allein mit diesem Argument ließe sich in unzähligen Stellen der Pandekten die Ächtheit anfechten, und gewiß ohne Grund. Gleich die oben im Text abgedruckte *L.* 9 § 2 *de Sc. Mac.* würde dahin gehören.

3) *L.* 3 § 4 *commodati* (13. 6.). „Si filiofamilias servove commodatum sit, dumtaxat de peculio agendum erit: cum filio autem familias ipso et directo quis poterit. Sed et si ancillae *vel filiaefamilias* commodaverit, *dumtaxat de peculio erit agendum.*" — Der Hauptzweck der Stelle geht darauf, daß nicht etwa die actio commodati in größerer Ausdehnung als andere Klagen gegen den Vater oder Herrn angestellt werden könne, sondern immer nur wegen eines dem Commodatar vorher anvertrauten peculii. Daneben wird bey dem Sohn der Satz eingeschaltet, daß auch er persönlich verklagt werden könne. Da nun diese Einschaltung bey der Tochter nicht wiederholt wird, so möchte man daraus schließen, dieselbe könne nicht verklagt werden. Allein es ist gewiß einfacher und natürlicher anzunehmen, Ulpian habe die Einschaltung bey der Tochter nicht wiederholt, weil er dachte, ihre Wiederholung werde Jeder ohnehin hinzudenken. Hätte er einen Gegensatz im Sinne gehabt, so würde er wohl schwerlich bey der Tochter genau dieselben Worte wie bey dem Sohn gebraucht, und den Gegensatz lediglich durch Weglassen der Einschaltung angedeutet haben. Freylich könnte man sagen, Ulpian habe den Gegensatz bestimmt ausgedrückt, und dieser auf die Geschlechtstutel bezügliche Zusatz sey von den Compilatoren weggelassen worden. Allein wenn in der That die Compilatoren einen solchen Zusatz vorgefunden hätten, so würden sie sich schwerlich mit dem bloßen Wegstreichen desselben begnügt haben, wodurch ja

eben die jetzt vorliegende Zweydeutigkeit entstehen mußte; vielmehr würden sie dann die völlige Gleichheit beider Geschlechter geradezu ausgesprochen haben, was ja durch bloße Wiederholung des von Ulpian bey dem Sohn eingeschalteten Zusatzes so leicht zu bewirken war.

Man könnte endlich versuchen, der hier bekämpften Meynung noch eine neue Seite abzugewinnen, die Seite der gerichtlichen Verfolgung. Wenn auch, könnte man sagen, eine filiafamilias die Fähigkeit hatte, Schuldnerin zu seyn, so konnte sie doch niemals verklagt werden, da Ulpian sagt, daß eine Frau nie anders als mit einem Tutor in einem legitimum judicium auftreten durfte (Note a), die filiafamilias aber niemals einen Tutor haben konnte. — Gegen diese prozessualische Vertheidigung jener Meynung aber ist Folgendes zu bemerken.

Zuerst Dasselbe, was schon oben über die Schulden gesagt worden ist. Die Nothwendigkeit der auctoritas bezog sich nur auf diejenigen Frauen, die überhaupt einen Tutor hatten oder haben sollten, das heißt auf die unabhängigen, nicht auf die in väterlicher Gewalt lebenden.

Zweytens würden die alten Juristen durch die Rücksicht auf das legitimum judicium in keinem Fall haben bestimmt werden können, eine Unfähigkeit der Frauen im Allgemeinen zu behaupten, da zu ihrer Zeit bey weitem die meisten Prozesse im Römischen Reich nicht legitima judicia waren, sondern judicia quae imperio continebantur

tur, worauf sich Ulpians Regel gar nicht bezog. Dahin gehörten nicht nur alle Prozesse außer der Stadt Rom und ihrer nächsten Umgebung, sondern auch in Rom selbst ein großer Theil der Prozesse (m), ja es hieng bey vielen Klagen von jeder einzelnen Partey ab, die freyere Art des Prozesses herbey zu führen (n), wodurch dann auch das Hinderniß überwunden worden wäre, welches sich lediglich der Anwendung des strengeren legitimum judicium in den Weg gestellt hätte.

Endlich drittens spricht Ulpian wörtlich nur von der Frau als Klägerin nicht als Beklagten (si .. *agant*, nicht si convenientur), und es ließe sich sehr wohl denken, daß man sie in dem willkührlichen Entschluß eine Klage anzustellen mehr beschränkt hätte, als in der unfreywilligen Vertheidigung gegen die Klage eines Andern, z. B. aus den Schulden, die aus der väterlichen Erbschaft auf sie gekommen waren. Bezog sich nun die Nothwendigkeit der auctoritas überhaupt nicht auf die Beklagte, so konnte in dieser Nothwendigkeit auch nicht einmal ein scheinbarer Grund liegen, der filiafamilias die Fähigkeit zum Beklagtenverhältniß zu versagen. Gesetzt aber auch, man wollte dem Ausdruck si agant eine weitere Bedeutung beylegen, und darunter die Beklagte eben sowohl, als die Klägerin verstehen, so ist doch wenigstens unläugbar, daß a u c h die Klägerin darunter begriffen war. Ließe sich also zeigen, daß zur Zeit der alten Juristen die filiafamilias als Klä-

(m) Gajus IV. § 104. 105.

(n) Gajus IV. § 163 — 165.

gerin jemals wirklich auftreten konnte, so war sie durch jene prozessualische Rücksicht auf das legitimum judicium nicht ausgeschlossen, und dieser negative Satz darf dann ohne Bedenken auch überall geltend gemacht werden, um ihre angebliche Unfähigkeit zum Beklagtenverhältniß zu widerlegen. Kommt nun bey den alten Juristen die filiafamilias in der That als Klägerin vor? In der Regel freylich nicht, aber aus einem materiellen Grunde, der mit dem Geschlechte Nichts gemein hattte, sondern auf der väterlichen Gewalt unmittelbar beruhte, und daher auf Söhne und Töchter völlig gleich einwirkte. Beide konnten in der Regel nicht als Kläger auftreten, weil sie keine Rechte hatten, die durch Klagen geltend zu machen waren, namentlich kein Eigenthum und keine Schuldforderungen (§ 67). Ausnahmsweise aber konnten sie dennoch einige einzelne Klagen anstellen, und in diesen ausgenommenen Fällen war die Fähigkeit der Tochter durchaus nicht geringer, als die des Sohnes. So wird ausdrücklich erwähnt, daß in gewissen Fällen der beleidigte Sohn die Injurienklage in eigenem Namen anstellen konnte: in denselben Fällen aber auch die Tochter (o). Eben so wird erwähnt, daß die filiafamilias nach Trennung ihrer Ehe in manchen Fällen die dotis actio allein, ohne den Vater, anstellen konnte (p). War nun bey diesen beiden Klagen

(o) *L.* 8 *pr. de procur.* (3. 3.). — Vergl. über diesen und den gleich folgenden Fall § 73.

(p) *L.* 8 *pr. de procur.* (3. 3.). *L.* 22 § 4. 10. 11 *sol. matr.* (24. 3.).

die Form des legitimum judicium kein Hinderniß für die Tochter als Klägerin, so kann in dieser Form auch kein Grund liegen, sie zur Stellung einer Beklagten im alten Prozeß für unfähig zu halten; vielmehr war sie dazu eben so fähig wie der Sohn, das heißt in großer Ausdehnung. Denn der materielle Grund, der die Söhne und Töchter in der Regel hinderte Kläger zu werden, hatte auf das Beklagtenverhältniß keinen Einfluß, indem sie Schulden haben, und aus diesen, gleich unabhängigen Personen, verklagt werden konnten.

Fassen wir alle diese Gründe kurz zusammen, so ergiebt es sich, daß der angebliche Unterschied zwischen Söhnen und Töchtern, in der Fähigkeit zu Schuldverhältnissen, auf einer irrigen Annahme beruht, daß vielmehr eine filiafamilias ganz eben so fähig war Schulden zu haben, als ihr gleichfalls in väterlicher Gewalt lebender Bruder.

Beylage VI.

Status und Capitis deminutio.

(Zu § 64—68.)

I.

Im Rechtssystem selbst sind die Bedingungen der Rechtsfähigkeit, so wie die Abstufungen derselben, dargestellt worden (§ 64—67), und hieran wurde die Lehre von der dreyfachen Capitis deminutio (§ 68) angeknüpft. Auf zweyerley Weise aber weichen von den dort aufgestellten Ansichten die Meynungen der meisten neueren Schriftsteller ab: Erstlich durch Einmischung einer besondern Lehre vom status, welcher Begriff in meiner Darstellung keinen Platz gefunden hat: Zweytens durch einen ganz verschiedenen Begriff der minima Capitis deminutio, wodurch zugleich der allgemeine Begriff der Capitis deminutio überhaupt eine andere Gestalt erhalten mußte. Ich will hier eine vorläufige Übersicht der bedeutendsten Schriftsteller über beide verwandte Gegenstände geben, um auf dieselben in der Folge kürzer verweisen zu können.

Über Status:

Feuerbach civilistische Versuche B. 1. Giessen 1803 Num. 6 (S. 175—190).

Löhr über den Status, Magazin für Rechtswissenschaft B. 4 N. 1 (S. 1—16) (1820).

Uber Capitis deminutio:

HOTOMANUS Comm. ad Inst. tit. de capitis deminutione (1. 16.).

CONRADI parerga p. 163—193 (1737).

Glück Pandekten B. 2 § 128. (1791).

DUCAURROY, Thémis Vol. 3 p. 180—184 (1821).

Zimmern Rechtsgeschichte I. 2 § 229 (1826).

SECKENDORF de capitis deminutione minima Colon. 1828.

Niebuhr Römische Geschichte B. 1 S. 606 (4te Ausg.) B. 2 S. 460 (2te Ausg.). Hier ist dieser Gegenstand in Beziehung auf die alte Staatsverfassung, nicht vom Standpunkt der Rechtsquellen aus, betrachtet.

II.

Also lautet die gewöhnliche Lehre der Neueren über den Status (a). Status heißt eine Eigenschaft, vermöge deren ein Mensch gewisse Rechte hat. Solche Eigenschaften aber kommen in zweyerley Arten vor: natürliche (St. naturales) in unbegränzter Anzahl, so z. B. die Eintheilung der Menschen in Männer und Frauen, Gesunde und Kranke u. s. w.; moralische oder juristische (St. civiles), deren es nicht mehr noch weniger als drey giebt:

(a) Ausführlich findet sich die Sache dargestellt bey Höpfner Comm. über die Institutionen § 62 und Tabelle VIa. Vgl. auch MÜHLENBRUCH § 182.

Status libertatis, civitatis, familiae. Diese werden von Manchen auch wohl als principales, oder als die Status im eigentlichen Sinn bezeichnet, so daß dann die natürlichen nur uneigentlich den Namen führen sollen.

Wir wollen zuerst den Status naturalis betrachten. Dabey liegt lediglich die Absicht zum Grunde, solche Eigenthümlichkeiten der Menschen, von welchen irgendwo im Rechtssystem besondere Folgen abhängen, schon vorläufig in einer allgemeinen Übersicht zusammen zu stellen. In consequenter Vollständigkeit ist dieser Gedanke noch von keinem Schriftsteller durchgeführt worden (b). Auch ist sehr zu bezweifeln, daß durch eine solche Einrichtung irgend Etwas für die Klarheit oder Gründlichkeit der Darstellung gewonnen werden möchte, vielmehr scheint es gerathener, die Notizen, die man unter dem Namen der natürlichen Status zusammen zu stellen pflegt, theils an den Orten des Systems, wo sie eine praktische Bedeutung haben, mitzutheilen, theils anderwärtsher als bekannt voraus zu setzen. Schon aus dieser Stellung der Frage geht aber

(b) So z. B. müßten unter den Status naturales (wegen der Testamentsform) auch die Eintheilungen der Menschen in Sehende und Blinde, in Schreibenskundige und Unkundige aufgezählt werden; ferner (wegen des Beweises bey der cond. indebiti, *L.* 25 § 1 *de prob.*) die Eigenschaften der simplicitate gaudentes und der desidiae dediti. Endlich ist nicht einzusehen, warum diese Vorbetrachtungen auf die menschliche Natur beschränkt bleiben sollten; Vieles aus der Physiologie der Thier- und Pflanzenwelt, ferner der Unterschied zwischen stehendem und fließendem Wasser ꝛc. ist ja auch nicht ohne Einfluß auf Rechtsverhältnisse, und könnte daher auch auf die Zusammenstellung in einer präliminären Statuslehre Anspruch machen.

hervor, daß der hier angefochtenen Auffassung, selbst von ihren Vertheidigern, kein historischer Boden zugeschrieben wird, und daß also die Frage selbst nicht sowohl Rechtsbegriffe und Rechtsregeln, als vielmehr die Zweckmäßigkeit einer gewissen Methode wissenschaftlicher Darstellung zum Gegenstand hat.

Mehr in die Sache selbst geht der Tadel ein, welcher über den oben angegebenen allgemeinen Begriff des Status ausgesprochen werden muß. In diesem Begriff wird das Rechtehaben als eine menschliche Eigenschaft aufgefaßt, so daß z. B. der Status civitatis angegeben wird als der Inbegriff derjenigen Rechte, welche einem Civis zukommen. Nimmt man nun diese Betrachtungsweise an, so ist durchaus nicht einzusehen, warum sie nicht consequent durchgeführt werden sollte, da alle anderen Rechte eben so gut, als die der Freyheit und der Civität, unter den Begriff von Eigenschaften des Berechtigten gebracht werden können. Dann würden wir auch einen Status des Ehegatten, des Eigenthümers und Fructuars, des Creditors, des Erben u. s. w. annehmen müssen, und die ganze Rechtswissenschaft wäre in der Lehre vom Status enthalten. Dieses heißt aber mit anderen Worten nur so viel, daß die Lehre vom Status in der Lehre von den Rechten überhaupt aufgegangen, folglich als eine besondere, selbstständige Lehre gänzlich aufgegeben wäre (c).

(c) Sehr schwach ist die Antwort von Höpfner (§ 62 Note a) auf diesen Einwurf: „nach dem „Redegebrauch rechnet man das

So zeigt sich also diese Lehre als eine in sich selbst, aus logischen Gründen, unhaltbare, wenn man ihr nicht eine ganz andere als die gewöhnliche Bedeutung giebt, indem man sie auf die Rechtsfähigkeit bezieht, wovon sogleich weiter die Rede seyn wird.

III.

Das Wichtigste aber ist der Inhalt, welchen man jener Lehre von den Status (den civilen nämlich) geben will, also der Begriff der mit jedem der angeblichen drey Status verbunden werden soll. Dabey ist man mit den zwey ersten wenig in Verlegenheit. Status libertatis, sagt man, bezeichnet den Umstand, daß Jemand frey ist, St. civitatis, daß er Civis ist, mit Einschluß aller der Rechte, die er als freyer Mensch oder als Civis zu genießen hat. Diese Erklärung scheint so natürlich, da die Benennung unmittelbar darauf führt: sie ist aber darum nicht auch

„Eigenthum nicht unter die Qua„litäten eines Menschen.“ Was geht denn uns, die wir die logische Forderung der Consequenz in der Wissenschaft zu befriedigen haben, der Redegebrauch des gemeinen Lebens an? Es ist wohl zu bemerken, daß er die Sache an sich damit rechtfertigen will, nicht etwa historisch die Auffassung der Römer erklären oder währscheinlich machen. — Auch die Erwiederung auf unsren Einwurf, als ob gerade nur die wichtigsten Eigenschaften in die Statuslehre aufgenommen wären, würde unhaltbar seyn. In dem Unmündigen z. B. können wir zweyerley Eigenschaften unterscheiden: die eines Pflegebefohlenen, und die eines Vermögensinhabers. Jene pflegt in der Statuslehre erwähnt zu werden, diese nicht. Wollten wir nun sagen, das geschehe, weil die erste Eigenschaft so viel wichtiger wäre als die zweyte, so würden wir ja das Mittel höher stellen als den Zweck.

eben so sicher. Bey dem sogenannten Status familiae bietet sich eine gleich unmittelbare Hinweisung durch den Namen nicht dar: auch haben hier die Erklärungen von jeher zwey völlig verschiedene Wege eingeschlagen, deren jeder wieder zu mancherley Verzweigungen geführt hat.

Der erste Weg der Erklärung geht dahin, den Status familiae auf die Gesammtheit derjenigen Personen zu beziehen, die mit einander in Agnation stehen, also auf die Agnatenfamilie, so daß der Status familiae eines Menschen dessen Mitgliedschaft in einer bestimmten, einzelnen Agnatenfamilie, bezeichnen würde, mit Inbegriff der hieraus entspringenden Rechte. Dabey fällt jedoch sogleich in die Augen der gänzliche Mangel eines inneren Zusammenhangs dieses dritten Status mit den beiden ersten, so daß gar nicht zu begreifen ist, warum gerade dieses Rechtsverhältniß und kein anderes mit jenen beiden unter einen gemeinsamen Gattungsbegriff gestellt werden soll. Daß die Agnation wichtige Rechte begründet, erklärt diesen Umstand auf keine Weise; denn auch der Ehe, der väterlichen Gewalt, dem Patronat wird Niemand die Begründung wichtiger Rechte abstreiten, und doch nennt Keiner die Ehe, die väterliche Gewalt, oder den Patronat einen Status. Man könnte versuchen, diesem Einwurf durch die Wendung zu entgehen, daß der Status familiae nicht sowohl die Stellung in einer bestimmten Agnatenfamilie, als vielmehr die Fähigkeit zur Agnation überhaupt bezeichnen sollte. Allein auch diese Auskunft zeigt sich als unzulässig, da diese Fähigkeit mit der Civität völlig zusammenfällt, also nicht geeignet ist, einen eigenen, von der Civität verschiedenen, Status zu bilden.

Der zweyte Weg der Erklärung bezieht den Status familiae auf die Eintheilung der Menschen in Abhängige und Unabhängige (§ 67). Den Status familiae eines Menschen bestimmen, heißt also nun so viel als angeben, ob derselbe sui juris oder alieni juris ist. Und nun zeigt sich sogleich die Möglichkeit, alle oben vorgebrachte Einwürfe abzuwehren. Der dritte Status hat nun mit den beiden ersten das Gemeinsame, daß er sich, eben so wie jene, auf die Rechtsfähigkeit bezieht. Daß es überhaupt drey Bedingungen höherer Rechtsfähigkeit giebt: Freyheit, Civität, Unabhängigkeit — dieses ist ohnehin unzweifelhaft. Und für diese unbestrittene Lehre hätten wir jetzt in den drey Status einen angemessenen Ausdruck gefunden. Der Status libertatis z. B. bezeichnet uns nun nicht mehr das Freyseyn an sich, sondern die durch die Freyheit bedingte Rechtsfähigkeit: und nun erscheint es durchaus nicht mehr inconsequent, Freyheit, Civität und Unabhängigkeit (Familie) als Status zu bezeichnen, das Eigenthum aber, die Ehe, das Erbrecht u. s. w. von dieser Benennung auszuschließen, da der Erwerb dieser Rechte uns zwar wichtige Befugnisse gewährt, aber in unsrer Rechtsfähigkeit durchaus keine Veränderung hervorbringt. — Auf der andern Seite schließt sich an diese Auffassung die dreyfache Capitis deminutio auf die einfachste und natürlichste Weise an.

Jede Capitis deminutio erscheint uns nun als Degradation in Beziehung auf einen der drey Status. Und so zeigt sich jetzt nach allen Seiten hin ein völlig befriedigender innerer Zusammenhang, anstatt der bey der anderen Erklärungsweise wahrgenommenen Willkührlichkeit und Inconsequenz.

Indessen kann dieser innere Zusammenhang doch nur als negative Rechtfertigung der zuletzt versuchten Erklärungsweise gelten. Das Unlogische kann allerdings nicht geduldet werden, aber das logisch Tadellose ist darum noch nicht historisch wahr. Und so wird es sich in der That durch die nachfolgende Untersuchung ergeben, daß auch diese letzte Erklärungsweise, ungeachtet ihrer formalen Tadellosigkeit, dennoch aufgegeben werden muß.

IV.

Hugo hat, im richtigen Gefühl der Mangelhaftigkeit der gewöhnlichen Lehre vom Status, nicht blos die drey Status verworfen, sondern auch dem Ausdruck Status jede technische Bedeutung abgesprochen. Nach ihm heißt Status, und eben so conditio, so viel als Zustand oder Beschaffenheit überhaupt, es wird von Juristen so wie jedes andere Wort aus dem gemeinen Leben gelegentlich gebraucht, ist aber durchaus kein juristisches Kunstwort (a).

Und in der That findet sich dieser unbestimmte, nichttechnische Gebrauch des Worts sehr häufig, sowohl bey

(a) Hugo Rechtsgeschichte Ausg. 11. S. 118.

Juristen, als bey anderen Schriftstellern: dieses ist der Fall in allen Stellen, worin der Ausdruck mit einem anderen Gegenstand als einer Person in Verbindung gesetzt wird, wenngleich manche dieser Stellen durch eine scheinbare Beziehung auf Personen, ja insbesondere auf die oben erwähnten drey Status der Personen, leicht täuschen können.

So z. B. wenn von einem Status facultatium oder peculii die Rede ist (b), so wird darunter gewiß nichts Anderes verstanden, als die Beschaffenheit des Vermögens oder des Peculii, das heißt so viel als der Umfang oder Geldwerth derselben. — Eben so ferner in der Stelle des CICERO de legibus I. 7, die man oft mit Unrecht in die juristische Lehre vom Status eingemischt hat: Agnationibus familiarum distinguuntur status. Das heißt: zu jeder Familie gehören nicht mehr und nicht weniger Menschen, als gerade mit einander im Agnationsverhältniß stehen, so daß durch die Agnation der Umfang, die Gliederzahl, der Bestand (status) einer jeden Familie bestimmt wird. Es ist blos ein in den Worten liegender täuschender Schein, welcher uns verleiten kann, die hier genannten Status familiarum mit dem von unsren Juristen erfundenen Status familiae zu verwechseln; denn Cicero ge-

(b) *L.* 2 § 1. 2. 3 *ubi pupillus* (27. 2). Hier ist abwechslend die Rede von modus, vires und status facultatium, welche Ausdrücke also gewiß gleichbedeutend sind. — *L.* 32 § 1 *de pecul.* (15. 1.). — Andere ähnliche Stellen finden sich bey BRISSONIUS v. *Status* num. 2.

braucht hier Status genau in demselben Sinn, welcher oben dem Status peculii zum Grund lag. — Endlich gehört dahin auch noch eine Stelle der Digesten, die eben so oft benutzt, als zweifelhaft befunden oder misverstanden worden ist, *L* 5 § 1. 2 *de extraord. cogn.* (50. 13.): „Existimatio est *dignitatis inlaesae status* ... Minuitur „existimatio, quotiens manente libertate circa *statum di-* „*gnitatis* poena plectimur, sicuti cum relegatur quis, vel „cum ordine movetur" etc. Daraus haben die Neueren einen Status existimationis gemacht: wörtlich ist hier ein Status dignitatis genannt: in der That aber hat der Ausdruck hier dieselbe blos faktische Bedeutung, wie in den oben angeführten Stellen (c). Dignitas ist die äußere Stellung eines Menschen, worin seine persönliche Würde erscheint, woran sich also die öffentliche Werthschätzung natürlich anknüpft (d). So lange der von uns einmal erlangte Grad oder Zustand dieser dignitas unverletzt bleibt,

(c) Ganz in diesem Sinne ist auch bey Brissonius v. *Status* die *L.* 5 *de extr. cogn.* unter num. 2 gesetzt, wo die blos faktischen Anwendungen des Ausdrucks Status zusammengestellt sind. — Über die *L.* 5 *cit.* vergl. auch § 79. a.

(d) Diese Bedeutung des Wortes dignitas wird durch folgende Anwendungen besonders anschaulich: *L.* 49 § 4 *de leg.* 3 (32. un.). „Parvi autem refert, uxori an „concubinae quis leget, *quae* „*ejus causa emta parata sunt:* „sane enim, nisi dignitate, ni„hil interest." (Das heißt: nur die uxor nimmt Theil an dem Rang und Stand des Mannes, und durch dieses äußere Kennzeichen ist dieselbe am leichtesten und sichersten von einer concubina zu unterscheiden). *L.* 14 *pr. de muner.* (50. 4.). „Honor municipalis est administratio reipublicae cum dignitatis gradu" (nämlich weil es auch städtische Geschäfte giebt, die dem, welcher sie besorgt, keinen neuen Rang geben).

haben wir eine reine, vollständige existimatio. Die existimatio kann aber vermindert oder ganz aufgehoben werden durch Ehrenstrafen, d. h. durch solche Strafen, welche gerade auf Herabsetzung des Grades jener dignitas berechnet sind (quotiens *circa statum dignitatis* poena plectimur); vermindert wird sie schon durch jede Verbannung, durch die Ausstoßung aus einem höheren Ehrenstand (Senatoren oder Decurionen), durch jede Art der Infamie; aufgehoben wird sie durch solche Strafen, die dem Verbrecher die Freyheit oder Civität entziehen. Schon hier ist es klar, daß der Status dignitatis dieser Stelle mit den sogenannten drey Status gar keine Gemeinschaft hat. Denn er soll ja verändert werden können bey bleibender Freyheit und Civität, ist also von diesen beiden Status ganz verschieden; mit dem Status familiae aber hat er ganz gewiß keine Berührung. Noch unzweifelhafter aber wird die blos faktische Natur des hier erwähnten Status dignitatis weiter unten hervortreten, wo gezeigt werden soll, daß der wirklich juristische Status aller dignitas schlechthin entgegen gesetzt wird.

V.

In vielen Stellen also findet sich Hugo's Erklärung des Wortes Status bewährt: dagegen geht er wohl zu weit, indem er ihr allgemeine Gültigkeit beylegt. Vielmehr müssen wir anerkennen, daß die alten Juristen, da wo sie von dem Status, als Eigenschaft einer Person, reden, denselben allerdings in einer technischen Bedeutung nehmen, und diese soll nunmehr festgestellt und erwiesen werden.

Status heißt in diesem technischen Sinn bey den Römischen Juristen die Stellung oder der Standpunkt, welchen der einzelne Mensch im Verhältniß zu anderen Menschen einnimmt. Da nun jeder Mensch in zweyerley Verhältnissen lebt, öffentlichen und Privatverhältnissen, so könnte wohl auch ein zwiefacher Status unterschieden werden, publicus und privatus. Diese Ausdrücke wären ganz Römisch gebildet, und es scheint blos zufällig, daß sie nicht gerade so in den erhaltenen Stellen der alten Juristen vorkommen; denn, was die Hauptsache ist, die Begriffe selbst sind den Römern geläufig, die einzelnen Fälle des Status (im technischen Sinn) sind auch wirklich unter diesen Begriffen enthalten, und erschöpfen dieselben: nur da wo diese Begriffe im Allgemeinen erwähnt und einander entgegengesetzt werden, sind nicht jene präcisen Ausdrücke gebraucht, sondern anstatt derselben die allgemeineren, und mehr beschreibenden Ausdrücke: publica jura, civitatis jura, und im Gegensatz derselben: privata hominis et familiae jura (a).

Diese Grundbegriffe nun vorausgesetzt, soll untersucht werden, welche einzelne Verhältnisse in consequenter Anwendung darunter bezogen werden können.

Unter den staatsrechtlichen Status (publicus) wären zu beziehen vor Allem die Freyheit und die Civität, als

(a) *L.* 5 § 2 *L.* 6 *de cap. minutis* (4. 5.).

die Grundbedingungen aller zum öffentlichen Recht gehörenden Befugnisse; eben so aber auch, wie es scheint, sehr vieles Andere, namentlich die Stellung eines Magistratus, Senators, Ritters, eines Juder u. s. w. Allein es ist zu bedenken, daß es die alten Juristen sind, die von diesem Gegenstand reden, und natürlich nur im Interesse ihrer Wissenschaft. Ihre Wissenschaft aber ist lediglich das Privatrecht, keinesweges alles Dasjenige, was wir Neueren zu der Rechtswissenschaft zu rechnen gewohnt sind. Daher gelten ihnen denn als (publicus) Status nur diejenigen persönlichen Zustände des öffentlichen Rechts, welche Einfluß auf das Privatrecht haben. Dieses ist der Fall bey der Freyheit und Civität, weil durch diese die privatrechtliche Rechtsfähigkeit bedingt ist, bey allen übrigen staatsrechtlichen Zuständen ist es nicht der Fall. Daraus folgt, daß zwar die Freyheit und Civität als Status bezeichnet werden müssen, nicht aber die Zustände eines Magistratus, Senators, Ritters, Juder. — Daß Diesem nun wirklich so ist, das heißt daß die Römer diese etwas subtile Unterscheidung nicht blos von ihrem Standpunkt aus consequenterweise vornehmen konnten, sondern auch wirklich vorgenommen haben, soll nunmehr durch Zeugnisse erwiesen werden.

L. 20 *de statu hom.* (1. 5.). „Qui furere coepit, *et* „*statum, et dignitatem,* in qua fuit, et magistratum (a),

(b) Man könnte einwenden, die Magistratur sey ja auch eine dignitas, also bezeichne in dieser Stelle die Verbindung durch et

„et potestatem videtur retinere, sicut rei suae do-„minium retinet.“

§ 5 *J, de cap. demin.* (1. 16.). „Quibus autem *digni-„tas magis, quam status* permutatur, capite non mi-„nuuntur: et ideo Senatu motum capite non minui „constat.“

In beiden Stellen werden Status und dignitas augenscheinlich unterschieden und entgegengesetzt, und es wird namentlich die Würde eines Senators für etwas von dem Status völlig Verschiedenes erklärt, welches nur aus der oben dargestellten Unterscheidung begreiflich wird, so daß dadurch diese ihre volle Bestätigung erhält. Eben dahin gehört auch noch folgende Stelle:

L. 6 *C. ex quib. caus. inf.* (2. 12.). „Ad tempus in „opus publicum damnati pristinum quidem *statum* „*retinent*, sed damno infamiae post impletum tem-„pus subjiciuntur.“

Daß die Infamie eine ungemeine Veränderung in der dignitas hervorbringt, versteht sich von selbst, und wird

überhaupt keine Verschiedenheit. Man könnte noch weiter gehen mit dieser Bemerkung, indem ja auch die Stelle des magistratus eine potestas enthält. Der Gedankengang scheint aber folgender: Wahnsinn entzieht nicht den Status; nicht die (davon verschiedene) dignitas, die ja auch in einer bloßen Ehrenauszeichnung bestehen kann; selbst nicht (was man am ersten erwarten könnte) die mit einer Regierungsgewalt verbundene dignitas des magistratus; endlich auch nicht die Privatgewalt (die väterliche). — Allerdings hätte durch bestimmteren Ausdruck dieser Zweifel verhütet werden können; in der folgenden Stelle aber ist auch dieses Bedenken nicht vorhanden.

auch in L. 5 § 2 de extr. cogn. ausdrücklich bemerkt: die Fähigkeit zu allen öffentlichen Ehren und Würden geht dadurch gänzlich verloren (c): dennoch soll sie auf den Status gar keinen Einfluß haben. Hierin liegt denn zugleich die Vollendung des Beweises, daß bey dem Status dignitatis der L. 5 de extr. cogn. (s. o. Num. IV.) der Ausdruck Status nicht in dem technischen, sondern in dem unbestimmteren faktischen Sinn gebraucht ist.

Es steht also fest, daß zu dem publicus Status (wenn dieser Ausdruck erlaubt seyn soll) die Freyheit und die Civität zu zählen sind, aber kein anderes persönliches Staatsverhältniß.

VI.

Welche persönliche Verhältnisse gehören nun ferner unter die privatrechtlichen Status? Wenn man sich ganz an die Analogie der staatsrechtlichen halten wollte, dürfte man nur diejenigen dahin rechnen, welche auf die Rechtsfähigkeit Einfluß haben. Allein der Grund, welcher dort auf eine solche Beschränkung führte, bestand lediglich darin, daß nur wenige staatsrechtliche Zustände für die Rechtswissenschaft (das Privatrecht) Interesse hatten; dieser Grund fällt jetzt ganz hinweg, da alle hier vorkommende persönliche Verhältnisse schon unmittelbar ihrer eigenen Natur wegen, nicht blos wegen ihres Einflusses auf die Rechtsfähigkeit, juristische Bedeutung haben. Daher kommt es,

(c) *L.* 2 *C. de dign.* (12. 1.), und viele andere Stellen.

daß alle privatrechtlichen Verhältnisse der Person als solcher, das heißt alle Verhältnisse des Familienrechts (§ 53 — 55), ohne Unterschied zu den Status gerechnet werden. Vergleichen wir sie mit den staatsrechtlichen Status, so liegt darin eine scheinbare, aber ganz erklärliche Inconsequenz. Demnach heißt Status jede Stellung des Menschen in den einzelnen zur Familie gehörenden Verhältnissen. Daß es sich die alten Juristen in der That so gedacht haben, nicht blos so denken konnten, muß freylich bewiesen werden. Dazu aber ist es nöthig, zuvor die hier aufgestellten Begriffe (ihre Wahrheit einstweilen vorausgesetzt), in ihrer vollständigen Anwendung darzustellen.

Demnach würden überhaupt folgende Verhältnisse als Status anerkannt werden müssen:

A. Staatsrechtliche:
 1) Freyheit.
 2) Civität.

B. Privatrechtliche: alle Verhältnisse der Familie, also (nach § 54. 55):
 1) Ehe.
 2) Väterliche Gewalt.
 3) Verwandtschaft.
 4) Manus.
 5) Servitus.
 6) Patronatus.
 7) Mancipii causa.
 8) Tutela und Curatio.

In dieser (noch blos hypothetischen) Aufzählung aller denkbaren Status kommt einer derselben zweymal vor: die Freyheit (oder Abwesenheit des Sklavenstandes) als Grundbedingung aller Theilnahme am öffentlichen Recht, und dann wiederum dieselbe als Gegensatz der Sklaverey, welche eine eigenthümliche Art der häuslichen Abhängigkeit, also ein Familienverhältniß bildet. Bey dieser Lage der Sache war es natürlich, einen dieser beiden Gesichtspunkte als den überwiegenden zu betrachten. Dann aber mußten zwey Gründe dahin führen, dieses Übergewicht vielmehr den staatsrechtlichen als den privatrechtlichen Status zuzuschreiben: erstlich die größere Wichtigkeit des öffentlichen Rechts überhaupt: zweytens, und noch mehr, die Betrachtung, daß der Begriff des Sklavenstandes (des Gegensatzes der Freyheit) umfassender ist als der Begriff der häuslichen Herrschaft über die Sklaven (dominica potestas). Denn der Sklavenstand umfaßt auch die herrenlosen Sklaven (§ 55. a und § 65), die dominica potestas nur diejenigen Sklaven, welche gerade im Eigenthum eines Herrn stehen. Daher erscheint die staatsrechtliche Auffassung der Freyheit (mit ihrem Gegensatz, der Sklaverey) schon deshalb als vorherrschend, weil durch sie allein der Gegenstand erschöpft wird, anstatt daß die privatrechtliche Auffassung nur auf einen einseitigen und unvollständigen Begriff des Sklavenstandes führt. Von dieser Bemerkung wird weiter unten, bey der Capitis deminutio, Gebrauch gemacht werden.

VII.

Nunmehr kann der Beweis unternommen werden, daß in der That die Römischen Juristen unter den (privatrechtlichen) Status nichts Anderes verstanden haben, als das hier Vorausgesetzte, nämlich:

die Stellung, welche der einzelne Mensch in den verschiedenen Arten des Familienverhältnisses einnimmt.

Ich fange an mit den Institutionen des Gajus, als dem reinsten und vollständigsten Werk, welches aus der juristischen Literatur der Römer auf uns gekommen ist. Nach einer kurzen Einleitung von den Rechtsquellen giebt er im § 8. des ersten Buchs den Inhalt des ganzen, durch jene verschiedenen Quellen bestimmten Privatrechts, wovon sein Werk handeln soll, also an: De juris divisione. Omne autem jus, quo utimur, vel ad personas pertinet, vel ad res, vel ad actiones. Sed prius videamus de personis. Dieses jus quod ad personas pertinet füllt bey ihm gerade das erste Buch. Er handelt diesen Theil der Rechtswissenschaft nach drey Eintheilungen der Menschen ab, welche so lauten:

§ 9. *De condicione hominum* (a). Et quidem summa divisio *de jure personarum* haec est, quod omnes homines aut liberi sunt aut servi.

(a) Bey dieser Überschrift muß jedoch bemerkt werden, daß sie zu den wenigen bey Gajus vorkommenden Rubriken gehört, und daß für alle diese Rubriken die Ächtheit zweifelhaft ist.

§ 10. Rursus liberorum hominum alii ingenui sunt, alii libertini.

---

§ 48. Sequitur *de jure personarum* alia divisio. Nam quaedam personae sui juris sunt, quaedam alieno juri sunt subjecti.

§ 49. Sed rursus earum personarum, quae alieno juri subjectae sunt, aliae in potestate, aliae in manu, aliae in mancipio sunt.

§ 50. Videamus nunc de iis, quae alieno juri subjectae sint: Si cognoverimus, quae istae personae sint, simul intellegemus, quae sui juris sint.

---

§ 142. Transeamus nunc ad aliam divisionem. Nam ex his personis ... quaedam vel in tutela sunt, vel in curatione quaedam neutro jure tenentur.

Diesen Stellen liegt folgender Gedanke zum Grunde. Das jus quod pertinet ad personas hat zu bestimmen die condicio hominum oder (wie es im Context heißt) das jus personarum, das heißt die Stellung, welche der einzelne Mensch in gewissen Verhältnissen einnimmt. Und welches sind diese Verhältnisse? Sie sind enthalten unter den drey divisiones, und werden nach deren Anleitung in folgender Ordnung aufgeführt und abgehandelt:

1) Patronatus. Dieser füllt die ganze erste divisio. Denn daß dieselbe wörtlich den Gegensatz der Freyen und

Sklaven angiebt, ist nur scheinbar, und soll nur als Einleitung und Übergang zu den verschiedenen Arten der Patronatsrechte dienen. Auf diesen Zusammenhang deutet schon der § 10, die ganze nachfolgende Ausführung aber macht ihn unzweifelhaft.

2) Potestas dominorum oder Servitus.

3) Patria potestas, und (als Grund und Bedingung derselben aufgefaßt),

4) Die Ehe.

5) Manus.

6) Mancipii causa.

Num. 2 — 6 erschöpfen die zweyte divisio.

7) Tutela und curatio, als Inhalt der dritten divisio.

Hieraus ist nun klar, daß Gajus als Arten des jus personarum genau diejenigen Verhältnisse angiebt, welche ich oben als privatrechtliche Status aufgezählt habe. Das einzige dieser Verhältnisse, welches in seiner Darstellung fehlt, ist die Verwandtschaft (Agnation), und es ist merkwürdig genug, daß es gerade dasjenige Verhältniß ist, welches so Viele unter den Neueren für den einzigen Status familiae ausgeben. Ich bin aber weit entfernt, auf diese Auslassung bey Gajus irgend ein Gewicht zu legen, und sie etwa als ein Kennzeichen anzusehen, als ob die Agnation von Gajus, oder gar von den alten Juristen überhaupt, als etwas den anderen hier genannten Verhältnissen Ungleichartiges betrachtet worden wäre. Sie paßte ihm nur gerade nicht unter die drey divisiones, die ihm zur Darstellung des Jus quod pertinet ad personas so sehr tauglich erschienen. Auch wird sogleich der unmittelbare Beweis geführt werden, daß die Verwandtschaft von den alten Juristen wirklich als Status bezeichnet wurde (Num. IX.).

Die Institutionen Justinians befolgen genau denselben Gang wie die des Gajus, und schließen sich auch in den Worten großentheils an die oben aufgenommenen Stellen an. Auch sie handeln das ganze Personenrecht nach denselben drey divisiones ab, welche Gajus zum Grunde legt. Eine Abweichung betrifft den Ausdruck; die Überschrift, welche die erste divisio einleitet, heißt bey Gajus: de condicione hominum, bey Justinian: de jure personarum. Wichtiger ist die sehr natürliche Abweichung, daß bey Justinian zwey Rechtsinstitute weggelassen sind, welche außer Gebrauch gekommen waren: Manus und Mancipii causa.

Im ersten Buch der Digesten ist der fünfte Titel überschrieben: de Statu hominum. Daß nun der so überschriebene Titel denselben Gedanken, welcher oben aus Gajus mitgetheilt wurde, ausdrücken, und nur weiter ausführen soll, wird gleich durch den Anfang desselben ganz unzweifelhaft. Denn die erste und dritte Stelle des Titels bestehen gerade aus den oben aufgenommenen § 8. und 9. des Gajus. Zwischen diesen beiden Stellen (als L. 2) steht eine andere aus Hermogenian, deren für unsre Untersuchung wesentlichster Theil so lautet:

Cum igitur hominum causa omne jus constitutum sit: primo *de personarum statu* ... dicemus.

Dazu kommt endlich noch folgende Erklärung der minima capitis deminutio, worin mehrere Stellen wörtlich übereinstimmen:

Ulpian. XI. § 13. Minima capitis deminutio est, per quam, et civitate et libertate salva, *status dumtaxat hominis mutatur.*

§ 3 *J. de cap. dem.* (1. 16.). Minima capitis deminutio est, cum et civitas et libertas retinetur, *sed status hominis commutatur.*

Mit dieser letzten Stelle stimmte ohne Zweifel wörtlich überein Gajus I. § 162, worin nur die hier bedeutenden Worte unlesbar geblieben sind.

VIII.

Ich will nun in einzelnen Sätzen zusammenstellen, was sich aus der Vergleichung der angeführten Zeugnisse als gemeinsame Ansicht der alten Juristen ergiebt.

1) Das jus quod pertinet ad personas umfaßt sämmtliche, sehr mannichfaltige Verhältnisse der Familie.

2) Die Stellung, die jedem Menschen in diesen verschiedenen Verhältnissen zukommt, wird abwechslend durch folgende, völlig gleichbedeutende Ausdrücke bezeichnet:

Jus personarum (Gajus und Justinian).

Personarum status (Hermogenian).

Condicio hominum (Gajus, wenn anders diese Stelle ächt ist s. o. VII. a).

Status hominum (Digesten).

Status hominis (Ulpian, Justinian, und wahrscheinlich Gajus).

3) Status hominum oder hominis bezeichnet also nicht unbestimmt einen Rechtszustand des Menschen überhaupt, sondern gerade dessen Familienstellung, und bildet daher den bestimmten Gegensatz gegen die Stellung im Staate. Der Status hominis ist die Stellung des Menschen (privata hominis et familiae jura), im Gegensatz der Stellung des Bürgers (publica und civitatis jura).

4) Status also bedeutet nicht etwa die höhere Stellung in jenen verschiedenen Verhältnissen, sondern die Stellung überhaupt, hoch oder niedrig. Insofern kann man auch dem Sklaven einen Status zuschreiben, nämlich eben seinen Sklavenzustand. Weil aber er unter Allen allein ganz rechtlos, folglich sein Zustand der einzige blos negative ist, so wird ihm auch wohl aller status überhaupt abgesprochen (a).

5) Jus personarum bezeichnet also hier nicht einen Abschnitt der Rechtswissenschaft, sondern einen gewissen Zustand der einzelnen Menschen; oder (nach dem Sprachgebrauch mancher Neueren) es bezieht sich auf das Recht im subjectiven, nicht im objectiven Sinn (§ 54. d und § 59).

(a) *L.* 3 § 1 *L.* 4 *de cap. min.* (4. 5.). Vgl. unten Num. XIII.

IX.

Folgende in unsren Quellen vorkommende einzelne Anwendungen sollen dazu dienen, theils die aufgestellten Sätze zu bestätigen oder anschaulich zu machen, theils sie gegen scheinbare Einwürfe zu vertheidigen.

Die häufigste Anwendung unter allen ist die in den Ausdrücken Status quaestio, Status causa, Status controversia. Diese Ausdrücke kommen namentlich vor, wenn über die Agnation zu einem bestimmten Verstorbenen, als Bedingung der Erbfolge, gestritten wird (a), und dieser Umstand ist in zweyerley Rücksicht bemerkenswerth: erstlich als Beweis, daß jene Ausdrücke wirklich gebraucht wurden um den Streit über das Daseyn von Familienverhältnissen zu bezeichnen; zweytens weil es dadurch unmittelbar gewiß ist, daß auch die Verwandtschaft von den alten Juristen als Status bezeichnet wurde, welches nach dem Inhalt des ersten Buchs von Gajus bezweifelt werden könnte (Num. VII.).

Daneben aber ist nicht zu verkennen, daß in ungleich mehreren Stellen jene Ausdrücke gebraucht werden, um den Streit über Freyheit oder Sklavenstand, Ingenuität oder Libertinität, zu bezeichnen, so daß wir in jeder Stelle unsrer Quellen, worin die Ausdrücke unbestimmt gebraucht werden, mit Wahrscheinlichkeit annehmen können, der Verfasser habe gerade hieran gedacht. Der Grund dieses häu-

(a) *L.* 3 § 6—11 *L.* 6 § 3 *de Carbon. edicto* (37. 10.).

figeren Sprachgebrauchs liegt jedoch nur in dem zufälligen und faktischen Umstand, daß der Rechtsstreit über das Daseyn von Verwandtschaftsverhältnissen ungleich seltner vorkam, als der über Freyheit. Auch dieses aber läßt sich natürlich erklären. Denn theils wurde auf die Verhältnisse anerkannt freyer Menschen gewiß mehr Aufmerksamkeit verwendet, als auf die faktische Verwandtschaft Derjenigen, die im wirklichen oder scheinbaren Sklavenstand lebten, weshalb jene seltener zweifelhaft und bestritten seyn konnten: theils mußte die Vererbung und Veräußerung der Sklaven, so wie die Fortpflanzung des Sklavenstandes durch die Mutter, Gelegenheit zu häufigen Streitigkeiten geben, wie sie bey den mehr individuellen Familienverhältnissen kaum vorkommen konnten. Endlich kam auch der Streit über Verwandtschaft häufig (vielleicht meistens) gar nicht als selbstständige status quaestio vor, sondern nur als incidens quaestio bey Gelegenheit einer Erbschaftsklage (a[1]). — Daß aber von einem Streit über Civität als Status quaestio nicht die Rede ist, erklärt sich aus einem anderen Grunde; darüber kam überhaupt keine Privatklage vor.

Eine merkwürdige Bestätigung dieses gewöhnlichen Sprachgebrauchs findet sich in der aus einem Edict von Nerva herstammenden Rechtsregel, daß Fünf Jahre nach dem Tod eines Menschen keine nachtheilige Status quae-

(a[1]) Vgl. *L.* 1 *C. de ord. jud.* (3. 8.).

stio über den Verstorbenen zugelassen werden sollte (b). Nach dem allgemein gefaßten Ausdruck konnte man diese Regel auch auf jeden Streit über Familienverhältniß beziehen, z. B. über die Frage, ob eine vorgenommene Emancipation rechtsgültig sey oder nicht; dennoch war es anerkannt, daß diese Anwendung nicht in dem Sinn der Regel liege (c), so daß dieselbe lediglich auf die Bestreitung der Freyheit oder der Ingenuität des Verstorbenen bezogen wurde (d). In dieser Regel bezeichnet also Status nur das, was ich oben den staatsrechtlichen Status genannt habe, mit Ausschluß des privatrechtlichen.

Auf diesen zuweilen vorkommenden engeren Sprachgebrauch des Worts bezieht sich auch eine Stelle, welche von jeher große Zweifel erregt hat:

> *L.* 1 § 8 *ad Sc. Tert.* (38. 17.). Capitis minutio *salvo statu contingens* liberis nihil nocet ad legitimam hereditatem .... Proinde sive quis .. capite minuatur, ad legitimam hereditatem admittetur: nisi magna capitis deminutio interveniat, quae vel civitatem adimit, utputa si deportetur.

Hier unterscheidet Ulpian offenbar zwischen der magna (d. h. maxima oder media) und minima capitis deminutio

(b) Ne de Statu defunctorum post quinquennium quaeratur. Dig. XL. 15. Cod. VII. 21.

(c) *L.* 5 *C. ne de statu* (7. 21.).

(d) Daß auch der Streit über Ingenuität, nicht blos der über Freyheit, unter jener Regel stand, sagen ausdrücklich *L.* 1 § 3 *ne de statu* (40. 15.). *L.* 6. 7. *C. eod.* (7. 21.). *L.* 6 *C. ubi de statu* (3. 22.). In dieser letzten Stelle hob Justinian die Regel in Beziehung auf Ingenuität auf.

(§ 68. d), und er nennt diese letzte: salvo statu contingens, anstatt daß andere Stellen zu sagen pflegen: salva civitate (e). Er gebraucht also hier Status für publicus Status, das heißt in demselben eingeschränkten Sinn, der in der Zusammensetzung mit quaestio der gewöhnliche, außer dieser Zusammensetzung aber (und auch in anderen Stellen des Ulpian) nicht gewöhnlich ist. Wir haben daher in dieser Stelle, wie in so manchen anderen, mit einem singulären Sprachgebrauch zu thun, diese Bemerkung muß uns genügen, und zu einer Veränderung des Textes ist kein Bedürfniß vorhanden (f). — Ein ähnlicher Sprachgebrauch findet sich in einem schon oben (Num. V.) mitgetheilten Rescript des Severus, L. 6 C. ex quib. c. inf. Denn auch da heißt Statum retinent: sie verlieren weder Freyheit, noch Civität.

In mehreren Stellen kommen vor: de statu suo incerti, dubitantes, errantes (g). Dieser Ausdruck geht auf Zweifel bald über Freyheit, bald über Unabhängigkeit von väterlicher Gewalt, bestätigt also ganz unsren vorausgesetzten Begriff.

Die häufigste Anwendung von Status in der Ausdeh-

(e) *L.* 2 *pr.* *L.* 5 § 2 *de cap. min.* (4. 5.). *L.* 2 *de leg. tutor.* (26. 4.).

(f) Noodt observ. II. 21 will emendiren: salvo statu c. contingens, welches heißen soll: salvo statu civitatis contingens. Allerdings kommt nun C. als Sigle für civitas vor: aber theils ist jede Annahme von Siglen in den Digesten sehr mißlich, theils ist auch die Zusammensetzung status civitatis ohne anderes Beyspiel: abgesehen davon, daß überhaupt zu irgend einer Emendation keine Noth drängt.

(g) Ulpian. XX. § 11. *L.* 14. 15 *qui test.* (28. 1.).

nung, die ich dem Wort beygelegt habe, findet sich in der Erklärung der capitis deminutio als einer Status mutatio, worin offenbar Status sowohl die Freyheit und Civität, als auch bloße Familienverhältnisse bezeichnet. Das Genauere hierüber wird weiter unten vorkommen.

Abwechselnd mit Status wird auch condicio gebraucht, unter andern um das Standesverhältniß in Beziehung auf Civität zu bezeichnen (h).

Folgende Stellen endlich könnten gebraucht werden als scheinbare Bestätigungen der Annahme von Status naturales.

a) Status aetatis.

L. 77 § 14 *de leg.* 2 (31. un.) quamquam igitur testamento cautum esset, *ut cum ad statum suum frater pervenisset; ei demum solveretur* etc.

L. 5 *C. quando dies* (6. 53.). Ex his verbis: Do, lego Aeliae ... quae legata accipere debebit, *cum ad legitimum statum pervenerit* etc.

In beiden Stellen heißt status suus und legitimus status nichts Anderes als Volljährigkeit; aber ein technischer Sprachgebrauch kann daraus gewiß nicht abgeleitet werden, da diese Ausdrücke hier nicht von Juristen oder Kaisern, sondern von Testatoren gebraucht werden, deren sehr unjuristischer Ausdruck oft den alten Juristen selbst so große Noth macht.

b) Status sexus. In dem Digestentitel de statu hominum handeln L. 9 und 10 von dem Unterschied der Män=

(h) Gajus I. § 68. Ulpian. V. § 8. VII. § 4.

ner, Frauen und Hermaphroditen, und Dieses könnte man wegen der Überschrift des Titels für einen Status halten wollen. Allein bey der compilatorischen Entstehungsweise der Digesten kann dieser Umstand gewiß Nichts beweisen. Mag übrigens auch mancher alte Jurist bey Gelegenheit der Familienverhältnisse von dem Unterschied der Geschlechter gehandelt haben, was gar nicht unwahrscheinlich ist, so stellte er denselben dadurch noch nicht auf gleiche Linie mit den wirklichen Rechtsverhältnissen, die als Status bezeichnet werden. Überhaupt kommt in jenen beiden Stellen das Wort Status gar nicht vor: condicio feminarum ist darin allerdings genannt, aber gerade dieses Wort wird gewiß noch häufiger als Status in einem unbestimmten, blos faktischen Sinn gebraucht.

X.

Die bisher angestellte Untersuchung ergiebt für den Gattungsbegriff von Status folgendes Resultat. Status bezeichnet zwey Verhältnisse des öffentlichen Rechts (Freyheit und Civität), und aus dem Privatrecht alle der Familie angehörende Rechtsverhältnisse.

Die unter dieser Gattung enthaltenen einzelnen Arten kann man auf folgende verschiedene Weise anordnen:

1) Durch Zurückführung auf allgemeine Begriffe:

Staatsrechtliche Status (Freyheit und Civität).

Privatrechtliche Status (Alle Familienverhältnisse).

2) Durch Aufzählung einzelner Fälle:

Freyheit,

Civität,

Familie (Status hominis),

wobey jedoch bemerkt werden muß, daß die Gleichartigkeit dieser drey Fälle nur scheinbar ist, indem die zwey ersten in der That einfache Verhältnisse sind, anstatt daß der dritte Fall nur der collective Ausdruck einer Mehrheit einfacher Verhältnisse ist, also mehrere einzelne Fälle in sich schließt.

Keine dieser beiden Anordnungen hat im Römischen Recht einen unmittelbaren Ausdruck gefunden, aber für jede derselben läßt sich eine indirecte Anerkennung nachweisen. Auf die erste Anordnung beziehen sich die Römischen Ausdrücke magna (major) und minor capitis deminutio (§ 68. d); auf die zweyte die gangbareren Ausdrücke maxima, media, minima, capitis deminutio (§ 68).

Wie verhält sich nun dazu die bey den Neueren gewöhnliche Lehre von den drey Status? (Num. II. III.). Auf den ersten Blick möchte man sie mit der zweyten Anordnung für gleichbedeutend halten wollen, das ist sie aber in der That nicht, und zwar in keiner der beider Gestalten, die man ihr bisher zu geben versucht hat (Num. III.). Denn die Agnatenfamilie, die nach der einen Erklärung als Status familiae gelten soll, ist doch nur eines unter den zahlreichen Familienverhältnissen; die Eintheilung der Menschen in sui juris und alieni juris (nach der andern

Erklärung), das heißt eigentlich die Gesammtheit der Abhängigkeitsverhältnisse, ist zwar umfassender als die Agnatenfamilie, kommt also der Wahrheit näher, läßt jedoch gleichfalls mehrere Zweige der Familie unberührt, namentlich Tutel, Patronat, Verwandtschaft.

Jetzt erst läßt sich mit Erfolg die Frage aufwerfen, welchen juristischen Boden die gewöhnliche Lehre von den drey Status haben möge.

Daß in keiner Stelle der Alten die drey Status erwähnt werden, muß wohl Jeder zugestehen, und dieser Umstand ist um so bedenklicher, als die ganz nahe liegende dreyfache capitis deminutio häufig genug vorkommt.

Aber auch einzeln kommen die den Neuern so geläufigen Namen der drey Status beynahe gar nicht vor. Status civitatis und Status familiae finden sich durchaus nicht, und Status libertatis finde ich nur in einer einzigen Stelle ganz später Zeit, in einer Constitution von Constantin (a); auch hier aber ohne alle Beziehung auf den wirklichen Begriff

(a) *L.* 5 *C. Th. ad Sc. Claud.* (1.11.) bey Hänel p. 401: „Quaecunque mulierum .. servi contubernio se miscuerit ... *statum libertatis* amittat." — Man könnte noch darauf beziehen Suetonius de illustr. Grammaticis Cap. 21 „C. Melissus ingenuus, sed ob discordiam parentum expositus ... quamquam adserente matre, permansit tamen in *statu servitutis: praesentemque conditionem* verae origini praeposuit, quare cito manumissus ... est." Allein hier heißt offenbar status servitutis der blos auf Irrthum beruhende faktische Zustand der Unfreyheit: der Ausdruck ist also hier in dem oben (Num. IV.) erwähnten, nichttechnischen Sinn genommen. Denn der wirkliche status des Melissus war ja der aus der vera origo hervorgehende.

von Status, und nur als eine ganz müßige, nichtssagende Varietät für libertas allein.

Scheinbare Bestätigung erhält die Lehre von den drey Status durch künstliche Herleitung aus zwey in unsren Quellen enthaltenen Angaben, woraus allein jene Lehre augenscheinlich entstanden ist:

a) Aus der dreyfachen capitis deminutio, verbunden mit der Definition der capitis deminutio als Status mutatio, wodurch beide Begriffe in unmittelbare Verbindung gesetzt werden. Davon kann erst weiter unten, durch die Untersuchung der wahren Natur der capitis deminutio, Rechenschaft gegeben werden.

b) Aus folgender Stelle des Paulus:

L. 11 *de cap. min.* (4. 5.). „Capitis deminutionis tria genera sunt: maxima, media, minima; *tria enim sunt, quae habemus, libertatem, civitatem, familiam*" etc.

Auch diese Stelle kann erst bey der capitis deminutio vollständig erklärt werden. Schon hier aber muß es jedem Unbefangenen auffallen, daß gerade der Ausdruck Status von Paulus nicht gebraucht ist, sondern an dessen Stelle der höchst seltsame, von keinem Standpunkt aus zu rechtfertigende, Ausdruck quae habemus. Einen entscheidendern Beweis kann es kaum geben, daß die Römer die drey Status, wenigstens unter diesem Namen, nicht kannten; sonst hätte gewiß Paulus nicht unterlassen, den sicheren und bequemen Kunstausdruck zu gebrauchen anstatt einer höchst ungenügenden Umschreibung.

XI.

In der Lehre von der dreyfachen Capitis deminutio (§ 68—70) ist Vieles einfach und fast unbestritten. Dahin rechne ich die Natur der beiden höheren Arten derselben (maxima und media): ferner die Angabe der meisten einzelnen Fälle, in welchen eine solche anzunehmen ist: endlich auch ihre Wirkungen.

Einige Stücke derselben aber gehören zu den vorzüglich schwierigen und streitigen Fragen des alten Rechts, und diese sollen nunmehr einer besondern Untersuchung unterworfen werden. Dahin gehört die genaue Bestimmung des allgemeinen Begriffs: der besondere Begriff der untersten Art derselben (minima): endlich einige wenige Fäll der Anwendung.

Der Gattungsbegriff der Capitis deminutio wird von den alten Juristen übereinstimmend, und nur mit Abweichungen in Nebenausdrücken, dahin bestimmt: es sey eine Status mutatio (§ 68. b). Durch diese Definition werden wir also zurück verwiesen auf den allgemeinen Begriff des Status, für welchen oben (Num. III. und X.) drey mehr oder weniger verschiedene Erklärungen aufgestellt worden sind. Diese stimmten unter einander darin überein, daß Freyheit und Civität in allen enthalten war: neben beiden aber noch ein Drittes, in dessen Angabe die Meynungen aus einander giengen. Demnach wäre die oben angegebene Definition der Capitis deminutio dahin zu entwickeln, daß sie bestehen müßte in einer Veränderung:

entweder der Freyheit (maxima),

oder der Civität (media),

oder eines Dritten, je nach jenen drey Erklärungen Verschiedenen (minima).

Dieses Dritte nun, durch dessen Veränderung eine Capitis deminutio (nåmlich die minima) bewirkt werden könnte, müßte seyn:

1) nach der einen Erklärung: die Agnatenfamilie,

2) nach der andern: die Unabhängigkeit oder Abhängigkeit,

3) nach der dritten: irgend ein Familienverhältniß, worin also die in den beiden ersten Erklärungen vorausgesetzten Veränderungen unter andern auch mit begriffen wären.

Bey jeder dieser drey Erklärungen entsteht ein großes, ihnen gemeinsames Bedenken, daß nämlich nur eine Veränderung überhaupt, und nicht eine nachtheilige Veränderung gefordert werden soll, so daß also auch eine vortheilhafte oder gleichgültige unter jenem Begriff enthalten seyn könnte. Diese nothwendige Folge der aufgestellten Definition widerspricht:

a) dem Ausdruck deminutio, der doch geradezu eine Verminderung, einen Verlust bezeichnet (a);

(a) Diesem Einwurf begegnet Noodt Comm. in Dig. IV. 5 durch die Bemerkung, minuere könne auch so viel heißen als mutare überhaupt. Allein von dem Begriff des minuere ist die Verminderung oder der Verlust unzertrennlich; und wenn in einzelnen Fällen jene beiden Ausdrücke identisch seyn mögen, so entsteht dieses gerade umgekehrt nur dadurch, daß das mutare

b) dem unzweifelhaften Sprachgebrauch in manchen einzelnen Fällen der Anwendung. Denn wenn ein Peregrine oder Latine die Civität erhielt, so ereignete sich für ihn gewiß eine bedeutende Status mutatio, aber unmöglich hätte ein Römer diese Standeserhöhung eine Capitis deminutio nennen können.

Nach den zwey letzten Erklärungen kommt noch ein anderes Bedenken hinzu. Eine solche Veränderung, wodurch ein bisher Abhängiger die Unabhängigkeit erlangt, kann auch aus einem Naturereigniß (dem Tod des Vaters) entstehen. Da nun dieser Fall gewiß nicht als Capitis deminutio angesehen werden kann, so müßte die Definition wenigstens den Zusatz bekommen: Veränderung durch juristische Handlungen, nicht durch natürliche Ursachen. Wird übrigens dem ersten Bedenken abgeholfen, so ist dadurch das zweyte zugleich mit erledigt. Denn der eben angegebene Fall besteht in einer vortheilhaften Veränderung, und es läßt sich kein Fall einer nachtheiligen auffinden, welcher durch bloße Naturereignisse herbeygeführt würde.

Es ergiebt sich hieraus, daß nach jeder der drey Erklärungen des Status, jene Definition so ergänzt werden müsse: Status mutatio *in deterius*. Allein auch in ihrer ersten Unvollständigkeit ist sie doch keinesweges leer und nichtssagend. Denn sie fordert doch immer eine den Sta-

zufällig einen Verlust schon in sich begreift. Vgl. CONRADI parerga p. 171.

tus berührende Veränderung, schließt also z. B. den Verlust der bloßen dignitas von dem Begriff der Capitis deminutio aus.

Mir scheint nun aber auch diese Ergänzung der Definition noch nicht genügend. Vielmehr wird dieselbe vollständig so lauten müssen:

Veränderung des Status, zum Nachtheil, und zwar gerade in Beziehung auf die Rechtsfähigkeit.

Da nun aber jede Verminderung der Rechtsfähigkeit gar nicht anders denkbar ist, als durch eine im Status vorgehende Veränderung, so läßt sich nun die ganze Definition kürzer, und dennoch erschöpfend, auch so fassen:

Capitis deminutio heißt jede Verminderung der Rechtsfähigkeit (§ 68).

XII.

Die größten Zweifel finden sich bey dem Begriff der minima c. d., indem derselbe von den alten Juristen selbst auf zweyerley, dem Wesen nach verschiedene, Weise bestimmt wird.

1) Paulus sagt, sie bestehe in der Veränderung der Familie, das heißt in dem Austritt aus der angebornen Agnatenfamilie (a).

L. 11 *de cap. min.* (4. 5.) .. cum et libertas et civi-

(a) Es ist also hier gemeynt die familia communi jure, nicht jure proprio, nach Ulpians Unterscheidung in *L.* 195 § 2 *de V. S.* (50. 16.).

tas retinetur, *familia tantum mutatur*, minimam esse capitis deminutionem constat.

L. 3 *pr. eod.* Liberos, qui adrogatum parentem sequuntur, placet minui caput .. *cum familiam mutaverint*.

L. 7 *pr. eod.* Tutelas etiam non amittit capitis minutio ... Sed legitimae tutelae ex duodecim tabulis intervertuntur ... quia agnatis deferuntur, *qui desinunt esse, familia mutati*.

Nach dieser Erklärung, worin er sich überall gleich bleibt (b), bezieht er also die minima c. d. allerdings auf einen privatrechtlichen Status, aber nicht auf jeden überhaupt, sondern nur auf einen einzigen: und merkwürdigerweise ist dieses gerade derjenige, dessen Anerkennung in der Reihe der privatrechtlichen Status, nach dem Inhalt des ersten Buchs des Gajus, allein bezweifelt werden könnte (Num. VII.).

2) Ulpian und die Institutionen, ohne Zweifel auch Gajus, erklären die minima c. d. als eine Begebenheit,

(b) Man könnte glauben, in folgender Stelle schwanke er nach der andern Erklärung hinüber. Paulus III. 6 § 29 Capitis minutione amittitur (ususfructus), si in insulam fructuarius deportetur, vel si ex causa metalli servus poena efficiatur, aut si *statum* ex adrogatione vel adoptione *mutaverit*. Hier sollen indessen die Worte statum mutaverit nicht als specielle Bezeichnung der minima c. d. gelten (sonst hätte hominis dabey stehen müssen), sondern als wiederholender Ausdruck der c. d. überhaupt. Denn so kommen sie ja überall bey den alten Juristen vor, und Paulus wollte gewiß nicht andeuten, der Ausdruck statum mutaverit passe nur auf den Adoptirten, und nicht auch auf den Deportirten oder den Bergwerkssklaven.

wodurch der privatrechtliche Status (St. hominis) verändert werde, während die Freyheit und Civität unverändert bleiben.

Ulpian. XI. § 13: Minima capitis deminutio est, per quam, et civitate et libertate salva, *status dumtaxat hominis mutatur*.

§ 3 *J. de cap. demin.* (1. 16.). Minima capitis deminutio est, cum et civitas et libertas retinetur, sed *status hominis commutatur*.

Gajus I. § 162. In ihm sind gerade die hier entscheidenden Worte unlesbar geblieben; nach den erhaltenen Worten aber darf man annehmen, daß sie eben so lauteten, wie wir sie in Justinians Institutionen lesen.

Wollte man noch zweifeln, ob auch wirklich Status hominis hier den ausgedehnten Sinn habe, welcher durch den Zusammenhang mit vielen anderen Stellen begründet wird (Num. VIII.), so würde dieser Zweifel wenigstens durch die in den Institutionen unmittelbar folgende erläuternde Anwendung beseitigt werden:

Quod accidit in his, qui cum sui juris fuerunt, coeperunt alieno juri subjecti esse, vel contra. Servus autem manumissus capite non minuitur, quia nullum caput habuit.

In diesen Anwendungen, und besonders in der Art wie die Anwendung auf den Sklaven abgelehnt wird, ist keine Spur wahrzunehmen von einer Beschränkung der minima c. d. auf die Agnatenfamilie, also von der Deutung, welche Paulus diesem Kunstausdruck giebt.

Nach den oben entwickelten Gründen muß nun die Erklärung des Gajus und Ulpian als richtig anerkannt, und nur auf folgende Weise ergänzt werden:

Minima c. d. heißt eine Veränderung des privatrechtlichen Status (der Familienverhältnisse), welche mit einer Verminderung der Rechtsfähigkeit verbunden ist.

Ist diese Bestimmung des Begriffs richtig, so werden wir folgende Fälle der minima c. d. anerkennen müssen (§ 68).

1) Jede Verwandlung eines Unabhängigen (sui juris) in einen Abhängigen (alieni juris).

2) Jede Degradation eines Kindes oder einer Frau aus der potestas oder manus in die mancipii causa.

Dagegen werden wir nicht dahin zu rechnen haben:

a) Die Verwandlung eines Freyen in einen Sklaven, denn diese gilt vielmehr als maxima c. d. (c). Der Grund liegt darin, daß eine solche Veränderung zwey verschiedene Beziehungen hat: sie ist nämlich zugleich Eintritt in den Sklavenstand, und Begründung einer häuslichen potestas. In der ersten Beziehung gehört sie dem öffentlichen Recht an, in der zweyten dem Privatrecht. Da nun

(c) Dasselbe müssen wir behaupten von der Verwandlung eines Ingenuus in einen Libertinus, wenn diese überhaupt als Capitis deminutio betrachtet wurde. Vgl. § 68. c.

aber die erste Beziehung die überwiegende ist, so gilt sie überhaupt als maxima, nicht als minima c. d. (vergl. Num. VI. und § 68).

b) Die Verwandlung eines Vormundsfreyen in einen Bevormundeten. Denn diese verändert allerdings den Status hominis, aber ohne die Rechtsfähigkeit zu vermindern. Der Wahnsinnige also, der unter Curatel kommt, erleidet keinesweges eine Capitis deminutio (d).

Die Neueren pflegen entweder eine jener beiden alten Erklärungen der minima c. d. anzunehmen, oder zwischen beiden hin und her zu schwanken. Es kommt auch wohl vor, daß eine Vereinigung von beiden versucht wird, so daß die minima c. d. zwey Fälle umfassen soll: Verlust der eigenen Familie (Verwandlung des sui juris in alieni

(d) *L.* 20 *de statu hom.* (1. 5.) „Qui furere coepit, et *statum*, et dignitatem ... videtur retinere, sicut rei suae dominium retinet." Bey dem Status war zunächst an Freyheit und Civität gedacht, wie der Gegensatz der dignitas zeigt, und dadurch ist das videtur retinere gerechtfertigt. Für den Status hominis läßt sich allerdings eine mutatio behaupten, aber gewiß keine Capitis deminutio. — Zweifelhafter ist die Sache bey dem commercium interdictum des prodigus, da dieser die testamentifactio verliert. Ulpian. XX. § 13. *L.* 18 *pr. qui test.* (28. 1.). § 2 *J. quibus non permittitur* (2. 12.). Eigentlich aber ist es doch auch hier nur Fiction des Wahnsinns, also einer natürlichen Handlungsunfähigkeit, so daß der Ausdruck testamentifactio in dem, auch sonst wohl vorkommenden, faktischen Sinn gebraucht wird. Der Beweis liegt darin, daß das von dem Verschwender vor der Interdiction gemachte Testament schlechthin gültig bleibt (*L.* 18 *cit.* § 2 *J. cit.*), anstatt daß jede capitis deminutio das Testament zerstört, und selbst die indirecte prätorische Aufrechthaltung nur eintritt bey einer vorübergehenden Unfähigkeit in der Zwischenzeit, nicht bey einer solchen, die noch zur Zeit des Todes fortdauert. Ulpian. XXIII. § 4. 6.

juris), und der gemeinscheinschaftlichen, das heißt der Agnatenfamilie (e).

XIII.

Es ist also jetzt zwischen zwey Angaben der alten Juristen selbst zu entscheiden, deren eine (von Paulus herrührend) die minima c. d. als Veränderung der Agnatenfamilie, die andere als Veränderung irgend eines Familienverhältnisses (nach meiner Ergänzung: verbunden mit verminderter Rechtsfähigkeit) erklärt.

Folgende Gründe entscheiden gegen die Erklärung des Paulus.

1. Der erste Grund liegt in dem Namen der Capitis deminutio. Dieser uralte Name fordert eine Erklärung. Es muß daher eine Bedeutung des Wortes caput nachgewiesen werden, woraus es begreiflich werde, warum gerade dieses Wort zur Bezeichnung derjenigen Ereignisse verwendet wurde, welche unstreitig den Namen Capitis deminutio führen. Was heißt also hier caput?

Nach Paulus müßte es geradezu das Familienband heißen; allein wo findet sich auch nur eine entfernte Analogie, um diese Worterklärung zu unterstützen?

Man könnte ferner annehmen, caput heiße so viel als Status, oder es heiße die Rechtsfähigkeit; beide Voraussetzungen würden die Zusammensetzung Capitis deminutio befriedigend erklären, aber beide stehen gleichfalls völlig

(e) Glück B. 2 § 128.

willkührlich da, und ermangeln gänzlich der Begründung durch eine sonst erweisliche Bedeutung des Wortes caput.

Da nun ohne Zweifel in diesem Wort etwas Althistorisches angedeutet ist, so ist man schon frühe darauf verfallen, unsren Kunstausdruck aus den alten Censustafeln oder Bürgerlisten zu erklären. Dieses geschah auf die Weise, daß man das caput auf die capita censa bezog, deren Anzahl öfter bey Livius vorkommt. Verlor Einer die Civität, so war die Römische Bürgerschaft um ein caput vermindert worden, es war in ihr ein caput exemtum, deletum. Die minima c. d. sollte dann daraus erklärt werden, daß der Arrogirte sein Vermögen verlor, also in eine geringere Klasse kam (a). Allein das Gezwungene in dieser Erklärung konnte sich der Vertheidiger derselben selbst nicht verbergen, und er fand mit Recht Bedenken bey der c. d. des Emancipirten. Ganz besonders aber hätte man nach dieser Worterklärung eigentlich sagen müssen, daß in einem solchen Fall das Römische Volk eine capitis deminutio erleide, nicht der einzelne Mensch.

Diese Bedenken verschwinden bey der sehr befriedigenden Erklärung von Niebuhr (b). Nach ihm hieß Caput die Rubrik jedes Römers in der censorischen Bürgerliste, mit Allem was dabey über seine persönlichen Verhältnisse bemerkt war: und diese Wortbedeutung wird durch die in

(a) Heineccii antiqu. jur. I. 16 § 1. 12.

(b) Niebuhr Römische Geschichte B. 1 S. 606 (ed. 4.) B. 2 S. 460 (ed. 2.).

späterer Zeit eingetretene Umbildung vollkommen bestätigt (c). Wurde nun in jener Liste bey dem Namen eines Römers eine solche Veränderung eingetragen, weil das Individuum juris deterioris geworden, so war das eine deminutio capitis. Dahin gehörten also namentlich die Fälle, wenn der bisherige Bürger wegen verlorner Freyheit oder Civität ganz ausgestrichen wurde; eben so, wenn der paterfamilias arrogirt war, und nun als Sohn eines Andern eingetragen werden mußte. — Diese Erklärung halte ich an sich für befriedigend, und ich muß nur noch auch hier wieder ergänzend hinzusetzen: vorausgesetzt, daß jene vermerkte nachtheilige Veränderung mit einer Verminderung der Rechtsfähigkeit verknüpft war. Wenigstens vom Standpunkt der Römischen Juristen aus, in einer Zeit worin das Privatrecht so sehr überwiegend geworden, das öffentliche so sehr zurückgetreten war, muß ich dieses behaupten: womit sehr wohl die Annahme bestehen könnte, daß zur Zeit der Republik auch manche blos politische Herabsetzung, selbst wenn dieselbe keinen Einfluß auf die privatrechtliche Fähigkeit hatte, den Namen der Capitis deminutio geführt haben möchte (d).

(c) In der Steuerverfässung der Kaiserzeit hieß caput eine Steuerhufe, d. h. jedes in die Kataster eingetragene Ganze von Grundstücken, wovon ein Simplum entrichtet werden mußte: also auch wieder, wie in jener frühesten Zeit, ein einzelner Abschnitt der Steuerrolle, denn die alte Römische Bürgerliste war ja zugleich Steuerrolle. Vgl. Zeitschrift für geschichtliche Rechtswissenschaft B. 6 S. 323. 377.

(d) Als Beyspiele nennt Niebuhr die Verwandlung eines Plebejers in einen Ärarius (Verlust der Tribus), und die Versetzung in eine tribus minus honesta.

Mit dieser Worterklärung von caput stimmt völlig überein die oben (Num. XII.) angeführte Stelle der Institutionen, worin von dem Freygelassenen, in Beziehung auf seinen früheren Sklavenstand, gesagt wird: nullum caput habuit. Sehr natürlich, weil in den censorischen Listen die Sklaven als Personen gewiß nicht aufgeführt seyn konnten. Nur scheinbar damit ähnlich, im Wesen verschieden, ist der Ausdruck, welcher für denselben Fall von Paulus und Modestin gebraucht wird:

L. 3 § 1 *de cap. min.* (4. 5.). Aliter atque cum servus manumittitur: quia *servile caput* nullum *jus habet*, ideo nec minui potest.

L. 4 *eod.* Hodie enim incipit *statum habere*.

Bey Paulus bezeichnet nun offenbar caput den Menschen, und servile caput heißt ihm ein Mensch, welcher Sklave ist. Diesem bestreitet er die Möglichkeit einer Capitis deminutio nicht deswegen, weil er kein caput habe (denn so nennt er ihn ja geradezu), sondern weil er rechtlos sey, also Nichts verlieren, nicht heruntergesetzt werden könne. In demselben Sinn spricht dem Sklaven in der zweyten Stelle Modestin den Status ab (Num. VIII. a).

Man könnte hinzusetzen einen solchen Vermögensverlust, wodurch Einer in eine geringere Klasse kam. Ganz besonders aber gehört dahin die Infamie, bey welcher der unter den Kaisern veränderte Sprachgebrauch unmittelbar erweislich ist (§ 81). — Die im Text behauptete Beschränkung der capitis deminutio auf die Verminderung privatrechtlicher Rechtsfähigkeit steht im consequentesten Zusammenhang mit der ganz ähnlichen Beschränkung des Ausdrucks Status (s. oben Num. V.).

Es würde also ganz unrichtig seyn, wenn man aus der Vergleichung dieser Stellen mit der angeführten Institutionenstelle beweisen wollte, das Wort caput habe bey den Römern so viel bedeutet als jus oder als Status.

XIV.

II. Ein zweyter Grund gegen die Erklärung des Paulus liegt in dem gänzlichen Mangel an einem befriedigenden logischen Zusammenhang. Die maxima, media, minima c. d. sollen Arten derselben Gattung seyn: sie müssen doch also etwas Gemeinsames haben, worin allein das Wesen dieser sie umschließenden Gattung gesucht werden kann. Nach unsrer Erklärung ist dieses Gemeinsame unverkennbar. Es ist die verminderte Rechtsfähigkeit, welche in jeder dieser drey Rechtsveränderungen wahrzunehmen ist, außer ihnen aber nirgends. Die Erklärung des Paulus vermag ein solches gemeinsames Merkmal durchaus nicht aufzuweisen. Es ist wohl der Ausweg versucht worden, die Stellung in einer bestimmten Agnatenfamilie deswegen als Rechtsfähigkeit zu behandeln, weil man dadurch fähig werde, eine Intestaterbschaft zu erwerben. Allein dieser Auffassung liegt zum Grunde die Verwechslung der Rechtsfähigkeit mit den faktischen Bedingungen des Erwerbs von Rechten. Die justa causa bey der Tradition, der Titel bey der Usucapion sind eben so, wie die Agnation bey der hereditas intestati, faktische Bedingungen des einzelnen, wirklichen Erwerbs: aber sie alle sind durchaus nicht Elemente der Rechtsfähigkeit. Der Verlust der Agnation ist Verlust eines bestimmten erworbenen Rechts, gerade so wie der Verlust des Eigenthums an einem Hause: durch Beides leidet die Rechtsfähigkeit nicht. So wenig nun irgend Jemand die Verarmung eine Capitis deminutio nennt, so wenig kann consequenterweise der Verlust der Agnation als solcher mit jenem Namen bezeichnet werden.

Von der einen Seite also ist kein Grund vorhanden, den Verlust der Agnation mit dem Verlust der Freyheit oder der Civität als gleichartig zu behandeln. Eben so aber erscheint es auch auf der andern Seite als inconsequent, denselben von anderen Ereignissen zu isoliren, mit welchen er doch in der That ganz gleichartig ist. Denn das Wesen desselben besteht in dem Ausscheiden aus einem einzelnen Familienverhältniß, wodurch uns zugleich der Erwerb mancher anderen Rechte (hauptsächlich Erbschaft) entzogen werden kann. Wenn nun hierin ein Grund liegen soll, die aufgehobene Agnation eine Capitis deminutio zu nennen, so ist gar nicht zu begreifen, warum so manche Ereignisse nicht denselben Namen führen sollen, für welche ihn doch Niemand in Anspruch nimmt.

So z. B. die Ehescheidung. Der Mann scheidet aus diesem wichtigen Familienverhältniß aus, und verliert dadurch die (erst von Justinian aufgehobene) Aussicht, durch den Tod der Frau die Dos für immer mit seinem Vermögen zu vereinigen. Ich weiß nicht, warum diese Erwartung weniger Rücksicht verdienen sollte, als die der Intestaterbschaft der Agnaten.

Eben so müßte auch die Emancipation eine Capitis deminutio des Vaters genannt werden. Denn der Vater scheidet aus dem bisherigen Familienverhältniß aus, und verliert dadurch die Möglichkeit, durch die Handlungen des Sohnes Etwas zu erwerben, wodurch er vielleicht weit reicher werden könnte, als durch die ganz unsichere Intestaterbfolge aller seiner Agnaten.

Unsere Erklärung hat mit diesen Schwierigkeiten wieder nicht zu kämpfen, da es augenscheinlich ist, daß in allen solchen Ereignissen keine Verminderung der Rechtsfähigkeit liegt.

Auf den hier entwickelten Grund übrigens will ich nicht allzuviel Gewicht legen. Die Capitis deminutio ist ein historischer Begriff, und es wäre denkbar, daß dieser auf ganz unlogische Weise, ohne Rücksicht auf inneren Zusammenhang, construirt und gegliedert worden wäre. Aber für wahrscheinlich können wir das doch nicht halten, und wenn es möglich ist eine Erklärung zu finden, durch welche die Consequenz in der Ausbildung jenes Begriffs gerettet wird, so verdient dieselbe entschieden den Vorzug vor derjenigen, die diesen Dienst nicht leistet.

Die hier hervorgehobene Schwäche der Erklärung des Paulus ist auch in vielen neueren Behandlungen unsres Gegenstandes sehr fühlbar. So in den beiden oben (Num. I.) angeführten Schriften von Feuerbach und Löhr, die sich genöthigt sehen, stets zwischen den Begriffen von Rechtsfähigkeit und erworbenen Rechten zu schwanken, um, unter Voraussetzung der minima c. d. als familiae mutatio, dennoch die drey Stufen der c. d. als Arten einer gemeinsamen Gattung behandeln zu können.

XV.

III. Ein dritter Grund gegen Paulus liegt in der völlig schwankenden Art, in welcher er selbst über manche einzelne Anwendungen sich erklärt. Dahin gehört folgende Stelle, auf welche stets von allen Seiten großes Gewicht gelegt worden ist.

L. 3 *pr.* § 1 *de cap. min.* (4. 5.). Liberos, qui adrogatum parentem sequuntur, *placet minui caput* (al. *capite*), cum in aliena potestate sint, et cum familiam mutaverint. — Emancipato filio, et ceteris personis, *capitis minutio manifesto accidit:* cum emancipari nemo possit, nisi in imaginariam servilem causam deductus. Aliter atque cum servus manumittitur etc. (s. o. Num. XIII.).

Er stellt hier zwey Fälle zusammen, für welche er eine c. d. behauptet: bey den Kindern eines Arrogirten, und bey dem Emancipirten. Für den ersten Fall sagt er placet, für den zweyten manifesto accidit. Nun ist zwar im Allgemeinen auf die Ausdrücke, worin die alten Juristen ihre Behauptungen einzukleiden pflegen, nicht allzu viel Gewicht zu legen, und gewiß steht in vielen Stellen placet, worin doch eine unbedingte Gewißheit gemeynt ist. Anders verhält es sich hier, wo dicht neben einander zwey so verschiedene Ausdrücke recht absichtlich gewählt zu seyn scheinen, um einen verschiedenen Grad der Sicherheit beider Behauptungen zu bezeichnen. Diese an sich so natürliche Erklärung wird aber noch dadurch bestärkt, daß Paulus für beide Fälle ganz verschiedene Gründe angiebt, anstatt daß die einfache Berufung auf die familiae mutatio für beide Fälle völlig genügt haben würde, wenn diese als das eigentliche Wesen der minima c. d. unbedenklich und allgemein anerkannt gewesen wäre. Für den ersten Fall giebt er nun allerdings die familiae mutatio als Grunt an, aber sie allein ist ihm nicht sicher genug, und er findet es nöthig, sie durch einen zweyten Grund zu unterstützen, welcher seltsamerweise so lautet: cum in aliena potestate sint. Unstreitig sind die Kinder des Arrogirten vor und nach der Arrogation in fremder Gewalt: aber eben weil sich dieser ihr Zustand gar nicht verändert, ist es kaum begreiflich, wie man diese unveränderte Dauer eines Zustandes als einen Beweis für die Capitis deminutio ausgeben kann, deren eigentliches Wesen doch nur in der Veränderung des bisherigen Zustandes besteht. Indem er nun zu dem Fall des Emancipirten übergeht, sieht man deutlich, wie vergnügt er ist, hier die mißlichen Beweisgründe des ersten Falles entbehren zu können: er erwähnt sie auch gar nicht wieder, sondern beruft sich nun auf den Durchgang durch die imaginaria servilis causa (a), indem er hinzufügt, wegen dieses Grundes sey die c. d. ganz offenbar (manifesto accidit). — Diese auffallende Verschiedenheit des Ausdrucks und der Gründe macht es wahrscheinlich, daß Paulus jenem althistorischen Begriff eine praktische Seite abzugewinnen suchte vermittelst eines hypothetisch aufgestellten Grundes der minima c. d., welchem er selbst jedoch nicht allzu sicher zu vertrauen wagte. Bestimmtere Gründe für diese Annahme werden erst weiter unten angegeben werden können (b).

IV. Ein vierter Grund endlich gegen die Erklärung des Paulus liegt in manchen einzelnen Anwendungen, die nach jener Erklärung als Fälle der minima c. d. betrachtet werden müßten, während wir aus anderen vollgültigen Zeugnissen beweisen können, daß in ihnen eine c. d. durchaus nicht angenommen wurde. Solche Anwendungen sind entscheidender, als die bisher angestellten allgemeinen Betrachtungen. Um die Sache klar zu machen, werde ich eine Übersicht von allen bekannten Fällen der minima c. d. geben.

(a) Es ist wohl möglich, daß Paulus geschrieben hat: nisi in mancipii causam deductus, und daß die Compilatoren die Erwähnung des veralteten Rechtsinstituts durch umschreibende Ausdrücke zu umgehen suchten.

(b) Die schwankende Erklärung des Paulus ist auch schon von Anderen bemerkt worden. Sehr gezwungen erklärt dieselbe Scheltinga bey Fellenberg jurispr. antiqua T. 2 p. 519 durch folgende nicht glückliche Hypothese. Die alten Juristen seyen im Streit gewesen, ob die status mutatio bey der c. d. gerade in deterius seyn müsse. Erst durch fori disputatio sey diese Frage verneint worden, und daher das Schwanken.

XVI.

A. Die Arrogation ist für den Arrogirten eine c. d., und zwar nach beiden Meynungen; denn er verliert die Rechtsfähigkeit eines Unabhängigen, und er tritt zugleich aus seiner angebornen Agnation heraus.

B. Die Kinder des Arrogirten erleiden eine c. d. nach der Meynung des Paulus, indem sie aus ihrer Agnation austreten: nicht nach der entgegengesetzten Meynung, indem ihre Rechtsfähigkeit unverändert bleibt (a). Hier zeigt sich also eine praktische Differenz beider Meynungen (b).

(a) Einige neuere Schriftsteller, welche die Erklärung der minima c. d. als einer familiae mutatio verwerfen, suchen dennoch die einzelne, von Paulus daraus abgeleitete, Anwendung auf die Kinder des Arrogirten aus anderen Gründen zu rechtfertigen. So z. B. Seckendorf de cap. dem. minima § 15, welcher dem Enkel ein minus caput in Vergleichung mit dem Sohn zuschreibt, da doch ihr gegenwärtiger Rechtszustand völlig gleich ist. Eben so Deiters de civili cognatione p. 41, nach welchem der Enkel ein caput impeditum haben soll, weil er um einen Grad weiter von der Unabhängigkeit entfernt sey; allein dieses betrifft ja nicht den gegenwärtigen Zustand, sondern nur die Aussicht auf die Zukunft, nämlich auf die künftige Unabhängigkeit: auch diese Aussicht ist für das Kind des Arrogirten durch die Arrogation nur möglicherweise zurückgeschoben, ja nicht einmal wahrscheinlicherweise, da im gewöhnlichen Lauf der Natur der Arrogator vor dem Arrogirten sterben wird.

(b) Diese praktische Differenz äußert sich jedoch auch nur auf beschränkte Weise. Denn daß die angeborne Agnation für die Kinder des Arrogirten aufhört, wird auch von unsrem Standpunkt aus zugegeben, nur aus einem andern Grunde, nämlich weil jede Agnation nur von dem Vater abgeleitet werden kann, so daß die Kinder stets dieselbe Agnation haben müssen wie der Vater; als praktische Streitfragen blieben also noch etwa diese übrig, ob für die Kinder des Arrogirten die Schulden und die persönlichen Servituten untergiengen, was allerdings behauptet oder verneint werden muß, je nachdem man ihnen eine erlittene Capitis deminutio zuschreibt oder nicht.

Zu einer sicheren Entscheidung führt dieser Fall nicht, weil denselben kein anderer alter Jurist als Paulus erwähnt, seine eigene Meynung aber von ihm selbst auf so unsichere Weise begründet wird (Num. XV.).

C. Die causae probationes des älteren, und die Legitimationen des neueren Rechts führen nach beiden Meynungen jedesmal eine c. d. mit sich, da durch sie stets ein Unabhängiger in einen Abhängigen verwandelt, und zugleich eine neue Agnatenverbindung gegründet wird. Diese Fälle stehen also mit dem Fall der Arrogation (lit. A.) vollkommen auf gleicher Linie.

D. Die an einem Kind in väterlicher Gewalt oder an einer Frau in manu vorgenommene Mancipation enthält nach beiden Meynungen stets eine minima c. d. für die mancipirte Person (c); nach unsrer Meynung, weil dadurch immer eine Degradation zu der mancipii causa, also zu einer tiefer stehenden Art der Familienabhängigkeit, bewirkt wird: nach der entgegengesetzten Meynung, weil dadurch die bisherige Agnation aufgehoben wird. Wenn dagegen der Käufer die ihm so mancipirte Person weiter mancipirt, so entsteht dadurch sicher keine neue c. d., da hierdurch weder eine fernere Degradation bewirkt, noch irgend eine Agnation aufgehoben wird.

E. Die Emancipation, das heißt die Entlassung eines Kindes aus väterlicher Gewalt. Daß diese in der That

(c) Gajus I. § 117 — 118a § 162. Ulpian. XI. § 5. Vergl. auch oben § 67.

eine c. d. (und zwar eine minima) war, gehört nach alten Zeugnissen unter die gewissesten Thatsachen in dieser ganzen Lehre, so daß es nach beiden Meynungen nicht bezweifelt werden darf, sondern aus jeder derselben erklärt werden muß, wenn sie dadurch nicht widerlegt werden soll. Cicero, indem er die c. d. als ein Hinderniß der Gentilität angiebt, denkt wahrscheinlich blos an die in der Emancipation liegende c. d. (§ 69. n). Aus welchem Grund aber ist sie so zu betrachten?

Nach unsrer Meynung deswegen, weil zur Form der Emancipation eine vorübergehende Degradation zu der mancipii causa unentbehrlich war (d). So lange nun die Eigenthümlichkeit der mancipii causa, und ihre wesentliche Verschiedenheit von der Servitus, noch nicht durch Gajus bekannt geworden war, konnten unsre Schriftsteller wohl zweifeln, ob nicht die Emancipation vielmehr eine maxima als minima c. d. enthalte (e); durch Gajus ist hierüber jeder Zweifel verschwunden (f).

Nach der consequent durchgeführten Meynung des Paulus war es deswegen eine c. d., weil dadurch der Emancipirte aus der angebornen Agnatenfamilie heraus trat.

Merkwürdig sind hierüber folgende Äußerungen unsrer Quellen. Die Justinianischen Institutionen, in der oben (Num. XII.) mitgetheilten Stelle, wollen die veraltete man-

(d) Gajus I. § 132. Ulpian. X. § 1. § 12 und die daselbst citirten Schriftsteller.

(e) Heineccius antiqnit. I. 16

(f) Gajus I. § 162.

cipii causa nicht erwähnen, und geben daher die bloße Veränderung, nämlich hier die Befreyung aus der potestas (also eine Verbesserung des Zustandes) als Erklärungsgrund der c. d. an; dadurch sind sie genöthigt zu dem auffallenden Geständniß, auch die Manumission des Sklaven könne eigentlich als eine c. d. angesehen werden, und es geschehe nur deswegen nicht, weil er vor der Freylassung überhaupt gar kein caput gehabt habe.

Paulus, in der gleichfalls oben (Num. XV.) mitgetheilten Stelle, bezeichnet als Erklärungsgrund der c. d. nicht, wie nach seiner Hauptansicht zu erwarten war, die familiae mutatio, sondern inconsequenterweise die imaginaria servilis causa, also den wahren Grund.

Die schwierigste Stelle endlich ist die des Gajus, theils durch den nicht ganz deutlichen Ausdruck, theils durch eine Lücke im Text.

Gajus I. § 162. Minima (capitis) deminutio est .... et in his, qui mancipio dantur, quique ex mancipio manumittuntur; adeo quidem, ut quotiens quisque mancipetur, a — tur, totiens capite diminuatur.

Diese Stelle hat man wohl so verstanden, als ob nicht nur jede einzelne Mancipation, sondern auch jede Manumission, wieder eine besondere c. d. enthielte, welcher letzten Behauptung es doch an aller begreiflichen Rechtfertigung fehlen würde. Die Zweydeutigkeit liegt in dem Wort quique, welches man allerdings so verstehen kann, wie wenn es hieße: et in his, qui ex mancipio manumittuntur, so daß es neue Fälle bezeichnen würde. Jedoch ist diese Deutung keinesweges nöthig, das quique kann eben sowohl unter dem vorhergehenden in his stehen, dann heißt es eben so viel als ein bloßes et, und enthält blos eine nähere Bestimmung des vorher schon erwähnten Falles. Nach diesen beiden Erklärungen muß sich zugleich auch die Ausfüllung der folgenden Lücke richten. Der Herausgeber hat gesetzt: *aut* manumittatur, wodurch wieder die Manumission zu einem neuen Fall der c. d. gemacht wird. Es ist aber vielmehr zu lesen: *ac* (oder atq) manumittatur (g), welche Ergänzung die Manumission auch hier wieder mit der Mancipation zu einem und demselben Fall der c. d. verbindet. Die ganze Stelle hat nämlich folgenden Sinn. Gajus wollte den Begriff der c. d. durch Beyspiele erläutern. Dazu wählte er unter andern einen Theil der Emancipationsformen, deren vollständige Darstellung hier ganz außer seinem Zweck lag. Er will nun sagen:

> Eine minima c. d. liegt unter andern in jeder der bey der Kinderentlassung gebräuchlichen Mancipationen, worauf jedesmal eine Manumission folgt (das sind gerade die beiden ersten); so daß in jeder dieser beiden, auf eine Manumission führenden, Mancipationen eine besondere minima c. d. liegt.

Er hätte nun auch noch die dritte Mancipation nen-

(g) Diese Ergänzung ist bereits vorgeschlagen von Deiters de civili cognatione p. 41. 42, und gebilligt von Huschke Studien B. 1 S. 222. — Gegen diese ganze Ansicht spricht sich aus, Schilling Institutionen B. 2 § 32. Note 3.

nen können, die gewiß ebenfalls eine c. d. enthielt, nur nicht die vierte (die remancipatio), worin keine neue Degradation lag (s. o. lit. D.). Um aber weder ohne Noth weitläufig zu werden, noch durch Kürze hierin ein Misverständniß zu veranlassen, begnügte er sich mit der Erwähnung der beiden ersten Mancipationen, die zu seinem Zweck völlig hinreichten, und zu deren unzweydeutiger Bezeichnung gebrauchte er die mit denselben jedesmal verbundenen Manumissionen.

Ist nun aber die Emancipation auch noch im neuesten Recht als eine c. d. anzusehen? Schon zur Zeit der Abfassung der Institutionen und Digesten waren die alten Mancipationen längst verschwunden, und die nunmehr üblichen Formen enthielten durchaus Nichts mehr, was als Degradation des Kindes angesehen werden konnte. Zwey Rücksichten konnten damals den Gesetzgeber bestimmen, die alte Behandlung der Emancipation als einer c. d. beyzubehalten: das Patronatsrecht des Vaters, und die Zerstörung der Agnation. Allein diese letzte hat er selbst, schon durch frühere Gesetze, bey der Emancipation aufgehoben (§ 69): sonach bliebe nur noch das Patronatsrecht übrig. Dieses aber ist eigentlich gar nicht Folge und Kennzeichen der c. d., und überdem ist es durch die neueste Gesetzgebung von Justinian ganz weggefallen. Vollends in unsrem heutigen Recht scheint es ganz inconsequent, die Emancipation noch als c. d. ansehen zu wollen.

F. Die Adoption im engern Sinn macht keine Schwierigkeit, da sie ganz dieselbe Natur hat, wie die Emancipation. Denn auch sie war mit Degradationen zu der mancipii causa verbunden (h), und auch sie bewirkte unstreitig eine Zerstörung der angebornen Agnation. Im Justinianischen Recht könnte sie höchstens noch in dem besonderen Fall als c. d. gelten, wenn der Adoptivvater zugleich ein natürlicher Ascendent ist, indem hier die angeborne Agnation allerdings verloren geht. Allein, nach der bisher entwickelten richtigen Ansicht, ist dieser Umstand allein überhaupt kein Grund, eine c. d. anzunehmen.

XVII.

G. In manum conventio.

War die Frau vor dieser Handlung sui juris, so war die in manum conventio unstreitig eine capitis deminutio, und zwar nach beiden Meynungen. Denn eine solche Frau verminderte ihre Rechtsfähigkeit, und sie trat aus der angebornen Familie in die des Mannes über (a); dabey machte es auch keinen Unterschied, ob die in manum conventio durch confarreatio, coëmtio, oder usus entstanden war.

Anders bey einer Frau, die aus der väterlichen Gewalt in die manus übertrat. Auch hier mußte nach der Meynung des Paulus eine c. d. angenommen werden, weil unzweifelhaft eine familiae mutatio eintrat. Nach unsrer Meynung dagegen war es keine c. d. Denn eine wirk-

(h) Gajus I. § 134.

(a) Gellius XVIII. 6. Sie wurde Schwester ihrer eigenen Kinder und ihrer Stiefkinder. Gajus III. § 14.

liche Verminderung der Rechtsfähigkeit trat hier nicht ein, vielmehr stand die Ehefrau in manu zu dem Mann völlig im Verhältniß einer Tochter, hatte also dieselben Rechte wie diese. Aber auch in den Formen, die zur in manum conventio führten, lag nicht etwa, so wie bey der Emancipation und Adoption, eine vorübergehende Degradation. Bey der confarreatio und dem usus ist ohnehin nicht an eine solche zu denken. Bey der coëmtio wäre ein ähnliches Verfahren, wie bey der Adoption, also eine vermittlende mancipii causa, wohl denkbar: allein Gajus, welcher beide Formen beschreibt, erwähnt bey der Adoption diese vermittlende Degradation genau, bey der coëmtio schweigt er davon gänzlich (b).

Hätten wir nun sichere Zeugnisse darüber, ob gerade die coëmtio einer in väterlicher Gewalt stehenden Tochter eine c. d. war oder nicht, so würden dieselben als Momente zur Entscheidung zwischen beiden Meynungen benutzt werden können: die Stellen der Alten aber sind über diesen Punkt sehr unsicher.

Cicero top. C. 4. Si ea mulier testamentum fecit, quae se capite nunquam deminuit, non videtur ex edicto Praetoris secundum eas tabulas possessio dari.

In diesem Satz liegt zugleich der umgekehrte: durch capitis deminutio macht sich eine Frau fähig zum Testiren. Die capitis deminutio ist hier unstreitig, wie es auch Boethius richtig erklärt, die, welche durch in manum con-

(b) Gajus I. § 134 und § 113.

ventio bewirkt wird. Da nun Cicero in jenem Satz nicht zwischen abhängigen und unabhängigen Frauen unterscheidet, so scheint es, beide konnten auf gleiche Weise diese Fähigkeit zum Testiren erwerben, woraus denn weiter folgen würde (was für unsre Frage wichtig wäre), daß die in manum conventio bey beiden Arten der Frauen den Namen einer capitis deminutio geführt hätte. Allein dieser scheinbare Beweis verschwindet durch die Vergleichung mit Gajus I. § 115a, welcher weit genauer als Cicero von dieser Frage handelt. Er belehrt uns dahin, daß nicht die coëmtio allein hinreichte, um das Testament möglich zu machen, sondern daß auch noch eine Remancipation und Manumission hinzukommen mußte. In dieser mancipii causa nun lag unstreitig, und nach allen Meynungen, eine capitis deminutio, so daß dadurch die angeführte Stelle des Cicero für unsre specielle Frage alle entscheidende Kraft verliert.

Gajus führt zweymal die coëmtio als Beyspiel einer capitis deminutio an (I. § 162 und IV. § 38), aber in beiden Stellen nur neben anderen Beyspielen, und so unbestimmt, daß daraus nicht zu sehen ist, ob er dabey nur an unabhängige, oder auch an abhängige Frauen denkt.

Auf ähnlich unbestimmte Weise giebt Ulpian XI. § 13 die coëmtio als Beyspiel der minima c. d. an. Da Dieses indessen auf Veranlassung der Rechtsregel geschieht, nach welcher die gesetzliche Tutel durch jede c. d. zerstört wird unter der Tutel aber nur unabhängige Frauen stehen können, so läßt sich wohl annehmen, daß Ulpian auch nur an die coëmtio unabhängiger Frauen in der Aufstellung jenes Beyspiels gedacht habe.

Sicherer ist eine merkwürdige Stelle des Livius in der Geschichte der Bachanalien. Hier ist die Rede von einer Freygelassenen, die sui juris ist, unter einem Dativtutor steht, und bereits ein Testament gemacht hat (c). Nachdem diese der Republik durch Entdeckung einer ausgedehnten, höchst gefährlichen Verbindung wichtige Dienste geleistet hat, wird sie durch einen Senatsschluß unter andern mit folgenden Privilegien belohnt:

Livius XXXIX. 19. Utique Feceniae Hispalae *datio, deminutio*, gentis enuptio, tutoris optio item esset, quasi ei vir testamento dedisset.

Die Worte datio, deminutio geben so wenig Sinn, daß die Emendation *capitis deminutio* gewiß unbedenklich ist (d), wodurch allein auch ein sichtbarer Parallelismus in den Ausdruck der drey verbundenen Privilegien gebracht werden kann. Dann heißt hier capitis deminutio ohne allen Zweifel das Recht eine coëmtio einzugehen. Da nun hier, wie oben bemerkt, die Frau gewiß suis juris

(c) Livius XXXIX. 9: Quin eo processerat consuetudine capta, ut post patroni mortem, quia in nullius manu erat, tutore a tribunis et praetore petito, quum testamentum faceret, unum Aebutium institueret heredem.

(d) Diese Emendation wird bereits vorgeschlagen von Huschke de privil. Feceniae Hispalae Goett. 1822 p. 25, der indessen bey der Erklärung unnöthige Schwierigkeiten in die Stelle bringt.

war, so ist es in dieser Stelle noch weniger als in den übrigen zweifelhaft, daß hier nur die coëmtio einer unabhängigen Frau als eine capitis deminutio bezeichnet werden soll.

XVIII.

H. Die wichtigsten Fälle endlich für die Feststellung des wahren Begriffs der capitis deminutio überhaupt, und der minima insbesondere, sind die Weihen des flamen Dialis und der Vestalischen Jungfrauen.

Von den Vestalinnen sagen die alten Juristen, daß sie aus der väterlichen Gewalt austreten (a). Allein weit genauere Nachrichten über die bey ihnen eintretende Veränderung des Rechtszustandes giebt Gellius I. 12, und zwar aus den Schriften des Labeo und des Capito, also nach den vollwichtigsten Autoritäten. An zwey verschiedenen Stellen jenes Kapitels sagt er darüber Folgendes:

> Virgo autem Vestalis simul est capta ... eo statim tempore sine emancipatione ac sine capitis minutione e patris potestate exit, et jus testamenti faciundi adipiscitur.

> Praeterea in commentariis Labeonis quae ad XII. tab. composuit, ita scriptum est: Virgo Vestalis neque heres est cuiquam intestato, neque intestatae quisquam: sed bona ejus in publicum redigi ajunt. Id quo jure fiat, quaeritur.

(a) Gajus I. § 130. Ulpian. X. § 5.

Nach dieser Stelle scheint mir unzweifelhaft, daß die Agnation zwischen der Vestalin und ihren angebornen Verwandten aufgehoben war. Nur hieraus läßt sich die Aufhebung des wechselseitigen Intestaterbrechts ungezwungen erklären, da die Vestalin so wenig vermögenslos war, daß sie sogar testiren konnte; auch hätte ja eine Fortdauer der Agnation, neben dem aufgehobenen Erbrecht, gar keinen praktischen Sinn gehabt, da ohnehin die Tutel (als die zweyte praktische Folge der Agnation) für die Vestalinnen gar nicht existirte, und zwar schon nach den XII Tafeln (b). Man hat dagegen eingewendet, wenn wirklich die Agnation aufgehoben war, wie konnte dann am Schluß Labeo fragen: id quo jure fiat, quaeritur, indem ihm nun der Grund des aufgehobenen Erbrechts (die aufgehobene Agnation) von selbst einleuchten mußte. Allein diese Einwendung scheint mir aus mehreren Gründen nicht erheblich. Schon daß diese fragenden Worte noch zu denen des Labeo gehören, ist zwar möglich, aber nicht nothwendig, da sie eben so gut ein Zusatz von Gellius seyn können. Hauptsächlich aber giebt diese Frage den einfachsten Sinn, wenn man sie blos auf den unmittelbar vorhergehenden Satz (den Heimfall an den Staatsschatz) bezieht. Denn darin lag allerdings etwas Singuläres, da nach uraltem Recht (und davon redet offenbar Labeo) das erblose Vermögen in allen anderen Fällen vielmehr herrenlos wurde, und erst die Lex Julia caducaria den Heimfall an den Staat allgemein einführte (c). — Nehmen

(b) Gajus I. § 145.

(c) Cicero de legibus II. 19.

wir nun nach dieser Stelle an, daß die Vestalin aus der Agnation austrat, und erwägen wir zugleich, daß sie nach dem ausdrücklichen Zeugniß keine capitis deminutio erlitt, so liegt darin eine unmittelbare Widerlegung der Meynung des Paulus, welche jeden Austritt aus der Agnation für eine capitis deminutio erklärt. Zugleich dient aber diese Stelle zu einem vollständigen Beweis der von mir behaupteten Unvollständigkeit der alten Definition der c. d. als einer Status mutatio. Denn eine Veränderung des Status lag für die Vestalin allerdings in der verlornen Agnation, ja auch schon (wenn man etwa den Verlust der Agnation nicht zugeben wollte) in der Befreyung von der väterlichen Gewalt; erlitt sie nun dennoch keine capitis deminutio, so muß wohl unter dieser etwas Anderes zu verstehen seyn, als die bloße Veränderung des Status. So ist also durch dieses vollgültige alte Zeugniß meine Meynung gegen den Vorwurf gesichert, die Definition der alten Juristen willkührlich meistern zu wollen.

Eine ähnliche, nur weniger vollständige Unterstützung gewährt unsrer Meynung Dasjenige, was über die Weihe des flamen Dialis berichtet wird. Auch dieser trat aus der väterlichen Gewalt (d), und auch bey ihm war diese wichtige Veränderung seines Status entschieden nicht als capitis deminutio anzusehen (e). Die Parallele wäre voll-

Ulpian. XXVIII. 7. Vgl. Zeitschrift für geschichtl. Rechtswissenschaft B. 2 S. 378.

(d) Tacitus ann. IV 16. Gajus I. § 130. Ulpian. X. § 5.

(e) Gajus III. § 114.

kommen, wenn es sich beweisen ließe, daß der flamen auch aus der Agnation getreten wäre: wahrscheinlich ist dieses allerdings, nicht blos nach der Analogie der von Gajus und Ulpian mit ihm zusammengestellten Vestalin, sondern auch weil es inconsequent gewesen wäre, die väterliche Gewalt aufzuheben, und doch die dadurch vermittelte Agnation fortdauern zu lassen; auch ist nicht einzusehen, in welchem Verhältniß nun der Sohn zum Vater gedacht werden sollte, denn daß er Diesem fremder gewesen wäre als den Agnaten, ist kaum anzunehmen.

Bey dieser Frage steht, eine Controverse der Alten vorausgesetzt, die Autorität des Labeo und des Capito höher als die des Paulus: nicht als ob sie überhaupt so viel größere Juristen gewesen wären, sondern weil hier von einem ganz alterthümlichen Rechtsinstitut die Rede ist, dessen ächtes und vollständiges Daseyn dem Zeitalter jener Juristen weit näher stand als dem des Paulus. Strenge genommen ist es aber nicht einmal eine Controverse im gewöhnlichen Sinn, wie es allerdings wäre, wenn z. B. das Daseyn der capitis deminutio bey der Vestalin und dem flamen von Labeo verneint, von Paulus bejaht würde. So war es aber nicht, vielmehr scheinen in dieser Verneinung die Juristen aller Zeiten, ohne Spur eines Streites, überein zu stimmen. So Gajus in Beziehung auf den flamen (Note e); eben so aber auch Ulpian in folgender Stelle:

L. 3 § 4 *de Sc. Maced.* (14. 6.). Si a filiofamilias

stipulatus sim, et patrifamilias facto crediderim, sive capite deminutus sit, sive morte patris *vel alias sui juris sine capitis deminutione fuerit effectus*, debet dici cessare Senatusconsultum quia mutua jam patrifamilias data est.

Die Worte vel alias etc. können unmöglich anders verstanden werden, als von dem flamen, oder der Vestalin, oder (am wahrscheinlichsten) von beiden Fällen zugleich. Vielleicht hatte diese Ulpian geradezu ausgedrückt, und die Compilatoren haben abstractere Ausdrücke an ihre Stelle gesetzt. — Die abweichende Ansicht betraf also nicht (wie eigentliche Controversen) unmittelbar einen Satz des praktischen Rechts, sondern vielmehr den wissenschaftlichen Versuch, aus anerkannten einzelnen Rechtsregeln, durch Auswahl vorgefundener Merkmale, einen allgemeinen Begriff zu bilden. Dabey aber muß auch unsrer logischen Kritik, den alten Juristen gegenüber, eine größere Freyheit eingeräumt werden.

XIX.

Ich habe die bey den alten Juristen vorkommenden Erklärungen der c. d. theils als ungenügend, theils als unrichtig darzustellen gesucht; um einer solchen Behauptung Eingang zu verschaffen, ist es besonders wichtig, die Entstehung des angeblich Mangelhaften auf wahrscheinliche Weise zu erklären.

Die Römer hatten eine uralte Lehre von drey Arten

der capitis deminutio; natürlich ohne Definition, aber unzweifelhaft in ihren Wirkungen, und eben so auch in den meisten und wichtigsten Anwendungen auf einzelne Fälle. Dagegen gab es wohl einige Fälle, in welchen das Daseyn oder Nichtdaseyn der c. d. nicht sowohl bestritten, als unbestimmt geblieben war, blos weil solche Fälle zufällig nicht vorgekommen oder nicht beachtet worden waren. Bey fortschreitender Ausbildung der Wissenschaft suchte man für jene alte Lehre bestimmte Begriffe aufzustellen, und daß dabey ganz verschiedene Wege eingeschlagen wurden, kann bey einem an sich blos formalen Unternehmen nicht auffallen. Die Meisten definirten die c. d. kurzweg als eine Status mutatio. Daß wir diese Definition gerade nicht als falsch, aber als unzureichend tadeln, kann wohl schwerlich für eine unbefugte Anmaaßung gelten, wenn man erwägt, daß die allermeisten Definitionen der alten Juristen überaus mangelhaft sind. Das Wichtigste war, sich vor falschen Anwendungen aus consequenter Durchführung mangelhafter Definitionen zu sichern, und dagegen schützte sie meistens ihr gesunder praktischer Sinn. Hätte man den Gajus oder Ulpian gefragt, ob denn also der Latinus durch die erlangte Civität, der Sohn durch den Tod des Vaters, eine c. d. erleide, so würden sie weit entfernt gewesen seyn die Frage deswegen zu bejahen, damit nur ihre Definition durch streng consequente Anwendungen bey Ehren bliebe.

Einen ganz andern Weg schlug Paulus ein, und die

Entstehung seines Gedankens erkläre ich mir auf folgende Weise. Er erwog, daß die wichtigste, den so verschiedenen Fällen gemeinsame Wirkung der minima c. d. in dem Verlust der Agnatenfamilie bestehe; denn der Untergang der Schulden war durch die Restitution schon längst entkräftet, und das Zusammentreffen eines Niesbrauchs mit der c. d. in einer und derselben Person konnte nur selten und zufällig vorkommen, anstatt daß der Austritt aus der Familie jedesmal erfolgte. Diese einzelne Wirkung nun stellte er als das Wesen der c. d. auf, unbekümmert um den dadurch verdunkelten historischen Zusammenhang der Sache selbst und des Namens. Aus seinem so gebildeten Begriff ließen sich auch die meisten und gangbarsten Fälle unstreitiger c. d. (Arrogation, Emancipation, in manum conventio einer unabhängigen Frau) ohne praktischen Irrthum ableiten. Allein er folgerte aus jenem Begriff die Anwendung der c. d. auf die Kinder eines Arrogirten, die er wohl bey anderen Schriftstellern nicht gefunden haben mochte, und daher nur als eine Meynung aufstellte (placet). Die Treue gegen seine Definition hinderte ihn aber nicht, gelegentlich auch wieder einem ganz anderen Gedanken nachzugehen, und bey dem Emancipirten den Grund der c. d. in der Degradation durch die mancipii causa aufzusuchen, ohne Zweifel weil er hier diesen Erklärungsgrund, wegen der Übereinstimmung aller älteren Schriftsteller, für minder gewagt und hypothetisch halten mußte (manifesto accidit).

Jetzt erst ist es möglich, die Stelle des Paulus vollständig zu erklären, die auf die Ansicht der Neueren von den drey Status so großen Einfluß gehabt hat (Num. X.).

L. 11 *de cap. min.* (4. 5.). Capitis deminutionis tria genera sunt: maxima, media, minima. *Tria enim sunt quae habemus: libertatem, civitatem, familiam.* Igitur, cum omnia haec amittimus, hoc est libertatem et civitatem et familiam, maximam esse capitis deminutionem: cum vero amittimus civitatem, libertatem retinemus, mediam esse capitis deminutionem: cum et libertas et civitas retinetur, *familia tantum mutatur*, minimam esse capitis deminutionem constat.

Er war auf dem oben angegebenen Wege dazu gekommen, die minima c. d. als familiae mutatio zu erklären. Da nun von alter Zeit her drey Grade der c. d. angenommen wären, so suchte er deren dreygliedrige Einheit dadurch begreiflich zu machen, daß er das Positive zusammenstellte, was durch jedes dieser drey Ereignisse verloren werden sollte. Dieses mußte also seyn: Freyheit, Civität, Familie. Was haben nun diese sehr ungleichartige Verhältnisse mit einander gemein? Nichts, als daß wir sie haben (Tria sunt quae habemus). Dieses würde sich hören lassen, wenn es wirklich die einzigen Gegenstände wären, die wir haben. Da wir aber bekanntlich auch noch einige andere Dinge haben, z. B. Ehe, väterliche Gewalt, Eigenthum, Servituten, Forderungen u. s. w., deren Jedes wir gleichfalls verlieren können, so ist in der

That dieses um die drey Grade geschlungene Band, wodurch sie zu einer Einheit werden sollen, über die Gebühr lose zu nennen. Die ganze Stelle des Paulus erscheint demnach nur als ein mislungener Versuch, die dreyfache capitis deminutio auf eine rationelle Weise zu begründen. Nicht einmal den Trost haben wir, daß etwa jenes dreyfache Haben, verglichen mit anderen hier beyspielsweise aufgezählten Arten des Habens, vorzugsweise wichtig wäre. Daneben gewährt aber allerdings diese, sonst so wenig befriedigende, Zusammenstellung den Vortheil, daß sie nicht so, wie die Definition der anderen Römischen Juristen, zu dem Misverständniß Anlaß geben kann, als dürfe die Verleihung der Civität oder der Tod des Vaters für eine c. d. gehalten werden.

Durch alle diese Schwächen ist indessen die Stelle des Paulus nicht verhindert worden, zu der Lehre der Neueren von den drey Status den Hauptgrund zu legen. Ohne Zweifel war dabey mitwirkend die stillschweigende Voraussetzung, Das was hier Paulus lehre, sey die ursprüngliche und allgemeine Ansicht der Römischen Juristen gewesen. Aber gerade dieser Voraussetzung muß ich auf das Bestimmteste widersprechen. Wäre diese Voraussetzung gegründet, so würde die erwähnte Ansicht eben so, wie die dreyfache Capitis deminutio, die Signatur eines festen, alten Kunstwortes an sich tragen, und nicht so, wie jetzt, mit der seltsamen Bezeichnung sunt quae habemus in der Luft schweben. Insbesondere lag der Ausdruck Status so nahe, daß derselbe gewiß nicht unausgesprochen bleiben konnte, wenn in der That jene tria als drey feststehende Arten des Status gedacht worden wären. Aber nicht blos die Voraussetzung der Allgemeinheit ist hier ohne Grund, sondern auch bey Paulus selbst erscheint jene Ansicht gar nicht als eine so feste, tief durchdachte Lehre, wie sie von den Neueren auf die Autorität dieser Stelle angenommen zu werden pflegt. Es war bey ihm ein hingeworfener Gedanke, ein augenblicklicher Versuch, die uralte dreyfache capitis deminutio durch umschreibende Ausdrücke faßlich darzustellen, allerdings ausgehend von der Erklärung der minima c. d. als einer familiae mutatio. Diese war ihm eigenthümlich; aber wie wenig er auch sie für gewiß, unanfechtbar und anerkannt ausgeben wollte, zeigt deutlich der Umstand, daß er bey Erklärung der in der Emancipation liegenden c. d. (L. 3 § 1 de c. m.) von seiner Ansicht wieder keinen Gebrauch machte, sondern die übliche Herleitung aus der servilis causa vorzog.

XX.

Die hier versuchte Kritik der Lehre von der c. d. mag zugleich hinreichen zur Beurtheilung fremder Arbeiten über diesen Gegenstand, wie sie oben (Num. I.) zusammengestellt worden sind. Anstatt einer Zergliederung ihres Inhalts mögen hier nur wenige literarische Bemerkungen stehen.

Conradi, dessen Meynungen überall Anspruch auf besondere Aufmerksamkeit haben, legt als das Gewisse zum

Grund die Erklärung der minima c. d. als einer familiae mutatio, und sucht hieraus alles Übrige zu erklären. Durch diese falsche Voraussetzung sieht er sich genöthigt, die servilis causa als Grund der c. d. bey der Emancipation zu verwerfen (p. 180), und dieses führt ihn weiter zu einer so gezwungenen Auslegung, wie man sie sonst bey ihm nicht leicht antrifft; nämlich das manifesto accidit in L. 3 § 1 de c. m. soll nicht heißen: tritt unzweifelhaft ein, sondern: wird offenbar, erscheint in sinnlicher Darstellung durch symbolische Handlungen.

Die Schrift von Seckendorf bestreitet die Lehre des Paulus und trägt im Wesentlichen die hier aufgestellte Lehre vor; es ist, wie es scheint, die erste gedruckte Schrift, worin dieses geschieht.

Schon sehr früh ist ein merkwürdiger Versuch gemacht worden, in die Lehre des Paulus Licht und Zusammenhang zu bringen, und dieser hat noch in der neuesten Zeit auf mehreren Seiten Anklang gefunden. Es ist dieses folgende, zuerst von Hotomanus aufgestellte, Ansicht.

Es giebt, sagt Hotomanus, drey Corporationen von verschiedenem Umfang, worin jeder einzelne Mensch stehen kann (a): die Corporation aller freyen Menschen der Erde, die der Römischen Bürger, die der Mitglieder einer einzelnen Agnatenfamilie. Scheidet ein Mitglied aus einer

(a) Er nennt dieselben abwechslend corpus, ordo, collegium. — Im Wesentlichen haben diese Ansicht adoptirt Dücaurroy und Zimmern (s. oben Num. I.); dann auch Vangerow Pandekten I. S. 61.

derselben, so wird diese Corporation um Ein Haupt vermindert, sie erleidet eine Capitis deminutio, welcher Ausdruck dann aber auf das ausscheidende Mitglied selbst übertragen worden ist. Seitdem sich dieser Sprachgebrauch gebildet hatte, bezeichnete caput die Stellung eines Mitgliedes in einer solchen Corporation (b), und in derselben Bedeutung muß nun auch das Wort Status in der Definition der c. d. als einer Status mutatio verstanden werden (c), denn sonst würde ganz unrichtig auch dem Sohn, dessen Vater stirbt, eine c. d. zugeschrieben werden müssen. — Durch diese Auffassung wird ein scheinbarer Zusammenhang in die Lehre des Paulus gebracht: mehr Lob kann man ihr nicht beylegen, denn eine genauere Prüfung hält sie nicht aus. Zuerst ist die Corporation aller freyen Menschen, aus welcher man auf ähnliche Weise, wie aus dem geschlossenen Kreis der Römischen Bürger, ausscheiden könne, ein abentheuerlicher, den Römern besonders völlig fremder Gedanke. Auf der andern Seite ist die Gesammtheit der Agnaten zwar allerdings ein Rechtsbegriff, und ein nicht unwichtiger, denn sie ist die Grundlage der Intestaterbfolge und der legitima tutela. Sie ist aber doch

(b) Hotomanus l. c. scire oportet, caput in hoc ipso tractatu significare jus, quod aliquis ob eam causam habet, quia caput sive locum in ordine aliquo illorum trium obtinet.

(c) Intelligi oportet, Status verbo in hoc tractatu significari a Ictis, condicionem personae in eorum ordine stantis (i. e. numerum efficientis) qui vel libertatem, vel cum libertate civitatem, vel cum utraque familiam obtinent.

nur eines unter den verschiedenen Familienbanden, wodurch mehrere Menschen zu einem engeren Ganzen vereinigt werden, man kann sie nicht einmal das wichtigste derselben nennen, und es ist also durchaus kein Grund einzusehen, warum sie, vorzugsweise vor allen anderen Familienverhältnissen, in dieser Lehre mit so ausschließender Wichtigkeit behandelt werden sollte. Endlich ist es auch ein ganz willkührliches, aller inneren Wahrscheinlichkeit ermanglendes Verfahren, wodurch der Ausdruck Capite minui von der wirklich verminderten Corporation auf das austretende, also vermindernde Individuum übertragen wird. Wir können also in dieser ganzen Auffassung nur einen sinnreichen Einfall sehen, nichts Besseres.

Beylage VII.

Über einige zweifelhafte Punkte in der Lehre von der Infamie.

(Zu § 77 und § 82.)

I.

Findet das Rechtsinstitut der Infamie auch Anwendung auf Frauen?

Wer bey der Infamie die Ausschließung vom Postuliren als das Einzige, oder doch als die Hauptsache, ansieht, muß diese Anwendung zwar nicht unmöglich, wohl aber völlig überflüssig finden. Denn da der Prätor schon in seinem zweyten Edict allen Frauen überhaupt unbedingt untersagt hatte, für Andere postulirend vor ihm zu erscheinen, so war es ganz unnöthig, für einige Frauen (die ehrlosen) im dritten Edict dasselbe Verbot, und zwar sogar durch Ausnahmen gemildert, zu wiederholen (§ 78).

Betrachtet man dagegen die Infamie, wie ich es zu beweisen versucht habe, als Verlust der politischen Rechte (§ 79—81), so hat sie für Frauen durchaus keinen Sinn, weil dieselben ohnehin niemals politische Rechte hatten. Hieraus erklärt es sich unmittelbar, warum die Tafel von Heraklea (Lex Julia municipalis), die nur von der Fähigkeit zu gewissen politischen Rechten handelt, in ihrem Verzeichniß der Ehrlosen die Frauen gar nicht erwähnen kann (§ 80).

Was finden wir nun als Antwort auf unsre Frage in den Rechtsquellen? Das in den Digesten enthaltene Edict über die Infamen umgeht die Frauen, gerade da wo man sie zunächst erwartet, recht absichtlich und auf die merkwürdigste Weise. Wenn eine Wittwe zu frühe eine zweyte Ehe schließt, so sollen infam seyn: der Vater der Wittwe, wenn sie noch in dessen Gewalt steht, ferner der neue Ehemann, wenn er unabhängig ist, oder im entgegengesetzten Fall dessen Vater. Von der Wittwe selbst, die doch am stärksten und unmittelbarsten gefehlt hat, ist mit keinem Wort die Rede.

Möchte man nun geneigt seyn, in dieser Erscheinung eine unmittelbare Bestätigung einer oder der andern der oben erwähnten Ansichten von dem praktischen Wesen der Infamie zu finden, so wird wieder Alles zweifelhaft durch eine Anzahl von Stellen, worin als etwas Bekanntes und Gewisses angegeben wird, daß jene Wittwe dennoch infam werde (§ 77. y). Diese Stellen scheinen also sowohl mit dem Wesen der Infamie, als mit dem angegebenen Inhalt des Edicts im Widerspruch zu stehen.

Wie sind diese Räthsel zu lösen?

II.

Die Lex Julia enthält nach Ulpian (XIII. § 1. 2) folgende Eheverbote, die ich der leichteren Übersicht wegen durch Zahlen bezeichnen will.

Lege Julia prohibentur uxores ducere senatores quidem liberique eorum 1) libertinas 2) et quae ipsae 3) quarumve pater materve artem ludicram fecerit, 4) item corpore quaestum facientem.

Ceteri autem ingenui prohibentur ducere 5) lenam 6) et a lenone lenave manumissam, 7) et in adulterio deprehensam, 8) et judicio publico damnatam, 9) et quae artem ludicram fecerit; 10) adjicit Mauricianus, et a senatu damnatam.

Das Erste, was in diesen Verboten auffällt, ist die nicht geringe Verschiedenheit bey beiden Ständen. Wäre nun überall das Verbot für die Senatoren strenger, wie es z. B. offenbar in Ansehung der Ehe mit Libertinen der Fall ist, so wäre das ganz natürlich; allein es findet sich auch das Umgekehrte, denn die Ehen N. 5. 6. 7. 8. 10 sind dem Freygebornen verboten, dem Senator nicht. Man könnte das so erklären wollen, das Verbot für Freygeborne sey das allgemeine, die Senatoren (als Freygeborne) mit umfassende; allein auch das paßt nicht genau, denn der Fall 2 und 9 kommt ausdrücklich in beiden Ständen als verboten vor.

Die Juristen verbesserten durch Interpretation diesen mangelhaften Ausdruck des Gesetzes; nicht nur wandten sie einzelne Verbote für die Freygebornen wegen Gleichheit des Grundes mit senatorischen Fällen, auch auf die Senatoren an (a), sondern sie stellten auch geradezu die

(a) *L.* 43 § 6 *de ritu nupt.* (23. 2.). „Lenocinium facere *non minus est,* quam corpore quaestum exercere." Die ganze

sehr natürliche Regel auf: jedes Verbot für die Freygebornen sey auch auf die Senatoren anzuwenden (b). Sie giengen aber noch weiter in ihrer Reflexion über das Gesetz. Dieses hatte den Ausdruck der Infamie nicht gebraucht, ohne Zweifel weil nach altem Recht die Infamie auf Frauen gar keine Anwendbarkeit hatte (Num. I.), aber gemeynt war doch etwas ganz Ähnliches in den einzeln aufgezählten verbotenen Fällen (c), ja mehrere derselben kamen ausdrücklich im Edict als Fälle der Infamie vor. Sollte nun z. B. eine wegen Diebstahls verurtheilte Frau nicht dem Eheverbot der L. Julia unterworfen seyn? Nichts war natürlicher, als auf die allgemeine Regel zu kommen: die Ehe wird für Freygeborne, also auch für Senatoren, durch jeden Fall der Infamie verhindert, bey Senatoren überdem noch durch die Libertinität des andern Theiles; gerade so wird die Regel wörtlich von Ulpian ausge-

Stelle spricht von den Eheverboten für die Senatoren: da nun hier die L. Julia zwar den quaestus corpore, aber nicht das lenocinium, genannt hatte, so findet der Jurist nöthig, für das lenocinium künstlich zu beweisen, daß es mit unter das Verbot gehöre; dennoch war das lenocinium in den Eheverboten der Freygebornen ausdrücklich genannt, was ihm also nicht zu genügen schien.

(b) *L.* 43 § 8 *de ritu nupt.* (23. 2,). „Eas quas ingenui ceteri prohibentur ducere uxores, Senatores non ducent."

(c) Dieser Sinn der gesetzlichen Bestimmungen wird auch von den alten Juristen in ihren Commentaren über das Gesetz anerkannt, indem sie von den daselbst einzeln aufgezählten Personen ganz dieselben Ausdrücke gebrauchen, welche sonst von den Infamen des prätorischen Edicts regelmäßig gebraucht werden. *L.* 43 § 4. 12. 13 *de ritu nupt.* (32. 2.) „lege *notatur*," „erit *notata*," „idcirco *notetur*," „*notata* erit," „quia factum lex, non sententiam *notaverit*" u. s. w.

drückt (d). Eben so mußten nun auch umgekehrt die in der Lex Julia ausdrücklich genannten Fälle unzulässiger Ehen, wenn sie nicht schon im Edict standen, von jetzt an als Fälle wahrer Infamie betrachtet werden: natürlich mit Ausnahme des Falles bloßer Libertinität, da bey diesem das Verbot nicht von sittlichen Gründen ausgieng. Der Unterschied der Senatoren von den übrigen Freygebornen zeigte sich in zwey Stücken: erstlich in der Ausdehnung des Verbots auf die Freygelassenen, ohne Rücksicht auf deren individuelle Ehrbarkeit: zweytens in der Anwendung des Verbots auf infame Männer, welchen die Ehe mit den Töchtern und Enkelinnen der Senatoren untersagt war, anstatt daß das Eheverbot für die Freygebornen nur auf infame Frauen angewendet werden konnte.

Durch diese natürliche Entwicklung der Gedanken erhielt nun der Begriff der Infamie folgende merkwürdige Ausdehnung. Infamie bezeichnete jetzt: bey Männern, Verlust der politischen Rechte und Unfähigkeit zur Ehe mit weiblichen Nachkommen der Senatoren: bey Frauen, Unfähigkeit zur Ehe mit freygebornen Männern überhaupt, was ja die Senatoren und deren Söhne ohnehin auch

(d) Ulpian. XVI. § 2. „Aliquando nihil inter se capiunt, id est si contra legem Juliam Papiamque Poppaeam contraxerint matrimonium: verbi gratia, *si famosam quis uxorem duxerit, aut libertinam senator.*" — *Si quis*, also irgend Einer, Senator oder nicht, wobey man nur noch hinzu denken muß: ingenuus. — *famosam* heißt entschieden so viel als infamem, und namentlich Ulpian gebraucht beide Ausdrücke als völlig gleichbedeutend, mit willkührlicher Abwechslung. *L.* 6 § 1 *de his qui not.* (3. 2.)

waren. In dieser neuen Ausdehnung war der Begriff ein eben so scharf bestimmter wie früher (§ 78), und verlor sich also auch jetzt nicht in den schwankenden Begriff des schlechten Rufs oder der Infamia facti.

Daß nun diese Erweiterung der Fälle der Infamie von Juristen und Kaisern beachtet und praktisch anerkannt werden mußte, versteht sich von selbst (§ 77. y); aber sollte dieselbe auch in das prätorische Edict über die Infamen aufgenommen werden? Für die meisten Fälle war es ohnehin nicht nöthig irgend eine Änderung vorzunehmen, da die Ausdrücke des Edicts (furti, mandati damnatus u. s. w.) schon an sich auf beide Geschlechter bezogen werden konnten, und es also genügte, wenn man die früherhin stillschweigend hinzugedachte Ausschließung der Frauen jetzt hinwegdachte: aber auch für die Fälle, worin der Ausdruck des Edicts die Frauen bestimmt ausschloß (§ 77), war ein praktisches Bedürfniß der Änderung nicht vorhanden. Denn das prätorische Edict über die Infamen bezog sich blos auf die Ausschließung vom Postuliren, und in dieser Hinsicht machte bey Frauen die Infamie keinen Unterschied (Num. I.). Dennoch hat man dieses, durch praktisches Bedürfniß nicht Gebotene, gethan, und das Edict durch Aufnahme der die Frauen besonders betreffenden Fälle der Infamie ergänzt (Num. VIII.): ohne Zweifel deswegen, weil das prätorische Edict über die Infamen der einzige Ort überhaupt war, wo sich ein mit gesetzlichem Ansehen bekleidetes Verzeichniß der Ehrlosen fand.

III.

Welche Bedeutung hatte aber das Eheverbot der Lex Julia, oder was nun dasselbe sagt: welche praktische Folgen hatte für Frauen die Infamie?

Nach Ulpians Ausdruck: prohibentur, womit auch die Ausdrücke des Gesetzes selbst übereinstimmen (a), möchte man erwarten, es sey für alle diese Fälle das Connubium aufgehoben worden, das heißt eine gegen das Verbot unternommene Ehe sey nichtig gewesen, gerade so wie von jeher die Ehe zwischen Bruder und Schwester nichtig war. Oder sollte man etwa annehmen, das Gesetz habe die Ehe zwar bestehen lassen mit allen nach dem früheren Recht daran geknüpften Wirkungen, und ihr nur die Vorzüge entzogen, die eben dieses Gesetz selbst an das Daseyn der Ehe, verglichen mit dem ehelosen Zustand, knüpfte? Eine solche Unterscheidung scheint fast zu subtil: und dennoch sind wir genöthigt, sie als wahr anzunehmen. Die Ehe selbst war also rechtsbeständig, und die in derselben erzeugten Kinder standen in väterlicher Gewalt; allein in Beziehung auf die Bedingungen der Capacität galten diese Ehegatten als ehelos, so daß jeder derselben unfähig war, durch das Testament des andern Ehegatten oder eines Dritten irgend etwas zu erwerben. Darüber, ob das Daseyn

(a) *L.* 44 *pr. de ritu nupt.* (23. 2.) „ne quis eorum sponsam uxoremve .. habeto," dann: „neve Senatoris filia ... sponsa nuptave esto," endlich: „neve quis eorum .. sponsam uxoremve eam habeto."

von Kindern aus einer solchen Ehe den Eltern Vortheil bringen sollte, galt kein ganz festes Princip, indem man in einigen Anwendungen den Vortheil gelten ließ, in anderen aber nicht. Alle diese Sätze sind nunmehr zu beweisen.

1) Ulpian XVI. 2 sagt ausdrücklich, bey einer gegen die Regeln der L. Julia geschlossenen Ehe seyen die Ehegatten ganz unfähig, einander Etwas durch letzten Willen zuzuwenden (Num. II. c). Diesen Satz mußte er als etwas Positives, ungeachtet der übrigen Rechtsbeständigkeit dieser Ehe Geltendes ansehen: denn hätte er die allgemeine Nichtigkeit der Ehe vorausgesetzt, so verstand sich ja die juristische Ehelosigkeit dieser faktischen Gatten von selbst, besonders aber war es ganz unpassend, diesen einzelnen Fall einer nichtigen Ehe als Grund der Incapacität anzugeben, und alle anderen Gründe der Nichtigkeit (z. B. Verwandtschaft), die doch völlig eben so in diesen Zusammenhang gehörten, mit Stillschweigen zu übergehen (b).

2) Wer drey Kinder hatte, konnte eine ihm auferlegte Tutel ablehnen, jedoch mußten es justi liberi seyn. Da-

(b) Ich will jedoch zugeben, daß in dem Satz des Ulpian eigentlich zweyerley liegt: 1) sie sollen nicht die Vortheile genießen, die außerdem in der Capacität die bloße Ehe den Ehegatten unter sich giebt; 2) sie sollen einander gar Nichts hinterlassen dürfen, selbst wenn sie aus anderen Gründen gegen fremde Personen volle Capacität haben, z. B. weil die Frau drey Kinder geboren hat. Die Folgerung, die ich im Text aus der Stelle ziehe, ist nur wahr für den ersten Satz, nicht für den zweyten.

bey entstand die Streitfrage, ob dieser Ausdruck nach dem alten jus civile zu verstehen sey, oder nach den enger einschränkenden Bestimmungen der L. Julia. Ein alter Jurist entscheidet für die erste, also die mildere Meynung (c); in dieser Entscheidung liegt die ausdrückliche Anerkennung, daß die L. Julia blos eine relative Unwirksamkeit der Ehe, in Beziehung auf einzelne, genau bestimmte Zwecke zur Absicht hatte, nicht die allgemeine Nichtigkeit der Ehe, unter deren Voraussetzung diese Kinder ja gar nicht Kinder ihres angeblichen Vaters gewesen wären (d).

Wenn daher die L. Julia für gewisse Fälle die Nichtigkeit der Ehe aussprach (was ich bestreite), so war die mildere Meynung in Beziehung auf die Excusationen ganz unmöglich; wenn sie dagegen (so wie ich behaupte) solche Ehen an sich gelten ließ, nur mit Versagung gewisser Vortheile, so konnte die in der angeführten Stelle dargestellte

(c) FRAGM. VATICANA § 168. „Quidam tamen justos *secundum has leges* putant dici .... Sed justorum mentio ita accipienda est, *uti secundum jus civile quaesiti* sint." — Daß die entgegengesetzte Meynung gleichfalls Vertheidiger hatte, sagt hier der Jurist ausdrücklich. In einem andern ähnlichen Fall hatte die strengere Meynung das Übergewicht. Ein Freygelassener nämlich sollte durch zwey lebende Kinder frey von Lasten und Diensten gegen den Patron werden. Dabey aber heißt es: *ex lege* autem nati liberi prosunt. (*L.* 37 § 7 *de operis libert.* 38. 1.) Die lex ist natürlich die L. Julia, denn aus dieser stammte die ganze Begünstigung der Freygelassenen her.

(d) § 12 *J. de nupt.* (1. 10.). „Si adversus ea, quae diximus, aliqui coierint: nec vir, nec uxor, nec nuptiae, nec matrimonium, nec dos intelligitur. Itaque ii, qui ex eo coitu nascuntur, ... tales sunt .. quales sunt ii, quos vulgo mater concepit: nam nec hi patrem habere intelliguntur, cum his etiam pater est incertus."

Controverse sehr wohl entstehen; denn da die Excusation ein auf Willkühr beruhendes Privilegium war, so konnte man ohne Inconsequenz die Behauptung aufstellen, daß die Excusation nicht auf Kinder aus einer von der L. Julia misbilligten (wenngleich gültigen) Ehe gegründet werden könne.

3) Die Wittwe, welche innerhalb des Trauerjahrs eine neue Ehe schließt, wird dadurch ehrlos (§ 77. y). Allen ehrlosen Frauen war durch die L. Julia und deren Interpretation die Ehe mit jedem freygebornen Mann verboten (Num. II.). Hätte nun dieses Verbot die Nichtigkeit der Ehe zwischen dem Freygebornen und der infamen Frau bezweckt, so wäre auch die voreilige zweyte Ehe jener Wittwe gar keine Ehe gewesen, also auch die darin gegebene Dos keine Dos (Note d). Allein gerade die Kaisergesetze, welche die Strafen einer solchen übereilten Ehe bestimmen, setzen die Gültigkeit derselben, und insbesondere das juristische Daseyn einer wahren Dos so bestimmt voraus (e), daß ein vollkommener Widerspruch nur verhütet werden kann, indem man (so wie es hier geschehen ist) das Verbot gewisser Ehen in der L. Julia anders als von der Nichtigkeit dieser Ehen versteht.

(e) *L. 1 C. de sec. nupt.* (5. 9.). — Man darf nicht glauben, diesen Einwurf durch die Annahme beseitigen zu können, die anfangs nichtige Ehe sey nach Ablauf des Trauerjahrs von selbst gültig geworden. Die Infamie der Frau war, wie jede Infamie, lebenslänglich; machte also überhaupt die Infamie einer Frau die Ehe mit einem Freygebornen unmöglich, so konnte dieser Grund ihrer Unfähigkeit durch keinen Zeitablauf weggeräumt werden.

4) Die vollständigste Bestätigung aber für unsre Behauptung über den praktischen Sinn der L. Julia liegt in den späteren Ereignissen. Unter Marc Aurel wurde ein Senatsschluß erlassen, nach welchem die Ehen der Freygelassenen mit den Senatoren und deren Nachkommen nichtig seyn sollten, und dieser Senatsschluß wird von dieser Zeit an stets als Ursprung der Nichtigkeit solcher Ehen angeführt (f). Hieraus folgt nun unwidersprechlich:

a) Daß vorher die Ehe zwischen Senatoren und Freygelassenen keineswegs nichtig war.

b) Daß vorher und nachher die Ehe zwischen Senatoren und Infamen eben so wenig nichtig war; nur wurde die Nichtigkeit durch Interpretation noch ausgedehnt auf die Ehen mit Schauspielern und deren Kindern, oder solchen Personen, die ein anderes der Sittenlosigkeit höchst verdächtiges Gewerbe trieben (g); niemals auf Infame überhaupt (h).

(f) *L.* 16 *pr. de ritu nupt.* (23. 2.). „Oratione D. Marci cavetur, ut si Senatoris filia libertino nupsisset, *nec nuptiae essent:* quam et Senatusconsultum secutum est." *L.* 16 *de spons.* (23. 1.). „Oratio Impp. Antonini et Commodi, quae *quasdam nuptias in persona Senatorum inhibuit,* de sponsalibus nihil locuta est: recte tamen dicitur, etiam sponsalia in his casibus *ipso jure nullius esse momenti*: ut suppleatur quod orationi deest." Vgl. *L* 3 § 1 *de don. int. vir. et ux.* (24. 1.), *L.* 27 *L.* 34 § 3 *de ritu nupt.* (23. 2.).

(g) Die Ausdehnung auf Schauspieler und deren Kinder kennt schon Modestin. *L.* 42 § 1 *de ritu nupt.* (23. 2.). Vollständiger wurde der Rechtssatz ausgebildet von Constantin (*L.* 1 *C. de natur. lib.* 5. 27.), und dessen Constitution wurde wieder näher bestimmt von Marcian (*L.* 7 *C. de incestis* 5. 5.).

(h) Die angeführten Gesetze beziehen die Nichtigkeit durchaus nur

c) Daß vorher und nachher die Ehen freygeborner Männer mit ehrlosen Frauen auf keine Weise nichtig waren, sondern nur nicht die Vortheile verschafften, welche durch die L. Julia mit dem ehelichen Leben verknüpft waren: Vortheile, welche sich auf die Fähigkeit bezogen, durch den letzten Willen eines Verstorbenen mehr oder weniger zu erwerben.

IV.

Neuere Schriftsteller haben diesen historischen Zusammenhang der Eheverbote, auf welchen die häufigen Erwähnungen des Senatsschlusses unter Marc Aurel fast unvermeidlich hindeuten, zwar geahnet, aber so wenig klar gedacht, daß dadurch die Verwirrung nur noch größer geworden ist. So Heineccius (a), welcher zuerst sagt, das Eheverbot der L. Julia sey blos eine Lex minus quam perfecta gewesen, und erst der Senatsschluß von Marc Aurel habe es zu einer perfecta gemacht und die Auflösung der Ehe vorgeschrieben. Dann aber erklärt er auch

auf den Fall ehrloser Gewerbe, nicht auf die Ehrlosigkeit aus einzelnen Handlungen. Daß sie hierauf in der That nicht bezogen wurden, erhellt auch aus folgender Stelle: *L.* 43 § 10 *de ritu nupt.* (23. 2.). „Senatus censuit, *non conveniens esse* ulli Senatori, uxorem ducere aut retinere *damnatam publico judicio.*" Wenn ein Senatusconsult nöthig war, um eine solche Ehe für unanständig zu erklären, und dadurch indirect zu verhindern, so konnte sie unmöglich schon als nichtig angesehen werden.

(a) Heineccius ad L. Jul. et P. P. Lib. 2 Cap. 2 und Cap. 6. — Im Wesentlichen findet sich dieselbe Ansicht, nur weniger scharf ausgebildet, auch schon bey Ramos ad L. Jul. et P. P. Lib. 2 Cap. 8.

schon jenes ursprüngliche Verbot von wahrer, vollständiger Nichtigkeit der Ehe, so daß für den schärfenden Senatsschluß keine andere neue und eigenthümliche Wirkung übrig bleibt, als die Ehegatten polizeylich aus einander zu treiben, woran denn freylich das Römische Recht hierin niemals gedacht hat.

Mit diesen falschen Grundansichten der Neueren hängen auch einige nicht unwichtige falsche Auslegungen einzelner Stellen zusammen. Dahin gehört der Anfang des Institutionentitels de nuptiis: Justas autem nuptias inter se cives Romani contrahunt, qui *secundum praecepta legum* coëunt. Hier sollen praecepta legum die Vorschriften der L. Julia und Papia Poppaea seyn. Daran kann aber weder Justinian, noch der alte Jurist, aus welchem diese Stelle genommen seyn mag, gedacht haben. Erstlich weil in der That der Begriff der justae nuptiae von der Beobachtung jener Vorschriften unabhängig war (Num. III.); zweytens weil, wenn es auch nicht so gewesen wäre, der Begriff der justae nuptiae unmöglich als von diesen Vorschriften allein abhängig dargestellt werden konnte, mit Übergehung der weit wichtigeren Bedingungen des alten jus civile. Daher sind hier praecepta legum die Vorschriften des positiven Rechts überhaupt, ohne speciellere historische Andeutung. — Ferner gehört dahin eine schwierige Stelle des Paulus in der Collatio (XVI. 3), worin der Begriff der Sui heredes dahin bestimmt wird, es seyen die in väterlicher Gewalt stehenden Kinder, mit folgender näheren Bestimmung: „nec interest, adoptivi sint, an naturales *et secundum legem Juliam Papiamve quaesiti.*" Das soll heißen: „es gehören dahin sowohl Adoptivkinder, als natürliche, diese letzten jedoch nur unter der Voraussetzung, daß sie nach den Vorschriften der L. Julia erzeugt sind." Diese Auslegung muß schon aus denselben zwey Gründen verworfen werden, welche so eben bey der Institutionenstelle geltend gemacht wurden, nämlich weil alsdann Paulus etwas Falsches sagen, daneben aber etwas Wahres und Wichtiges ungesagt lassen würde. Dazu kommt hier noch der besondere Grund, daß die Verbindung durch et gar nicht auf eine Bedingung und Beschränkung des zweyten Falls der Sui, sondern vielmehr anf die Hinzufügung eines dritten Falls hindeutet. Paulus wollte wahrscheinlich sagen: Sui sind erstlich die Adoptivkinder, zweytens die (in rechter Ehe) natürlich erzeugten, drittens diejenigen, welche durch eine causae probatio der väterlichen Gewalt unterworfen werden. Die Entwicklung und Rechtfertigung dieser Auslegung (wozu vielleicht auch eine Änderung des Textes nöthig seyn dürfte) kann nur in Verbindung mit sehr weit führenden Untersuchungen über die Geschichte der causae probatio nach Zeugnissen des Gajus und Ulpian aufgestellt werden.

V.

Vorzüglich wichtig für unsren Zweck ist die spätere Geschichte dieser Eheverbote.

Das allgemeine Verbot, welches für die Freygebornen überhaupt, und in manchen Fällen auch für die Senatoren, stets nur gewisse Nachtheile im Vermögen bezweckte, wurde durch mehrere Kaisergesetze beseitigt, welche die Strafen des Cölibats und der Orbität allgemein aufhoben (a); denn durch diese Aufhebung verlor jenes allgemeine Verbot alle praktische Bedeutung.

Das specielle Verbot, welches seit Marc Aurel die Nichtigkeit der Ehen zwischen Senatoren und Freygelassenen oder Schauspielern u. s. w. bewirkt hatte, dauerte fort bis auf Justinian. Dieser entkräftete dasselbe stufenweise.

Zuerst verordnete er, die Ehe zwischen einem Freygebornen und einer Freygelassenen solle nicht dadurch ungültig werden, daß der Freygeborne späterhin die senatorische Würde erlange (b).

Dann erlaubte er den Senatoren die Ehe mit Schauspielerinnen, wenn nur diese ihrem bisherigen Gewerbe entsagen würden (c).

(a) Tit. de infirmandis poenis coelibatus etc., im Theodosischen Codex VIII. 16, im Justinianischen VIII. 58.

(b) *L.* 28 *C. de nupt.* (5. 4.). Nach den Worten dieser Stelle könnte man glauben, die L. Papia selbst habe schon die Nichtigkeit ausgesprochen; es ist aber blos ein ungenauer Ausdruck, der unter dem Namen der L. Papia zugleich die späteren Zusätze zu diesem Gesetz befaßt.

(c) *L.* 29 *C. de nupt.* (5. 4.). Dieses war der L. Julia so sehr entgegen, daß dieselbe das Verbot sogar auf die Kinder der Schauspieler ausdehnte, also auch wenn diese Kinder nicht selbst Schauspieler waren. Justinians Neuerung wurde unmittelbar veranlaßt durch den früheren Lebenslauf der regierenden Kaiserin Theodora.

Endlich aber erlaubte er dem senatorischen Stande jede Ehe ohne Ausnahme, unter der einzigen Bedingung, daß dabey die Form schriftlicher Eheverträge beobachtet werden sollte (d).

Damit war denn jede Spur der durch die Lex Julia eingeführten Eheverbote vertilgt, zugleich aber auch jede praktische Bedeutung der Infamie in Anwendung auf das weibliche Geschlecht.

VI.

Wenn eine Wittwe innerhalb des Trauerjahrs (früherhin 10 Monate) zur zweyten Ehe schreitet, so soll nach der in den Digesten enthaltenen Edictstelle die Infamie ihren Vater treffen, wenn sie in dessen Gewalt steht, ferner ihren Mann, oder wenn derselbe noch in väterlicher Gewalt steht, dessen Vater (§ 77). Von ihr selbst ist im Edict nicht die Rede, aber mehrere Stellen von Juristen und Kaisern schreiben auch ihr die Infamie zu (§ 77. y). Ist nun schon diese Verschiedenheit der Angaben einer Erklärung bedürftig, so drängen sich bey genauerer Betrachtung noch folgende Fragen auf: wenn wirklich die verletzte Trauerpflicht Grund dieser Infamie ist, sollte nicht die verletzte Trauer um manche andere Personen als den Mann, namentlich um Eltern und Kinder, eine gleiche

(d) *Nov.* 117 *C.* 6. Die Eheverträge waren nichts Besonderes für diesen Zweck, sondern durch Cap. 4 derselben Novelle als allgemeine Form für die Ehen der Illustres vorgeschrieben.

Folge haben? und eben so, abgesehen von den Personen, sollte nicht auch auf andere Trauerverletzungen, als durch die Ehe in der Trauerzeit, die Infamie herbeygeführt werden?

Ehe ich in unsren Quellen Antwort auf diese Fragen suche, will ich eine Bemerkung vorausschicken, die der ganzen Untersuchung einen festeren Boden bereiten kann. Die Ehe an sich hat mit der Trauer gar nichts zu schaffen, und durch sie wird die Trauer gar nicht verletzt. Denn eine Verletzung der Trauer liegt überhaupt nur in Handlungen und Kennzeichen der Fröhlichkeit, welche allerdings mit der ernsten Pietät gegen den Verstorbenen im Widerspruch stehen (a); die Ehe aber kann in gesammleter Stille des Gemüths geschlossen werden, und stört dann das Andenken an den Verstorbenen nicht, welches besonders einleuchtend ist bey der Ehe, die von den verstorbenen Eltern der Frau selbst gewünscht und herbeygeführt worden war. Bestätigungen dieser Ansicht liegen noch in folgenden Umständen. Wäre die Ehe an sich eine Verletzung der Trauerpflicht gewesen, so hätten die Frauen während jeder Trauer, namentlich um Eltern und Kinder, eine vacatio haben müssen, das heißt die Befugniß einstweilen ehelos zu bleiben, ohne in die gesetzlichen Strafen des

(a) PAULUS I. 21 § 14. „Qui luget, abstinere debet a conviviis, ornamentis, purpura, et alba veste.“ Die Stelle ist aus dem Breviarium: nur das Wort purpura fehlt in den gewöhnlichen Handschriften, und ist aus dem Cod. Vesontinus zugesetzt, von dessen Bedenklichkeit weiter unten die Rede seyn wird.

Cölibats zu verfallen, weil sonst widersinnigerweise die Frau durch jeden möglichen Entschluß in irgend eine der ihr von zwey Seiten her drohenden Strafen verfallen wäre. Allein eine solche vacatio gab einer Frau nur allein der Tod ihres Ehegatten (b), nicht der ihrer Verwandten; also muß auch die Ehe nicht als eine strafbare Verletzung der Trauerpflicht gegen die Verwandten angesehen worden seyn. — Ferner wird gerade umgekehrt die Trauer einer Frau abgekürzt (d. h. ausnahmsweise beendigt) dadurch daß sie sich verlobt (c): wenn also nun auf das Verlöbniß die Ehe selbst folgt, so geschieht dieses ja zu einer Zeit, worin die Trauer bereits beendigt ist, die also dadurch nicht mehr verletzt werden kann. — Auch werden in dem Gesetz, welches über diesen Gegenstand dem Numa zugeschrieben wird, beide Vorschriften als verschiedene neben einander gestellt: Verstorbene eine bestimmte Zeit lang zu betrauern, und nach dem Tod des Ehemannes einige Zeit hindurch eine neue Ehe zu vermeiden (d). — Endlich läßt sich auch leicht erklären, wie die Verwechslung entstanden ist, wozu die Veranlassung in der That nahe lag. Der Prätor erklärte die übereilte zweyte Ehe für einen

(b) ULPIAN. tit. XIV. „Feminis lex Julia *a morte viri anni tribuit vacationem*, a divortio sex menses: lex autem Papia *a morte viri biennium*, a repudio annum et sex menses."

(c) FESTUS s. v. „*Minuitur* populo luctus aedis dedicatione ... privatis autem, cum liberi nati sunt ... *cum desponsa est*" rel.

(d) PLUTARCH. Numa C. 12. Über die verschiedenen Versuche, das Gesetz des Numa herzustellen, d. h. den praktischen Sinn jener Stelle zu fixiren, vgl. Dirksen Versuche S. 331.

Grund der Infamie, und er gebrauchte zur Bestimmung des Begriffs einer übereilten Ehe denjenigen Zeitraum, worin der Sitte nach die Wittwe ihren Mann in der Regel zu betrauern hatte (e). Es lag nun sehr nahe, dasjenige, was hier als Zeitbestimmung für den Fall der Infamie dienen sollte, als den Grund der Strafbarkeit anzusehen, da doch dieser Grund lediglich in der Gefahr lag, daß für ein bald nachher gebornes Kind der wahre Erzeuger ungewiß werden konnte.

Die Richtigkeit dieser Ansicht wird von Ulpian durch folgende Äußerungen ganz außer Zweifel gesetzt. Er sagt ausdrücklich, daß die im Edict vorkommende Erwähnung der Trauer eine bloße Zeitbestimmung sey (f), und er bestätigt diese Behauptung durch zwey ganz entscheidende Folgerungen: erstlich, daß die Infamie nicht dadurch abgewendet wurde, wenn etwa der Verstorbene die Ehre der Trauer (z. B. durch Hochverrath oder durch Selbstmord aus Furcht vor einer Strafe) verwirkt hatte (g); zweytens, daß umgekehrt das Verbot und die Infamie ganz wegfiel, wenn die Wittwe nach des Mannes Tod ein Kind geboren hatte, weil dadurch, wenngleich die Trauerzeit noch nicht abgelaufen war, dennoch die turbatio sanguinis unmöglich wurde (h). Eine eben so nothwendige

(e) „*intra id tempus*, quo „elugere virum moris est, *an*„*tequam* virum elugeret."

(f) *L.* 11 § 1 *ds his qui not.* (3. 2.). „Praetor enim *ad id tempus se retulit*, quo vir elugeretur qui solet elugeri, *propter turbationem sanguinis.*"

(g) *L.* 11 § 1. 3 *de his qui not.* (3. 2.).

(h) *L.* 11 § 2 *de his qui not.* „Pomponius eam, quae intra

Folge jener Grundansicht aber war es, daß die Trauer um Eltern oder Kinder niemals als Hinderniß der Ehe angesehen werden konnte (i).

VII.

Das bisher gewonnene Resultat ist nunmehr durch andere sichere Nachrichten auf folgende Weise zu ergänzen. Es gab nach uralter Sitte, die man auf Gesetze des Numa zurückführte, zwey verschiedene, jedoch verwandte Regeln.

1) Nach dem Tode eines Ehemannes soll die Wittwe Zehen Monate lang (erst von den Kaisern auf Zwölf Monate erweitert) ohne neue Ehe bleiben. Verletzt sie diese Regel, so sollen die dazu mitwirkenden Männer (der neue Gatte, und nach Umständen die beiderseitigen Väter welche einwilligen) infam seyn. Gewiß wurde diese Verletzung vor Allem der Wittwe selbst als etwas ganz Unehrbares angerechnet. Als infam konnte man dieselbe nicht betrachten, so lange die Infamie überhaupt eine blos politische Bedeutung hatte.

2) Nahe Verwandte sollen betrauert werden, indem der Trauernde jeden Schmuck der Kleidung, so wie die Theilnahme an Gastmählern vermeidet. Diese Trauer ward wahrscheinlich von jeher nur für gewisse Fälle als

legitimum tempus partum ediderit, putat statim posse nuptiis se collocare: quod verum puto."

(i) *L.* 11 *pr. de his qui not.* (3. 2.). „Liberorum autem et parentium luctus impedimento nuptiis non est."

strenge Pflicht betrachtet, für andere Fälle blieb sie der freyen Pietät überlassen; die Gränze aber ist nicht für alle Zeiten mit Sicherheit zu bestimmen (a). In der Kaiserzeit (vielleicht auch schon früher) traf diese Pflicht überhaupt nur Frauen, nicht Männer, obgleich auch darüber eine abweichende, aber als vereinzelt bezeichnete Meynung erwähnt wird (b). Ferner waren die Frauen damals zur

(a) Vielleicht gab es nicht einmal ganz feste Gränzen, auch waren sie entbehrlich, so lange die Trauerpflicht nicht durch die Strafe der Infamie (die freylich nie ohne feste Gränzen seyn konnte), sondern durch das sehr freye Ermessen der Censoren geschützt war, welches auch späterhin neben der Infamie ergänzend eintreten konnte. Vgl. Niebuhr B. 2 S. 450 ed. 2 und 3.

(b) Fragm. Vat. § 321 (wahrscheinlich aus Paulus ad edictum): „Parentem inquit. Hic omnes parentes accipe utriusque sexus: nam lugendi eos *mulieribus* moris est. Quamquam Papinianus lib. II. quaestionum etiam liberis virilis sexus lugendos esse dicat; *quod nescio ubi legerit.*" Vielleicht erklärt sich dieses etwas auffallende Schwanken der Meynungen dadurch, daß in einzelnen Fällen auch Söhne wegen Verletzung der Trauer um die Eltern von den Censoren notirt worden waren (Note a). Die hier angeführte und getadelte Stelle des Papinian ist uns merkwürdigerweise aufbewahrt. *L.*, 25 *pr. de his qui not.* (3. 2.). „Papinianus lib. II. quaestionum. Exheredatum quoque filium luctum habere patris memoriae placuit. Idemque et in matre juris est, cujus hereditas ad filium non pertinet." — Gegen die Trauerpflicht der Männer spricht auch Seneca epist. 63. „Annum feminis ad lugendum constituêre, non ut tamdiu, sed ne diutius: *viris nullum legitimum tempus est, quia nullum honestum.*" Das letzte mag eben so für rednerische Übertreibung gelten, wie die Behauptung, daß das Trauerjahr der Frauen nur als Maximum zu verstehen sey; allein der Unterschied beider Geschlechter in Beziehung auf die Trauer liegt doch als unzweifelhafte Thatsache in dieser Stelle. — Eben dahin gehört *L.* 9 *pr. de his qui not.* (3. 2.). „Uxores viri lugere non compellentur." — Endlich auch, und ganz besonders, die Worte *mulieribus* remittuntur in *L.* 15 *C. ex quib. c. inf.* (vgl. unten Num. IX. b).

Trauer verpflichtet nur bey dem Tod des Ehemannes, aller Ascendenten, und aller Descendenten ohne Unterschied (c); in früherer Zeit wahrscheinlich auch bey dem Tod naher Seitenverwandten (d). — Die Verletzung dieser Pflicht galt natürlich als Impietät und sehr unehrbar, als Infamie konnte sie bey den allein verpflichteten Frauen nicht gelten, so lange die Infamie noch ein blos politisches Institut war.

Als aber die Lex Julia, durch die Auslegung der Juristen vollständig entwickelt, die Infamie auch auf Frauen anwendbar machte (Num. II.), mußte sich dieses ändern, und es war nun ganz natürlich, daß die Wittwe durch übereilte Ehe, so wie jede Frau durch Verletzung der Trauerpflicht, infam wurde. Diese neuen Fälle der Infamie in das prätorische Edict einzutragen, war eigentlich kein besonderes Bedürfniß vorhanden: dennoch ist es geschehen (Num. II.).

Und als endlich in Folge der Justinianischen Gesetzgebung die Infamie ihre Anwendbarkeit auf Frauen wiederum verlor (Num. V.), mußten auch diese Fälle der Anwendung wieder verschwinden. So erklärt es sich auf ganz natürliche Weise, daß bey der Aufnahme des Edicts über die Infamie in die Digesten, jene seit der L. Julia

(c) Fragm. Vat. § 320 (Worte des Edicts) „quae virum, parentem, liberosve suos, uti mos est, non eluxerit."

(d) Festus v. *minuitur* „... privatis (minuitur luctus) ... cum propiore quis cognatione, *quam is qui lugetur*, natus est." Vgl. Klenze, Zeitschrift für geschichtliche Rechtswissensch. B. 6 S. 33. S. auch unten Num. IX. c.

neu zugesetzten Fälle wieder weggelassen wurden. Strenge genommen, hätte nun auch in den Stellen der Juristen und in den Kaiserconstitutionen jede Spur jenes Rechtssatzes verwischt werden müssen. Daß dieses nicht geschah, sondern vielmehr viele solche Spuren noch jetzt vorhanden sind (§ 77. y), erklärt sich hinlänglich aus der Art wie unsre Compilationen entstanden sind, und läßt sich überdem auf zu viele Analogieen anderer Rechtslehren zurückführen, als daß daraus ein Zweifel gegen die Richtigkeit unsrer historischen Zusammenstellung hergenommen werden könnte.

VIII.

Erst nach diesen Vorbereitungen ist es möglich, von dem Inhalt unsrer Rechtsquellen in Beziehung auf die zuletzt behandelten Fragen deutliche Rechenschaft zu geben. Wir besitzen nämlich, an zwey verschiedenen Orten, Stellen des Edicts über die übereilte Ehe und über die verletzte Trauer: beide Stellen sind in der Hauptsache von unzweifelhafter Ächtheit, theilweise wörtlich übereinstimmend, in anderen Stücken sehr abweichend: die eine, wovon schon bisher beständig Gebrauch gemacht wurde, in den Digesten aus Julianus lib. I. ad edictum (*L.* 1 *de his qui not.*); die andere in den Vaticanischen Fragmenten aus dem Commentar eines Ungenannten, wahrscheinlich Paulus lib. V. ad edictum (a). Daneben haben wir noch

(a) Aus einem Commentar über das Edict ist die Stelle an-

eine wiederum abweichende, dem Paulus zugeschriebene Stelle. Ich will es versuchen, diese Widersprüche zu erklären, und zu diesem Zweck zunächst die beiden Überlieferungen aus dem Edict zusammenstellen.

	L. 1 *de his qui not. inf.*		FRAGM. VATICANA § 320.
	Infamia notatur		
A.	Qui eam, quae in potestate ejus esset, genero mortuo, cum eum mortuum esse sciret,	*A.*	Et qui eam, quam in potestate habet, genero mortuo, cum eum mortuum esse sciret,
	intra id tempus, quo elugere virum moris est, antequam virum elugeret,		
	in matrimonium collocaverit:		in matrimonium collocaverit:
B.	Eamve sciens quis uxorem duxerit,	*B.*	Eamve sciens uxorem duxerit;
	non jussu ejus in cujus potestate est:		
C.	Et qui eum, quem in potestate haberet, eam, de qua supra comprehensum est, uxorem ducere passus fuerit.	*C.*	Et qui eum, quem in potestate haberet, earum quam uxorem ducere passus fuerit
		D.	Quae virum, parentem, liberosve suos, uti mos est, non eluxerit;

genscheinlich. Da nun darin Papinian angeführt und widerlegt wird, so haben wir nur die Wahl zwischen Ulpian und Paulus. Ich halte den letzten für den wahrscheinlichen Verfasser, weil Ulpian in *L.* 23 *de his qui not.* (3. 2.) dieselbe Frage von einer anderen Seite aufzufassen scheint. Doch gebe ich zu, daß bey der Dürftigkeit der auf uns gekommenen Excerpte, worin wir alle verbindende Zwischensätze vermissen, jener Umstand nicht ganz entscheidend ist.

E. Quae cum in parentis sui potestate non esset, viro mortuo, cum eum mortuum esse sciret, intra id tempus, quo elugere virum moris est, nupserit.

Zunächst werde ich diejenigen Verschiedenheiten berühren, die ich für unbedeutend halte, und mich dabey, wie bey der ganzen Erklärung, der Buchstaben bedienen, wodurch ich die einzelnen Fälle der Infamie von einander abzusondern gesucht habe.

Darauf wird wohl Niemand Werth legen, daß in der ganzen Stelle der Vaticanischen Fragmente, mit Einschluß des im § 321 folgenden Commentars, das Wort Infamia gar nicht vorkommt; das Excerpt fängt erst nach der Erwähnung der Infamie an, und daß es wirklich aus dem prätorischen Verzeichniß der Infamen hergenommen ist, wird durch die großentheils wörtliche Übereinstimmung mit den Digesten ganz unzweifelhaft.

Eben so halte ich für unbedeutend den Umstand, daß in den Vaticanischen Fragmenten unter A und B Stücke fehlen, die zum Theil ganz unentbehrlich sind, wenn das Edict nicht völlig unsinnige Bestimmungen enthalten haben soll. Diese Stücke sind, wie ich glaube, nicht von den Abschreibern weggelassen worden, sondern von dem Epitomator selbst, und zwar nicht sowohl aus Gedankenlosigkeit, als weil er unter A, B und C nur im Allgemeinen den Gedankengang bezeichnen wollte, um den Zusammenhang der Fälle D und E mit dem Vorhergehenden anschaulich zu machen; denn daß es ihm hauptsächlich auf den Inhalt dieser zwey letzten Fälle ankam, ist unverkennbar, indem er in dem folgenden § aus dem Commentar des Juristen blos eine Stelle über den Fall D mittheilt. Aus derselben absichtlichen Abkürzung des Epitomators erkläre ich mir bey C die Verwandlung der umständlichen, aber unstreitig ächten, Worte: eam de qua supra comprehensum est, in die kurzen: earum quam, die nicht einmal genau passen, indem in den Stellen unter A und B durchaus kein Motiv für den Pluralis earum aufzufinden ist. Der Sinn ist übrigens in beiden Stellen derselbe („eine solche"), und es erklärt sich sehr gut, wie aus der umständlicheren Bezeichnung des wirklichen Edicttextes die Abkürzung willkührlich gemacht werden konnte, anstatt daß die umgekehrte Verwandlung ganz unerklärlich seyn würde.

Die wichtigste Frage aber ist diese: sollen die Stellen C und D, wie ich es glaube, in der That zwey getrennte, unabhängige Fälle darstellen, oder ist in ihnen nur ein einziger Fall enthalten, so daß die Worte quae virum . non eluxerit blos die Ergänzung der vorhergehenden Worte earum quam sind?

Nach meiner Annahme sind infam: C der Vater des neuen Ehegatten, D jede die Trauerpflicht verletzende Frau, wobey denn durchaus nicht an Ehe gedacht wird.

Nach der entgegengesetzten Annahme ist infam: der

Vater eines Mannes, welcher eine die Trauer verletzende Frau heurathet (b).

Die Gründe für meine Meynung sind folgende:

1) Die entgegengesetzte ist nur möglich unter Voraussetzung der Worte earum quam (weil diese zu dem vorhergehenden sowohl als zu dem nachfolgenden construirt werden können), die aber, wie ich bereits gezeigt habe, nicht dem Prätor, sondern dem Epitomator angehören. Nach den ächten Worten der Digesten ist diese Erklärung völlig unmöglich, weil nun die Worte nur allein als auf das Vorhergehende zurückweisend verstanden werden können

(b) Diese Meynung findet sich bey WENCK praef. ad Hauboldi opuscula Vol. I. p. XXXII. XXXIII. Er kommt darauf ganz consequent, indem er von der Voraussetzung ausgeht, das Edict so wie wir es kennen (in den Vaticanen sowohl als in den Digesten) zähle überall nur Männer als Infame auf, keine Frauen, da es ja überhaupt nur an die Unfähigkeit der Infamen zum Postuliren denke. Auf eine Erklärung der großen Verschiedenheit unter den beiden Texten läßt er sich gar nicht ein. — Eigentlich läßt sich nun diese Meynung noch in zwey Gestalten denken, je nachdem man die Infamie des Schwiegervaters als Folge ansieht 1) entweder von der während der Trauerzeit geschlossenen Ehe, 2) oder von einem Trauerbruch, dessen sich einmal die Frau in irgend einer früheren Zeit, durch welche Handlung es auch sey, schuldig gemacht hat. Die letzte Deutung schließt sich mehr an die Worte an (quae ... non eluxerit). Man muß es dann so verstehen: durch den Trauerbruch sey die Frau für ihr ganzes Leben infam geworden, und wenn sie nachmals heurathete, so sey auch der Mann oder dessen Vater in Infamie verfallen. Dieses ist wirklich die Meynung von WENCK p. XXXIII, aber eine solche ansteckende Kraft der Infamie ist nun vollends ganz unerhört, ohne irgend eine Analogie, ja im Widerspruch mit ganz sicheren Zeugnissen. Denn wenn z. B. ein Senator durch die Ehe mit einer Schauspielerin infam geworden (also aus dem Senat getreten) wäre, warum hätte man denn ganz unnützerweise diese Ehe auch noch für nichtig erklärt (*L.* 42 § 1 *de ritu nupt.* 23. 2.)?

2) Wären die Worte earum quam wirklich der ächte Text, so müßte sich das „quae ... eluxerit" auf earum beziehen, also im Pluralis ausgedrückt seyn, wie es jetzt nicht ist.

3) In der Handschrift steht vor quae virum ein leerer Raum, welcher auf den Anfang eines ganz neuen Falls, nicht auf die bloße Fortsetzung eines angefangenen Satzes deutet.

4) Die entgegengesetzte Meynung setzt voraus, daß durch die bloße Ehe die Trauer um Eltern und Kinder verletzt werde, wozu durchaus kein Grund vorhanden ist (Num. VI.).

5) Gesetzt aber auch, die Verletzung jeder Trauer durch die bloße Ehe wäre wahr, so würde dennoch die entgegengesetzte Meynung, wegen des gänzlichen Mangels an praktischem Zusammenhang, aufgegeben werden müssen. Denn es wäre alsdann für ehrlos erklärt der Vater eines Mannes, der eine die Trauer verletzende Frau geheurathet hätte. Nicht nur wäre diese Strenge an sich selbst kaum begreiflich, sondern sie würde noch unbegreiflicher dadurch, daß der Vater der Frau, und der neue Ehemann selbst (im Fall der Unabhängigkeit von väterlicher Gewalt) von einer gleichen Strenge nicht betroffen würden; denn diese beiden sollen nach A und B infam werden, nur wenn die Wittwe vor Ablauf der Trauerzeit heurathet, nicht wenn blos die Trauer um Eltern oder Kinder verletzt ist. Soll man nun etwas so Widersinniges für möglich halten?

Ganz dieselbe Streitfrage wiederholt sich bey dem Fall E, welcher nach meiner Meynung die Ergänzung von A. B. C ist. In diesen drey Regeln waren bey einer übereilten Ehe die mitwirkenden Männer für infam erklärt, die Regel E erstreckt die Infamie auch auf die Frau selbst.

Nach der anderen Meynung ist auch dieses Stück nur noch als eine nähere Bestimmung des earum quam anzusehen, folglich abermals auf den Schwiegervater der Frau zu beziehen (c). Dagegen sprechen zunächst alle schon bey D ausgeführte Gründe. Dazu kommt aber noch der neue, ganz entscheidende Grund, daß dann der Schwiegervater nur infam werden sollte, wenn die Frau frey von väterlicher Gewalt wäre; aber seine Schuld, indem er die sträfliche Ehe seines Sohnes zuläßt, ist ja völlig dieselbe, die Schwiegertochter mag in väterlicher Gewalt stehen oder nicht. Alles, was nach der hier widerlegten Meynung unter E mit der schleppendsten Wiederholung gesagt seyn soll, steht in der That schon im Edict in den kurzen und verständlichen Worten, welche wir unter C in den Digesten lesen: eam *de qua supra comprehensum est.*

IX.

Die Verschiedenheit beider hier zusammen gestellten Texte des Edicts über die Infamie ist zum Theil bereits

(c) So versteht es wieder (durch eine Grundansicht genöthigt) Wenck p. XXXIII, der deshalb bey dem zweyten quae (nicht bey dem ersten) die erklärende Parenthese hinzufügt: i. e. quaeve.

aus dem Verfahren des Epitomators erklärt worden, von welchem die Vaticanischen Fragmente herrühren; ein anderer Theil, und gerade der wesentlichere, besteht in den Fällen der Infamie (D und E), welche in den Fragmenten stehen, in den Digesten aber ganz fehlen. Dabey fällt natürlich jene Erklärung weg, indem der Epitomator nach eigenem Gutdünken Stücke weglassen, aber nicht zusetzen konnte. Die vollständige Darlegung des historischen Zusammenhangs wird jene Verschiedenheit erklärlich machen.

So lange die Infamie ein blos politisches Institut war, konnte sie auf Frauen nicht bezogen werden. Durch die Lex Julia und deren Auslegung wurde sie auf Frauen anwendbar (Num. II.), und nun betrachtete man unter andern als infam die Frauen, welche irgend eine strenge Trauerpflicht verletzt hatten, und eben so diejenigen, welche vor Ablauf von Zehen Monaten nach dem Tod ihres Mannes eine neue Ehe schlossen. Diese neuen Fälle wurden auch in das Edict eingeschrieben (Num. VII.), und zwar als neue Zusätze hinter diejenigen alten Fälle, womit sie am meisten Ähnlichkeit hatten. Die Gestalt des Edicts, welche aus dieser Einschaltung hervorgieng, erkennen wir aus den Vaticanischen Fragmenten (Num. VIII.), und es wird nunmehr klar, warum der Fall E erst hinter den Fällen A, B, C, und sogar getrennt von ihnen, eingeschoben ist, da er dem innern Zusammenhang nach neben jenen Fällen, ja sogar vor denselben seine richtige Stelle gefunden hätte. Ohne Zweifel hätte er diese erhalten, wenn er schon bey der ersten Abfassung des Edicts hätte aufgenommen werden können.

In der Folge aber ereignete sich hierin eine sehr wichtige Veränderung. Ein Senatsschluß aus unbekannter Zeit (a) trennte die zwey für Frauen neu aufgenommenen Fälle der Infamie. Die Verletzung der Trauerpflicht (ohne darum gebilligt zu werden) sollte hinfort keine rechtlichen Folgen mehr nach sich ziehen, also nicht mehr infamiren: dagegen wurde bey der übereilten Ehe die Infamie der Frau und des neuen Ehemannes bestätigt (b). Der hieraus hervorgehende Rechtszustand ist sehr bestimmt ausgesprochen in einer Stelle des Ulpian, worin die Trauer allgemein, und ohne Unterschied der Geschlechter, als eine bloße Sache der Pietät, ohne rechtliche Folgen, insbesondere ohne die Folge der Infamie, dargestellt wird (c).

(a) Allzu spät können wir denselben schon deswegen nicht ansetzen, weil überhaupt kein sicheres Senatusconsult aus der Zeit nach Severus vorhanden ist.

(b) *L.* 15 *C. ex quib. causis inf.* (2. 12.). „Imp. Gordianus. Decreto amplissimi ordinis luctu foeminarum deminuto, *tristior habitus ceteraque hoc genus insignia, mulieribus remittuntur: non etiam* intra tempus, quo his elugere maritum moris est, *matrimonium contrahere permittitur:* cum etiam, si nuptias alias intra hoc tempus secuta est, *tam ea, quam is qui sciens eam duxit uxorem*, etiamsi miles sit, *perpetuo Edicto labem pudoris contrahat.* 239." Das heißt: in diesem zweyten Fall soll es bey der im Edict (nach seiner neuesten Ergänzung) angedrohten Infamie verbleiben, im ersten Fall soll dieselbe nicht mehr gelten.

(c) *L.* 23 *de his qui not.* (3. 2.). „Parentes, et liberi utriusque sexus, nec non et ceteri agnati vel cognati, secundum pietatis rationem et animi sui patientiam, prout quisque voluerit, lugendi sunt: qui autem eos non eluxit, non notatur infamia." Der hier ausgedrückte Gedanke kann so entwickelt und

Bey der völligen Übereinstimmung dieser Stelle mit dem erwähnten Senatsschluß ist es unbegreiflich, daß in derselben neuere Schriftsteller eine Interpolation der Compilatoren wahrzunehmen glauben konnten (d).

Man konnte nunmehr auch das Edict von Neuem ändern, und den Fall D wieder wegstreichen. Daß es nicht geschehen ist, zeigt der in den Vaticanischen Fragmenten aufbewahrte Text. Der Senatsschluß fiel ohne Zweifel in eine Zeit, worin Änderungen im Text des Edicts immer seltner wurden, und endlich ganz aufhörten; auch hatte er selbst so viel Ansehen und Publicität, daß von der unveränderten Stelle des Edicts kein Misbrauch zu befürchten war. Blieb aber jene antiquirte Stelle dennoch im Text des Edicts stehen, so darf es uns auch nicht befremden, daß Paulus oder einer seiner Zeitgenossen sie noch commentirte. Ohne Zweifel bemerkte er hinterher, daß der Senat die Infamie für diesen Fall aufgehoben habe, obgleich diese Bemerkung in dem kleinen Excerpt aus jenem Commentar zufällig nicht mit vorkommt.

Ganz anders stellte sich die Sache unter Justinian.

ergänzt werden: In früherer Zeit war die Trauer in einigen Fällen eine strenge Pflicht, und zuletzt sogar durch die Strafe der Infamie geschützt; in anderen Fällen war sie schon damals bloße Gewissenssache, namentlich für trauernde Männer, und bey verstorbenen Seitenverwandten (vgl. Num. VII. d). Seit dem neuesten Senatsschluß fallen alle diese Unterschiede weg, und die Trauer ist nunmehr, für alle erwähnte Fälle gleichmäßig, bloße Gewissenssache geworden. — Es ist durchaus kein Grund vorhanden, in dieser Stelle irgend eine Interpolation anzunehmen.

(d) So z. B. Cujacius, observ. Lib. 21 C. 12.

Unter ihm hatte die Infamie wieder, wie im ältesten Recht, alle Anwendbarkeit auf die Frauen verloren (Num. V.). Nun war es natürlich, daß man aus dem Text des Edicts über die Infamen (L. 1 de his qui not.) die Fälle, welche nur die Frauen betrafen, wiederum wegstrich, und so erklärt sich die Abweichung der beiden uns überlieferten Texte auf die einfachste Weise.

X.

Die Edictstelle, da wo sie vollständiger in den Digesten erhalten ist (Num. VIII.), bietet noch eine besondere, bisher nicht berührte Schwierigkeit dar in folgenden Worten:

Qui eam, quae in potestate ejus esset, genero mortuo, cum eum mortuum esse sciret, *intra id tempus quo elugere virum moris est, antequam virum elugeret*, in matrimonium collocaverit.

Die hier cursiv gedruckten Worte werden von Jedem auf den ersten Anblick mit collocaverit verbunden werden, so daß darin bestimmt wäre die Zeit, innerhalb welcher die Ehe geschlossen seyn müßte, um für den Schwiegervater die Infamie zu bewirken. Dennoch muß aus zwey Gründen diese Erklärung verworfen werden. Erstlich, weil alsdann jene Worte eine vollkommen müßige Wiederholung in sich schließen würden: denn die Worte intra id … moris est, sagen (so verstanden) genau dasselbe wie die folgenden antequam virum elugeret. Zweytens weil die vorhergehenden Worte cum eum mortuum esse sciret offenbar auf den Gegensatz eines Falles schuldloser Unwissenheit hindeuten, von welchem die Infamie abgewendet werden soll (a). Dieser unschuldige Fall würde so gedacht werden müssen, daß der Vater glaubte, sein erster Schwiegersohn sey noch am Leben. Allein bey diesem Gedanken wäre ja die Handlung des Vaters noch weit schlechter, indem er dann die Absicht hätte, eine Bigamie seiner Tochter zu veranlassen.

Diese Schwierigkeiten verschwinden, wenn man die angeführten Worte in zwey, durch Sinn und Construction getrennte Theile auflöst. Die Worte antequam virum elugeret gehören in der That zu collocaverit, und haben den oben erklärten Sinn. Allein die vorhergehenden Worte gehören als nähere Bestimmung zu mortuum esse, und sollen folgenden Gedanken ausdrücken:

> Nur dann wird der einwilligende Vater infam, wenn er wußte, daß der Tod seines Schwiegersohnes in einen solchen Zeitpunkt falle, seit welchem die Trauerzeit noch nicht abgelaufen war. Ein Irrthum über diesen Umstand macht seine Einwilligung schuldlos.

Gesetzt also, der Schwiegersohn war in den Krieg gezogen, und hatte seitdem keine Nachricht gegeben. Nach anderthalb Jahren wird sein Tod gemeldet, mit dem Zusatz, er sey schon einen Monat nach der Abreise umge-

(a) *L.* 8 *de his qui not.* (3. 2.). „Merito adjecit Praetor, *cum eum mortuum esse sciret*, ne ignorantia puniatur."

kommen: dieser Zusatz aber ist irrig, und der Tod war vielmehr erst vor einem Vierteljahr erfolgt. Wenn jetzt die Wittwe auf der Stelle eine zweyte Ehe schließt, so kann sie und den Vater kein Vorwurf treffen, weil ihnen die noch nicht abgelaufene Trauerzeit unbekannt war: was sie thaten, war, unter Voraussetzung der von ihnen geglaubten Thatsachen, ganz erlaubt (b).

Diese Erklärung drängt sich nur darum nicht auf den ersten Blick als richtig auf, weil es dabey nöthig ist, die Worte mortuum esse intra id tempus auf den rückwärts liegenden Zeitraum zu beziehen, was jedoch sowohl mit dem Gedanken, als mit den Worten, völlig vereinbar ist. Übrigens ist dieselbe schon längst auf ganz befriedigende Weise dargestellt worden (c).

(b) L. 8 *de his qui not.* (3. 2.) „sed cum tempus luctus continuum est, merito et ignoranti cedit ex die mortis mariti: et ideo si post legitimum tempus cognovit, Labeo ait, ipsa die et sumere eam lugubria et deponere.“ Was hier zunächst von der eigentlichen Trauer gesagt ist, gilt eben so auch von der Zeit, worin eine neue Ehe unterbleiben muß: ja in dieser Beziehung allein wird es von Ulpian angeführt. — Für diese ganze Erklärung ist es freylich nöthig, in der eben angeführten commentirenden Stelle die Worte cum eum mortuum esse sciret so aufzufassen, als ob die folgenden Worte intra id tempus ... moris est noch dahinter gesetzt wären (gleich als wenn hinter sciret ein etcetera stände), sonst ist der Unsinn unvermeidlich, daß der Vater tadellos seyn sollte, wenn er zur Zeit der zweyten Ehe den ersten Schwiegersohn noch am Leben glaubte.

(c) Rücker Observ. C. 1 hinter dessen Diss. de civ. et nat. temp. comput. C. 1. Lugd. Bat. 1749. — Auch Wenck l. c. p. XXXIV — XXXVI hat diesen Punkt richtig aufgefaßt.

XI.

Ich komme nun auf ein sehr abweichendes altes Zeugniß von der aus der Trauerverletzung entstehenden Infamie. Es ist dieses die Stelle des Paulus Lib. 1 Tit. 21, welche so lautet:

§ 13. Parentes et filii majores *sex* annis *anno* lugeri *possunt:* minores *mense:* maritus decem mensibus: et *cognati* proximioris gradus octo: *Qui contra fecerit, infamium numero habetur.*

§ 14. Qui luget, obstinere debet a conviviis, ornamentis, purpura, et alba veste.

Wenn wir zuerst den Inhalt des § 13 betrachten, so ist darin Weniges, was nicht mit den sichersten Nachrichten, und namentlich mit dem in den Vaticanen § 321 excerpirten Commentar über das Edict (wahrscheinlich von Paulus) in Widerspruch stände, welches um so bedenklicher ist, als der § 321 durch die Übereinstimmung mit dem Gesetz des Numa bey Plutarch unterstützt wird. Zuerst das *sex* annis, da es heißen muß *decem;* man hat vorgeschlagen zu emendiren decem, was aber nur heißt den Schaden von Einer Seite zudecken. Ferner das *anno,* was neben den nachher bey dem Ehemann folgenden 10 Monaten nur heißen kann 12 Monate: der § 321 spricht zwar auch von einem annus, erklärt diesen aber sogleich, und mit überzeugenden Gründen, von dem alten zehenmonatlichen Jahr. Ferner das *possunt,* welches auf ein bloßes Verbot längerer Trauer zu deuten scheint, und zu der nachfolgenden Infamie gar nicht paßt. Weiter das *mense*, da doch die Kinder unter 10 Jahren mit eben so viel Monaten betrauert wurden, als sie Jahre zählten, jedoch von 3 Jahren abwärts nur noch mit Halbtrauer (sublugetur), unter einem Jahr gar nicht mehr. Dann die Cognaten, von welchen der § 321 gar Nichts sagt, und die Edictstelle selbst (im § 320) auch Nichts. Endlich die unbedingte Drohung der Infamie, ohne Unterschied des Geschlechts, da doch die Männer deshalb nie von der Infamie betroffen wurden, die Frauen aber zur Zeit des Paulus gleichfalls davon befreyt waren (Num. VII.) (a).

Diese Widersprüche würden als eben so viele unauflösliche Räthsel gelten müssen, wenn die äußere Autorität der angeblichen Stelle des Paulus fest stände; diese ist also nunmehr zu prüfen. Hier müssen wir zuerst den § 13 völlig trennen von dem (schon oben benutzten) § 14, welcher, mit Ausnahme des gleichgültigen Wortes purpura, in allen Handschriften des Breviarii steht, und unzweifelhaft ächt ist; auch macht sein Inhalt keine Schwierigkeit, da er nur einige Bestimmungen über die Art des

(a) Um der bedenklichsten Schlußstelle nothdürftig abzuhelfen, hat man verschiedene Wege eingeschlagen. Herm. CANNEGIETER observ. p. 203 will anstatt: infamium numero habetur lesen: numero ō habetur, was heißen soll: non habetur. Allein dieses ō als Sigle für non kommt sonst nirgends vor. — Jo. CANNEGIETER de notis p. 350 emendirt das *qui* contra fecerit in *quae*. — BYNKERSHOEK observ. V. 13 meynt, dieser letzte Satz rühre von Anian her. Allein daß im Westgothischen Reich die Infamie für den Trauerbruch wieder neu eingeführt seyn sollte, ist gerade das Allerunwahrscheinlichste.

Trauerns enthält, die auch noch nach Aufhebung der Infamie als Stück der alten Sitte füglich erwähnt werden konnten. Der § 13 aber rührt her aus dem räthselhaften Codex Vesontinus, einer Handschrift des Paulus, die Cujacius aus der Stadtbibliothek zu Besanzon erhalten hatte (b), und von welcher er leider nicht sagt, was sie enthielt, ob blos den Paulus (was wohl sonst nicht leicht vorkommen wird), oder das ganze Breviarium. Höchst verdächtig wird die Sache dadurch, daß die vielen aus jener Handschrift zuerst mitgetheilten Stellen in den zahlreichen, zum Theil uralten, anderen Handschriften des Breviarii durchaus fehlen.

Halten wir diese äußeren Gründe zusammen mit dem oben dargelegten sehr bedenklichen Inhalt des § 13, so sind wir wohl berechtigt, den sogenannten Codex Vesontinus für einen in unbekannter Zeit sehr stark überarbeiteten und entstellten alten Text zu erklären, dessen einzelne Stellen, da wo sie mit anderen sicheren Zeugnissen in Widerspruch stehen, auf keine Autorität Anspruch machen können.

(b) Cujacius erwähnt diese Handschrift zuerst im 21. Buch der Observationen (1579), worin er zugleich viele neue Stellen aus derselben mittheilt. Er sagt davon Cap. 13: Superiores sententias dedi ex libro vetustissimo Sententiarum Pauli ad me Vesontione perlato, und Cap. 16: in optimo libro quem Vesontio dedit civitas nobilissima mihique amicissima. In den Text aufgenommen wurden alle diese Stellen zuerst in der Ausgabe des Paulus hinter dem Codex Theodosianus Paris. 1586 fol.

XII.

Über die Infamie der unzüchtigen Frauen (quaestum corpore facientes) ist Folgendes anzumerken. Das ursprüngliche Edict nannte sie natürlich nicht, weil es überhaupt keine Frauen nannte. Die Lex Julia nannte sie unter denjenigen, welchen die Ehe mit einem Senator und dessen männlichen Nachkommen untersagt war (a). Es ist aber kaum zu zweifeln, daß auch mit bloßen Freygebornen ihre Ehe unzulässig war, obgleich dieses nicht ausdrücklich gesagt ist. Dafür spricht erstlich die anerkannt gleiche Verächtlichkeit dieses Gewerbes mit dem der Kupplerwirthschaft, für welches jene Unzulässigkeit unmittelbar ausgesprochen war (b); zweytens die Ausnahme zu Gunsten derjenigen Freygelassenen, welche in ihrem früheren

(a) Ulpian. XIII. § 1 vgl. oben Num. II. — Man könnte einen Zweifel hernehmen aus der wörtlich in die Digesten aufgenommenen Stelle des Gesetzes über die Frauen denen die Ehe mit den Senatoren untersagt war (*L.* 44 *pr. de ritu nupt.* 23. 2.), denn in dieser Stelle finden sich jene Frauen nicht. Aber es war ja das auch nur ein einzelnes Kapitel der Lex Julia, in dem folgenden (zufällig nicht auch excerpirten) mögen sie gestanden haben. Ulpian dagegen wollte eine vollständige Übersicht der Verbote geben, nur nicht mit den Worten des Gesetzes. Daß das Gesetz wirklich davon sprach, erhellt deutlich aus *L.* 43 *de ritu nupt.* (23. 2.), die aus Ulpians Commentar zur Lex Julia genommen ist, und worin der Begriff des quaestum facere ausführlich erörtert wird.

(b) *L.* 43 § 6 *de ritu nupt.* (23. 2.). Lenocinium facere *non minus est,* quam corpore quaestum exercere." Indem der Jurist blos denen widerspricht, die etwa das lenocinium für weniger schändlich als den eigenen quaestus halten möchten, erkennt er die ohnehin ausgemachte äußerste Schändlichkeit dieses quaestus deutlich an.

Sklavenstand ein solches Gewerbe getrieben hatten (c). Diese Ausnahme konnte nur Sinn haben unter der Voraussetzung, daß in anderen Fällen den unzüchtigen Frauen die Ehe mit Freygebornen für immer untersagt sey: auf Senatoren konnte sie sich nicht beziehen, da diesen die Ehe mit allen Freygelassenen, auch den ehrbarsten, ohnehin verboten war.

Wahrscheinlich wurden nunmehr jene Frauen in das Edict, welches das Verzeichniß aller Infamen enthielt, mit aufgenommen, bey der Abfassung der Digesten aber aus denselben Gründen, wie alle andere Frauen, wieder weggelassen.

XIII.

Das Gewerbe der Kuppeley, von Männern getrieben, stand schon im ursprünglichen Edict unter den Fällen der Infamie; Frauen von gleichem Gewerbe konnten dabey nicht erwähnt seyn. Die Lex Julia untersagte allen Freygebornen die Ehe mit Kupplerinnen, imgleichen mit freygelassenen Frauen, die von einem Kuppler oder einer Kupplerin manumittirt waren (a). Bey den Ehen der Senatoren waren die Kupplerinnen nicht erwähnt, aber man schloß auf die Unzulässigkeit solcher Ehen aus der Gleich-

(c) *L.* 24 *de his qui not.* (3. 2.). „Imp. Severus rescripsit, non offuisse mulieris famae quaestum ejus in servitute factum."

(a) Ulpian. XIII. § 2 vgl. oben Num. II. — Es ist auffallend, daß in diesem Fall die freygelassenen Sklavinnen infam waren, während sie es nicht seyn sollten, wenn sie auf eigene Rechnung im Sklavenstand Unzucht getrieben hatten (Num. XII. c).

heit dieses Gewerbes mit dem der eigenen Unzucht (b). Jetzt wurde wahrscheinlich auch dieser Fall in das Edict über die Infamen aufgenommen.

Auf diesen Fall bezieht sich eine Erzählung aus der Zeit des Tiberius, die von der äußersten Versunkenheit des Zeitalters Zeugniß giebt (c). Vornehme Frauen unternahmen förmlich die Kuppeley als Gewerbe „ut ad evitandas legum poenas jure ac dignitate matronali exsolverentur." Welche Vortheile konnten sie von dieser Schändlichkeit erwarten? Zuerst machten sie sich fähig, freygelassene Sklaven, die ihnen gefielen, zu heurathen, was ihnen außerdem die von der Lex Julia mit einer in ihrem Sinn gültigen Ehe verknüpften Vortheile nicht hätte verschaffen können (d); allein das heißt nicht ad evitandas legum poenas. Zweytens wurden die unverheuratheten Frauen dadurch sicher, für eigene Unzucht nicht nach der Lex Julia de adulteriis bestraft werden zu können, denn das Verbrechen des stuprum (auch wohl adulterium genannt) bezog sich nur auf solche Frauen, die bis zu dieser Handlung ihre Matronenehre nicht verwirkt hatten (e); dieser Fall war ohne Zweifel gemeynt, denn man fand es nöthig, durch ein besonderes Senatusconsult dem Verbre-

(b) Vgl. Num. XII. b.

(c) Suetonius, Tiber. C. 35.

(d) Daß die Tochter eines Senators, wenn sie sich selbst ehrlos machte, dadurch zur Ehe mit einem Freygelassenen fähig wurde, sagt ausdrücklich *L.* 47 *de ritu nupt.* (23. 2.); „*impune* libertino nubit," d. h. sie wird dadurch frey von den gesetzlichen Strafen des Cölibats.

(e) *L.* 13 *pr.* § 2 *ad L. Jul. de adult.* (48. 5.).

chen diesen Ausweg zu versperren (f). Drittens gehörte dahin der Vortheil, daß die Frauen sich dadurch unfähig machten, fernerhin irgend eine im Sinn der Lex Julia gültige Ehe, selbst mit einem gemeinen Freygebornen, zu schließen; vom Standpunkt dieses Gesetzes aus konnte ihnen also auch nicht mehr ein freywilliger Cölibat zum Vorwurf und zur Strafe gereichen, da ihnen durch dasselbe Gesetz in ihrer gegenwärtigen Lage die Ehe mit allen Männern (außer etwa mit Freygelassenen) unmöglich gemacht war. Diese Berechnung scheint fast übertrieben raffinirt; und dennoch muß sie wirklich angestellt worden seyn (so daß die Stelle des Sueton zugleich auch auf diesen Vortheil zu beziehen ist), weil man selbst dagegen vorbauende Maasregeln nöthig fand. SUETON. Domitianus C. 8. „Probrosis feminis lecticae usum ademit: *jusque capiendi legata hereditatesque.*" Diese Worte sind gewiß am einfachsten so zu erklären: „den ehrlosen Frauen sollte nicht mehr der Vorwand zu gut kommen, daß sie in einem durch ihre Infamie erzwungnen Cölibat lebten, sondern sie sollten eben so, wie freywillig Ehelose, ganz unfähig seyn, Testamentserbschaften und Legate zu erwerben."

Damit stehen auch noch einige, meist misverstandene, Digestenstellen in Verbindung. In der Regel war der

(f) *L.* 10 § 2 *ad L. Jul. de adult.* (48. 5.). „Mulier, quae *evitandae poenae adulterii gratia* lenocinium fecerit, aut operas suas in scenam locaverit, adulterii accusari damnarique ex Senatusconsulto potest."

Erwerb aus dem Testament eines Soldaten durch den Cölibat des Erben oder Legatars nicht beschränkt (g).

Diese Regel blieb im Allgemeinen anwendbar auch bey denjenigen Frauen, die durch ihr sittenloses Leben in Beziehung auf andere Testamente gegen die Strafe des Cölibats keinen Schutz finden sollten. Für den Fall aber, daß eine solche Frau mit dem Soldaten selbst (dem Testator) in unzüchtigem Umgang gelebt hatte, verordnete Hadrian, daß die Incapacität auch bey dem Soldatentestament eintreten sollte.

L. 41 § 1 *de test. mil.* (29. 1.). „Mulier, in quam *turpis suspicio cadere potest*, nec ex testamento militis *aliquid capere potest*, ut D. Hadrianus rescripsit."

Der Inhalt dieses Rescripts wird auch in folgender Stelle anerkannt und außer Zweifel gesetzt.

L. 14 *de his quae ut ind.* (34. 9.). „Mulierem, quae stupro cognita *in contubernio militis fuit* ... non admitti ad testamentum jure militiae factum, et id quod relictum est ad fiscum pertinere, proxime tibi respondi."

Hier ist also eine Einwirkung der alten Grundsätze von der Incapacität noch auf das Justinianische Recht sichtbar. Nur muß man diese Stellen, wie es in so vielen ähnlichen Fällen nöthig ist (§ 41), aus dem Zusam-

(g) Gajus II. § 111. (Vergl. *L.* 19 § 2 *de castr. pec.* (49. 17.), *L.* 5 *C. de test. mil.* (6. 21.).

menhang, in welchem sie ursprünglich gedacht waren, in den neuen Zusammenhang der Justinianischen Gesetzgebung übertragen. Was also ursprünglich als Incapacität gemeynt war, ist jetzt als Indignität zu denken, so daß sich das ursprüngliche caducum von selbst in ein ereptorium (bey den Neueren ereptitium) verwandelt.

Gedruckt bei den Gebr. Unger.

Kolibri 360 GmbH
Ferdinand-Jühlke-Straße 7
99095 Erfurt, Deutschland
produktsicherheit@kolibri360.de